CLAUS SCHWEITZER

120
SCHÖNSTGELEGENE HOTELS
in der Schweiz und
im benachbarten Ausland

Mit Freizeit- und Wandertipps
zu jedem Reiseziel

ZIMMER MIT AUSSICHT
INHALT

Editorial	4

Die schönstgelegenen Hotels in der Schweiz

Graubünden	8
Nord- und Ostschweiz	36
Zentralschweiz	54
Berner Oberland und Emmental	82
Westschweiz	116
Wallis	140
Tessin	166

Die schönstgelegenen Hotels im benachbarten Ausland

Südtirol	184
Lombardei und Piemont	204
Savoyen, Burgund, Elsass	222
Süddeutschland	240
Vorarlberg, Tirol, Salzburgerland	256

Don'ts im Hotel!	272
Die Orte von A bis Z	274
Die Hotels von A bis Z	276

Impressum

1. Auflage 2018
ISBN-Nummer: 978-3-8283-0897-8
Herausgeber: Hallwag Kümmerly+Frey AG, CH-3322 Schönbühl-Bern
Autor: Claus Schweitzer, CH-8032 Zürich
Design: funky strawberry Werbeagentur, D-85290 Geisenfeld
Bildnachweis: Umschlagbild vorne: © Palafitte, Neuchâtel,
Umschlagbild hinten: © Riffelalp Resort 2222m, Zermatt
Die Fotos in diesem Buch stammen von Claus Schweitzer oder
wurden uns mit freundlicher Genehmigung von den vorgestellten
Adressen zur Verfügung gestellt.

Berggasthaus Alter Säntis: Grosses Foto S. 34 und kleines Aussichtsfoto
S. 35 ©Säntisbahn. Flora Alpina: Kleines Foto S. 60 unten links: ©Weggis Vitznau
Rigi Tourismus. Oeschinensee Berghotel: Foto S. 100: ©Kandertal Tourismus, David
Birri. Le Baron Tavernier: Kleines Foto S. 126 unten: ©Schweiz Tourismus/Ivo Scholz.
Le Grand Chalet: Fotos S. 96/97: ©Rupert Mühlbacher. Cabane du Mont-Fort:
Grosses Foto S. 144: ©Schweiz Tourismus/Christof Sonderegger; Foto S. 145:
©Schweiz Tourismus/Christian Perret. Villa Cassel: Kleines Foto S. 158 und
kleines Foto S. 159 oben links: ©Aletscharena. Les Alisiers: Grosses Foto S. 232:
©Office de Tourisme Vallée de Kaysersberg.

Alle Preisangaben entsprechen dem Stand von März 2018.
Der Herausgeber hat alle Angaben sorgfältig geprüft; trotzdem sind inhaltliche
Fehler nicht auszuschliessen. Die Angaben erfolgen daher ohne jegliche Verpflichtung des Herausgebers, der keine Haftung für allfällige Unstimmigkeiten
übernimmt. Für Verbesserungsvorschläge unter info@swisstravelcenter.ch sind
wir dankbar. Dieses Werk ist urheberrechtlich geschützt. Alle Rechte vorbehalten.
Vollständiger oder auszugsweiser Nachdruck nur mit schriftlicher Bewilligung
des Herausgebers.

© Hallwag Kümmerly+Frey AG
Grubenstrasse 109 · CH-3322 Schönbühl-Bern · www.swisstravelcenter.ch

Printed in Italy

EDITORIAL
SCHAUEN, STAUNEN, GENIESSEN

> Für viele Reisende ist heute weder das Spa noch die Küche noch das Design das entscheidende Kriterium bei der Wahl eines Hotels, sondern dessen Lage und Ausblick.

Der „Aah"-Moment beim Betreten eines Hotelzimmers mit phänomenaler Aussicht bewegt, überrascht und bleibt stärker in der Erinnerung haften als jeder Luxus und jedes Gourmetmenü. Der Zauber entsteht durch das Spannungsfeld zwischen dem Grandiosen (der Umgebung) und dem Intimen (dem privaten Rückzugsort und dessen Perspektive nach aussen):

Das Matterhorn wirkt von keinem anderen Ort so überwältigend wie von einem Zimmer des Riffelalp Resort aus.
Der Genfersee zeigt sich nirgendwo mystischer als durch die Balkontür eines Zimmers im Belle-Epoque-Hotel Victoria in Glion.
Und die Zürcher Altstadt ist nirgends sonst so schwerelos zum Greifen nah als vom Blickwinkel des Zimmers 521 im Hotel Storchen aus.

DAS BESONDERE

Das Besondere an jedem einzelnen der porträtierten Hotels und Gasthäuser ist, dass man in ihnen die Magie der unvergleichlichen Landschaften und Stadtszenerien für ein paar fabelhafte Tage oder Stunden wirklich erleben kann. Am intensivsten am frühen Morgen und am Abend, wenn die Tagesbesucher auf der Restaurantterrasse und die Selfie-Touristen auf der nächstliegenden Aussichtsplattform abgezogen sind und der Ort wieder den Gästen gehört, die hier ein Zimmer gebucht haben.

Dieses Buch gibt erstmals den Überblick über die schönstgelegenen Unterkünfte von Graubünden bis zum Genfersee, vom Schwarzwald bis ins Piemont und vom Tirol bis ins Burgund. Ich bin Ihnen vorausgereist, habe gesucht, gefunden, getestet und kritisch beschrieben. Nicht überall waren meine Erfahrungen positiv, deshalb fehlen einige berühmte Häuser oder angesagte Adressen. Dafür finden sich auf den folgenden Seiten zahlreiche Trouvaillen, die sowohl wegen ihrer Traumlagen als auch wegen ihrer gelebten Gastfreundschaft und ihres unvergleichlichen Charakters einen starken emotionalen Eindruck hinterlassen. Von günstig bis edel, aber immer mit Stil.

DIE BEWERTUNG

Das einheitliche Bewertungsschema – mit jeweils maximal 10 Punkten in den Kategorien Lage, Atmosphäre, Zimmer, Küche und Extras – macht die Stärken und Schwächen der einzelnen Hotels klar für Sie ersichtlich und beantwortet jeder Leserin und jedem Leser die Frage: Welche Häuser sind die richtigen für mich? Die Hotels konnten weder die Aufnahme ins Buch noch die Beschreibung finanziell oder inhaltlich beeinflussen.

Neben dem Hotelbeschrieb weise ich bei jedem Haus auch auf attraktive Freizeit- und Wandermöglichkeiten in der Umgebung hin, welche den Aufenthalt auch ausserhalb des Hotels zum einmaligen Erlebnis machen.

Eine doppelseitige „Shortlist" mit einer Handvoll weiterer persönlichen Hotelempfehlungen an den spektakulärsten Orten im Herzen Europas ergänzt jedes der zwölf Regionen-Kapitel.

Ob am See oder in den Bergen, ob cool, familiär oder romantisch: Die 120 sorgfältig ausgewählten Hotels mögen nicht jedermanns Geschmack treffen, sie sind aber alle in ihrer Art und in ihrer Klasse besonders stimmig. Überall erwartet Sie das gute Gefühl, an einem besonderen Ort mit besonderen Menschen zu verweilen.

Und beim Einschlafen können Sie sich darüber freuen, am nächsten Morgen mit einem Hammerblick vor dem Fenster aufzuwachen.

Sie haben schon gepackt?
Dann viel Spass beim Entdecken und Geniessen.

Claus Schweitzer

BELLAVISTA
SILVAPLANA-SURLEJ

1877 mü.M.

7513 Silvaplana-Surlej,
Via da l'Alp 6
Telefon +41 81 838 60 50
www.bellavista.ch
info@bellavista.ch
Ende November bis Mitte April und
Mitte Juni bis Mitte Oktober geöffnet

Die Lage 8/10

Am Ortsrand von Surlej, mit freiem Blick auf den Silvaplanersee und die Oberengadiner Berglandschaft in Richtung Sonnenuntergang.

Im Winter führen die Skiabfahrten vom Piz Corvatsch und die Langlaufloipen bis vor die Haustür. Zur nahen Talstation der Corvatsch-Seilbahn gelangt man mit einem kleinen Zubringerlift.

BELLAVISTA
SILVAPLANA-SURLEJ

Freizeiterlebnisse

Erfreulich für Sommergäste: Bei einem Aufenthalt ab zwei Nächten sind die Fahrten mit den Oberengadiner Bergbahnen und den öffentlichen Verkehrsmitteln im Zimmerpreis inbegriffen.

Im Winter locken die Skiberge Corvatsch, Corviglia und Diavolezza-Lagalp mit abwechslungsreichen Pisten. Ausserdem ziehen 180 Kilometer erstklassig präparierte Langlaufloipen durchs Oberengadin und beim Hotel Bellavista vorbei. Die Hauptstrecke beginnt am Malojapass, führt durch Sils, über vier zugefrorene Seen, lässt St. Moritz links liegen, macht einen Abstecher nach Pontresina und geht bei Zuoz durchs Ziel. Die vielgleisige Hauptloipe ist naturgemäss flach. Wer mehr gefordert sein will, schlägt sich in die wildromantischen Seitentäler – das Rosegtal bei Pontresina und das Fextal ob Sils, wo es tüchtig bergauf und wieder bergab geht und man richtig ins Schwitzen kommen kann. Auch Maloja hat seine Langlaufspezialitäten, wie etwa den hübschen Schlenker von La Palza und den steilen Ausflug zum Cavlocasee. Wer die ultimative Herausforderung sucht, meldet sich für den Engadiner Skimarathon an, der jeweils am zweiten Sonntag im März stattfindet.

Wandertipp

Die Gastgeberfamilie Kleger empfiehlt ihren Gästen gerne den einfachen Weg zum Berghaus Fuorcla Surlej, wo die Wirtin Claudia Rähmi für einen netten Empfang und währschafte Kost sorgt und man einen wunderbaren Ausblick auf das Rosegtal mit Gletscher geniesst. Vom Hotel Bellavista geht es zunächst mit der Corvatschbahn bis zur Mittelstation. Von dort führt der Weg in rund 40 Minuten zur Fuorcla Surlej.

Für diejenigen, die lieber etwas länger unterwegs sind, ist der „Smaragdweg" von St. Moritz über Surlej nach Sils eine gute Option. Dieser beginnt am Bahnhof St. Moritz und führt über das Landhotel Meierei, den Stazersee (Lej da Staz) und St. Moritz-Bad durch den Wald am Kempinski Grand Hotel des Bains vorbei und über die Olympiaschanze zu den drei kleinen Bergseen Lej Marsch, Lej Nair und Lej Zuppò. Weiter geht es entlang dem Palüd Lungia Moores hinunter nach Surlej, dann via Schloss Crap da Sass am Silvaplanersee entlang nach Furtschellas und Sils.

Regentag-Alternative

Segantini-Museum in St. Moritz, neu erbautes Hallenbad & Spa Ovaverva in St. Moritz-Bad. www.segantini-museum.ch + www.ovaverva.ch

Die Atmosphäre 7/10

Ein Händedruck von Bernhard Kleger, und Berggemütlichkeit macht sich breit. Zusammen mit seiner Frau Corinna, Sohn Nicolas und Tochter Elena sorgt der Hausherr im Bellavista für eine entspannte Atmosphäre und eine persönliche Ansprache. Dazu gibt es heimelige Zimmer, schnörkellos feines Essen mit Wild aus eigener Jagd sowie eine Sonnenterrasse, von der sich das Oberengadin von seiner schönsten Seite zeigt. Zusammen mit einem weiteren Sohn, Fabian, führt die Familie auch das ebenfalls wunderbar gelegene Hotel Salastrains ob St. Moritz (www.salastrains.ch).

Die Zimmer 5/10

31 holzgeprägte, angenehme, sehr unterschiedliche Zimmer und Suiten. **Zimmer-Flüstertipps:** Die Zimmernummern 1, 3, 6 und 8 haben freien Blick auf den Silvaplanersee und die umliegenden Berge.

Die Küche 5/10

In den fünf Restaurantstuben und auf der Gartenterrasse isst man nicht nur, was die Bündner gross und stark gemacht hat, sondern manches mit italienischem Einschlag. Küchenchef Bernhard Kleger betreibt eine hauseigene Fleischtrocknerei und ist auch passionierter Jäger.

Die Extras 2/10

Sauna, Dampfbad, Massagen.

Besonders geeignet für...
Wanderer, Mountainbiker und Wintersportler, die in legerem Ambiente frische Energie tanken wollen.

Wenn doch nur...
der berüchtigte Malojawind nicht wäre, der nachmittags oft aufkommt. Im Sommer mag er für optimale Segelbedingungen auf den Oberengadiner Seen sorgen, im Winter kann er die schönsten Sonnenterrassen ungeniessbar machen.

BERGGASTHAUS BÜNDNER RIGI SURCUOLM

1618 mü.M.

7138 Surcuolm
Bündner Rigi 1
Telefon +41 81 925 14 43
www.buendnerrigi.ch
info@buendnerrigi.ch
Mitte Mai bis Mitte November und
Mitte Dezember bis Anfang April geöffnet

Die Lage

Hier hat man kein Zimmer mit Ausblick, sondern einen Ausblick mit Zimmer. Hoch über Ilanz und der Ruinalta (Rheinschlucht) an der Ostflanke des Piz Mundaun zwischen dem Val Lumnezia und Obersaxen gelegen, offenbart sich ein fabelhaftes Panorama mit Calanda, Piz Fess, Ringelspitz, Flimserstein, Brigelshörner, Hochwang, Sulzfluh, Weisshorn usw.

Im Sommer kann man mit dem Auto bis zur „Bündner Rigi" fahren. Wenn Schnee liegt, ist das Gasthaus nur zu Fuss oder über die Skipiste Piz Mundaun-Sasolas erreichbar; der Parkplatz liegt dann in Valata – für einen Gepäcktransport während den Betriebszeiten der Bergbahnen ist gesorgt. Restaurantgäste, die zum Abendessen kommen, werden auf Wunsch mit dem Motorschlitten in Surcuolm oder Morissen abgeholt und wieder zurückgebracht.

Die Atmosphäre

Das charmante, 1902 erbaute Gasthaus war eine der ersten Herbergen in der Surselva und ist bis heute die schönstgelegene der Region. Die Aussicht zwischen Vorderrhein und Valserrhein auf die Ruinaulta wirkt wie die perfekte Bündnerland-Postkarte. Doch hier gibt es weder Kulissenschieber noch ein Filmstudio. Alles echt. In der geschmackvoll rustikal eingerichteten, historisch intakten Gaststube duftet es nach Hausgemachtem und Urchigem. In den sieben Gästezimmern muss man wie anno dazumal mit einem Etagenbad vorlieb nehmen, weshalb man sich fast so fühlt, als ob man ein paar Tage bei Freunden in den Bergen verbringen würde. Dem liebenswerten Team um das Gastgeberpaar Audrey und André Schaub gelingt es, eine entspannte und harmonische Atmosphäre zu schaffen.

BERGGASTHAUS BÜNDNER RIGI
SURCUOLM

Die Zimmer 2/10

7 einfache, aber heimelige und gepflegte Doppelzimmer mit fliessendem Wasser; Duschen und Toiletten sind auf der Etage respektive im Untergeschoss. **Zimmer-Flüstertipps:** Zimmer 4 und 7 haben den besten Ausblick auf Rheinschlucht und Berge. Ein romantisches Erlebnis in der Sommersaison bietet das „Glashauszimmer" auf einer rückwärtigen Terrasse, wo man von Wind und Wetter geschützt unter dem Sternenhimmel der Surselva übernachten kann (290 Franken für zwei Personen inklusive fünfgängiges Überraschungsdinner).

Die Küche 4/10

Am Tag: Käse- und Trockenfleischplatten, verschiedene Salate und Suppen, Käseschnitte, Capuns, Grilladen, „Munggeschwänzli" (im Teig gebackene Pouletbruststreifen).
Am Abend (nur freitags und samstags und gelegentlich auch wochentags): Fünfgängiges Menü aus Grossmutters Kochbuch – das Menü wird vom Hausherrn und Koch André Schaub am Tisch persönlich erklärt, wobei er auf Unverträglichkeiten und persönliche Abneigungen Rücksicht nimmt. Beispiel: Kaltes Hirschentrecôte mit Rucola und Nüssen, Blattsalat mit geräucherter Wildwurst, klare Wildbouillon mit Frischkäse-Ravioli, Steak vom Bio-Jungrind an Thymianjus mit Pizzocheri und Blattspinat, Dessertteller mit lauwarmem Schoggikuchen, Nusstortenparfait und Appenzeller-Sorbet. Preis: 68 Franken.

Die Extras 1/10

Sauna mit Aussicht, mit Holzfeuer beheizter Hotpot.

Freizeiterlebnisse

An warmen Sommertagen lockt eine Abkühlung im alpinen Badesee Davos Munts bei Vella. Natürlichen Badespass bei Wassertemperaturen bis zu 24 Grad versprechen auch die beiden türkisgrünen und aussergewöhnlich klaren Bergseen im Flimserwald: Der etwas grössere Caumasee ist auf einem halbstündigen Spazierweg ab Flims Waldhaus erreichbar (Abkürzung durch Caumsee-Lift möglich), der Crestasee in zehn Gehminuten ab der Postauto-Station Trin-Felsbach. Beide Seen erfreuen mit einem lauschigen Gartenlokal. Bei Flims bietet die Aussichtsplattform Il Spir über dem Abgrund zur 400 Meter tiefer liegenden Rheinschlucht ein spektakuläres Panorama auf den Bündner „Grand Canyon". Wenige Schritte entfernt liegt das nette Restaurant Conn mit Terrasse.
www.davosmunts.ch + www.caumasee-flims.ch + www.crestasee-flims.ch + www.conn.ch

Wandertipp

Eine leichte, rund zweieinhalbstündige Wanderung führt vom BergGastHaus Bündner Rigi (1618 m) zum Piz Mundaun (2064 m) hinauf und über Cuolm Sura (1616 m) zurück zum Hotel. Sucht man die grössere Herausforderung am Berg, empfiehlt sich die sechs- bis siebenstündige Gipfelroute vom BergGastHaus Bündner Rigi über Piz Mundaun (2064 m), Hitzeggen (2112), Stein (2170 m), Piz Sezner (2310 m), Wali (1710 m), Untermatt, Cuolm Sura zurück zum Hotel.

Regentag-Alternative

Im Luxusresort Waldhaus Flims sind auch „Day Spa"-Gäste willkommen, die für ein paar Stunden in Wasser und Wärme eintauchen möchten (45 Franken für einen Morgen oder Abend, 70 bis 80 Franken für einen ganzen Tag). www.waldhaus-flims.ch

Spektakulärer ist ein Besuch in der architektonisch herausragenden 7132 Therme in Vals. Es werden jedoch nur wenige Besucher auf Voranmeldung eingelassen (Eintritt: 80 Franken, Kinder 52 Franken). www.7132.com/de/therme-spa

Wer sich eher für Hochprozentiges interessiert: Die Schnapsbrennerei Destillaria Daguot in Ilanz (Brennerei des Jahres 2017) lädt auf Voranmeldung zu Besichtigungen und Degustation ein. www.daguot.ch

Besonders geeignet für...
naturliebende Individualisten, die auf der Suche nach einem versteckten Rückzugsort sind.

Wenn doch nur...
die Zimmer mit eigenen Bädern ausgestattet wären.

BERGHAUS DIAVOLEZZA PONTRESINA

2978 mü.M.

7504 Pontresina, Diavolezza
Telefon +41 81 839 39 00
www.diavolezza.ch
berghaus@diavolezza.ch
Ganzjährig geöffnet

Die Lage 10/10

Auf Augenhöhe mit anderen Drei- und Viertausendern auf der Diavolezza – Ausgangspunkt der längsten Gletscherabfahrt der Schweiz (10 km) hinunter zur RhB-Station Morteratsch.

Erreichbar ist das Berghaus in zehn Minuten Fahrzeit mit der Luftseilbahn Diavolezza. Die Talstation liegt direkt an der Berninapassstrasse (mit dem Zug bis Haltestelle Bernina Diavolezza).

Die Atmosphäre 4/10

Wer die Berge liebt, den zieht die Gletscherkulisse des Diavolezza und der Rundblick auf die Alpenszenerie mit Piz Bernina und Piz Palü mit Wucht in die Wanderschuhe und hinaus in die Natur. Einige waghalsige Bergsteiger haben von hier aus einst die Erstbesteigung der höchsten Gipfel der Ostalpen unternommen. Seit 1956 besteht die Luftseilbahn auf die Diavolezza, etwas später kam das Berghaus hinzu. Wer hier oben übernachtet, geniesst das Schauspiel des Sonnenuntergangs, die klare Sternenpracht und das Lichtspektakel, wenn die Sonne erneut aufgeht. Zudem kehrt himmlische Ruhe ein, wenn die letzte Bahn Richtung Tal gefahren ist. Die Zimmer sind recht einfach, und je nach Kategorie muss man sich Dusche und Toilette mit anderen Gästen teilen. Die Atmosphäre ist angenehm entspannt, der Service ausgesprochen freundlich, und es gibt immer etwas zum Schauen.

Die Zimmer 3/10

8 zweckmässig eingerichtete Doppelzimmer mit Dusche und WC (darunter vier Zimmer mit SAT-Fernseher). 3 Zweibettzimmer und 6 Vierbettzimmer mit Etagenbad. 8 Gruppenunterkünfte für 6 bis 16 Personen.

Die Küche 3/10

Ein Abstecher auf fast 3000 Meter über Meer weckt den Appetit – dieser wird im bedienten Panoramarestaurant Bellavista und im Selbstbedienungslokal gestillt. Wer dabei Sonne tanken will, findet bei geeigneten Temperatur- und Windverhältnissen ein Plätzchen auf der Terrasse. Auf der Speisekarte stehen traditionelle Rezepte aus der regionalen Bündner und Veltliner Küche: Engadiner Bergkäse mit Birnenbrot, Gerstensuppe, Pizzoccheri mit Kartoffeln und Mangold, Lasagne mit Kürbis und Steinpilzen, Rösti mit Salsiz und Spiegelei, Cordon bleu mit Röstikroketten und Gemüse, Käsefondue, Apfelstrudel mit Vanillesauce.

BERGHAUS DIAVOLEZZA
PONTRESINA

Freizeiterlebnisse

Wer nicht glaubt, wie viel Adrenalin an einem Klettersteig fliessen kann, geht einfach mal den mittelschweren La Resgia Steig bei Pontresina hoch. Und blickt ein paar Meter zurück. Da oben fühlt sich die Wand ganz anders an! Der abwechslungsreiche, rund zweistündige Parcours führt über die Südwestwand über eine leicht überhängende Leiter, einen Drei-Seilsteg sowie ein Spinnennetz zum Punkt 2198 m, wo man nach 273 Metern Höhendifferenz auf den Wanderweg trifft, der zurück nach Pontresina führt. Alternative: Nochmals 15 Minuten zur Bergstation Alp Languard (mit gutem Bergrestaurant) hinaufsteigen, von wo man bequem mit dem Sessellift ins Tal fahren kann. Die Bergsteigerschule Pontresina bietet Kurse für sportliche Einsteiger an.
www.pontresina.ch + www.bergsteiger-pontresina.ch

Von den über 600 Seen in Graubünden sind nur eine Handvoll für Wassersportler freigegeben. Optimale Bedingungen für Windsurfer, Segler und Kite-Surfer – mit teilweise rasanten Winden in unvergleichlicher Naturkulisse – bietet der Silvaplanersee. Die Anlaufstation für Windsurfer, sei es für die Miete einer Surfausrüstung, für Kurse oder für den Austausch mit Gleichgesinnten, ist der Veranstalter Windsurfing Silvaplana. Dieser verfügt über zwei Ausgangspunkte am Silvaplanersee: Einen in Silvaplana, der optimale Voraussetzungen für Fortgeschrittene bietet, und den anderen in Sils, der sich bestens für Einsteiger und Familien eignet. Es stehen diverse Kurse für jedes Niveau zur Wahl.
www.windsurfing-silvaplana.ch

Wandertipp

Ein gut ausgebauter, aber schmaler Bergweg führt von der Diavolezza Bergstation auf den Munt Pers. Zum Teil ist das Gelände etwas steil, jedoch ist der Weg auch für Jugendliche gut machbar. Der Ausblick über den Pers- und Morteratschgletscher, Piz Palü, Piz Bellavista und Piz Bernina bringt jeden zum Staunen. Zurück geht man den gleichen Pfad. Idealerweise marschiert man noch vor Sonnenaufgang (mit Stirnlampe) los, denn das Naturerlebnis eines erwachenden Tages am Berninamassiv ist unvergesslich.

Ein Highlight für alle, die über Trittsicherheit und eine gewisse Kondition verfügen, ist die von einem Bergführer begleitete, rund fünfstündige Wanderung über gigantische Eisabbrüche und Gletschermühlen von der Diavolezza-Bergstation (2978 m) über den Persgletscher zum Morteratschgletscher und weiter zum Bahnhof Morteratsch (1896 m). Ausgerüstet mit Wanderschuhen, langer Hose, warmer Jacke, Handschuhen und Stöcken werden dabei 1100 Höhenmeter bewältigt. Anmeldung bis am Vorabend 17 Uhr bei der Bergsteigerschule Pontresina (Telefon 081 842 82 82)

Im Winter gibt es auf der Diavolezza keine gepfadeten Winterwanderwege.

Die Extras

Nach einem Tag an der frischen Luft lädt das höchstgelegene Outdoor-Sprudelbad Europas zum Entspannen ein.
Ein Highlight für Skifreaks, die nur zum Abendessen auf die Diavolezza kommen und unten im Tal übernachten: Rund vier Mal in jedem Winter gibt es nach dem Gipfeldinner eine Vollmond-Skiabfahrt über ruhige Hänge hinunter ins Tal.

Besonders geeignet für...
Berg-Enthusiasten, die Luxus nicht in Hotelsternen, sondern in Landschaftserlebnissen messen.

Wenn doch nur...
der Morteratschgletscher nicht ein sichtbares Opfer des Klimawandels wäre und im Vergleich zu zwanzig, dreissig Jahren früher nicht diesen traurigen Eindruck hinterlassen würde.

FEX HOTEL
FEX/SILS

1972 mü.M.

7514 Fex/Sils, Via da Fex 73
Telefon +41 81 832 60 00
www.hotelfex.ch
info@hotelfex.ch
Mitte Juni bis Mitte Oktober und
Weihnachten bis Anfang April geöffnet

Die Lage 8/10

Pittoresk alleinstehend in freier Natur weit hinten im 6 km langen, autofreien Seitental des Oberengadins. Seit 1954 gilt im Fextal ein strenger Natur- und Landschaftsschutz, sodass Besucher heute vergeblich nach Stromleitungen, Skiliftanlagen oder Gondelbahnen suchen.

Der unlängst verstorbene italienische Stardirigent Claudio Abbado, der im Fextal über viele Jahre Kraft und inneren Frieden schöpfte, brachte den Zauber des Tals so auf den Punkt: „Stille hilft, Gedanken zu vertiefen. Es liegt eine wunderbare Ruhe in dieser Landschaft. In einem Winter habe ich das erste Mal gehört, wie Schnee fällt.
Der Klang, kaum vernehmbar, ist der Klang der Stille."

Hotelgäste werden bei der Anreise mit dem Hotelbus bei der Post Sils abgeholt und zum Skifahren vom Hotel zur Talstation Sils-Furtschellas (und nachmittags wieder zurück) gefahren.

Anreisende Hotelgäste können ihr Gepäck auch vom Hotelbus ans Ziel bringen lassen und zu jeder Jahreszeit in knapp anderthalb Stunden auf der kontinuierlich ansteigenden (nur für Anwohner zugänglichen) Bergstrasse zum Hotel Fex wandern.

Die Atmosphäre 7/10

In ursprünglich gebliebenen Fextal lässt sich das Engadin erleben, wie es war, bevor es geworden ist, wie es sich heute um St. Moritz herum präsentiert, wo der Ruhesuchende all dem begegnet, dem er zu entkommen trachtet. Hier sagt einem der Fuchs Gute Nacht – in St. Moritz trägt man ihn um den Hals.

Das Berggasthaus mit 15 einfachen Zimmern, Jugendstilartigem Hotelspeisesaal, rustikaler Stüva, Salon, gedeckter Veranda und Sonnenterrasse ist ein Juwel aus der Frühzeit des alpinen Tourismus – so fotogen, dass es schon als Kulisse für einen Hemingway-Fernsehfilm diente. Die Kuriosität des Hotel Fex: Ursprünglich in den 1850er-Jahren als Teil des Bäderkomplexes von St. Moritz-Bad erbaut, wurde es um 1900 in seine Einzelteile zerlegt, mit Pferdefuhrwerken ins Fextal transportiert und am jetzigen Standort wieder zusammengesetzt. Ein märchenhafter Ort, an dem alles wunderbar zusammenpasst.

Selbst wenn die freundliche Bedienung den falschen Wein bringt und ihr der Korkenzieher Mühe bereitet – dem Charme dieses Berggasthauses tut das keinen Abbruch.

FEX HOTEL
FEX/SILS

Die Zimmer

13 einfache Zimmer mit Bad/WC, 2 Zimmer mit WC und Waschbecken (Dusche auf der Etage). **Zimmer-Flüstertipps:** Besonders schöne Ausblicke haben die Nummern 12 (sanft renoviertes Zimmer), 18 (Alpenzimmer) und 32 (Standard-Doppelzimmer).

Die Küche

Authentische Engadiner Marktküche aus ausschliesslich regionalen Produkten, wenn immer möglich in Bioqualität. Abends ist das kulinarische Angebot etwas reduziert, dann gibt es im Hotelspeisesaal ein fixes Menü und in der Stüva ein Fexer Käsefondue. Im Salon und auf der gedeckten Veranda werden nachmittags Kaffee, Tee und hausgemachte Kuchen serviert.

Freizeiterlebnisse

Zum nostalgischen Eintauchen in frühere Zeiten passt eine Pferdekutschen- respektive Pferdeschlittenfahrt durchs Fextal. Zwischen Sils und dem Hotel Fex verkehren zahlreiche Gespanne mit Kutscher. Die Fahrt dauert 50 Minuten (ein Weg) und kostet 90 Franken für 1 bis 4 Personen. Das Hotel Fex ist ein wunderbarer Ausgangspunkt für Hochgebirgs- und Skitouren, zum Schneeschuh- und Langlaufen (Anschluss an die Loipe beim Hotel).

Wandertipp

Ein leichter, 40-minütiger Spaziergang führt zur Alp Muot Selvas mit Einkehrmöglichkeit.

Eine grossartige Sommerwanderung geht vom Hotel Fex (1972 m) zum Lej Sgrischus (2618) und auf gleichem Weg wieder zurück. Distanz: 9,8 km, Marschzeit: 3¾ Stunden.

Lohnenswert ist auch die Wanderung von Sils (1809 m) über die Krete des Muott'Ota (2448 m) zum Hotel Fex (1972 m). Distanz: 8,5 km, Marschzeit: 3¼ Stunden. Diese Wanderung kann man gleich am Anreisetag einplanen und das Gepäck im Depot in Sils einstellen; ein Hotelmitarbeiter bringt es dann direkt ins Zimmer.

Eine Tageswanderung vom Hotel Fex nach Sils ist die Route über den Lej Sgrischus (2618 m), den Aussichtspunkt Marmoré (2202 m) und Furtschellas nach Sils (1809 m). Distanz: 17,7 km, Marschzeit: 6¾ Stunden.

Regentag-Alternative

Besuch im Nietzsche-Haus in Sils. Wellness-Nachmittag im Hotel Waldhaus Sils oder im öffentlichen Hallenbad & Spa Ovaverva in St. Moritz-Bad.
www.nietzschehaus.ch + www.waldhaus-sils.ch + www.ovaverva.ch

Besonders geeignet für...

echte Romantiker, die magische Momente in verträumter alpiner Abgeschiedenheit suchen.

Wenn doch nur...

die überraschend vielen Autos von Anwohnern im „verkehrsfreien" Fextal nicht wären. Das stört vor allem im Winter, wenn sich die Wanderer vorwiegend auf der schmalen, schneebedeckten Bergstrasse fortbewegen oder die Strasse hinunterschlitteln.

FIDAZERHOF
FIDAZ

 1150 m ü.M.

7019 Fidaz, Via da Fidaz 34
Telefon +41 81 920 90 10
www.fidazerhof.ch
info@fidazerhof.ch
Mitte Mai bis Ende Oktober und
Mitte November bis Mitte April geöffnet

Die Lage
Am Dorfrand von Fidaz, mit Panoramablick auf die Surselva und das Flimsertal. Wenige Autominuten von Flims entfernt.

Die Atmosphäre 7/10
Eine heimelige ländliche Atmosphäre im klassischen Bündnerstil zieht sich durch das Erdgeschoss mit Restaurant und Kamin-Lounge. Betritt man die Gästezimmer in den oberen Stockwerken, merkt man sofort, dass hier mit der Vergangenheit des Gasthofs gebrochen wurde. Die Innenarchitektur setzt auf elegante Schlichtheit und vereint modernes Design und alte rustikale Stücke mit grosser Geschmackssicherheit. Der kleine Wellnessbereich setzt konsequent wie in keinem anderen Schweizer Hotel auf Ayurveda: Persönliche ayurvedische Typenbestimmung und Ernährungsberatung, Synchronmassage (vier Hände) und der Shirodhara-Stirnguss werden mit grossem Sachverstand ausgeübt und sensibel auf den mitteleuropäischen Gast adaptiert. Im ganzen Haus lässt das aufmerksame Team um Roland Häfliger und Antonia Schärli echte Zuwendung erkennen und vermittelt unbeschwerte Lebensfreude.

Die Zimmer
12 wohnliche, nach baubiologischen Kriterien renovierte Zimmer, die meisten mit Balkon. **Zimmer-Flüstertipps:** Besonders aussichtsreich sind die Nummern 2, 3, 4 und 21.

Die Küche
Fein zubereitete Bündner Spezialitäten und zeitgemässe Marktküche mit Schwerpunkt auf Slow-Food-Produkten und vegetarischen Gerichten. Gute Weinauswahl mit Schwerpunkt auf Gewächsen aus der Bündner Herrschaft. Ausgezeichnetes Frühstücksbuffet mit selbstgebackenem Brot, hausgemachter Marmelade, frisch gepressten Säften, Müsli zum Selbermahlen und hochwertigen regionalen Wurst- und Käseprodukten.

Die Extras
Finnische Sauna, Dampfbad, Infrarotkabine, klassische Massagen und professionelle Ayurveda-Behandlungen. Diverse Ayurvada-Spezialwochen.

FIDAZERHOF
FIDAZ

Freizeiterlebnisse

Wer einmal mit der Rhätischen Bahn von Reichenau nach Ilanz gefahren ist, wird die canyonartige Rheinschlucht in der bizarren Bergsturzlandschaft kaum mehr vergessen. Bis zu 300 Meter hoch türmen sich die Wände links und rechts. Die 20 km lange Strecke ist im Sommer auch mit dem Schlauchboot befahrbar. Das Wildwasserabenteuer ist eines der feuchtfröhlichen Erlebnisse im Angebot des Veranstalters Swissraft. Unter der Leitung von erfahrenen Wassercracks sind die Boote jeweils mit acht Passagieren bemannt, die mit Schwimmwesten, Helmen und Padeln ausgerüstet sind. Neben einer guten Portion Unternehmungslust sind keine speziellen Kenntnisse erforderlich. Mindestalter: 10 Jahre. www.swissraft.ch

Weitere Sommeraktivitäten: Schwimmen in den Bergseen, etwa im türkisblau schimmernden Caumasee im Flimserwald oder im Crestasee zwischen Flims und Trin. Golfen im alpinen 18-Loch-Platz Buna Vista Golf in Sagogn mit Driving-Range, Einsteiger- und Schnupperkursen.
www.caumasee-flims.ch + www.crestasee-flims.ch + www.bunavistagolf.ch

Im Winter: Laax setzte als erstes Skigebiet der Schweiz stark auf den Lifestyle der Snowboarder und Freerider – und ist damit eine der wenigen Winterdestinationen mit einem wirklichen Alleinstellungsmerkmal. Die vier Snowparks mit insgesamt 89 Hindernissen bieten für jeden Anspruch etwas. Boxes, Rails, Tables, die weltgrösste Superpipe mit einer Länge von 200 Metern und vieles mehr. Auch klassische Skifahrer kommen auf 224 gut präparierten Pistenkilometern auf ihre Kosten. Wer morgens vergisst, den Pistenplan einzustecken, der kann schnell mal die Orientierung verlieren. Ausserdem locken 62 km Langlaufloipen, zahlreiche Winterwanderwege und drei Schlittelpisten (von Foppa nach Flims, von Curnius nach Falera sowie von Nagens nach Scansinas).

Wandertipp

Vom Hotel führt ein leichter Spazierweg durch den Fidazerwald zum Kinderfriedhof (ein „Kraftort" nach Meinung von Gastgeber Roland Häfliger) und weiter zur Burgruine Belmont.

Eine leichte Wanderung, die sich auch für Familien mit Kleinkindern oder Kinderwagen eignet und eine Stunde pro Wegstrecke dauert, führt von Fidaz nach Foppa, wo das gleichnamige Berghaus zur Einkehr lockt. www.berghausfoppa.ch

Eine sehr schöne, rund fünfstündige Tour für gute Berggänger: Von Fidaz (1150 m) über das Hochtal Bargis (1550 m) und den Flimserstein zum Cassonsgrat (2695 m). Von dort über Segnesboden, Alp Naraus (1840 m) und Foppa zurück nach Fidaz.

Regentag-Alternative

Selbst wenn es draussen Katzen hagelt oder Speckseiten schneit: Nach einer ayurvedischen Behandlung im Fidazerhof stellt sich ein Gefühl der Leichtigkeit, Lockerheit und Geschmeidigkeit ein.

Besonders geeignet für...
unkomplizierte Geniesser, die Naturerlebnisse und Ayurveda-Wohltaten verbinden möchten.

Wenn doch nur...
die Dorfstrasse nicht direkt am Haus und der Restaurantterrasse vorbeiführen würde.

MEISSER GUARDA

1650 mü.M.

7545 Guarda, Dorfstrasse 42
Telefon +41 81 862 21 32
www.hotel-meisser.ch
info@hotel-meisser.ch
Anfang Mai bis Ende Oktober und
Mitte Dezember bis Mitte März geöffnet

Die Lage 8/10

Mitten im Bilderbuchdorf, mit Garten und weitem Blick aufs Unterengadin. Die umliegenden Berge, Wälder und Bäche warten geradezu darauf, entdeckt zu werden.

Die Atmosphäre 7/10

Hier ist man weit weg von der Hektik der Welt und hat in vielerlei Hinsicht das Gefühl, als seien die Uhren vor hundert Jahren stehen geblieben. Die wohltuende Ursprünglichkeit des „Schellen-Ursli"-Dorfes Guarda spiegelt sich im Hotel Meisser, das sich über zwei ehemalige Engadiner Bauernhäuser erstreckt und mittlerweile in fünfter Generation (seit 1893!) von der Familie Meisser geführt wird. Man wohnt in absoluter Ruhe, wird liebenswürdig umsorgt und geniesst dabei ein herrliches Alpenpanorama. Die Zimmer – lange ein Schwachpunkt des Hotels – wurden in den letzten Jahren kontinuierlich renoviert und an heutige Komfortstandards angepasst. Zum Entspannen laden der Hotelgarten mit Liegestühlen und die Stüvetta-Kaminlounge mit kleiner Bibliothek ein. Auch mit Kindern fühlt man sich im „Meisser" jederzeit willkommen, lediglich manche Serviceabläufe fordern die Geduld des urbanen Gastes, der sich daran erinnern muss, dass er im beschaulichen Guarda und nicht in Zürich oder München weilt.

MEISSER
GUARDA

Die Zimmer 5 10
19 Zimmer und Suiten von traditionell-romantisch bis modern-alpin. **Zimmer-Flüstertipps:** Die Zimmerkategorien „Piz Pisoc" und „Piz Lischana" haben die besten Aussichten.

Die Küche 5 10
Schmackhafte Bündner Spezialitäten, die im historischen Jugendstilsaal, im Panoramarestaurant La Veranda oder auf der herrlichen Aussichtsterrasse serviert werden. Verlockendes Angebot der besten Weine aus der Bündner Herrschaft.

Die Extras 2 10
Kinderspielplatz. Verleih von Mountainbikes (25 Franken pro Tag inkl. Helm) und Schneeschuhen (19 Franken inkl. Stöcke). Das Hotel vermietet tagesweise auch das Elektroauto Tesla X für Ausfahrten durch die Bündner Bergwelt (200 Franken pro Tag).

Freizeiterlebnisse
Eisweg Engadin bei Scuol: Der märchenhafte Wald bei Sur En im Unterengadin fristete lange ein Schattendasein im Winter. Bis ein paar findige Köpfe, die hier im Sommer einen Seilpark betreiben (siehe unten), auf die Idee kamen, dass die fehlende Sonneneinstrahlung ideale Voraussetzungen für einen Schlittschuh-Rundkurs bietet. Seit vier Jahren schlängelt sich nun ein 3 km langer, täglich präparierter Eisparcours durch den Wald entlang dem Inn und begeistert drei Generationen von Naturliebhabern. Mehr Nervenkitzel bietet der 18 Meter hohe Eiskletterturm für Anfänger und Profis, auf Wunsch mit professioneller Anleitung. www.eisweg-engadin.ch

Seilpark Engadin bei Scuol: Hier kann man den Wald aus der Vogelperspektive erleben, während man sich den Herausforderungen der acht verschiedenen Parcours verschiedener Schwierigkeitsstufen in einer Gesamtlänge von über tausend Metern stellt. Ein ideales Tagesausflugsziel für die ganze Familie. www.seilpark-engadin.ch

Wandertipp
Ein schöner kleiner Rundkurs, besonders auch für Familien mit Kindern geeignet, ist der 3 km lange „Schellen-Ursli-Weg" mit Ausgangs- und Endpunkt im Dorf Guarda. An diversen Stationen entlang des Themenpfads lebt die Geschichte um das berühmte Bilderbuch mit dem Bündner Bergbauernbuben, dem für das regionale Fest Chalandamarz noch die nötige Glocke fehlt, wieder auf. Dauer: ca. 1½ Stunden.

Für anspruchsvolle Wanderer lockt die 5½-stündige Tour von Guarda (1650 m) zur Berghütte Chamonna Tuoi (2250 m) am Fusse des Piz Buin und von dort über den Bergsee Lai Blau (2613 m) und die Alp Sura zurück nach Guarda.

Regentag-Alternative
River-Rafting-Touren auf dem Inn sind auch bei Regen reizvoll – nass wird man ja sowieso. Mit dem Neoprenanzug und der Neoprenjacke sind die Teilnehmer vor Regen und Kälte geschützt. Selbstverständlich werden die Wildwassertouren bei stark steigendem Wasserstand angepasst oder abgesagt. Mindestalter 14 Jahre. Saison: Mitte Mai bis Ende September. www.engadin-adventure.ch/rafting/

Besonders geeignet für...
Menschen, die den Luxus der Ruhe lieben und das Besondere im Einfachen suchen.

Wenn doch nur...
die Zufahrt zum Hotelparkplatz nicht so eng und abgewinkelt wäre.

PARADIES
FTAN

1650 mü.M.

7551 Ftan, Paradies 150
Telefon +41 81 861 08 08
www.paradieshotel.ch
info@paradieshotel.ch
Weihnachten bis Ende März und
Mitte Juni bis Ende September geöffnet

Die Lage 10/10

Alleinstehend auf einem sonnigen Hochplateau, etwas ausserhalb dem Dorf Ftan, mit grossartigem Blick auf die Lischana-Bergkette.

Die Atmosphäre 9/10

Ein Aufenthalt im „Paradies" ist besser als im Himmel: Das Hotel liegt phänomenal schön, die lichtdurchfluteten Zimmer mit Südterrassen bieten alle ein Cinemascope-Panorama auf die Bergwelt, und die öffentlichen Räume atmen den wohnlichen Charme eines luxuriösen Privathauses. Im „Paradies" gelingt eine höchst eigenständige und persönliche Umsetzung von dem, was Luxus sein kann: Alles hier ist liebevoll gestaltet und gepflegt und strahlt jene Wärme und Geborgenheit aus, die in der Hotellerie so selten geworden sind. Die Freude des bestens motivierten Teams unter der langjährigen Gastgeberin Meike Bambach ist ansteckend – Unmögliches scheint es in diesem Engadiner Hideaway nicht zu geben, und gute Laune kann man hier regelrecht tanken.

Die Zimmerpreise – ab ca. 820 Franken für zwei Personen – mögen auf den ersten Blick hoch erscheinen, doch ist hier wirklich alles inklusive: Frühstück, Mittag- und Abendessen (serviert, wo und wann immer man will), alle Getränke einschliesslich Bündner Weine und Cocktails, Kaffee und Kuchen, Wäscheservice, Greenfees auf dem Golfplatz Vulpera, eine exklusive Führung durch das Schloss Tarasp, Yoga-Lektionen, Wanderungen mit dem lokalen Bergführer und der Verleih von E-Bikes. Im Winter sind auch der Skipass, ein privater Ski- und Langlauflehrer sowie geführte Schneeschuhwanderungen im Zimmerpreis inkludiert.

PARADIES
FTAN

Die Zimmer

23 heiter stimmende, komfortable Zimmer und Suiten, einige mit Kamin, alle mit eigenem Südbalkon oder Terrasse. Viele Details bieten jeden Tag etwas Besonderes, sei es die Thermoskanne zum Aufgiessen von Kräutertee am Abend im Zimmer oder die kleine Laterne mit einer Kerze auf dem Balkon.

Die Küche

Regionalität und Leichtigkeit stehen im Mittelpunkt der Küchenphilosophie. Was auf die Teller kommt, ist frisch und erfrischend angerichtet. Das ausgezeichnete Fleisch stammt vom heimischen Metzger Ludwig Hatecke, das Gemüse vom Biohof Tanter Dossa und die Kräuter vom hauseigenen Garten. Der kulinarische Tag beginnt schon vergnügt beim Frühstück mit hausgemachten Konfitüren und selbstgebackenem Brot, Arvenhonig, Ftaner Bergkäse und Bündnerfleisch vom Bauern.

Die Extras

Kleiner Wellnessbereich mit Sauna und Dampfbad, Whirlpool und Fitnessbereich sowie zwei holzbefeuerten Hot-Tubs auf der Sonnenterrasse. Massagen und Beauty-Behandlungen. Kostenloser Verleih von Mountainbikes und E-Bikes. Wanderungen mit dem lokalen Bergführer. Yoga-Lektionen à discrétion, wo und wann immer gewünscht – die Yoga-Lehrerin ist flexibel verfügbar, zum Sonnenaufgang auf der Waldlichtung oder nach dem Skitag im Yoga-Raum.

Freizeiterlebnisse

Im Sommer: Alpen-Golfplatz Vulpera (15 Autominuten vom Hotel entfernt), Downhill-Bike-Strecke von Motta Naluns nach Scuol, Gleitschirm-Tandemflüge, Kanu- und Kajakfahrten sowie River-Rafting auf dem Inn.

Im Winter: Mit der Sesselbahn Ftan-Prui gelangt man bequem ins Wintersportgebiet Motta Naluns ob Scuol. Die Strecke von Prui nach Ftan hinunter ist auch ein beliebter Schlittelweg.

Wandertipp

Der Wanderklassiker ist die Via Engiadina: Der familientaugliche, höhenökonomisch angelegte und gut markierte Panoramaweg führt auf 60 km quer durchs Unterengadin, und das meist 500 Meter oder höher über dem Talboden. Die Etappen: Zernez, Susch, Lavin, Guarda, Alp Suot, Ardez, Alp Laret, Prui, Motta Naluns, Jonvrai, Sent, Val Sinestra, Vnà, Tschlin – stets an den nördlichen, sonnigen Hängen, die hübschen Dörfer in herrlicher Terrassenlage aufgereiht und immer mit Postauto- oder Zugverbindung für einzelne Tagestouren.

In der Wildnis des Schweizerischen Nationalparks haben Steinböcke, Gämse, Murmeltiere und Raubvögel das Sagen. Der Mensch bleibt Beobachter und darf als Gast an den Geheimnissen teilhaben – aber nie das 80 km lange Wanderwegnetz verlassen. Denn im Nationalpark wird die gesamte Tier- und Pflanzenwelt ihrer freien, natürlichen Entwicklung überlassen. Eine attraktive Tagestour für konditionsstarke Wanderer führt in rund acht Stunden von S-chanf nach Zernez. Wer es entspannter angehen möchte, wählt die Route vom Parkplatz 1 am Eingang zum Nationalpark durch das Hochtal von Champlönch zur Alp Grimmels und weiter nach Il Fuorn. Von dort aus fährt das Postauto zurück zum Parkplatz 1. *www.nationalpark.ch*

Regentag-Alternative

Das Gesundheits- und Erlebnisbad Bogn Engiadina in Scuol (6 km vom Hotel entfernt) ist die grösste touristische Attraktion des Unterengadins und verfügt neben einer grossen Saunalandschaft über sechs Innen- und Aussenbecken mit verschiedenen Temperaturen und Mineralgehalten. Aussergewöhnlich wird es für jene, die sich den exquisiteren Teil gönnen, das Römisch-Irische Bad. Maximal vier Personen sind für das dreistündige Ritual auf Anmeldung im 15-Minuten-Takt zugelassen. Beim Parcours durch sechszehn verschiedene Warmluftzonen, Bäder und Massagen wird der Kreislauf so richtig auf Touren gebracht. *www.engadinbad.ch*

Besonders geeignet für...

Individualisten, die luxuriöses Understatement und absolute Ruhe in weitgehend intakter Natur suchen.

Wenn doch nur...

ein Schwimmbad vorhanden wäre – in dieser Hotelklasse eigentlich ein Standard. Auch ist das Hotelgebäude von aussen keine Schönheit.

ROMANTIK HOTEL MUOTTAS MURAGL SAMEDAN

2456 mü.M.

7503 Samedan, Muottas Muragl
Telefon +41 81 842 82 32
www.muottasmuragl.ch
info@muottasmuragl.ch
Anfang Juni bis Mitte Oktober und
Mitte Dezember bis Anfang April geöffnet

Die Lage 10/10

Wer die schönsten Postkarten des Oberengadins gleich an Ort und Stelle abholen will, fährt mit der roten Standseilbahn ab Punt Muragl bei Pontresina auf den Aussichts- und Wanderberg Muottas Muragl. Allein die zehnminütige Anreise ist eine Schau.

Ein Lift führt direkt von der Bahnstation zur Hotelrezeption, wo man freundlich empfangen wird. Von den Terrassen des Berghotels präsentieren sich die Engadiner Seen wie Perlen an der Schnur – ein berauschendes Naturepos, das Giovanni Segantini in zahlreichen Gemälden verewigt hat.

Anreise mit dem Auto: Bei der Talstation in Punt Muragl stehen reservierte Parkplätze für Hotelgäste bereit. Die Bahn fährt von 7.45 bis 23 Uhr jeweils alle 30 Minuten in beide Richtungen.

Die Atmosphäre 6/10

Interessante Mischung aus klassischem Berghaus (Baujahr 1907), smartem Designhotel (feinsinnige Totalrenovation im Jahr 2010) und populärem Ausflugslokal.
Das „Plusenergie"-Konzept (Minergie-Bauweise, Warmwasser durch Erdwärme, Stromversorgung durch Sonnenkollektoren entlang der Bahnstrecke, usw.) lässt auch umweltbewusste Gäste ruhig schlafen. Das Lied „Über den Wolken" von Reinhard Mey passt perfekt auf diesen Ort.

ROMANTIK HOTEL MUOTTAS MURAGL
SAMEDAN

Freizeiterlebnisse

Das Schlitteln hat sich zum Trendsport gemausert – weil es all das nicht hat, was zum Skifahren oft dazugehört: keine Warteschlangen an den Liften, keine teuren Skipässe, kein Bedarf für dauernd neue Ausrüstungen. Dazu lebt der Schlittler relativ ungefährdet, anders als der von Pistenbolzern drangsalierte Skifahrer. Hotelgäste auf Muottas Muragl haben eine der spektakulärsten Schlittelbahnen der Schweiz direkt vor der Nase – sie brauchen lediglich die Kufen in den Schnee zu setzen und auf 4,2 km rasant 718 Höhenmeter zu Tal zu gleiten – oder eben gegen die Schneewand in der erstbesten Kurve, je nachdem. Das Panorama ist in jedem Fall postkartentauglich. Schlitten können bei der Talstation gemietet werden.

In der kalten Jahreszeit führen auf Muottas Muragl drei unterschiedlich lange Rundwanderstrecken über die Hochebene. Für die gesamte Strecke benötigt man gut zwei Stunden, doch kann man auch kleinere Runden wählen. Zudem gibt es einen markierten, 3,5 km langen Schneeschuh-Trail (Start- und Endpunkt: Bergstation Muottas Muragl, ein Highlight sind die geführten Schneeschuhtouren bei Vollmond). Der Berg ist jedoch kein Skigebiet, und von Muottas Muragl gibt es keinen Winterwanderweg hinunter zur Talstation.

Wandertipp

Die Engadiner Bergwelt bietet beinahe unerschöpfliche Wandermöglichkeiten, die zu entdecken sich lohnen. Alpinisten bekommen glänzende Augen bei dem Gedanken an Oberengadiner Traumrouten wie Piz Palü und Biancograt. Genusswanderer entscheiden sich für einen der Höhenwege. Der Komfortabelste ist der fast eben verlaufende, 6,7 km lange und knapp zweistündige Panoramaweg von der Bergstation Muottas Muragl (2456 m) zur Alp Languard (2326 m). Bei der Alp Languard (mit Bergrestaurant) kann man entweder den Sessellift hinunter nach Pontresina (1805) nehmen oder den steilen Zickzackwaldweg hinunterwandern.

Regentag-Alternative

Das Mineralbad & Spa Samedan mitten im historischen Dorfkern besteht aus drei übereinander liegenden Bädern, weshalb man im Ort von „vertikaler Erholung" spricht. Der Gast durchwandert wie in einem mystischen Berglabyrinth eine Welt mit verschiedenen Bade- und Dampfräumen. Höhepunkt des rund zweistündigen Baderitual-Rundgangs ist das Aussen-Dachbad direkt unter dem Kirchturm. www.mineralbad-samedan.ch

Die Zimmer 5/10

16 modern-alpine, nach Arvenholz duftende, eher kleine Zimmer und 1 Juniorsuite. Die grösseren Zimmer sind mit einem Bettsofa ausgestattet und können auch als Familienzimmer genutzt werden. **Zimmer-Flüstertipps:** Alle Zimmer der Kategorie „Bellavista" blicken auf das Oberengadiner Seenplateau. Ebenso die Juniorsuite, die über einen separaten Schlaf- und Wohnbereich sowie über eine Dachterrasse verfügt.

Die Küche 5/10

Zur Wahl stehen das cool gestylte Selbstbedienungsrestaurant Scatla (ein futuristischer Kubus aus Glas und Holz) sowie das rustikal moderne Panoramarestaurant mit einem ambitionierten Mix aus regionaler und mediterraner Marktküche. Beide Lokale verfügen über fantastische Sonnenterrassen, die jedoch im Januar oftmals zu windig sind und im Februar und März jeweils bis auf den letzten Platz besetzt. Gutes Frühstück mit regionalen Frischprodukten.

Die Extras 1/10

Kinderspielplatz direkt hinter dem Hotel.

Besonders geeignet für...
designbewusste Naturliebhaber, die Panoramen mit Seltenheitswert zu schätzen wissen.

Wenn doch nur...
die Weine nicht mit einem saftigen Höhenzuschlag kalkuliert würden.

ROMANTIK HOTEL THE ALPINA TSCHIERTSCHEN

1350 m.ü.M.

7064 Tschiertschen
Telefon +41 81 868 80 88
www.the-alpina.com
welcome@the-alpina.com
Anfang Juni bis Ende Oktober und
Anfang Dezember bis Anfang April geöffnet

Die Lage 8/10

Am oberen Dorfrand von Tschiertschen, mit Blick auf Weisshorn, Weissfluhjoch und Calanda sowie ins Schanfigg-Tal.

Die Atmosphäre 7/10

Tschiertschen ist genau das, was viele zivilisationsgeplagte Stadtmenschen heute suchen: ein heimeliges, weitgehend authentisch gebliebenes Bergdorf mit alten Walserhäusern und nostalgischem Charme inmitten intakter Natur – abseits des Massentourismus und doch nur 10 Kilometer von Chur entfernt. Jeder grüsst jeden auf der Dorfstrasse und den Wanderwegen, und sowohl beim Skifahren wie beim Wandern oder Biken werden hier Träume von erholsamen Ferien erfüllt. Genauer: die inneren Träume so mancher Gäste berührt. Das Romantik Hotel The Alpina, im Jahr 1897 eröffnet und nach langem Dornröschenschlaf und umfassender Renovation 2015 durch einen malaysischen Unternehmer zu neuem Leben erweckt, passt wunderbar ins Gesamtbild und ist eine angenehm unprätentiöse Traum-Lokalität mit behaglichem Flair und nettem Hotelteam. Das omnipräsente Gastgeberpaar Michael und Marlies Gehring sorgt für jenes Fluidum, in dem sich jeder Gast mindestens so wichtig genommen fühlt, wie er sich selbst nimmt. Auffallend: Auch viele Dorfbewohner und Churer finden den Weg ins „Alpina" und schätzen den unkomplizierten Hochgenuss im Restaurant, in welchem der kulinarische Spagat zwischen alpiner Tradition und fernöstlichen Esserlebnissen gelingt.

ROMANTIK HOTEL THE ALPINA
TSCHIERTSCHEN

Die Zimmer 5/10

27 holzgeprägte, gemütliche, eher kleine Zimmer und Suiten. **Zimmer-Flüstertipps:** Superior-Zimmer 109 und 209 mit Aussicht ins Schanfigg, Superior-Zimmer 206 und 210 mit Aussicht auf den Calanda, Suiten 301 und 210 mit Aussicht ins Schanfigg.

Die Küche 7/10

Fein zubereitete Schweizer Spezialitäten aus vorwiegend regionalen Produkten sowie eine schöne Auswahl asiatischer Gerichte, serviert im Panoramarestaurant mit Sonnenterrasse und im Jugendstil-Speisesaal. Stimmige Hotelbar mit Smokers Lounge.

Die Extras 4/10

Kleiner Wellnessbereich mit 2 Saunas, Dampfbad, Infrarotkabine, Aussen-Whirlpool. Naturkosmetik, klassische und thailändische Massagen. Kostenloser Verleih von Schlitten und E-Bikes. Im Winter steht ein Skitourenführer kostenlos zur Verfügung der Hotelgäste.

Besonders geeignet für...
Familien mit Kindern und alle, die Naturverbundenheit, Gelassenheit und Ruhe statt offenkundigen Luxus suchen.

Wenn doch nur...
Tschiertschen nicht auf der Schattenseite des Schanfigg liegen würde und im Winter mehr Sonne hätte. Doch ist dieses Handicap auch ein Vorteil: Das Skigebiet muss nur punktuell künstlich beschneit werden und gilt als recht schneesicher. Im Hotel kann bemängelt werden, dass den Gästen kein Aufenthaltsraum oder Wohnsalon zur Verfügung steht – es gibt lediglich diverse Restauranträumlichkeiten und die Eingangshalle.

Freizeiterlebnisse

Im Winter: Das Hotel bietet eine direkte „Ski-in-Ski-out"-Anbindung ans familiäre Skigebiet mit zwei Sesselbahnen, zwei Skiliften und 32 Pistenkilometern. Versierte Skifahrer und Snowboarder nehmen die Freeride-Abfahrt mit 1000 Höhenmetern in der Falllinie von Gürgaletsch nach Tschiertschen. Ausserdem gibt es einen herrlichen Schlittelweg von der Bergstation der Waldstaffel-Sesselbahn über Furgglis nach Tschiertschen (4 km, 500 Höhenmeter). Das „Alpina" verleiht sowohl Schlitten als auch „Gögel" (eine Mischung aus Schlitten und Monoski). Wenige Schritte vom Hotel entfernt befindet sich zudem eine Natureisbahn mit der Möglichkeit zum Eisstockschiessen.

Im Sommer ist Tschiertschen ein Paradies für Wanderer und Mountainbiker – es gibt durchgehende Verbindungen nach Arosa oder Lenzerheide, und natürlich Wege auf die nahen Berggipfel. Einkehren kann man auf diversen Alpen wie der Ochsenalp am Weisshorn, auf der Hörnlihütte ob Arosa oder im Berghaus Hühnerköpfe ob Tschiertschen. Ein hoteleigener Wanderführer liegt für jeden Gast bereit und beschreibt die schönsten Routen und Plätze.

Wandertipp

Eine leichte bis mittelschwere Rundwanderung führt von Tschiertschen über Furgglis und Prader Alp zurück nach Tschiertschen (Gehzeit: 2½ Stunden).
Etwas anstrengender ist die Route von Tschiertschen über Hühnerköpfe, Joch, Prader Alp nach Tschiertschen (4½ Stunden). Für Familien mit kleinen Kindern gibt es den „Füxliweg" und den „Schmetterlingsweg".

Regentag-Alternative

Die feinsinnigen thailändischen Spa-Therapeutinnen des Hotels lockern jeden verspannten Rücken. Wer an Schlechtwettertagen lieber ausschwärmen möchte: Chur ist in 15 Minuten Fahrzeit zu erreichen. Die Altstadt lädt zum Bummeln ein, das Bündner Kunstmuseum, das Rätische Museum und das Bündner Naturmuseum zum Entdecken, Erleben und Staunen. Für Bewegungsfreudige ist das Kletterzentrum Ap'n Daun in Chur ein attraktives Ziel.
www.buendner-kunstmuseum.ch +
www.raetischesmuseum.gr.ch +
www.naturmuseum.gr.ch + www.kletterzentrumchur.ch

SCHATZALP BERGHOTEL DAVOS

1861 mü.M.

7270 Davos Platz, Schatzalp
Telefon 081 415 51 51
www.schatzalp.ch
info@schatzalp.ch
Anfang Juli bis Anfang September und
Mitte Dezember bis Ende März geöffnet

Die Lage 10/10

Idyllisch auf der autofreien Schatzalp, in einer Waldlichtung 300 Höhenmeter über Davos. Vom Ortszentrum Davos Platz in vier Minuten mit der Standseilbahn zu erreichen.

Die Atmosphäre 9/10

Zur vorletzten Jahrhundertwende schossen in Davos die Tuberkulose-Sanatorien wie Pilze aus dem Boden. Einer der letzten erhaltenen Bauzeugen aus dieser Zeit, als der europäische Adel seine Lungenkrankheiten an der heilenden Höhenluft kurierte, ist das Berghotel Schatzalp, das sich noch heute in reinem Jugendstil zeigt. Es ist ein unverschämt altmodisches Hotel, in dem zuweilen der morbide Wind zu wehen scheint, der die Haare des Hans Castorp aus Thomas Manns epochalem Roman „Der Zauberberg" zerzauste. Nostalgiker können im nahezu unveränderten Prachtbau mit den sagenhaften Hallen und Korridoren in die Atmosphäre der Belle-Epoque eintauchen und dabei eine Ahnung von Ewigkeit bekommen. Das Team unter dem charismatischen Besitzer Pius App ist engagierter als in manchem höher besternten Hotel unten im Dorf.

SCHATZALP BERGHOTEL
DAVOS

Die Zimmer
60 renovationsbedürftige, jedoch teilweise ausserordentlich stimmungsvolle Zimmer – die meisten verfügen über grosse Balkone zur sonnigen Talseite und originale Davoser Liegen wie anno dazumal. **Zimmer-Flüstertipps:** Filmreif sind die drei „Kaiserzimmer" (Nr. 101, 201 und 301), benannt nach Kaiser Wilhelm II, der die drei Zimmer während zehn Jahren mietete für den Fall einer Tuberkulose-Erkrankung in seiner Familie, welche diese aber nie bewohnte. Auch schön: die 110.

Die Küche
Fünfgängige Abendmenüs im „Belle Epoque Restaurant". Tagsüber einfache Gerichte sowie hausgemachte Kuchen im Terrassenrestaurant „Snow Beach" auf der lang gestreckten Jugendstil-Veranda – der schönsten Sonnenterrasse von Davos. „Panorama Restaurant" neben der Bergstation der Schatzalpbahn mit Bündner Spezialitäten und Fondues.

Die Extras
Sauna, Kinderspielzimmer, im Winter eigenes Skigebiet, im Sommer eigener Botanischer Garten.

Besonders geeignet für...
Zeitreisende mit Sinn und Verständnis für Hotellegenden im Originalzustand. Wie durch ein Wunder – und mangels finanziellen Mitteln – ist von den Lichtschaltern bis zu den Bädern (fast) alles wie vor hundert Jahren. Das muss man wissen, ansonsten ist die Enttäuschung vorprogrammiert. Für Liebhaber konfektionierter Modernität ist das Berghotel Schatzalp die schiere Hölle.

Wenn doch nur...
die schöne Hotel-Kaminhalle mangels Tür zur direkt angrenzenden Fumoir-Bar nicht unter dem Zigaretten- und Zigarrenrauch leiden würde.

Freizeiterlebnisse
Im Winter ist die Schatzalp Ausgangspunkt der 2,8 km langen Schlittelbahn nach Davos Platz, die abends bis 23 Uhr in den Kurven beleuchtet ist. Zurück zum Hotel geht es mit der Schatzalpbahn.

Auch beginnt das kleine hauseigene Nostalgie-Skigebiet Schatzalp-Strela direkt beim Hotel – mit der Behäbigkeit früherer Jahre (Gratis-Skipass für Hotelgäste).

Im Sommer breitet sich rund um das Berghotel der ebenfalls hauseigene, 111-jährige Botanische Garten Alpinum mit 5000 verschiedenen Pflanzenarten aus allen Gebirgen der Welt aus – darunter seltene Gewächse aus den Pyrenäen, aus Neuseeland oder dem Himalaja. Zur Erkundung braucht man nicht einmal die Wanderschuhe zu montieren.

Mehr Action bietet die Sommerrodelbahn auf der Schatzalp mit 500 Meter langem Schlittelkanal.

Wandertipp
Idyllisch ist der einstündige „Eichhörnliweg" von der Schatzalp (1861 m) hinunter nach Davos Platz (1540 m). Zurück zum Hotel geht es mit der Schatzalpbahn.

Ein schöner Rundweg ist der „Sonnenweg", der von der Schatzalp in einer Wanderstunde über die Strelaalp wieder zur Schatzalp zurückführt.

Regentag-Alternative
Als Ernst Ludwig Kirchner, einer der bedeutendsten Vertreter des deutschen Expressionismus, schon ziemlich berühmt war, notierte der Maler, dass er am einsamsten immer unter vielen Menschen gewesen sei. Wegen eines Nervenzusammenbruchs und eines Lungenleidens zog er sich 1917 nach Davos zurück, wo er bis zu seinem Tod 1938 lebte. Zu seinen Ehren baute der Ort Anfang der 90er-Jahre eigens das Kirchner Museum, das wechselnde Ausstellungen aus dem künstlerischen Umfeld des Meisters zeigt. Der kubische Glasbau enthält die umfangreichste Kirchner-Sammlung, darunter natürlich auch jene Bilder, auf denen der Expressionismus über der Davoser Bergwelt wetterleuchtet. *www.kirchnermuseum.ch*

SUVRETTA HOUSE ST. MORITZ

1800 mü.M.

7500 St. Moritz, Via Chasellas 1
Telefon +41 81 836 36 36
www.suvrettahouse.ch
info@suvrettahouse.ch
Ende Juni bis Anfang September und
Anfang Dezember bis Anfang April geöffnet

Die Lage 10/10

Freistehend auf dem Plateau Chasellas inmitten des Wintersport- und Wandergebiets Suvretta-Corviglia, etwas ausserhalb von St. Moritz. Mit herrlichem Ausblick auf die Oberengadiner Seen- und Berglandschaft.

Ein hoteleigener Skilift bietet direkten Anschluss ans Skigebiet Corviglia – nachmittags kann man mit den Skiern direkt vors Hotel fahren. Ins Ortszentrum St. Moritz führt halbstündlich der kostenlose Shuttle-Bus.

Die Atmosphäre 10/10

In diesen unruhigen Zeiten sehnen sich viele nach einer Umgebung, die allen Stürmen trotzt, Ruhe und traditionsbetonte Behaglichkeit verspricht. Die monumentale und zugleich märchenhafte Luxusherberge aus dem Jahr 1912 kommt diesen Wünschen entgegen, erzählt Geschichten und macht Geschichte erlebbar.

Das Suvretta House glorifiziert nicht nur seine Vergangenheit, sondern überträgt sie in die Gegenwart und die Zukunft. Die unnachahmliche Atmosphäre, das breit gefächerte Freizeitangebot und die privilegierte Panoramalage machen aus dem Hotel ein konstant erfolgreiches, von Trends und Krisen weitgehend unabhängiges Ferienziel für drei Gäste-Generationen. Das Direktionspaar Esther und Peter Egli versteht es, sich flexibel und situationsabhängig auf jeden einzelnen Gast einzustellen und herauszuspüren, was Menschen individuell glücklich macht.

Die Zimmer 8/10

181 dezent luxuriöse Zimmer, Juniorsuiten und Suiten. **Zimmer-Flüstertipps:** Einzelzimmer 629 (Südlage, mit kleinem Balkon zuoberst im Hotel, gleich unterhalb der Sonnenuhr), Doppelzimmer 642 (Südlage), Doppelzimmer 307 (schönes Eck-Nordzimmer – aus dem linken Fenster blickt man auf den Piz Albana, aus dem rechten Fenster auf den Piz Nair), Juniorsuite 428 (Südlage), Juniorsuite 109 (Süd-Westlage, mit Terrasse), Turm-Suite 224 (mit grossem Salon, Balkon und herrlicher Aussicht auf die Engadiner Seenlandschaft vom Sonnenaufgang bis zum Sonnenuntergang.

SUVRETTA HOUSE
ST. MORITZ

Die Küche 8/10

Marktfrische französische Küche mit internationaler Note im getäferten, sehr förmlichen Grand Restaurant mit prachtvoller Kassettendecke. Schweizer Gerichte in der rustikalen Suvretta Stube. Stilvoller Afternoon Tea in der Hotelhalle mit Pianist. Zusätzlich gehören auch das nahegelegene Restaurant Chasellas sowie das Bergrestaurant Trutz zum Hotel.

Die Extras 10/10

Grosses Hallenbad, Aussen-Whirlpool, Saunas und Dampfbad, Fitnessraum, Massagen und Beauty-Behandlungen. Hauseigene Ski- und Snowboardschule. Kinder-Übungshang oberhalb des Hotels. Hauseigenes Eisfeld zum Schlittschuhlaufen und Curlingfeld. 3 Tennis-Aussenplätze mit Tennislehrer. Golf-Driving-Range mit Einsteigerkursen. Sehr gute Kinderbetreuung, im Sommer fünftägige Sport-Camps für Kids & Teens. Im Sommer profitieren alle Hotelgäste vom kostenfreien „Fit and Fun"-Programm mit täglich wechselnden Outdoor-Aktivitäten von der geführten Mountainbike-Tour über das Segelflugerlebnis bis zum Canyoning-Abenteuer – auch ein Segeltörn auf dem Silsersee oder ein Parcours über einen Klettersteig stehen zur Wahl.

Freizeiterlebnisse

Für sattelfeste Naturliebhaber stehen im Engadin 400 km markierte Mountainbike-Routen bereit. Das Suvretta House verleiht (kostenlos für Hotelgäste) vollgefederte Mountainbikes, robuste Downhillbikes, mit überbreiten Reifen ausgestattete Fatbikes und komfortable E-Bikes.

Im Winter stürzen sich unerschrockene Engadin-Gäste in einem Viererbob die ziemlich steile, 1722 Meter lange Olympia-Bobbahn von St. Moritz nach Celerina hinunter. Der Schlitten wird von einem erfahrenen Bobpiloten gesteuert und von einem Bremser begleitet. Auf den Positionen 2 und 3 fahren die Taxigäste mit (Tenue: Winterkleidung und Fingerhandschuhe; Sturzhelm wird zur Verfügung gestellt). Insgesamt muss der Gast für den Adrenalinkick auf der weltweit einzigen Natureis-Bobbahn rund anderthalb Stunden Zeit einplanen, obwohl die Fahrt an sich bei einer maximalen Geschwindigkeit von 135 Stundenkilometern nur etwa 75 Sekunden dauert. Die Gästebobfahrten werden von Weihnachten bis Anfang März täglich gegen 11 Uhr durchgeführt und kosten 250 Franken pro Person. www.olympia-bobrun.ch

Wandertipp

Vom Suvretta House über Champfèr und die Badeseen Lej Marsch und Lej Nair nach Surlej. Von dort eventuell mit der Corvatschbahn auf 3303 m ü. M. und wieder zurück (im Sommer sind die Bergbahnen bei einem Aufenthalt ab zwei Nächten kostenlos). Von Surlej geht die Wanderung weiter über den Lej Champfèr und Champfèr-Dorf nach Somplaz und zurück zum Hotel.
Reine Wanderzeit: 2 Stunden. Ca. 200 Höhenmeter.

Regentag-Alternative

Giovanni Segantini (1858-1899) hat mit seiner symbolistischen Freilichtmalerei massgeblich die künstlerische Ästhetik der Bergwelt geprägt. Der eigenwillige, aus Italien stammende Künstler, der seine letzten Jahren im Engadin verbrachte, bewies, dass man Schnee mit allen Farben malt, nur nicht mit Weiss. Bereits 1908 wurde ihm zu Ehren das Segantini Museum in St. Moritz errichtet. Im Kuppelbau aus grünem Juliergranit sind seine wichtigsten Werke aus verschiedenen Schaffenszeiten ausgestellt, darunter das berühmte Alpentriptychon „Werden-Sein-Vergehen", während dessen Realisierung Segantini überraschend im Alter von 41 Jahren auf einer Alphütte ob Pontresina starb.
www.segantini-museum.ch

Besonders geeignet für...

traditionsbewusste Geniesser und betuchte Familien, die sich in schlossartig nostalgischem Ambiente von der Gewöhnlichkeit der Welt erholen wollen.

Wenn doch nur...

der Dresscode im grossen Speisesaal (Grand Restaurant) endlich etwas gelockert würde. Doch gibt die Hausordnung wie vor hundert Jahren vor: „Herren tragen dunklen Anzug mit Krawatte, jüngere Gentlemen erscheinen mit Jackett und Krawatte".

TGANTIENI BERGHOTEL LENZERHEIDE

1796 mü.M.

7078 Lenzerheide,
Voa Tgantieni 17
Telefon +41 81 384 12 86
www.tgantieni.ch
info@tgantieni.ch
Anfang Dezember bis Ende März und Mitte Juni bis Mitte Oktober geöffnet

Die Lage 9 10

Mitten im Ski- und Wandergebiet Piz Scalottas/Stätzerhorn, etwas oberhalb der Talstation des Scalottas-Sessellifts, mit Blick auf die Berge Lenzerhorn, Mitgel, Tinzenhorn und Piz Ela. Das Hotel ist auch im Winter gut mit dem Auto erreichbar.

Die Atmosphäre 6 10

Einen so liebenswürdig geführten Familienbetrieb wie diesen kann man nicht suchen, man muss ihn finden. Alles ist echt im Dreisternehotel Tgantieni an Fünfsternelage und trotz der einen und anderen innenarchitektonischen Unzulänglichkeit so gemütlich, dass man den Rest der Welt sofort vergisst. Die 17 Zimmer im moderaten Alpen-Chic strahlen eine holzgeprägte Wärme aus, und in der Nacht ist es so still, dass sich gestresste Städter erst an die Ruhe gewöhnen müssen. Familien mit Kindern schenkt das Gastgeberpaar Edwina und Silvano Beltrametti dieselbe Aufmerksamkeit wie Hipster-Paaren oder Alleinreisenden, und nach einem guten Frühstück mit hausgemachten Konfitüren und Bündnerfleisch vom benachbarten Bauernhof geht es vom Skiraum direkt auf die Piste.

TGANTIENI BERGHOTEL
LENZERHEIDE

Freizeiterlebnisse

Im Sommer: Lido und Wassersportzentrum am glasklaren Heidsee. 500 km beschilderte Bike-Trails von gemütlich bis sportlich. 5 Freeride-Bike-Strecken im Bikepark (zwischen der Mittelstation Scharmoin und der Talstation Rothorn). 18-Loch-Golfplatz.

Im Winter: Lenzerheide und Arosa bilden zusammen einen Winter-Erlebnispark, in dem Familien mit unterschiedlichen Bedürfnissen besonders gut aufgehoben sind. Durch den komfortablen Skigebiets-Übergang von der Ost- zur Westseite der beiden Lenzerheidner Talseiten und der Verbindung nach Arosa offenbart sich den Besuchern eine in Graubünden einmalige landschaftliche Abwechslung – von hochalpin (Rothorn) bis romantisch (Stätzerhorn/Scalottas-Seite und Arosa). Ebenfalls attraktiv: Die kostenlosen Skiübungs- und Einführungsplätze in den drei „Kinderländern" – üblicherweise bezahlen die Gäste dafür und/oder müssen Schüler einer Schweizer Skischule sein.

Ausserdem in Lenzerheide: 56 km Langlaufloipen. Schneeschuhrouten. Schlittelbahnen ab den Mittelstation Tgantieni und Scharmoin. Fatbike-Tour von der Talstation Rothorn über Lenzerheide nach Lantsch/Lenz und wieder zurück.

Wandertipp

Eine reizvolle, mittelschwere Gradwanderung beginnt gleich beim Berghotel Tgantieni (1796 m) mit dem Aufstieg zum Piz Scalottas (2323 m). Für Wanderfaule lässt sich dieser Aufstieg bequem mit der Sesselbahn bewältigen. Dort startet die Tour auf den Piz Danis (2497 m) und weiter zum Stätzerhorn (2574 m). Vom Stätzerhorn geht es bergab zur Bergstation Heidbüel (1928 m), wo man entweder in 1¾ Stunden über die Alp Lavoz und den oberen Höhenweg zur Mittelstation Tgantieni zurückwandern kann. Oder man nimmt die Gondelbahn nach Churwalden hinunter, das Postauto nach Lenzerheide und den Sessellift Tgantieni zurück zum Hotel. Die Strecke vom Ausgangspunkt Tgantieni bis zur Bergstation Heidbühl ist 10,5 km lang und in 4 Stunden zu schaffen.

Die Zimmer

13 Doppelzimmer, 1 Einzelzimmer und 3 Juniorsuiten. Alle Zimmer verfügen über einen Balkon oder eine Terrasse.
Zimmer-Flüstertipps: Herrliche Ausblicke haben die Nummern 1, 2, 3, 14, 15, 16, 22, 23 und 24.

Die Küche

Solide Hotelküche mit breitem Angebot von Capuns (Mangoldwickel) und Rösti-Variationen über Zitronengras-Kokossuppe mit Poulet bis zu gebratenen Rindsfiletstreifen mit Waldpilzen und hausgemachten Spätzli.
Für den kleinen Hunger tagsüber steht die direkt benachbarte Marola-Hütte mit Sonnenterrasse bereit. Speziell: Das Hotel produziert aus der Milch von den „Tgantieni-Kühen", die in der unmittelbaren Nachbarschaft gemolken werden, einen hauseigenen Ziger-Frischkäse.

Die Extras 1 10
Sauna.

Eine leichtere Wanderung führt vom Berghotel Tgantieni über die Alp Fops auf die Alp Got. Von der Alp Got aus kann man über den Grap Naros zum Maiensäss Sporz wandern. Von Sporz aus empfiehlt sich der Weg zur Talstation Tgantieni, von wo man mit der Sesselbahn zurück zum Hotel gelangt.

Eltern wissen es: Wünschen sie ein erholsames Wochenende, gilt es, für die Zufriedenheit der Kinder vorzusorgen. Unglückliche Kids zerstören jedes noch so entzückende Wochenendziel. Geht man mit Kindern wandern, sind eine schöne Aussicht oder das Erreichen eines Gipfels keine Motivationsfaktoren für die Kleinen. Sie wollen viel mehr etwas erleben und haben Freude daran, die Natur mithilfe von Aufgaben zu erkunden. Für spannende kleine Abenteuer entlang von 14 Erlebnisposten sorgt der Globi-Wanderweg in Lenzerheide. Die 10,7 km lange, garantiert nörgelfreie Route beginnt bei den Startpunkten Lenzerheide Dorf, Pedra Grossa oder der Mittelstation Tgantieni (beim Hotel) und dauert knapp dreieinhalb Stunden.

Besonders geeignet für...
sportliche Geniesser, die authentische Bündner Gastlichkeit und weite Ausblicke mögen.

Wenn doch nur...
die Architektur des Hotelgebäudes nicht so banal wäre.

Regentag-Alternative
Kunstmuseum Chur, Schaukäserei Parpan (täglich von Mitte Mai bis Mitte Oktober), Sportzentrum Lenzerheide mit Hallenbad, Riesenrutschbahn, Fitnessraum, Sauna und Eishalle.
www.buendner-kunstmuseum.ch + www.alpkaeserei.ch

WALDHAUS SILS
SILS IM ENGADIN

1820 m ü.M.

7514 Sils im Engadin,
Via da Fex 3
Telefon +41 81 838 51 00
www.waldhaus-sils.ch
mail@waldhaus-sils.ch
Mitte Dezember bis Mitte April und
Anfang Juni bis Mitte Oktober geöffnet

Die Lage 9 / 10

Das „Waldhaus" thront auf einer Felsnase über dem Dorf und blickt zur einen Seite über den Silvaplanersee, auf der anderen auf den Silsersee. Das wildromantische Fextal beginnt gleich vor der Haustür.

Die Atmosphäre 10 / 10

Betritt man das zauberberghafte Hotel von 1908, ist es, als hebe man auf einem fliegenden Teppich ab. Während die meisten anderen Alpenpaläste in den 1970er-, 1980er- und 1990er-Jahren „ver-renoviert" wurden, strahlt hier die Grösse des Unzeitgemässen und die Schönheit des Originals, die mit dem Alter noch zunimmt. Zudem gehört das „Waldhaus" zu den letzten unabhängigen Grandhotels im Land, die nicht den Investoren überlassen wurden. Die Gebrüder Claudio und Patrick Dietrich, die das Hotel heute in fünfter Generation der Gründerfamilie führen, bieten der Vereinheitlichung der modernen Hotellerie die Stirn und sorgen dafür, dass die Zeit im „Waldhaus" auch in den kommenden Jahrzehnten ein ganz eigenes Tempo haben wird.

WALDHAUS SILS
SILS IM ENGADIN

Die Zimmer

140 sehr unterschiedliche Zimmer und Suiten in drei Stilen: klassisch, modern und nostalgisch mit der original restaurierten Ausstattung von 1908. Zahlreiche Zimmer sind kombinierbar und für Familien ideal.

Die Küche

Gut zubereitete Marktküche im weitläufigen Speisesaal (fünfgängige Halbpensions-Auswahlmenüs) und in der gemütlich-gediegenen Arvenstube. Attraktive Weinauswahl zu unspektakulären Preisen. Stimmungsvolle Bar mit grosser Auswahl sortenreiner Spirituosen, Single Malt Whiskys und anderer Raritäten – jeden Abend mit Livemusik.

Speziell: Die Küchencrew lässt sich gern in die Töpfe schauen und hat dafür den „Chef's Table" eingerichtet. Bis zu 12 Gäste finden an der langen Tafel in der Küche Platz. Das exklusive Dîner mit einem Abstecher in den Weinkeller kostet 180 Franken für Hotelgäste (130 Franken bei Halbpension) inklusive Getränke.

Die Extras

Grosser Wellnessbereich mit verschiedenen Wasser-, Sauna-, Dampfbad- und Erholungszonen, die in einem architektonisch bemerkenswerten, in den Fels eingebetteten Spa-Gebäude bis zu zehn Meter unter der Erde liegen. 20-Meter-Schwimmbad mit Aussensprudelbad, vielfältige Körper- und Schönheitsbehandlungen, Yoga- und Aqua-Jogging-Kurse, kleiner Fitnessraum. 2 Aussen-Tennisplätze und eine Tennishalle, Minigolfplatz, Verleih von Mountain- und Elektrobikes, geführte Wanderungen an fünf Tagen in der Woche (Montag bis Freitag), gute Kinderbetreuung, sportliche Aktivitäten für Jugendliche, regelmässig kulturelle Veranstaltungen.

Freizeiterlebnisse

Im Sommer: Das Engadin bietet 400 km Velowege für alle Niveaus. Der Silvaplanersee ist ein beliebtes Revier für Segler, Windsurfer und Kitesurfer – im Segel- und Surfzentrum gibt es die richtige Unterstützung, übrigens auch für Stand-up-Paddling. Unerschrockene baden im Silsersee oder im Silvaplanersee (12 bis 18 Grad).

Im Winter: Pferdeschlittenfahrten ins autofreie Fextal. Skigebiet Furtschellas/Corvatsch mit der längsten beleuchteten Nachtabfahrt der Schweiz – der Hotelshuttle bringt die „Waldhaus"-Gäste zur Talstation. Das Engadin begeistert zudem mit 220 variantenreichen Loipenkilometern für Langläufer und traumhaften Winterwanderwegen.

Wandertipp

Der Klassiker – für „Waldhaus"-Gäste fast schon obligatorisch – ist die leichte Wanderung ins Fextal. Je nach Lust und Laune auf der schmalen Bergstrasse (auf der die Pferdekutschen und die Anlieger fahren; für alle anderen gilt hier Fahrverbot) oder auf Wanderwegen. Beliebtes Ziel zu jeder Jahreszeit ist das Hotel Fex (siehe Seite XX), das nach knapp anderthalb Stunden Wanderzeit mit seiner schönen Terrasse zur Einkehr einlädt.

Eine herrliche, familientaugliche Tageswanderung führt von Sils nach Vicosoprano im Bergell. Von Sils geht es zunächst dem Ufer des Silsersees (1797 m) entlang über den Weiler Isola nach Maloja. Diese Strecke kann im Sommer auch mit dem Schiff zurückgelegt werden – es ist die höchstgelegene Schifffahrtslinie Europas. In Maloja verläuft der Pfad zum Turm Belvedere und dann auf dem Sentiero Storico über die Dörfer Casaccia und Roticcio nach Vicosoprano (1067 m) hinunter. Distanz: 19,2 km, Marschzeit: 6 Stunden. Retour gelangt man mit dem Postauto.

Regentag-Alternative

„Bei schönem Wetter ist jedes Hotel gut", sagt Patrick Dietrich. „Doch auch im Engadin regnet es mal, und an solchen Tagen ist das neue Waldhaus Spa eine attraktive Alternative." Andere Gäste freuen sich bei Mistwetter, ohne schlechtes Gewissen endlich einmal das Hotel erleben zu können und beispielsweise den Nachmittag mit einem guten Buch in der überaus stimmigen Hotelhalle zu verbringen. Auch gibt es regelmässig Führungen durch das Hotel und das hauseigene Museum in der alten Bäckerei.

Besonders geeignet für...

Feingeister, die in ein Stück gelebter Geschichte eintauchen wollen sowie für kultivierte Familien, die viel Auslauf brauchen und oftmals in mehreren Generationen gleichzeitig anreisen.

Wenn doch nur...

die Zimmer der untersten Kategorie „d" – gemessen an den Standards anderer Fünfsternehotels – nicht so klein wären. Doch sind diese verhältnismässig günstigen Zimmer auch als „klein" deklariert und ermöglichen dem Hotel einen breiteren Gästemix, als es andere Luxusherbergen bieten.

WEITERE TOP GELEGENE HOTELS IN GRAUBÜNDEN

HOTELNAME	ORT	WEBSEITE
Belvedere	Alp Grüm	www.belvedere-alpgruem.ch
Berggasthaus Crest'ota	Lenzerheide	www.crestota.ch
Capricorns	Wergenstein	www.capricorns.ch
Carlton Hotel	St. Moritz	www.carlton-stmoritz.ch
Castell	Zuoz	www.hotelcastell.ch
Chesa Randolina	Sils-Baselgia	www.randolina.ch
Chesa Spuondas	St. Moritz	www.chesaspuondas.ch
Grand Hotel Kronenhof	Pontresina	www.kronenhof.com
Guarda Val Maiensässhotel	Lenzerheide	www.guardaval.ch
Kulm Hotel	St. Moritz	www.kulm.com
Lej da Staz Hotel	Celerina	www.lejdastaz.ch
Randolins Berghotel	St. Moritz	www.randolins.ch
Romantik Hotel The Alpina Mountain Resort	Tschiertschen	www.the-alpina.com
Salastrains	St. Moritz	www.salastrains.ch
Saratz	Pontresina	www.saratz.ch
Sonne Fex	Fex/Sils	www.hotel-sonne-fex.ch
Tschierva Hütte	Pontresina	www.tschierva.ch
Ucliva	Waltensburg/Vuorz	www.ucliva.ch
Ustria Steila	Siat/Surselva	www.ustriasteila.ch
Waldhaus am See	St. Moritz	www.waldhaus-am-see.ch
Waldhotel Davos	Davos	www.waldhotel-davos.ch

WEITERE TOP GELEGENE HOTELS
IN GRAUBÜNDEN

© Chesa Spuondas, St. Moritz

© Grand Hotel Kronenhof, Pontresina

© Guarda Val Maiensässhotel, Lenzerheide

© Kulm Hotel, St. Moritz

© Randolins Berghotel, St. Moritz

© Romantik Hotel The Alpina Mountain Resort, Tschiertschen

© Salastrains, St. Moritz

© Saratz, Pontresina

© Sonne Fex, Fex/Sils

© Tschierva Hütte, Pontresina

© Waldhaus am See, St. Moritz

© Waldhotel Davos, Davos

TOP GELEGENE HOTELS IN DER NORD- UND OSTSCHWEIZ

BERGGASTHAUS ALTER SÄNTIS
URNÄSCH

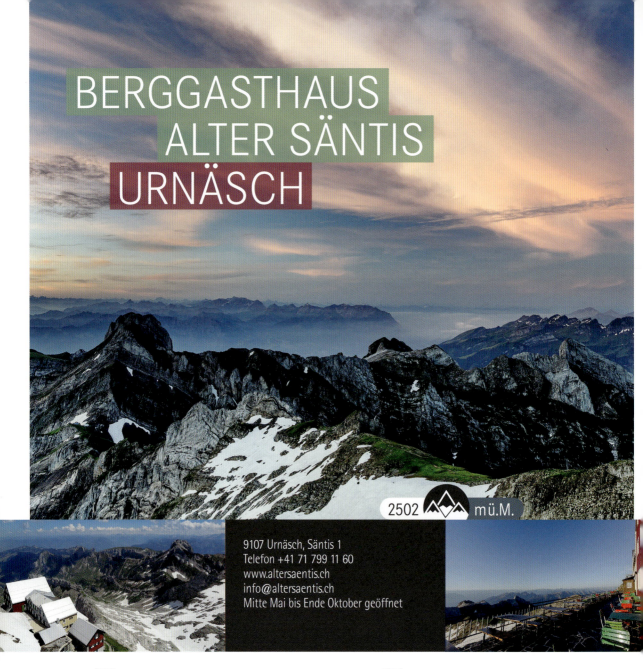

2502 mü.M.

9107 Urnäsch, Säntis 1
Telefon +41 71 799 11 60
www.altersaentis.ch
info@altersaentis.ch
Mitte Mai bis Ende Oktober geöffnet

Die Lage 10/10

Wenige Höhenmeter unter dem Säntis-Gipfel. Auf Letzterem präsentieren sich bei guter Fernsicht rund 2000 Bergspitzen in sechs Ländern: Schweiz, Österreich, Liechtenstein, Italien, Frankreich und Deutschland.
„Ein einzigartiges Naturschauspiel von Bergen, Sonne, Wolken oder Mond, tiefen Schatten und spiegelglatten Seen drunten in den Tälern", wie es treffend auf der Website beschrieben ist.

Erreichbar in zehn Minuten per Seilbahn ab der Schwägalp. Bei der Bergstation Säntis führt eine geschützte Galerie zum Berggasthaus.

Die Atmosphäre 4/10

Im Jahr 1850 hat der Ururgrossvater von Claudia Manser-Abderhalden, der heutigen Bergwirtin in fünfter Generation, das Gasthaus auf dem Säntis begründet. Die Geschichte ist im Altbau mit den Nostalgie-Doppelzimmern noch spürbar. Der östliche Teil des Gebäudes wurde 2011 durch einen Neubau ersetzt, was sich im Komfort der dortigen Zimmer ablesen lässt. So oder so steht die atemberaubende Aussicht und die frische Alpenluft im Mittelpunkt. Bei einem Jass an der warmen Sonne oder in der Gaststube, während einer gemütlichen Plauderei mit anderen Gästen oder einfach beim Versuch, den einen oder anderen der vielen Berggipfel in Sichtweite zu bestimmen, erholt man sich hier oben bestens vom Alltag – auch dank dem überaus freundlichen und hilfsbereiten Hotelteam. Früh aufstehen lohnt sich: Ein Sonnenaufgang, wie man ihn auf der grossen Aussichtsterrasse dieses Berggasthauses erleben kann, wird zum unvergesslichen Erlebnis.

BERGGASTHAUS ALTER SÄNTIS
URNÄSCH

Die Zimmer

7 einfache, holzgeprägte Doppelzimmer mit Lavabo und 6 Doppelzimmer mit Dusche/WC im Neubau. Nostalgie-Doppelzimmer im Altbau. In weiteren Räumen für 5 bis 24 Personen finden 70 Personen Platz zum Schlafen im Matratzenlager.

Die Küche

Vom Appenzeller Chemibraten mit Bratkartoffeln und Gemüse über die Kalbsbratwurst mit Zwiebelsauce und Rösti bis zu den Chäshörnli mit Apfelmus ist alles schmackhaft zubereitet und auch preislich bekömmlich.

Freizeiterlebnisse

Der Alpstein ist ein beliebtes Klettergebiet – es sind rund 700 Routen mit über 2100 Seillängen eingerichtet. Auf der Meglisalp, eine Wegstunde unter dem Alten Säntis, wartet ein gut abgesicherter Plaisier-Klettergarten mit Schwierigkeitsgraden von 2 bis 6 auf Anfänger und Fortgeschrittene. Auf Wunsch und nach Voranmeldung kann dort auch ein Bergführer gemietet werden.

Eine Besonderheit der Region ist der „Appenzeller Whiskytrek" entlang von Berggasthäusern im Alpstein, die ihren eigenen Whisky in Eichenfässern lagern. Für Sammler und Kenner gibt es wahlweise eine 9er-Tour zu neun frei wählbaren Berggasthäusern oder die komplette Tour zu 27 Stationen und Whiskys. Kosten: 150 Franken respektive 400 Franken inklusive je einem exklusiven 10-cl-Degustationsfläschchen bei jeder Station. www.saentismalt.com

Wandertipp

Im Alpsteingebiet warten auf kleinem Raum 28 Berggasthäuser auf müde, hungrige und durstige Wanderer. Man kann seine Route planen, wie man will – nach ein bis zwei Stunden gelangt man zum nächsten gemütlichen Berggasthaus. Will man den Strapazen des Hochlaufens locker entfliehen, dann ist die Fahrt mit einer der vier Luftseilbahnen der richtige Weg.

Wer kurz und steil zum Säntis-Gipfel wandern möchte, startet gleich bei der Talstation der Säntisbahn über die saftigen Wiesen der Alp bis an den Fuss der Bergwand, setzt den Aufstieg über die „Mausefalle" und den „Ellbogen" fort und kommt zum Berggasthaus Tierwis. Weiter geht's hinauf zur „Stütze zwei" der Luftseilbahn, wo man zusteigen kann oder man wählt den Weg weiter zum Girensattel und dann zur Himmelsleiter, welche dann zum Gipfel führt. Durch den Stollen und über Treppen erreicht man den Gipfel. Marschzeit: 3½ bis 4 Stunden.

Die vom Hotel empfohlene Zweitagestour für geübte Berggänger: Am ersten Tag von Wasserauen entweder mit der Luftseilbahn oder zu Fuss zur Ebenalp und dann weiter zum Schäfler, von wo man eine beeindruckende Sicht ins Tal hat. Weiter geht es zum Öhrli und über die Höchniederi zum Blauschnee. Am Schluss noch die Himmelsleiter und man hat den Säntisgipfel erreicht. Abendessen, ausruhen, schlafen, frühstücken und dann am nächsten Morgen weiter über den Lisengrat zum Berggasthaus Rotsteinpass. Dieser mit Stahlseilen gesicherte Weg wurde vor mehr als hundert Jahren in den Fels geschlagen und verlangt schwindelfreie und trittsichere Wanderer. Schliesslich gelangt man zur Meglisalp und dann zum Seealpsee zurück nach Wasserauen.

Besonders geeignet für...
Wanderer, Sterngucker, Gipfelkenner, Vollmondanbeter, Nebelentronnene, Stressgeplagte und Ruhesuchende.

Wenn doch nur...
das Frühstücksbuffet nicht so „08/15"-mässig wäre.

GASTHAUS ZUM GUPF
REHETOBEL

1083 mü.M.

9038 Rehetobel, Gupf 20
Telefon +41 71 877 11 10
www.gupf.ch
info@gupf.ch
Mitte Februar bis Mitte Juli und Mitte August bis
Mitte Januar geöffnet. Montag und Dienstag geschlossen

Die Lage 9/10

Alleinstehend auf einem Bergrücken beim Dorf Rehetobel, mit Blick auf den Bodensee zur einen Seite und zum Säntis und Appenzellerland auf der anderen Seite. Man glaubt den Kühen gerne, dass sie hier glücklich sind und deshalb ordentlich Milch für den berühmten Käse liefern.

Für Besucher, die auf ungewöhnliche Art anreisen möchten, steht neben dem Bauernhaus ein Landeplatz für Helikopter zur Verfügung.

Die Atmosphäre 7/10

Die Appenzeller Hügellandschaft ist ein Sinnbild für ländlichen Frieden, und an einem der schönsten Punkte der Ostschweiz steht das Gasthaus zum Gupf. Die holzgetäferten, stilvoll-behaglichen Stuben und der Restaurantgarten laden zum Geniessen ein – Küchenchef Walter Klose ist weit über die Region hinaus für seine bodenständige Gourmetküche bekannt. Nicht zuletzt wegen dem legendären unterirdischen Weinkellergewölbe mit rund 1650 Provenienzen und 30000 Flaschen bleiben viele Stammgäste über Nacht – auch wenn in den Zimmern der Zusatz „mit Aussicht" aufgrund den ortstypisch kleinen Fenstern und der überwiegenden Ausrichtung gegen Süden nicht so richtig zutrifft. Das Traumpanorama auf den Bodensee und die Alpsteinkette mit dem Säntis im Rücken ist vor allem von der „Alpenlounge" aus zu bewundern.

GASTHAUS ZUM GUPF
REHETOBEL

Direkt an den Landgasthof angeschlossen ist ein Bauernbetrieb mit Viehzucht: Auf elf Hektaren Land tummeln sich Kälber und Rinder, hausen Mutterschweine und ihre Ferkel. Stolz ist man auf dem „Gupf" auf die fortschrittliche Tierhaltung. Kein Rind wird angebunden, und die Schweine haben 365 Tage im Jahr Auslauf. Zudem ist das Futter rein natürlich – für den „Gupf" eine Ehrensache.

Die Zimmer

8 rustikale, eher kleine, doch tadellose gepflegte Doppelzimmer und 2 Suiten.

Die Küche

Die meisten Gäste kommen wegen den kulinarischen Klassikern wie dem gebackenen Appenzeller Land-Ei auf Blattspinat mit Kaviar, dem Cordon-bleu vom Kalb, dem Rindsfilet aus eigener Viehwirtschaft oder dem Rehrücken mit Schupfnudeln, es gibt aber auch saisonal wechselnde Feinschmeckermenüs. Der Käsewagen bietet eine Auswahl des Besten, was sich in der Schweiz, in Frankreich und in Italien findet.

Freizeiterlebnisse

Velofahrer sind im Appenzell im Paradies – stets abseits der Alltagshektik, doch nie fern einer authentischen Gastwirtschaft, wenn die Beine schmerzen. Wer einen ganzen Tag Zeit und eine gute Kondition hat, wählt die mittelschwere, 69 km lange und von herrlichen Panoramen flankierte „Appenzeller Route" (gut markiert als Veloland-Route Nr. 42) von Rehetobel über Speicherschwendi, St. Gallen, Stein, Appenzell, Gais, St. Anton, Walzenhausen, Heiden zurück nach Rehetobel. www.veloland.ch

Zum hiesigen Brauchtum zählt seit über siebenhundert Jahren die Käseproduktion. In der modernen Schaukäserei Appenzell kann man täglich die Herstellung des berühmten Käses live miterleben, etwa bei einem Blick ins 6500-Liter-Käsekessi, wo die Milch aufbereitet und die Käseharfe durch die eingedickte Masse gezogen wird. Beeindruckend ist auch der Blick aus sechs Meter Höhe auf 12500 Käselaibe, die vom Roboter regelmässig gepflegt werden. Zwar geben die Käsemeister nicht jedes Geheimnis preis, doch sind unvergessliche Eindrücke rund um den Appenzeller Käse garantiert. www.schaukaeserei.ch

Wer sich eher für die Produktion des Appenzeller Alpenbitter interessiert, kann jeden Mittwoch von April bis Oktober um 10 Uhr an einer geführten Besichtigung der Brennerei teilnehmen. www.appenzeller.com

Wandertipp

Vorschlag 1: Wanderung ins Chastenloch an die Goldach hinunter, dann von der Haltestelle Zweibrücken mit dem Postauto bis Rehetobel Dorf und von dort aus zu Fuss zum Gupf zurück. Dauer ca. 3 Stunden.

Vorschlag 2: Wanderung nach Heiden, dann von der Haltestelle Postplatz in Heiden mit dem Postauto bis Rehetobel Dorf und von dort aus zu Fuss zum Gupf zurück. Oder ganzer Rückweg zu Fuss. Dauer je Wegstrecke ca. 1½ Stunden.

Regentag-Alternative

Im Appenzeller Heilbad in Unterrechstein oberhalb von Heiden kann man drinnen wie draussen in 35 Grad warmes Wasser eintauchen, die Saunalandschaft geniessen oder bei einer ayurvedischen Behandlung zu neuen Kräften kommen. www.heilbad.ch

Die Stickerei zählt zum Kulturgut von St. Gallen wie der Stiftsbezirk. Das Textilmuseum in der Altstadt, 1878 gegründet, rückt die hiesige Stickereiblüte und Spitzengeschichte ins glorreiche Licht und zeichnet die Höhen und Tiefen der Schweizer Textilproduktion von den Anfängen bis heute nach. Auch werden bedeutende historische Stickereien aus aller Welt, zeitgenössische Textilkunst und stilprägende Textildesigns aus moderner industrieller Produktion gezeigt. Sonderausstellungen schaffen Bezüge zwischen Vergangenheit und Gegenwart, Stil und Epochen, Menschen und Ideen her. www.textilmuseum.ch

Besonders geeignet für...

feinschmeckende Stadtflüchtlinge und naturliebende Weinfreaks. Der Weinkeller auf dem „Gupf" ist alleine schon die Reise wert.

Wenn doch nur...

die Literflasche Wasser nicht mit 11.60 Franken verrechnet würde.

KRAFFT BASEL
BASEL

254 mü.M.

4058 Basel, Rheingasse 12
Telefon +41 61 690 91 30
www.krafftbasel.ch
info@krafftbasel.ch
Ganzjährig geöffnet

Die Lage 8/10
Am Rheinufer in Kleinbasel. Mit der Aussicht auf die Mittlere Rheinbrücke, die alte Universität und das Münster hat das denkmalgeschützte Hotel die historischen Wahrzeichen der Stadt direkt vor der Nase.

Die Atmosphäre 9/10
Ein stilvoll lebendiges Hotel mit grosser lokaler Verwurzelung. Ein toller Mix aus Retro-Chic der 1950er, klassizistischen Elementen aus der Gründerzeit und heutigem Design. Mit erschwinglichen wohnlichen Zimmern, viele mit Blick auf Rhein und Altstadt. Mit authentischem Gesamterlebnis, hochgradigem Gastbewusstsein und neu erweckten Ambitionen in der Küche. Und vor allem mit einem Hotelteam, das so aufmerksam und gastorientiert ist, dass man glaubt, bei guten Freunden zu sein. Das seit 1873 organisch gewachsene Krafft Basel kann im Vergleich mit modernen, oft mit viel Marketingbudget „gemachten" Konzepthotels eine Geschichte erzählen und erleben lassen – und ist dabei zeitgemässer als jedes andere Dreisternhaus der Stadt.

Die Zimmer 5/10
48 angenehme, schlicht gestaltete Zimmer und Juniorsuiten im Haupthaus, 12 weitere Zimmer in der gegenüberliegenden Dépendance. **Zimmer-Flüstertipps:** Unbedingt Zimmer zum Rhein buchen.

KRAFFT BASEL
BASEL

Die Küche

Im historischen Restaurantsaal im ersten Stock und auf der grossen Terrasse direkt an der Promenade wird eine einfallsreiche Marktküche aus vorwiegend lokalen Produkten serviert. (Fast) alles, von der Sauce bis zum Sorbet, ist hausgemacht. Gleich neben dem Restaurant befindet sich die gemütliche Fumoir-Lounge mit Kamin. Die Weinbar Consum im Erdgeschoss der Dépendance inspiriert sich an der Deli-Kultur New Yorks und bietet Wurst- und Käsespezialitäten sowie mehr als 100 verschiedene Weine an. Speziell: Sämtliche Flaschenweine werden ab 3 dl auch offen ausgeschenkt.

Die Extras

Kostenloser Verleih von Brompton-Falträdern.

Freizeiterlebnisse

Zwischen den fünf Rheinbrücken in Basel verkehren die vier Fussgänger-Fähren „Wilde Maa", „Leu", „Vogel Gryff" und „Ueli". Diese verbinden Kleinbasel mit Grossbasel – ohne Motor und nur durch die Kraft der Strömung. Am nächsten zum Hotel liegt die Münsterfähre „Leu". Nicht nur Touristen begeistert diese Art der Fortbewegung, auch Einheimische machen davon regen Gebrauch.

Einen Kontrapunkt zur städtischen Hektik setzen auch die Merian-Gärten am südlichen Stadtrand. Diese bestehen aus der Parklandschaft um das barocke Landschlösschen Villa Merian sowie dem Brüglingerhof, ein denkmalgeschützter Gutsbetrieb mit klassischer Landwirtschaft, diversen botanischen Sammlungen und Nutzgärten voller seltenem Gemüse. Im Frühjahr 2012 schlossen sich die beiden Anlagen zu einem eindrücklichen Ganzen zusammen und bieten nun 18 Hektar vielfältig kultivierte Natur. www.meriangaerten.ch

Zu jeder Jahreszeit einen Besuch wert ist der Zoo Basel mit mehr als 600 Tierarten. www.zoobasel.ch

Regentag-Alternativen

Fondation Beyeler: Der architektonisch einzigartige Kunsttempel von Renzo Piano lohnt die (Tram-)Fahrt in den Basler Vorort Riehen. Neben der Sammlung hochkarätiger moderner Kunst des verstorbenen Basler Galeristenpaars Ernst und Hildy Beyeler hat sich das Museum insbesondere mit seinen Sonderausstellungen internationale Anerkennung erworben. Nach dem Besuch lockt das Café in der historischen Villa im Park. www.beyeler.com

Vitra Design Museum in Weil am Rhein: 20 Busminuten von der Basler Innenstadt entfernt und wenige Kilometer jenseits der Schweizer Grenze, verblüfft das Industriegelände des Wohn- und Büromöbelherstellers Vitra mit einem heterogenen „Architekturpark" voller Gebäude verschiedener weltberühmter Architekten (Frank O. Gehry, Herzog & de Meuron, Zaha Hadid, Tadao Ando u.a.). Diese Gebäude stehen teilweise als Ausstellungsräume für die eigene Möbelkollektion offen, doch weitet Vitra den Blick auch auf andere stilbildende Designer und informiert mit immer neuen Sonderausstellungen über historische und zeitgenössische Entwicklungen in Design und Architektur. www.design-museum.de

Museum Tinguely: Der Künstler Jean Tinguely (1925-1991) sagte: „Ich baue Maschinen, die zu nichts dienen." Um genau diese Maschinen aus altem Schrott zu sehen, kommen seit 1996 viele Besucher in die vom Architekten Mario Botta entworfene Museumsanlage am Rhein. Man könnte stundenlang vor den ratternden Skulpturen stehen, die teilweise mit lustig spritzenden Brunneninstallationen und kunterbunten Objekten von Tinguelys Ehefrau Niki de Saint Phalle kombiniert sind. Wer einmal hier war, muss Tinguely widersprechen: Seine Maschinen produzieren zwar nichts, aber sie dienen dem Vergnügen. www.tinguely.ch

Cartoonmuseum: Als einziges Museum der Schweiz widmet sich das Cartoonmuseum in der St. Alban-Vorstadt ausschliesslich der satirischen Kunst – von der Karikatur über die humoristische Zeichnung bis zum Comic. Die thematischen oder monografischen Wechselausstellungen spüren sowohl zeitgenössischen Strömungen wie auch den grossen Klassikern nach. Das Vorderhaus des Museums ist eine ursprünglich spätgotische Liegenschaft, die um einen – an dieser historischen Strassenzeile unerwarteten – Neubau von Herzog & de Meuron erweitert wurde. www.cartoonmuseum.ch

---

Besonders geeignet für...
trendbewusste Bonvivants.

Wenn doch nur...
die Zimmer zur Rheingasse spätabends nicht unter dem Lärm des lebendigen Quartiers leiden würden.

SCHLOSS WARTEGG
RORSCHACHERBERG

425 mü.M.

9404 Rorschacherberg, Von-Blarer-Weg 1
Telefon +41 71 858 62 62
www.wartegg.ch
schloss@wartegg.ch
Ganzjährig geöffnet

Die Lage 8/10
In einem Naturpark mit Blick auf den Bodensee. Besonders im Frühjahr erwartet die Gäste ein kraftvolles Vogelkonzert am Morgen. Interessant für Velofahrer: Die Routen 2 und 9 von „Veloland Schweiz" führen direkt am Schloss Wartegg vorbei.

Die Atmosphäre 7/10
Der weitläufige englische Park voller Linden, Platanen und Kastanien ist wie ein Wohnzimmer im Freien – mit Ecken zum Lesen, Essen, Arbeiten, Spielen, Entspannen. Das Schlösschen hat seit 1557 eine bewegte Geschichte als adliger Exilort und verfiel seit den 1950er-Jahren zusehends, erfreut jedoch seit dem Umbau in ein nachhaltig konzipiertes Hotel im Jahr 1998 mit schlicht-moderner Innenarchitektur und entspannter Atmosphäre.

Die Zimmer 5/10
25 angenehme, nach ökologischen Grundsätzen renovierte Zimmer. **Zimmer-Flüstertipps:** Die Nummer 207 ist ein schönes Eckzimmer mit Sicht auf See und Park; ein spezielles Zimmer ist auch die Nummer 307 mit Seeblick und separatem historischem Bad.

Die Küche 7/10
Kreative, sorgfältig zubereitete Bio-Küche mit zahlreichen vegetarischen Gerichten. Gutes Bio-Frühstücksbuffet. Viele Produkte stammen aus dem eigenen Garten.

SCHLOSS WARTEGG
RORSCHACHERBERG

Freizeiterlebnisse

Der Bodensee-Radweg umrundet nahe dem Wasser den ganzen Bodensee. Die insgesamt 260 km lange Strecke im Dreiländereck bietet sehr verschiedene Gesichter. Die einzelnen Etappen sowie zahlreiche Tipps zum Einkehren und Übernachten sowie zum möglichen Fahrradverleih finden sich auf der offiziellen Website. Auch diverse Angebote „Radeln ohne Gepäck" stehen zur Wahl. *www.bodensee-radweg.com*

Ebenfalls zu empfehlen: Schiffsrundfahrten auf dem Bodensee sowie auch die Fahrt auf dem Alten Rhein von Rorschach flussaufwärts bis Rheineck. *www.sbsag.ch*

Zur familienfreundlichen Seebadeanlage „Hörnlibuck" sind es 5 Gehminuten vom Hotel.

Wandertipp

Leichte, rund 1½-stündige Wanderung mit grandioser Aussicht auf den Bodensee: Mit der Zahnradbahn (Haltestelle Sandbüchel, 7 Gehminuten vom Hotel entfernt) nach Heiden hinauf fahren und von dort über den Heiden-Höhenweg via Wienacht zurück zum Schloss Wartegg.

In die schöne Landschaft des Appenzellerlandes entführt der sogenannte Witzweg zwischen Heiden und Walzenhausen. Dabei laden 40 Witztafeln zum Schmunzeln ein. Diese Wanderung beginnt ebenfalls mit der Zahnradbahnfahrt nach Heiden. Von Walzenhausen führt eine weitere Zahnradbahn nach Rheineck und von dort das Schiff entlang dem Alten Rhein nach Staad. Ab der Schiffsstation Staad sind es vier Gehminuten bis zum Schloss Wartegg. Dauer der gesamten Rundtour: 3 Stunden.

Regentag-Alternative

Am Flugplatz St. Gallen-Altenrhein ist das Fliegermuseum Altenrhein Menschen und Maschinen gewidmet, die Geschichte an den Himmel schrieben. „Das einzige fliegende Museum Europas" zeigt die Entwicklung des hiesigen Flugplatzes, der ehemaligen Firma Dornier und der Schweizerischen Luftwaffe. Ausserdem kommen die Besucher den historischen Flugzeugen so nahe, wie sonst nur die Piloten. In einigen Maschinen kann man sogar unter Anleitung eines Museumsführers Platz nehmen und sich dabei vorstellen, wie die Piloten von damals die Motoren zum Knattern und Heulen brachten. Die meisten Legenden der Lüfte werden in flugfähigem Zustand erhalten und regelmässig an Veranstaltungen vorgeführt. *www.fliegermuseum.ch*, Samstag und Sonntag von 13.30–17 Uhr geöffnet

Weitere Alternativen: Das naturkundliche Museum im Kornhaus in Rorschach, das auf wechselnde Ausstellungen zeitgenössischer Kunst ausgerichtete Forum Würth Rorschach sowie das neue Mineralheilbad St. Margrethen. *www.museum-rorschach.ch + www.wuerth-haus-rorschach.ch + www.mineralheilbad.ch*

Auch ein Besuch der St. Galler Altstadt mit dem als Unesco-Welterbe anerkannten Stiftsbezirk ist eine prima Schlechtwetter-Alternative. Die Stiftsbibliothek, über deren Eingang in griechischen Lettern „Seelenapotheke" steht, zählt zu den schönsten historischen Büchersälen der Welt. Hier werden 140'000 zum Teil handgeschriebene und über tausendjährige Dokumente aufbewahrt. *www.stibi.ch*

Die Extras

Regelmässig Konzerte verschiedener Stilrichtungen im stimmungsvollen Musiksaal. Historisches „Türkises Bad" mit Sauna. Massagen. Verleih von Velos und E-Bikes, Spielwiese für Volleyball, Kinderspielplatz.

Besonders geeignet für...
Schlossfans mit schmalen Portemonnaies.

Wenn doch nur...
wochentags die Seminare nicht wären.

FELDBACH SEE & PARK HOTEL STECKBORN

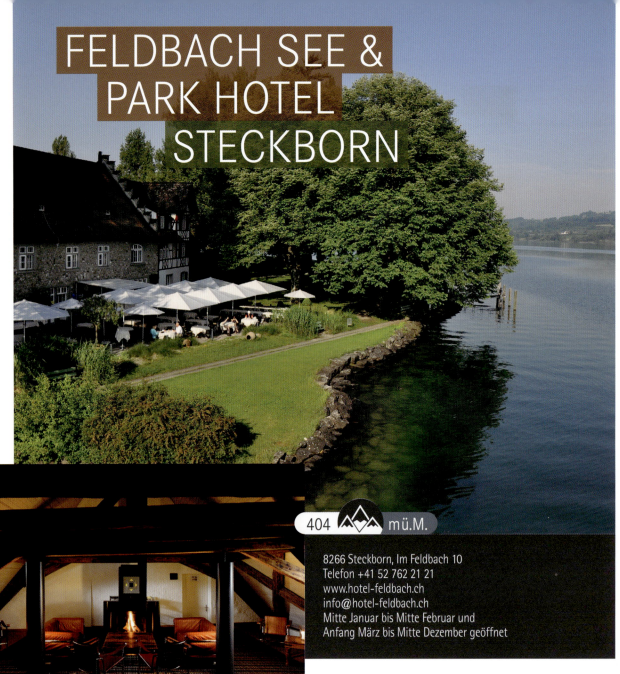

404 mü.M.

8266 Steckborn, Im Feldbach 10
Telefon +41 52 762 21 21
www.hotel-feldbach.ch
info@hotel-feldbach.ch
Mitte Januar bis Mitte Februar und
Anfang März bis Mitte Dezember geöffnet

Die Lage 9 10
Ruhig in einer kleinen Parkanlage mit altem Baumbestand direkt am Ufer des Untersees.

Die Atmosphäre 6 10
Am Bodensee trifft der Norden auf den Süden, sagt man, und das unbeschwerte Lebensgefühl überträgt sich schnell auf die Besucher. Insbesondere der westliche Seeteil, der sogenannte Untersee zwischen Stein am Rhein und Kreuzlingen, zählt zu den schönsten Landstrichen der Nordostschweiz. Mitten in dieser Idylle, auf der Halbinsel Feldbach neben dem Jachthafen Steckborn, liegt das Dreisternehotel Feldbach. Dem ehemaligen Zisterzienserinnenkloster aus dem 13. Jahrhundert wurde Mitte der 90er-Jahre ein moderner Hoteltrakt mit 36 Zimmern hinzugefügt. Im historischen Hauptgebäude befindet sich die Rezeption sowie das Restaurant, eine Cheminée-Lounge und die Turmbar im Dachgeschoss. Im Sommer strömen die Gäste in Scharen auf die hübsche Restaurantterrasse am Seeufer.

Die Zimmer 4 10
36 funktionelle Zimmer. Alle Zimmer mit Balkon, teilweise mit Seeblick.

FELDBACH SEE & PARK HOTEL
STECKBORN

Freizeiterlebnisse

Eine stimmige Art, die Region zu entdecken, ist die 50 km lange Untersee-Rhein-Schifffahrt, die in vier bis fünf Stunden (je nach Tageszeit) von Kreuzlingen bis nach Schaffhausen führt und natürlich auch in umgekehrter Richtung fährt. www.urh.ch

Unmittelbar neben dem Hotelgelände befindet sich das Phönix Theater, das mit ambitionierten Theater- und Tanztheaterproduktionen glänzt. www.phoenix-theater.ch

Sehenswürdigkeiten in der Nähe: Meersburg, Insel Mainau, Rheinfall, Pfahlbaumuseum Unteruhldingen. www.meersburg.de + www.mainau.de + www.rheinfall.ch + www.pfahlbauten.de

Wandertipp

Die Etappe 20 des Thurgauer Rundwanderwegs (der insgesamt 200 km lang ist) führt auf einer abwechslungsreichen, 8 km langen Strecke mit schönen Aussichten auf den Untersee von Steckborn nach Mammern. Etappen sind der Hardhof, Schloss Garisegg, die Burgruine Neuburg und der Neuburger Weiher. Dauer: 2¼ Stunden.

Wer den Wanderweg um zwei weitere Stunden ergänzen möchte, nimmt die Etappe 21 hinzu. Diese führt auf 6,8 km von Mammern über Klingenzell und Eschenz nach Stein am Rhein.

Ebenfalls sehr schön: Die 1¾-stündige, mit grünen Wegweisern ausgeschilderte Rundwanderung Klingenzell-Hochwacht ab dem Bahnhof Mammern. Zuerst erfolgt ein steiler Aufstieg über den Haldenhof nach Klingenzell. Der Wallfahrtsort bietet herrliche Weitblicke über den Untersee. Der Weg geht weiter zur Hochwacht – ein Betonbunker erinnert heute noch an die strategische Bedeutung dieses ebenfalls aussichtsreichen Punktes. Weiter, bei der Eggmühle, gelangt man durch den Wald hinunter zur Klingenegg und zurück nach Mammern.

Regentag-Alternative

In der prachtvollen Anlage des heutigen Napoleonmuseums Thurgau in Salenstein verbrachte Napoleon III., der letzte Kaiser Frankreichs, die Jahre zwischen 1815 und 1838. Später richtete hier seine Frau Eugénie eine Zufluchtstätte des europäischen Hochadels ein. Aus Dankbarkeit über das ihr gewährte politische Asyl schenkte sie das Anwesen dem Kanton Thurgau mit der Auflage, dass darin ein Museum zur Geschichte der napoleonischen Familien eingerichtet werde. Heute kann man hier wie ein Freund des kaiserlichen Hofs durch die Salons wandeln und die Welt des 19. Jahrhunderts auf sich wirken lassen. www.napoleonmuseum.ch

Das Wellnesshotel Golf Panorama in Lipperswil öffnet sein Spa auf Voranmeldung auch für Tagesgäste. „Feldbach"-Gäste profitieren von ermässigten Eintrittspreisen. www.golfpanorama.ch

Die Küche

Schweizer Klassiker und mediterrane Gerichte. Sehr schöne Seeterrasse sowie – für erste und letzte warme Tage im Frühjahr und Herbst – eine geschützte Terrasse im Klosterhof.

Die Extras

Kostenloser Verleih von Fahrrädern. Auf Wunsch stellt das Hotel einen Picknickkorb zusammen.

Besonders geeignet für...
unkomplizierte Bodensee-Fans, die nach dem Abendessen und vor dem Frühstück gerne noch rasch ins Wasser springen.

Wenn doch nur...
die vielen Hochzeiten (wochenends) und Seminare (wochentags) nicht wären. Auch ist weder die postmodern geprägte Innenarchitektur im historischen Klostergebäude noch das kühle Design im modernen Hoteltrakt über jeden Zweifel erhaben. Die tolle Lage und das nette Team um Gastgeber Steffen Volk machen das jedoch wieder wett.

SORELL HOTEL ZÜRICHBERG
ZÜRICH

600 mü.M.

8044 Zürich, Orellistrasse 21
Telefon +41 44 268 35 35
www.zuerichberg.ch
zuerichberg@sorellhotels.com
Ganzjährig geöffnet

Die Lage 9/10

Idyllisch und ruhig am Waldrand beim Zoo. Zürich und der Zürichsee liegen einem buchstäblich zu Füssen, und in der Ferne grüssen die Alpen.

Die Atmosphäre 7/10

Das Hotel besteht aus zwei Gebäuden: Dem geschmackvoll restaurierten 118-jährigen Jugendstil-Altbau, der neben einigen Zimmern auch die öffentlichen Räume und die stimmige Hotelbar mit herrlicher Terrasse beherbergt. Und dem modernen Anbau, der nicht der übliche lieblose Erweiterungstrakt ist, sondern eine kleine architektonische Sensation: Der runde Holzpavillon der Architekten Burkhalter und Sumi wächst wie ein Schneckenhaus aus dem Terrain, und die Hotelzimmer erreicht man durch einen spiralförmigen Treppenaufgang. Aus den Fenstern blickt man auf den Zürichsee oder ins Grüne. Man fühlt sich fast wie in den Ferien – und ist doch nur fünfzehn Tram-Minuten vom Stadtzentrum entfernt.

SORELL HOTEL ZÜRICHBERG
ZÜRICH

Die Zimmer
66 angenehme, teilweise in die Jahre kommende Zimmer, viele mit See- und Fernsicht.

Die Küche
Von Bärlauchravioli mit getrockneten Tomaten über das Zürcher Kalbsgeschnetzelte mit Rösti bis zu Riesenkrevetten mit Basmatireis und Gemüsecurry wird ein gefälliges kulinarisches Repertoire geboten. Die Kräuter stammen aus dem eigenen Garten. Auf der herrlichen Gartenterrasse gibt's auch Grillspezialitäten und Tischgrill-Variationen. Von Anfang November bis Ende Januar wird auf der Gartenterrasse jeweils die sehr beliebte und fast ständig ausgebuchte Fonduehütte „Chalet Zürichberg" aufgebaut. Ein spezielles Augenmerk wird auf das Frühstück gelegt, mit vielen hausgemachten Produkten, Käse direkt von Bergbauern und Eiern von Schweizer Freilandhühnern.

Freizeiterlebnisse
Der Masoala-Regenwald im Zürcher Zoo ist unverändert ein Dauerbrenner – diese riesige Ökosystemhalle, in der die Zusammenhänge zwischen der tropischen Tier- und Pflanzenwelt im Regenwald Madagaskars erlebbar gemacht werden. Das neue Highlight des Zoos ist jedoch der Kaeng Krachan Elefantenpark, der besonders auch an Regentagen den Besuch lohnt, weil im Innenbereich die Dickhäuter dank eines speziellen Unterwassereinblicks beim Schwimmen und Tauchen beobachtet werden können. www.zoo.ch

Wandertipp
Eigentlich kaum vorstellbar, dass es in unmittelbarer Nähe eines so dicht besiedelten Gebiets wie der Stadt Zürich überhaupt Orte der Ruhe gibt. Doch rund um den Zoo finden sich zahlreiche Wanderwege durch dichte Wälder, in denen man nur das Zwitschern der Vögel, das Rauschen des Windes und das Plätschern von Bächen hört. Ein Highlight ist die zweieinhalbstündige Route vom Hotel Zürichberg (600 m) über den Adlisberg und den Lorenchopf (694 m) hinunter ins Naturschutzgebiet am Greifensee (435 m). Auch schön und in dreieinhalb Stunden zu schaffen: Vom Zoo über Dolder, Degenried, Elefantenbach, Wehrenbachtobel nach Forch.

Regentag-Alternative
Wer an grauen Tagen in eine exotische Welt eintauchen möchte, besucht die Sukkulenten-Sammlung Zürich am Seeufer. Sukkulenten sind Pflanzen aus trockenen Gebieten (zum Beispiel Wüsten), die Wasser speichern können. Die sieben grossen Gewächshäuser am Mythenquai beherbergen eine der weltweit bedeutendsten Sammlungen mit rund 50 Prozent aller bekannten sukkulenten Pflanzenarten (darunter zahlreiche vom Aussterben bedrohte) – von meterhohen Kandelaberkakteen über Agaven und Aloen bis zu lebenden Steinen und winzigen Hauswurzarten. Die Zürcher Sammlung wirkt als Ort des grünen Wissens – regelmässige Führungen begeistern auch botanische Greenhorns. www.stadt-zuerich.ch/sukkulenten

Ist man mit Kindern und Jugendlichen unterwegs, lohnen sich die 30 Autominuten ins Technorama in Winterthur. Im einzigen Science Center der Schweiz kann man nach Herzenslust experimentieren und lernt spielerisch, nach welchen Gesetzen Schall und Licht, Elektrizität und Mechanik funktionieren. Hunderte von Probierstationen zum Hebeln, Kurbeln, Beobachten und Staunen sorgen für Aha-Erlebnisse am laufenden Band und wecken den Forschergeist. Hier kann man ohne Weiteres mehrere Tage verbringen, ohne sich zu langweilen. Und im Museumsshop gibt es reizvolle „Phänobjekte" zum Nach-Hause-Nehmen. www.technorama.ch

Besonders geeignet für...
Zürich-Besucher, die einen Rückzugsort nahe dem Stadtzentrum brauchen.

Wenn doch nur...
die Tagungen, Seminare und Veranstaltungen nicht wären, die an diesem schönen Ort regelmässig stattfinden.

STORCHEN ZÜRICH

408 mü.M.

8001 Zürich, Weinplatz 2
Telefon +41 44 227 27 27
www.storchen.ch
info@storchen.ch
Ganzjährig geöffnet

Die Lage 10/10

Im Herzen der Zürcher Altstadt direkt an der Limmat und beim Bootsanleger des Limmatschiffs, mit postkartenwürdigem Blick auf Grossmünster, Zunfthäuser und Quaibrücke bis zum See hinauf.

Der „Storchen" befindet sich in der Fussgängerzone zwischen Storchengasse und Rathausbrücke. Gäste, die mit dem Auto anreisen, können dennoch direkt vors Hotel fahren und vom Valet Parking profitieren (Anfahrt via Münsterhof in die Storchengasse).

Die Atmosphäre 7/10

Im Jahr 1357, als Amerika noch lange unentdeckt war, wurde der „Storchen" erstmals urkundlich erwähnt. Zwar ist von der Geschichte des Hotels heute kaum mehr etwas zu spüren oder zu sehen, doch hat sich an der Altstadtkulisse rund ums Haus wenig geändert – fast könnte man denken, die Zeit wäre vor vielen hundert Jahren stehen geblieben. Das Interieur wurde Anfang 2017 weitgehend erneuert: Das Erdgeschoss mit der beliebten Barchetta Bar-Lounge, die Rôtisserie im ersten Stock sowie die Zimmer zur Flussseite strahlen in frischem Glanz. Jüngst kam ein Fitnessraum im Dachgeschoss hinzu.

STORCHEN
ZÜRICH

Die Zimmer

66 Zimmer und Suiten – davon präsentieren sich die 35 Zimmer zur Flussseite in zeitgemässer Heiterkeit; die rückwärtigen Zimmer fallen in puncto Stil und Komfort deutlich ab. **Zimmer-Flüstertipps:** Die Zimmer mit der schönsten Sicht sind die beiden „Panorama Eckzimmer" 323 und 423 mit Blick auf die Limmat und den Zürichsee, die „Contemporary Deluxe Doppelzimmer" mit Blick auf die Limmat (z.B. die Nummern 316 und 416) sowie die „Signature Two Bedroom Suite" 521 mit Blick auf die Limmat und den Zürichsee. Doch sind auch alle normalen, etwas kleineren „Contemporary Zimmer" mit Blick auf die Limmat zu empfehlen.

Die Küche

Unlängst renovierte Rôtisserie im ersten Stock mit grossen Rundbogenfenstern und schmucker Restaurantterrasse. Letztere wird in jedem internationalen Reiseführer als typisch zürcherische Attraktion empfohlen. Aus der Küche kommt vor allem Gutbürgerliches und Währschaftes auf verlässlichem Niveau. Spezialitäten des Hauses sind das Rindstatar, der hausgeräucherte schottische Zuchtlachs mit Meerrettichschaum und Zwiebelringen sowie das Zürcher Kalbsgeschnetzelte mit Rösti. Ebenfalls im kulinarischen Repertoire: grosse, am Feuer zubereitete Fleischstücke, zum Beispiel Short Ribs vom Kalb.

Besonders geeignet für...

Altstadtfans, die keine Abstriche bei der Lage ihres Hotels machen wollen. Der „Storchen" ist ein idealer Ausgangspunkt, um Zürich in alle Richtungen zu Fuss zu erkunden.

Wenn doch nur...

nicht krampfhaft versucht würde, den 2017 hinzugekommenen fünften Stern zu rechtfertigen. Man bekommt den Eindruck, das Team im bisher recht entspannten Viersternehaus „spielt" Luxushotel, ohne jedoch zu verstehen, was ein Luxushotel heute eigentlich ausmacht. Ebenfalls zu bedenken: Die Zimmer sind recht hellhörig – je nachdem bekommt man Nachbars Fernsehprogramm oder nächtliches Stühlerücken der Hotelcrew mit, und bei offenen Fenstern können einem die Glocken diverser umliegender Kirchen auf den Geist gehen.

Freizeiterlebnisse

Zur Bahnhofstrasse oder zur Aussichtsplattform am Lindenhof sind es drei Gehminuten, zur Seepromenade oder zur Oper sind es zehn Gehminuten, zum Kunsthaus oder zum Schweizer Landesmuseum zehn Gehminuten. Dutzende empfehlenswerter Restaurants, etwa Didi's Frieden, das Tao's, die Kronenhalle oder die Widder Bar & Kitchen liegen in bequemer Gehdistanz.

Wandertipp

Als das „Promenieren" (Spazierengehen) in Zürich um 1800 Mode wurde, entstand um das untere Seebecken des Zürichsees die damals grösste zusammenhängende Grünanlage und Zürich wandelte sich von der Kleinstadt am Fluss zur Grossstadt am See. Die Seepromenade auf beiden Seiten der Quaibrücke diente einem breiten Publikum als Erholungsraum. Bis heute hat sich daran nichts geändert, und insbesondere im Sommer treffen sich an den insgesamt rund 5 km langen Quaianlagen zwischen Zürichhorn im Seefeldquartier und Landiwiese in Wollishofen alle zu einem kunterbunten Stelldichein.

Regentag-Alternative

Trams aus den Jahren 1897 bis 1968, Motoren, Uniformen, Billettautomaten, eine grosse Modell-Tramanlage, ein rollendes Baby-Cobra und vieles mehr: Aus dem alten Depot Burgwies ist ein wandelbarer Raum geworden, der für alle Generationen von Besuchern Überraschungen bereit hält. Das Tram-Museum-Zürich, das dem Engagement einiger hartnäckiger Strassenbahnliebhaber zu verdanken ist, erzählt von der Stadtentwicklung, von den grossen Veränderungen der Industrialisierung, von der modernen urbanen Mobilität mit öffentlichen Verkehrsmitteln. Und das mit immer wieder neuen Exponaten, veränderten Wagenanordnungen und Wechselausstellungen.
www.tram-museum.ch

UTO KULM
UETLIBERG/ZÜRICH

871 mü.M.

8143 Uetliberg
Telefon +41 44 457 66 66
www.utokulm.ch
info@utokulm.ch
Ganzjährig geöffnet

Die Lage 9/10

Im autofreien Naherholungsgebiet auf der Spitze des Uetlibergs, mit weiten Ausblicken auf die Stadt Zürich, den Zürichsee und die Alpenkette.

Das Uto Kulm ist mit dem Auto nicht erreichbar. Vom Hauptbahnhof Zürich führt die S-Bahn-Linie S10 in 20 Minuten bis zur Endstation Uetliberg. Ab der Endstation führt ein siebenminütiger Spaziergang zum Hotel (auf Wunsch werden gehbehinderte Gäste sowie das Gepäck von Hotelgästen bei der Endstation abgeholt). Wer mit dem Auto anreist, parkiert es im Parking Feldermoos in Uitikon-Waldegg, läuft 10 Minuten zur S-Bahn-Station Uitikon-Waldegg und fährt in 8 Bahnminuten bis zur Endstation Uetliberg.

Die Atmosphäre 5/10

Der Uetliberg gehört zur Kulisse von Zürich wie die beiden Türme des Grossmünsters. Obwohl Zürichs Hausberg in Wahrheit nicht viel mehr als ein bewaldeter Hügel ist, tut der höchste Punkt Zürichs so, als wäre mit seinen 871 Höhenmetern ein richtiger Gipfel. Alles ist da: die Bergbahn, der Aussichtsturm, die gelben Wanderwegweiser, die Spaziergänger in roten Socken, der winterliche Schlittelweg, die Fernrohre, die einem an klaren Tagen die Skyline der Stadt, den Zürichsee und die Alpen etwas näher bringen. Ganz oben auf Zürichs Hausberg befindet sich der Multifunktionsbetrieb Uto Kulm mit 55 Hotelzimmern, weitläufigen Restaurationsräumlichkeiten innen und aussen sowie einem Dutzend Seminar- und Bankettsälen. Wochentags übernachten hier vor allem Seminar-

UTO KULM
UETLIBERG/ZÜRICH

Freizeiterlebnisse
Das in Zürich versammelte Angebot an Freizeit- und Kulturerlebnissen sprengt den Rahmen dieses Buchs. Ein paar Stichworte: Zoo Zürich mit Masoala-Halle und Kaeng-Krachan-Elefantenpark, Kirchturmbesteigung Grossmünster, Zürichsee-Schifffahrt, Frauenbad Stadthausquai mit Barfussbar (Letztere ist an drei Abenden pro Woche auch für Männer geöffnet), Landesmuseum Zürich, Kunsthaus Zürich. www.zoo.ch + www.grossmuenster.ch + www.zsg.ch + www.barfussbar.ch + www.landesmuseum.ch + www.kunsthaus.ch

Wandertipp
Am bekanntesten ist der aussichtsreiche Gratweg vom Uetliberg über die Felsenegg zum Albispass oder weiter über das Albishorn hinunter nach Sihlbrugg Dorf. Marschzeit für die ganze Strecke: 6 Stunden. Der erste Teil bis zur Felsenegg ist relativ flach und dauert knapp anderthalb Stunden pro Wegstrecke.

Vom Gipfel des Uetlibergs führen diverse mehr oder weniger steile Wege zur Stadt Zürich hinunter, etwa der abwechslungsreiche Denzlerweg in ziemlich gerader Richtung zum Albisgüetli (Endstation Tramlinie 13) oder der Hohensteinweg über eine Bergschulter zum Triemli (Endstation Tramlinie 14). Letzterer ist im Winter als Schlittelweg beliebt. Beide Wege sind in rund einer Stunde zu schaffen.

Regentag-Alternative
Drei historische Villen im Zürcher Rieterpark bieten das zauberhafte Umfeld für hochkarätige Ethno-Kunst aus Asien, Afrika, Amerika und Ozeanien. Viele Skulpturen können sich mit den Exponaten der weltbesten Museen messen. So gibt es kaum ein Buch über die Kunst des schwarzen Afrika, in dem nicht Abbildungen von Kunstschätzen des Museums Rietberg zu finden sind. Speziell: Die Workshops für Kinder und Familien sowie die japanische Teezeremonie mit der Meisterin Soyu Yumi Mukai im authentischen Teezimmer. www.rietberg.ch

teilnehmer, am Wochenende sind es Hochzeitsgesellschaften und Individualgäste, darunter auch manche Zürcherinnen und Zürcher, welche die eigene Stadt einmal aus einem anderen Blickwinkel kennenlernen wollen – am eindrücklichsten in einer der neun Romantik-Suiten, die mit Extras wie einer herzförmigen Sprudelwanne, einer kleinen Dachterrasse, Schwedenofen oder Sternenhimmel-Zimmerdecke ausgestattet sind. Abends geht der Blick auf das Lichtermeer der Stadt, und im Winter, wenn die Stadt (oft) im Nebelmeer versinkt, freut man sich über den klaren Himmel und den Blick in die Alpen. Hotelier Giusep Fry sieht in der autofreien Anreise keinen Nachteil, sondern spricht vom „Event-Charakter", der jedoch an sonnigen Tagen von herdenartig auftretenden Ausflüglern deutlich getrübt werden kann.

Die Zimmer
46 funktionelle Zimmer und 9 Romantik-Suiten. **Zimmer-Flüstertipps:** Panoramazimmer 55 mit Stadtsicht, Panoramazimmer 10 mit Sicht auf die Berge und den See, „Skyline-Suite" und „Tower-Suite" mit Sicht über Zürich (Letztere verfügt auch über einen Schwedenofen), lichtdurchflutete „Residenz-Suite" 9 mit Abendsonne-Balkon und Weitblick über die Albiskette und ins Reppischtal.

Die Küche
Solide zubereite Allerweltsküche für jeden Geschmack und jede Gemütslage. Sehr gutes Weinangebot mit mehr als 400 Positionen zu annehmbaren Preisen.

Die Extras
Sauna und Dampfbad.

Besonders geeignet für...
Zürich-Besucher, die nach Stadterkundungen gerne im Grünen absteigen.

Wenn doch nur...
der Service nicht so wechselhaft wäre: Das Restaurantteam hat zwischen hochprofessionellen Mitarbeitern und hilflosen Aushilfen alle Varianten zu bieten.

WEITERE TOP GELEGENE HOTELS IN DER NORD- UND OSTSCHWEIZ

© Alpenhof, Oberegg im Appenzell

© Alpenhof, Oberegg im Appenzell

© Bad Horn Hotel & Spa, Horn

© Belvoir, Rüschlikon

© Berggasthaus Bollenwees, Brülisau im Appenzell

© Berggasthaus Rotsteinpass, Weissbad

HOTELNAME	ORT	WEBSEITE
Alpenhof	Oberegg im Appenzell	www.alpenhofalpenhof.ch
Bad Horn Hotel & Spa	Horn	www.badhorn.ch
Belvoir	Rüschlikon	www.hotel-belvoir.ch
Berggasthaus Bollenwees	Brülisau im Appenzell	www.bollenwees.ch
Berggasthaus Rotsteinpass	Weissbad	www.rotsteinpass.ch
Gottlieber Hotel Krone	Gottlieben	www.gottlieber-hotel-krone.ch
Heiden Hotel	Heiden	www.hotelheiden.ch
Hirschen am See	Obermeilen	www.hirschen-meilen.ch
Mammertsberg	Freidorf/Bodensee	www.mammertsberg.ch
Panorama Resort & Spa	Feusisberg	www.panoramaresort.ch
Romantik Seehotel Sonne	Küsnacht am Zürichsee	www.sonne.ch
Seebenalp Berghotel	Oberterzen	www.seebenalp.ch
The Dolder Grand	Zürich	www.doldergrand.ch
Wassberg	Forch bei Zürich	www.hotel-wassberg.ch
Weissenstein Hotel & Kurhaus	Oberdorf ob Solothurn	www.huettenzauber.ch
Wellnesshotel Golf Panorama	Lipperswil	www.golfpanorama.ch
Zum Schiff	Mammern	www.schiff-mammern.ch

WEITERE TOP GELEGENE HOTELS
IN DER NORD- UND OSTSCHWEIZ

© Gottlieber Hotel Krone, Gottlieben

© Seebenalp Berghotel, Oberterzen

© Weissenstein Hotel & Kurhaus, Oberdorf ob Solothurn

© Heiden Hotel, Heiden

© The Dolder Grand, Zürich

© Wellnesshotel Golf Panorama, Lipperswil

© Hirschen am See, Obermeilen

© Wassberg, Forch bei Zürich

© Zum Schiff, Mammern

© Mammertsberg, Freidorf/Bodensee

TOP GELEGENE HOTELS IN DER ZENTRALSCHWEIZ

BERGGASTHAUS NIEDERBAUEN
NIEDERBAUEN

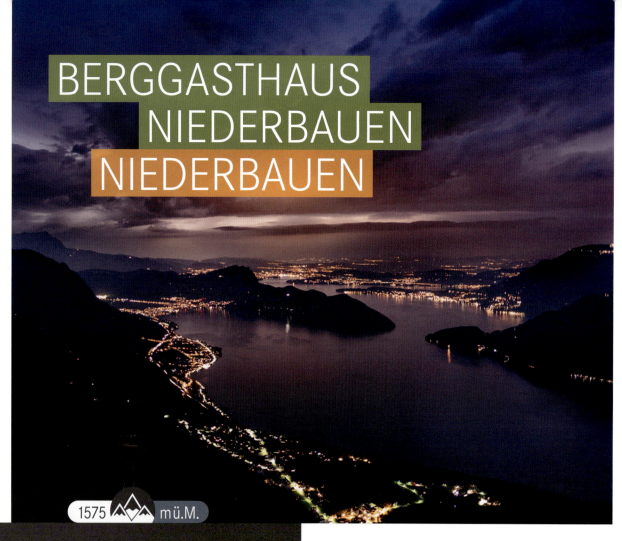

1575 m ü.M.

6376 Emmetten, Niederbauen 1
Telefon +41 41 620 23 63
www.berggasthaus-niederbauen.ch
info@berggasthaus-niederbauen.ch
Ende April bis Mitte November und Mitte Dezember bis Ende März geöffnet. Restaurant am Sonntagabend und Montagabend nur für Gruppen ab 10 Personen geöffnet

Die Atmosphäre 6/10

Die Lage und Aussicht dieses Nidwaldner Kleinods ist grandios, die Ruhe vollkommen. Der Komfort der elf Gästezimmer mag wegen den Etagenbädern nicht ganz zeitgemäss sein, doch gibt so mancher Stammgast dem sympathischen Familienbetrieb soviele Sterne wie man vom Zimmerfenster aus am Nachthimmel zählen kann. Christine Ineichen ist eine Gastgeberin und Köchin aus Leidenschaft, seit 2010 bereits in zweiter Generation.

Die Lage 10/10

An hammermässiger Panoramalage auf dem Niederbauen, 800 Höhenmeter über Emmetten, mit Sicht über weite Teile des Vierwaldstättersees, auf Oberbauenstock, Klewenalp, Stanserhorn, Buochserhorn, Pilatus, Bürgenstock, Rigi, Mythen, Fronalpstock und Niederbauen-Chulm. Sonnenuntergänge sind hier oben Naturspektakel.

Das Berggasthaus ist nur mit der Gondelbahn Emmetten-Niederbauen zu erreichen. Die Acht-Personen-Kabine fährt tagsüber ab vier Personen oder im Halbstunden-Takt. Das Gasthaus befindet sich direkt neben der Bergstation der Luftseilbahn. An der Talstation stehen zahlreiche Gratis-Parkplätze bereit.

BERGGASTHAUS NIEDERBAUEN
NIEDERBAUEN

Die Zimmer

9 einfache, kleine und rustikal eingerichtete Doppelzimmer und ein Vierbettzimmer mit Etagenbad sowie die „Bergsuite" mit angrenzendem Badezimmer. Zwei Massenlager mit 9 und 14 Betten. **Zimmer-Flüstertipp:** Alle Zimmer haben herrliche Aussichten, das spektakulärste See- und Bergpanorama hat jedoch die Nummer 4, die in Richtung Fronalpstock blickt.

Die Küche

Marktfrisch und bodenständig. Auf der Speisekarte: Rindstatar, Geissenfrischkäse mit Salatbouquet, Älplermagronen mit hausgemachtem Apfelmus, Bärlauchcremesuppe, Käseschnitte mit Beckenriedermost getränkt, Alpkäse-Ravioli mit Federkohl, Hacktätschli an Kräuterrahmsauce mit Erbsenkartoffelstock sowie das Schweinsfilet mit Heukruste und Nidwaldner Ofetori (Kartoffelstock mit Speck). Auch das Käsefondue schmeckt ausgezeichnet. Auf regionale Produkte wird hoher Wert gelegt: Die Eier sind Freilandeier aus Oberdorf von der Familie Lussi, das Fleisch stammt von der Metzgerei Gabriel aus Wolfenschiessen und Lussi's Hofmetzg aus Oberdorf. Der Fisch kommt vom Fischhuus Mühletal aus Ennetmoos und fangfrisch aus dem Vierwaldstättersee. Ein Gast kommentierte bei TripAdvisor: „Das Spiegelei zum Frühstück war so fein, wie wir es noch nirgends sonst bekommen haben."

Freizeiterlebnisse

Wer sich gerne mal frei wie ein Vogel fühlen möchte, ist auf dem Bergrücken des Niederbauen an der richtigen Adresse. Der Absprung ist bei Hängegleitern in der ganzen Schweiz bekannt – und natürlich werden Gleitschirm-Tandemflüge angeboten. Zudem lassen sich auf dem Niederbauen drei Alpkäsereien besichtigen (als Rundwanderung möglich), und im Winter beginnen besonders schöne und ruhige Schneeschuhwanderungen in traumhafter Landschaftskulisse beim Berggasthaus. www.niederbauen.ch

Immer ein Erlebnis: Schiffsrundfahrten auf dem Vierwaldstättersee. www.lakelucerne.ch

Wandertipp

Eine leicht begehbarer, fast ebener Weg führt vom Berggasthaus Niederbauen zum Hunds-Chopf. Dort lockt ein ungeahnter Tiefblick auf den Urnersee. Zurück geht es auf dem gleichen Pfad. Dauer: 1 Stunde pro Strecke.

Ebenfalls eher leicht ist die zweieinhalbstündige Tour vom Berggasthaus Niederbauen zum Niederbauen-Chulm. Der Blick fast senkrecht in die Tiefe und in die unendliche Weite ist überwältigend. Höhendifferenz: 350 Meter.

Speziell: Der Wildbeobachtungspfad vom Niederbauen über die Stockhütte und Heitliberg zur Klewenalp. Unterwegs erfährt man auf 16 Infotafeln mehr zu einheimischen Tieren und findet detaillierte Beschreibungen zu 12 verschiedenen Vögeln. Auf Wunsch kann man den Pfad unter fachkundiger Führung eines Alt-Wildhüters begehen, und mit etwas Glück beobachtet man frühmorgens Steinwild, Birkhähnen und andere Tiere.

Besonders geeignet für...
Freunde authentischer Innerschweizer Gastlichkeit und alle, die dem Lärm der Welt entkommen wollen.

Wenn doch nur...
an sonnigen Sommerwochenenden nicht mit längeren Wartezeiten bei der Talstation der Gondelbahn zu rechnen wäre.

BÜRGENSTOCK RESORT OBBÜRGEN

850 m ü. M.

6363 Obbürgen
Telefon +41 41 612 90 10
www.buergenstock.ch
information@buergenstock.ch
Ganzjährig geöffnet

Die Lage 10/10

Nach unten sind es 500 Meter, die man fast im freien Fall bis zum Vierwaldstättersee zurücklegen könnte, ohne je an die Felswand des Bürgenbergs zu stossen, und nach vorne öffnet sich der spektakuläre Blick auf das Luzerner und Küssnachter Seebecken sowie auf die Rigi und den Pilatus. Die Grat-Lage im Herzen der Innerschweiz ist unvergleichlich und überwältigt seit den Pioniertagen des Schweizer Tourismus Besucher aus aller Welt.

Wer auf dem Seeweg anreist (mit dem Bürgenstock-Shuttle-Schiff von Luzern bis Kehrsiten und von dort mit der nostalgischen Standseilbahn direkt ins Resort hinauf), „erfährt" bereits vor der Ankunft im Hotel einen stimmigen Teil des Bürgenstock-Erlebnisses.

Die Atmosphäre 9/10

Der neu erweckte touristische Leuchtturm der Zentralschweiz zeigt, wie sich neun Jahre Planung, Kampf und Bau sowie eine halbe Milliarde Franken zu einem faszinierenden Ganzen mit vier Hotels, zehn Restaurants, Spa, Medical-Wellness, Luxus-Residenzen und vielfältigem Sport- und Freizeitangebot zusammenfügen und die bewegte Geschichte der 1873 begründeten Bürgenstock-Hotels nun mit Besitzern aus dem Emirat Katar vielversprechend weiter schreiben.

Den Gästen der vier Hotels – dem zentralen Bürgenstock Hotel (5 Sterne mit 102 Zimmern), dem auf Gesundheitsaufenthalte spezialisierten Waldhotel (5 Sterne mit 160 Zimmern), dem Palace Hotel (4 Sterne mit 106 Zimmern) und der Pension Taverne 1879 (3 Sterne mit 12 Zimmern) – erschliesst sich eine

BÜRGENSTOCK RESORT
OBBÜRGEN

Freizeiterlebnisse

Gleitschirm-Tandemflüge. 9-Loch-Golfplatz Bürgenstock mit Driving Range und Golflehrer.

Sehr schöner Auto-Ausflug: Vom Bürgenstock über Stansstad hinunter nach Beckenried, dort mit der Autofähre nach Gersau und via Vitznau, Weggis, Küssnacht und Luzern wieder zurück zum Bürgenstock.

Wandertipp

Mit der Bürgenstock-Standseilbahn zur Talstation Kehrsiten. Von dort in einer guten Wanderstunde mit kleinen Steigungen dem Seeuferweg entlang via Untermatt zur Waldlichtung Obermatt mit dem gleichnamigem Restaurant (www.gasthaus-obermatt.ch). Nach der Einkehr steiler Aufstieg auf den Mattgrat und weiter via Chänzeli zur Bergstation des Hammetschwand-Lifts, von wo eine atemberaubende Rundsicht auf die Zentralschweiz besteht. Fahrt mit dem Lift 152 Meter senkrecht hinunter bis zum spektakulären „Felsenweg", welcher zum Bürgenstock Resort zurückführt.

Regentag-Alternative

Im Bürgenstock Resort hat niemand Grund, Trübsal zu blasen, wenn es mal regnet. Das Spa zählt zu den grössten im ganzen Alpenraum, und die Stadt Luzern liegt nah.

Besonders geeignet für...

Weltenbummler, die Grandhotel-Glamour in neuem Stil schätzen.

Wenn doch nur...

die Zimmerfenster im Bürgenstock Hotel geöffnet werden könnten und man nicht kompromisslos der Klimaanlage ausgesetzt wäre. Auch muss man die rekordhaft klingenden 10.000 Quadratmeter Wellnesszone in Relation zu mehreren hundert Hotelgästen sowie zusätzlichen Tagesbesuchern setzen – Letztere bezahlen für einen dreistündigen Eintritt wochentags 95 Franken, wochenends 150 Franken.

überwältigende Naturkulisse. Auch die Innenansichten der vier Herbergen lassen sich sehen, am coolsten im Waldhotel (Architekt: Matteo Thun) und am stilvollsten im „Palace", welches 1906 erstmals eröffnete und nach Auflagen des Denkmalschutzes renoviert wurde. Man wünscht dem Resort, dass es rasch an die glorreichen Fünfziger- und Sechzigerjahre, als illustre Gäste wie Sophia Loren, Audrey Hepburn oder Sean Connery hier abstiegen, anknüpfen kann.

Die Zimmer 10/10

383 zeitgemäss moderne, hochwertig ausgestattete Zimmer und Suiten in vier Hotels. **Zimmer-Flüstertipps:** Besonders staunenswert sind die Ecksuiten 1111, 1211, 1311, 1411, 1511 und 1611 sowie die Eck-Juniorsuite 1705 (alle im Bürgenstock Hotel). Im Palace Hotel sind die Eckzimmer der Kategorie „Superior Lake View Corner" begehrt.

Die Küche 10/10

10 Restaurants und Bars für jede Stimmungslage, vom asiatischen „Spices" mit Showküche über das „Sharq" mit orientalischen Spezialitäten und den „Oak Grill" mit schmucker Sommerterrasse am denkmalgeschützten Hollywood-Aussenpool bis zum „Ritzcoffier" mit klassischer französischer Marktküche im Ambiente des Fin-de-siècle. Für kleinere Häppchen, Afternoon Tea oder Cocktails ist zu jeder Tageszeit die Lake View Lounge Bar in der Hotelhalle ein stimmiger Ort mit frontalem Blick auf Luzern.

Die Extras 9/10

Grosses „Alpine Spa" mit Hallenbad, zwei Aussenpools (einer davon 36°C warm und mit Überlaufbecken an der Kante zum Abgrund hoch über dem Luzerner Seebecken), weitläufiger Saunalandschaft und Fitnessbereich. Zahlreiche Massagen und Beauty-Behandlungen. 3 Tennisplätze (zwei davon in der Halle) mit Tennisschule, Verleih von E-Bikes. Im Winter Curling-Anlage und Schlittschuhbahn.

CAMPUS HOTEL HERTENSTEIN
WEGGIS

435 mü.M.

6353 Weggis, Hertensteinstrasse 156
Telefon +41 41 399 71 71
www.campus-hotel-hertenstein.ch
info@campus-hotel-hertenstein.ch
Anfang April bis Ende November geöffnet

Die Atmosphäre 4/10

Das mondäne Flair, das die Pension Hertenstein im 19. Jahrhundert ausstrahlte, als hier prominente Gäste wie die englische Königin Viktoria, der Bayernkönig Ludwig II und der amerikanische Schriftsteller Mark Twain abstiegen, mag längst verflüchtigt sein – nicht aber die Aussicht auf den schönsten Teil des Vierwaldstättersees, der sich wie ein dramatisches Landschaftsgemälde vor dem heutigen Campus Hotel Hertenstein ausbreitet. Es wurde 2013 vom österreichischen Unternehmer Peter Pühringer, dem auch das Park Hotel Vitznau in Sichtweite von Hertenstein gehört (siehe Seite 70), weitgehend neu in einem geradlinig modernen Stil gebaut und setzt mit seinen zwölf Veranstaltungsräumen vor allem auf Seminare und Events. Wer sich davon nicht abschrecken lässt, kann hier in cooler Abgeschiedenheit seine Lebensgeister wiederbeleben und sich vom netten Hotelteam alle Wünsche von den Augen ablesen lassen.

Die Lage 10/10

Die Rigi im Rücken, der Pilatus zur Rechten, die Dreitausender zur Linken und der Bürgenstock direkt gegenüber. Amerikaner nennen eine solche Aussicht eine „one million dollar view". Das Hotel liegt ganz für sich allein in der früher als „Sündenbucht" bekannten Halbinsel Hertenstein am Rand von Weggis.

CAMPUS HOTEL HERTENSTEIN
WEGGIS

Die Zimmer 5 10
51 funktionelle, farbenfrohe Zimmer (16 bis 32 Quadratmeter), 10 Juniorsuiten (45 Quadratmeter) und 1 Suite (47 Quadratmeter), die meisten mit Balkon und Blick auf See und Bürgenstock. **Zimmer-Flüstertipps:** Die lichtdurchflutete „Corner Suite" 508 im obersten Stockwerk, das Superior-Doppelzimmer 505 sowie die Familien-Superior-Doppelzimmer 401 und 402.

Die Küche 5 10
Im Hauptrestaurant kocht man modern interpretiert und mit regionalem Bezug. Im einfacheren Café Vienna (Selbstbedienung) gibt es auch österreichische Spezialitäten. Beide Lokale verfügen über schöne Seeterrassen. Der Weinkeller bietet zahlreiche Trouvaillen für Geniesser, die schon alles zu kennen glauben – dies zu bemerkenswert kundenfreundlich kalkulierten Preisen.

Die Extras 2 10
Sauna, kleiner Fitnessraum. Badewiese am Seeufer, Verleih von Kajaks, Pedalos, Stand-up-Paddles und Fahrrädern.

Besonders geeignet für...
Vierwaldstättersee-Fans, welche die schönsten Badestellen gerne gleich vor der Haustür haben.

Wenn doch nur...
der Bewegungsmelder für das Licht im Badezimmer nicht wäre. Wer will schon mitten in der Nacht beim kurzen Toilettengang weggeblendet werden? Abstellen kann man das Licht nicht.

Freizeiterlebnisse
Von der Schiffanlegestelle Hertenstein direkt neben dem Hotel lassen sich wunderbare Rundfahrten und Ausflüge auf dem Vierwaldstättersee unternehmen. Auch kann man in rund 40 Minuten von Luzern aus mit dem Schiff anreisen und direkt vor dem Hotel aussteigen.

Wandertipp
Für Spaziergänger ist der 3 km lange, rund 40-minütige Weg entlang der Hertensteinstrasse und Seestrasse ins Ortszentrum von Weggis sehr schön.

Natürlich lockt zu jeder Jahreszeit die Rigi, die von Weggis aus mit der Luftseilbahn (bis Rigi-Kaltbad) und Zahnradbahn (von Kaltbad nach Rigi-Kulm) erreichbar ist. Ein Hochgenuss bei minimaler Anstrengung, im Sommer wie im Winter, ist die klassische, rund einstündige Wanderung von Rigi-Kulm (1797 m) hinunter nach Kaltbad (1433 m). Von dort geht es mit der Luftseilbahn zurück nach Weggis.

Ebenfalls herrlich: Der 7,1 km lange, rund zweistündige Panoramaweg von Rigi-Kaltbad (1433 m) via First, Unterstetten, Hinder Dossen zur Rigi-Scheidegg (1656 m). Der Wanderweg, der auch im Winter gepfadet wird, verläuft auf dem alten Trassee einer bereits 1931 stillgelegten Bahn und weist deshalb kaum Steigungen auf. Ein 70 Meter langer Tunnel und ein reizvoller Viadukt erinnern noch an den ursprünglichen Zweck der Linie.

Regentag-Alternative
Normalerweise ist es der Tourismus, der die Wirtschaft ankurbelt. Mancherorts ist es nun andersherum: Unternehmen beleben den Tourismus, indem sie ihre Produktionsstätten für das Publikum öffnen und damit gleichzeitig ihr Image aufpolieren. So zum Beispiel die Glasi Hergiswil, die seit 1817 besteht und die noch einzige Glashütte in der Schweiz ist, in welcher von Mund und Hand Glas verarbeitet wird. Die Ausstellung „Vom Feuer geformt" erzählt die wechselvolle Geschichte des Unternehmens, anschliessend kann den Glasmachern bei der Arbeit am Ofen zugeschaut werden, bevor der Rundgang durch das Glasi-Archiv und ein begehbares Glaslabyrinth weitergeht. *www.glasi.ch*

FLORA ALPINA VITZNAU

450 mü.M.

6354 Vitznau, Schibernstrasse 2
Telefon +41 41 399 70 70
www.floraalpina.ch
welcome@floraalpina.ch
Ganzjährig geöffnet

Die Lage 9 /10

Die Berge rund um den vielarmigen Vierwaldstättersee sind eine einzige Filmkulisse. Hier lügen die Postkarten nicht. Ein besonders schönes Panorama mit dem Bürgenstock im Vordergrund geniesst man vom Flora Alpina aus, das in einer hoteleigenen Parklandschaft auf einem Hügel südlich vom Dorf Vitznau liegt. Selbst an dunkleren Tagen ist der Ausblick mystisch und erlebenswert.

Auf keinen Fall verpassen: Sonnenuntergänge sind hier Naturspektakel. Im Sommer lohnt es sich, einen Tisch auf der Restaurantterrasse zu reservieren.

Die Atmosphäre 5 /10

Das Flora Alpina liegt nicht direkt am See wie etwa das prachtvolle Park Hotel Vitznau (siehe Seite 70). Es gibt auch keine berauschenden Spa-Welten wie im Bürgenstock Resort (Seite 56) und keine kulinarischen Höhenflüge wie im nahen Vitznauerhof. Die Koffer muss man selbst aufs Zimmer tragen und wochentags ist mit Heerscharen von Seminarteilnehmern zu rechnen. Trotzdem empfehlen wir dieses Dreisternehotel am Fuss der Rigi für ein stimmiges Wochenende. Wenn freitags die Geschäftsgäste abgereist sind, die hier einen stimulierenden Ort für Schulungen, Gedanken- und Meinungsaustausch gefunden haben, verwandelt sich die Hotelanlage in einen Spielplatz für Feriengefühle. Kaum ein anderes Hotel am Vierwaldstättersee bietet seinen Gästen so viel Auslauf, und die nächsten Nachbarn sind mehrere hundert Meter entfernt. Manche öffentlichen Bereiche wirken skurril altmodisch und waren wahrscheinlich selbst in den 50er-Jahren nicht auf der Höhe der Eleganz. Doch machen der nette Empfang, die Parkanlage und der einmalige Ausblick das unvollkommene Interieur und die teilweise renovationsbedürftigen Zimmer wieder wett. Wer länger als ein Wochenende bleibt, kann eines der fünf vom Hotel betriebenen Ferienappartements in der „Villa Margaritha" direkt am See buchen.

FLORA ALPINA
VITZNAU

Die Zimmer

57 funktionelle Zimmer mit See- oder Bergsicht. **Zimmer-Flüstertipps:** Eckzimmer Nr. 104 mit grosser privater Terrasse. Besonders schöne Ausblicke haben auch die Zimmer 105, 123 und 223.

Die Küche

Währschafte Schweizer Gerichte und Fischspezialitäten. Ein Klassiker des Küchenchefs ist das Cordon bleu in verschiedenen Zubereitungen (vom Schwein, vom Kalb oder vom Hirschrücken, gefüllt mit unterschiedlichen Käsesorten und serviert mit Pommes frites, Gnocchi oder Kürbis-Kartoffelragout). Wunderbare Sommerterrasse. Sonntagsbrunch von April bis September zwischen 11 und 14 Uhr (55 Franken pro Person, Kinder 2 Franken pro Altersjahr).

Die Extras

Aussenpool, Aussen-Whirlpool, Outdoor-Sauna mit zwei beheizten Badebottichen, kleiner Privatstrand am See, Massagen, Kinderspielplatz, Vermietung von E-Bikes. Shuttle-Service zur Rigibahn- und Schiffstation.

Freizeiterlebnisse

Gleitschirm-Tandemflüge von der Rigi, Klettern auf der Rigi-Südseite, Seilpark Rigi ob Küssnacht, Golfplatz Küssnacht, Victorinox Museum in Brunnen, Verkehrshaus der Schweiz in Luzern, Glasi Hergiswil, Naturmuseum Luzern, Natur- und Tierpark Arth Goldau.

Wandertipp

Kurze Wanderung mit wunderbaren Ausblicken auf den Vierwaldstättersee: Mit der kleinen, roten Luftseilbahn geht es zunächst von Vitznau (435 m) hinauf zur Wissifluh (949 m). Dort führt der anderthalbstündige Abstieg über den Aussichtspunkt Märis in Richtung Gersau zur Wegkreuzung Rängg. Weiter in Richtung Vitznau und vorbei an der Gartenwirtschaft Kuorez bis zum Hotel Flora Alpina.

Ein abwechslungsreicher Höhenweg ist der „Lehnenweg" entlang der Rigihänge mit grandiosen Ausblicken auf den Vierwaldstättersee. Der Weg führt in ständigem Auf und Ab von Immensee (Hohle Gasse) über Küssnacht (Alpenhof), Greppen, Weggis (Eggi) und Vitznau nach Gersau. Die steilsten Passagen sind zwischen Weggis und Vitznau zu bewältigen. Die insgesamt 21,2 km lange, rund 6-stündige Route lässt sich leicht in Etappen unterteilen oder abkürzen – etwa, indem man in Weggis oder Vitznau aufs Schiff umsteigt.

Regentag-Alternative

Wo früher einmal Korn und später Verteidigungsmaterial aufbewahrt wurde, befindet sich heute das **Forum Schweizer Geschichte Schwyz** im Ortszentrum von Schwyz (17 km von Vitznau entfernt). Es ist eines der bedeutendsten kulturhistorischen Museen im Alpenraum und zeigt die Entstehungsbedingungen der alten Eidgenossenschaft im Mittelalter auf. Zahlreiche temporäre Ausstellungen schaffen zudem Bezüge zur unmittelbaren Umgebung, der Region Innerschweiz.
www.nationalmuseum.ch/d/schwyz/

Besonders geeignet für...

Lebensfrohe, die dem Hamsterrad des Alltags entkommen wollen und sich nach einer anstrengenden Woche einen Bissen mehr gönnen, als für den aufrechten Gang benötigt wird.

Wenn doch nur...

die Zimmer nicht so hellhörig wären. Man hört die Nachbarn husten, duschen, fernsehen und so fort. Auch wird für die Benutzung der Sauna 25 Franken pro Person und Stunde verrechnet (35 Franken für zwei Stunden) – dies auch bei einer Parallnutzung durch weitere fremde Gäste.

FRUTT LODGE
MELCHSEE-FRUTT

 1920 m ü.M.

6068 Melchsee-Frutt
Telefon +41 41 669 79 79
www.fruttlodge.ch
info@fruttlodge.ch
Anfang Juni bis Ende Oktober und
Mitte Dezember bis Anfang April geöffnet

Die Lage 9/10

Über dem Melchsee, auf dem sonnigen, mehrheitlich autofreien Hochplateau von Melchsee-Frutt, mit Blick auf den Titlis und die Gebirgsgruppe der Wendenstöcke. Im Winter führen die Skipisten direkt vors Hotel.

Erreichbar ist Melchsee-Frutt mit der Gondelbahn ab der Talstation Stöckalp. Das Auto wird im Parkhaus an der Talstation Stöckalp parkiert. Dort wird auch das Gepäck entgegengenommen, das maximal 45 Minuten später direkt ins Hotelzimmer geliefert wird. Im Sommer kann man mit dem Auto zu beschränkten Zeiten bis nach Melchsee-Frutt fahren (Bergfahrt zu geraden Stunden, Talfahrt zu ungeraden Stunden). Zum Aus- und Einladen des Gepäcks darf man mit dem Auto bis zum Hotel fahren. Der Parkplatz befindet sich 400 Meter vom Hotel entfernt.

Die Atmosphäre 8/10

Naturliebhaber, Wanderer oder Mountainbiker fühlen sich in der Frutt Lodge genauso wohl wie Gern-Esser, Weinkenner oder Wellnessfans. Im benachbarten Schwesterhotel Frutt Family Lodge unter derselben Leitung kommen auch trendbewusste Familien mit Kindern auf ihre Kosten. Dem Gastgeberpaar Thorsten und Melanie Fink gelingt es mit grossem Erfolg, erholungssuchenden Stadtflüchtlingen eine Gegenwelt zum Alltag aufzubauen und dabei die Region stark mit einzubeziehen.

Die Fassade im Betonwürfel-Look, 2011 erbaut, mag von exorbitanter Hässlichkeit sein, umso mehr überrascht das Innenleben, das sich als Wohlfühlwelt im zeitgemäss interpretierten, überaus raffiniert umgesetzten Lodge-Stil mit natürlichen Materialien und viel Holz präsentiert. Die heimelig puristischen Zimmer zählen zu den schönsten der ganzen Zentralschweiz.

Besitzer ist der chinesische Unternehmer Yonfeng Gao, dem auch das Palace Luzern (derzeit im Umbau) und das Titlis Palace in Engelberg (geplante Eröffnung Ende 2019) gehören.

FRUTT LODGE
MELCHSEE-FRUTT

Freizeiterlebnisse

Bergsommer-Aktivitäten: Wandern, Biken, Klettern auf dem Bonistock, Seilpark direkt neben der Talstation Stöckalp, geführte Wildbeobachtungen, Fischen an den Bergseen. **Im Winter:** Skifahren und Snowboarden, grosser Funpark für Freestyler, Langlauf-Rundkurs mit 15 km präparierten Loipen, Schneeschuhlaufen, Eisfischen, Schlittelweg von Melchsee-Frutt zur Stöckalp (8 km).

Wandertipp

Neuer „Fruttli-Weg", ein einstündiger Spiel- und Erlebnisweg für Familien mit Kindern, rund um den Melchsee.

Mittelschwere, lohnende Rundwanderung von Melchsee-Frutt (1920 m) aufs Balmegghorn (2255 m): Von dort führt der aussichtsreiche Höhenweg hinunter bis an den Tannensee und zur Tannalp. Dem Südhang vom Bonistock folgend geht's schliesslich zurück zum Ausgangspunkt auf der Melchsee-Frutt. Distanz: 14 km, Wanderzeit: 4 Stunden.

Höhenwanderung von Melchsee-Frutt nach Hasliberg: von der Frutt Lodge zur Bergstation des (im Sommer geschlossenen) Skilifts Balmeregg, dann zur Planplatte und über die Hääggen nach Käserstatt. Dort mit der Gondelbahn nach Hasliberg-Twing und mit dem Postauto nach Brünig zur SBB-Station. Nachteil: Komplizierter, 2¼-stündiger Rückweg mit öffentlichen Verkehrsmitteln ab Hasliberg (dreimal umsteigen).

Herrliche „Vier-Seen-Höhenwanderung" von Melchsee-Frutt nach Engelberg: Diese Route führt von der Frutt Lodge über den Melchsee, den Tannensee, die Tannalp, den Engstlensee und über den Jochpass zur Bergstation Trübsee ob Engelberg. Distanz: 14 km, Wanderzeit: 4 Stunden. Nachteil: Komplizierter, 2½-stündiger Rückweg mit öffentlichen Verkehrsmitteln ab Engelberg (dreimal umsteigen).

Die Zimmer

58 alpin-moderne, wohnliche Zimmer, 6 Juniorsuiten und 3 Suiten. Das kleinste Zimmer misst 35 Quadratmeter.
Zimmer-Flüstertipps: Unbedingt Zimmer zum See buchen – dies sind alle Zimmer mit geraden Nummern (100 bis 124, 200 bis 224 sowie 300 bis 324).

Die Küche

Konstant sorgfältig zubereitete Marktküche aus vorwiegend regionalen Produkten im Gourmetrestaurant „Frutt Stübli" und im Tages- und Halbpensionsrestaurant „Frutt Titschli". Grossartige Restaurantterrasse mit massiven langen Holztischen und 20 bequemen, mit Fellen ausgestatteten Sonnenliegen. Gemütliche Kamin-Lounge, ausgezeichnetes Frühstücksbuffet. Das Weinangebot ist aussergewöhnlich und setzt weniger auf Wichtigtuer-Etiketten als auf spannende Neuentdeckungen und sehr gute Weine der soliden oberen Mittelklasse – zu bemerkenswert kundenfreundlich kalkulierten Preisen übrigens.

Die Extras

Kleiner, feiner Wellnessbereich mit Hallenbad, Whirlpool, Saunawelt sowie diversen Massagen und Gesichtspflegebehandlungen.

Besonders geeignet für...
alle, die moderne Bergromantik schätzen und auch auf 1920 Meter Höhe gerne gut essen.

Wenn doch nur...
nicht nur die drei Suiten über Balkone verfügten. Sämtliche Zimmer und Juniorsuiten haben jedoch grosse Fensterfronten auf die Bergwelt.

HERMITAGE LUZERN

435 mü.M.

6000 Luzern, Seeburgstrasse 72
Telefon + 41 41 375 81 81
www.hermitage-luzern.ch
welcome@hermitage-luzern.ch
Ganzjährig geöffnet

Die Lage 9 10

Das Hermitage ist das einzige Hotel der Stadt Luzern mit direktem Seeanstoss. Der Ausblick auf das Luzerner Seebecken, den gegenüberliegenden Pilatus und die Zentralschweizer Alpen ist herrlich – sogar in der Nacht, wenn die Sterne mit den Lichtern der Leuchtenstadt um die Wette funkeln.

Die Seestrasse Luzern-Meggen verläuft hinter dem Hotel, was aber kaum stört, weil sämtliche Zimmer und öffentlichen Räume auf den See ausgerichtet sind. Zur Innenstadt sind es 4 km, doch es gibt kostenlose Leihvelos im Hotel und der Bus 24 hält direkt beim Hermitage.

Die Atmosphäre 5 10

Die Wellen hören und in die Weite blinzeln, den Alltag abstreifen und in den Genuss eintauchen. Hat man erst einmal das nüchterne Foyer des wochentags auf Seminargäste ausgerichteten Seehotels hinter sich gelassen, dominiert das Feriengefühl in diesem fast schon kitschig schön gelegenen Viersternehaus. Die lichtdurchfluteten Zimmer in den beiden Hotelgebäuden präsentieren sich in geradlinigem Design, und im Sommer kann man direkt vom Garten in den See springen. Das Team unter dem jungen Hoteldirektor Pascal Rhyner sorgt mit unverfälschter Herzlichkeit dafür, dass jeder Gast mit sich und der Welt zufrieden ist.

HERMITAGE
LUZERN

Die Zimmer

Auf Haupthaus und Neubau verteilen sich 68 geräumige, schlicht-modern gestaltete Zimmer und 1 Suite. Alle Zimmer verfügen über Seeblick, keines ist kleiner als 34 Quadratmeter. **Zimmer-Flüstertipp:** Spektakulär ist die „Lake & Mountain Suite" (64 Quadratmeter) auf der obersten Etage des Neubaus.

Die Küche

Fein zubereitete Schweizer Klassiker und herzhafte Steaks im einladenden Hotelrestaurant mit überdachter Terrasse. Während den Sommermonaten bei schönem Wetter abends „Seegarten" direkt am Seeufer mit Barbecue-Spezialitäten und grossem Salatbuffet. Aussichtsreiche Lounge-Bar. Sonntagsbrunch, an warmen Tagen im Garten.

Die Extras 3 / 10

Sauna, Sanarium, Dampfbad, Infrarotkabine, Fitnesscorner, Verleih von City- und E-Bikes sowie E-Tandems (kostenlos für Hotelgäste inklusive Helm), Stand-up-Paddles (kostenlos), Tennisplatz (kostenlos), Liegewiese direkt am See. Kinderspielplatz.

Freizeiterlebnisse

Direkt beim Hotel befindet sich eine Schiffanlegestelle, von der man zu diversen (Rund-)Fahrten und Ausflügen auf dem Vierwaldstättersee starten kann.

Das Strandbad Lido mit 300 Meter langem Sandstrand liegt 1,4 km nah, das Verkehrshaus der Schweiz 2 km und der Golfplatz Dietschiberg ist 5,9 km entfernt.

So mancher Stadtbesucher organisiert seinen Luzern-Aufenthalt rund um ein Konzert im KKL (4,4 km vom Hotel entfernt) und bleibt dann für ein, zwei Nächte. Die kulturellen Anlässe im architektonisch und akustisch einmaligen Konzertsaal sind auch ausserhalb der Festivalzeiten vielfältig und mit hochkarätigen Interpreten besetzt. www.kkl-luzern.ch

Wandertipp

Leichte stadtnahe Wanderung zum Bireggwald: Mit dem Bus 7 vom Bahnhof Luzern bis zur Haltestelle Biregghof. Von dort Aufstieg zum Bireggwald und auf markiertem Waldweg zum Aussichtspunkt Oberrüti. Dem Höhenweg weiter folgen bis zum Abstieg dem Waldrand entlang zum Matthof. Beim Einkaufszentrum Schönbühl zum See und dem Seeufer entlang bis zum Richard Wagner Museum, dann weiter dem Uferweg folgend über die Werftbrücke zum Inseli und zurück zum Bahnhof Luzern. Distanz: 7,4 km, Marschzeit: 1¾ Stunden.

Mittelschwere Rundtour über den Sonnenberg: Mit dem Bus 10 vom Bahnhof Luzern bis zur Endstation Obergütsch. Von dort rechts hinauf bis zum Böschenhof und auf dem Feldweg bis zum Hotel Sonnenberg (das Hotel kann auch von Kriens aus mit der Sonnenbergbahn erreicht werden). Ab hier folgt ein Aufstieg durch den Alleenweg bis zur Kreuzhöhe und der anschliessende Abstieg über den Bergrücken auf markiertem Pfad bis in die Renggloch-Schlucht und schliesslich links über der Schlucht nach Kriens Obernau. Hier führt der Bus 1 zum Bahnhof Luzern zurück. Distanz: 7 km, Marschzeit: 2 Stunden.

Regentag-Alternative

Der spektakuläre Bau des KKL (Kultur- und Kongresszentrum Luzern) des französischen Architekten Jean Nouvel beherbergt in der obersten Etage das Kunstmuseum Luzern. Die Sammlung fokussiert auf Schweizer Kunst von der Renaissance bis zur Gegenwart. In Sonderausstellungen wird auch jungen regionalen Künstlern eine Plattform gegeben. www.kunstmuseumluzern.ch

Das Richard Wagner Museum beleuchtet in interessanten Wechselausstellungen den Lebensweg des berühmten Komponisten, der im herrschaftlichen Landhaus auf der Halbinsel Tribschen während sechs Jahren (1866 bis 1872) wohnte und wirkte. www.richard-wagner-museum.ch

---

Besonders geeignet für...

unkomplizierte Geniesser, die nach Entdeckungstouren in Luzern und Umgebung gerne ins frische Wasser springen oder noch eine Runde mit dem Stand-up-Paddle drehen.

Wenn doch nur...

die Architektur der beiden Hotelgebäude nicht so banal wäre. Ausblick und Lage machen dieses Manko jedoch wieder wett, und im Innern ist alles von moderner Behaglichkeit.

KRÄUTERHOTEL EDELWEISS RIGI-KALTBAD

1550 mü.M.

6356 Rigi-Kaltbad, Station Staffelhöhe, Staffelhöhenweg 61
Telefon +41 41 399 88 00
www.kraeuterhotel.ch
willkommen@kraeuterhotel.ch
Anfang Mai bis Ende November und
Mitte Dezember bis Ende März geöffnet

Die Rigi ist autofreie Zone, entsprechend ist das „Edelweiss" zu jeder Jahreszeit nur mit der Rigi-Zahnradbahn ab Vitznau erreichbar (die Anreise lässt sich mit einer stündigen Schiffsfahrt ab Luzern kombinieren) respektive mit der Luftseilbahn ab Weggis (Autoparkplätze bei der Talstation) bis Rigi-Kaltbad und dort weiter mit der Zahnradbahn bis zur Station Staffelhöhe. Das Hotel liegt direkt neben der Bahnstation.

Die Lage 10/10

Umgeben von Wiesen und Wäldern in herrlicher Natur, mit Weitblick auf die Alpenkette und den Vierwaldstättersee zur einen Seite sowie auf das Schweizer Mittelland bis hin zum Schwarzwald auf der anderen Seite. Selbst Nebeltage können hier zum Erlebnis werden, weil der Nebel oft tiefer als die Rigi-Bergstationen liegt, und so steht man dann wie auf einer Insel mitten im Nebelmeer.

Die Atmosphäre 6/10

Typisch schweizerisch wie sein Name ist das „Edelweiss", und kurioserweise das einzig wirklich empfehlenswerte Hotel auf dem Hausberg der Nation. In den Gaststuben und Zimmern kommt ein Gefühl ländlicher Geborgenheit auf, und die Sonnenterrasse mit Blick auf 150 Gipfel gilt als die schönste auf der ganzen Rigi. Gabriella und Gregor Egger Vörös führen das

KRÄUTERHOTEL EDELWEISS
RIGI-KALTBAD

Haus bereits in vierter Generation – und das mit viel Herzblut und Wertschätzung für jeden Gast. Neu ist der Namenszusatz „Kräuterhotel" – dies wegen den hauseigenen Kräuter- und Gemüsegärten mit rund 350 verschiedenen Kräutern und essbaren Pflanzen.

Die Zimmer

19 einfache, doch gepflegte Zimmer, fast alle mit eigenem Balkon. Die Südzimmer blicken auf die Alpenkette und den Vierwaldstättersee, die Nordzimmer auf das Schweizer Mittelland. Jedes Zimmer ist mit ein paar Rigi-Büchern, Feldstecher und Fussbadekübel ausgerüstet. **Zimmer-Flüstertipps:** Die Nummern 216 und 217 haben einen besonders schönen Ausblick.

Die Küche

Küchenchef Benjamin Just schafft es sowohl im Gourmetrestaurant Regina Montium als auch im einfacheren Restaurant Panorama, jedem Gericht das gewisse Extra zu verleihen. Alles, was in den beiden Lokalen auf den Tisch kommt, stammt aus der Schweiz (ausser einige Gewürze und Kaffee), meist in Bio-Qualität direkt von regionalen Bauernbetrieben oder dem eigenen Kräuter- und Gemüsegarten. Auch sind sämtliche Desserts und Kuchen hausgemacht, und der Weinkeller ist ausschliesslich mit einheimischen Flaschen bestückt. Das Gourmetrestaurant wurde im Herbst 2017 mit einem Michelin-Stern ausgezeichnet.

Freizeiterlebnisse

Im Winter: Schlittelweg von Rigi-Kulm über Staffel nach Rigi-Klösterli (3,1 km) – ab Klösterli bringen Sportpendelzüge die Schlittler wieder zum Start. Vom Ausgangspunkt Rigi-Kulm sind auch drei leichte, landschaftlich idyllische Schneeschuh-Trails ins Gebiet Chäserenholz markiert (Dauer: 1 bis 2½ Stunden). Ab Rigi-Staffel stehen für entschleunigte Skifahrer grandios besonnte Pisten mit Weitblick bereit (oftmals allerdings nur bis Anfang März). Langläufer kommen auf dem Panoramaweg zwischen Rigi-Kaltbad und Rigi-Scheidegg sowie auf der Seebodenalp auf Touren, und ab Rigi-Kaltbad werden zu jeder Jahreszeit Pferdekutschenfahrten angeboten.

Im Sommer: Gleitschirm-Passagierflüge, nostalgische Dampffahrten mit Lokomotiven aus den Anfangsjahren der Rigi-Bahnen, Besuch der Alpkäserei Chäserenholz unterhalb Rigi-Kulm (individuelle Führung durch Älpler Franz-Toni Kennel auf Voranmeldung). *www.rigi.ch*

Wandertipp

Leichter, einstündiger Rundweg mit 300 Höhenmetern und wunderschöner Aussicht: vom Hotel Edelweiss über das Känzeli und Kaltbad zurück zum Hotel (ideal für einen kleinen Abendspaziergang, da das Känzeli der beste Platz für den Sonnenuntergang ist).

Eine grossartige, rund 5½-stündige Rundwanderung mit ca. 700 Höhenmetern führt vom Hotel Edelweiss via Rotstock, First, Unterstetten, Scheidegg, den Seeweg und den Felsenweg, First und Kaltbad zurück zum Hotel. Diese Wanderung ist bis auf den Rotstock, der umgangen werden kann, auch mit dem Kinderwagen begehbar.

Regentag-Alternative

Hat das Wetter einmal schlechte Laune, lockt ein Besuch im Mineralbad & Spa in Rigi-Kaltbad (eine Bahnstation von der Staffelhöhe entfernt). Dieses wurde vom Tessiner Architekt Mario Botta gestaltet und besteht aus einem grossen Indoor-/Outdoorpool (34°C) mit Sprudelzonen und Massagedüsen, Liegebereichen und einer Saunalandschaft. Auch gibt es ein kleines Angebot an Massagen. Tageseintritt: 37 Franken, Kinder (bis 15 Jahre) 17 Franken. *www.mineralbad-rigikaltbad.ch*

Besonders geeignet für...
naturliebende Gern-Esser, die alpine Authentizität neuzeitlichem Lifestyle vorziehen.

Wenn doch nur...
die Zimmer nicht so ringhörig wären.

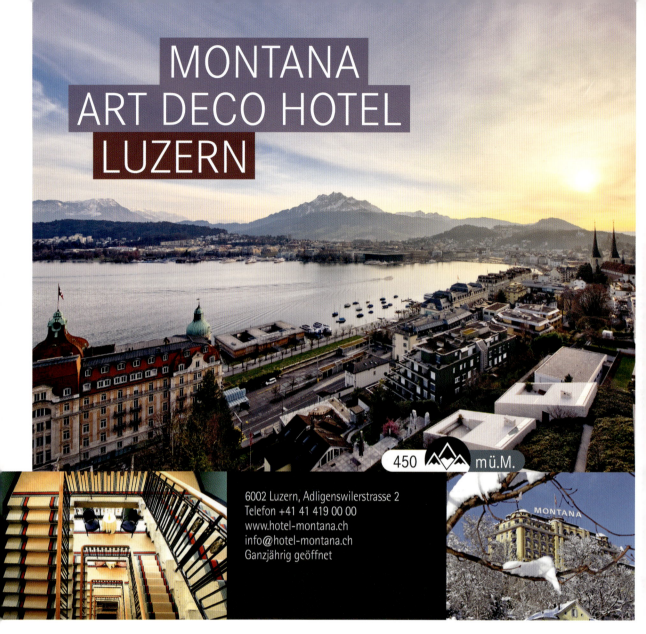

MONTANA ART DECO HOTEL LUZERN

450 mü.M.

6002 Luzern, Adligenswilerstrasse 2
Telefon +41 41 419 00 00
www.hotel-montana.ch
info@hotel-montana.ch
Ganzjährig geöffnet

Die Lage 9 10

Was für ein Ausblick! Das Seebecken, die Stadt Luzern und der Pilatus präsentieren sich in glanzvoller Pose. Die kostenlose Standseilbahn (laut Eigenwerbung die kürzeste der Welt) verbindet die Hotel-Lobby innerhalb einer Minute mit der Seepromenade.

Die Atmosphäre 9 10

Ein gutes Hotel erkennt man daran, dass sich die Gäste ganz selbstverständlich darin bewegen – weil sie so entspannt sind und sich wohlfühlen. Das 1910 erbaute „Montana" strahlt eine angenehme Gelassenheit aus, die zum einen von der heiteren Mischung aus Art-déco-Ambiente und modernem Design herrührt, zum anderen mit dem gastorientierten Serviceverständnis des Hotelteams zu erklären ist: Vom Zimmermädchen bis zum Frühstückskellner scheint jeder mit Freude hier zu arbeiten und den Gästen eine unvergessliche und persönliche Erfahrung bieten zu wollen. Das Restaurant Scala mit grossartiger Panoramaterrasse und die populäre Louis Bar mit Live-Jazz sind Schnittstellen zwischen Luzerner Szenegängern, einheimischem Establishment und Hotelgästen aus aller Welt. Direktor Fritz Erni, der das Viersternehaus seit 1996 sehr erfolgreich und mit nicht nachlassendem Engagement führt, sorgt für einen steten Nachschub an Neuerungen: Zuletzt wurden die beiden obersten Stockwerke in ein „Hotel im Hotel" mit 19 Zimmer und Suiten im Fünfsterne-Standard umgewandelt – hier kann man seinem Aufenthalt sozusagen die Krone aufsetzen.

Die Zimmer 8 10

53 komfortable Zimmer und 7 Juniorsuiten im gehobenen Viersterne-Standard. Weitere 19 etwas luxuriösere und geräumigere Zimmer und Suiten

MONTANA ART DECO HOTEL
LUZERN

Freizeiterlebnisse

Mitten in der Stadt und eine knappe Viertelstunde zu Fuss vom „Montana" entfernt ist der **Gletschergarten** ein besuchenswertes Naturdenkmal: Die imposanten Gletschertöpfe, die im vorletzten Jahrhundert beim Bau eines Weinkellers entdeckt wurden, sind Zeugen der Eiszeit und belegen, dass Luzern vor 20.000 Jahren von Gletschern bedeckt war. Im gleichen Fels zeigen sich Spuren der Erdgeschichte, die 20 Millionen Jahre zurückreichen: Versteinerungen von Muscheln und Palmblättern lassen darauf schliessen, dass sich hier ein subtropischer Meeresstrand befand. Das alles wird unterhaltsam multimedial erklärt, zudem gibt es ein Spiegellabyrinth, ein riesiges Gebirgsrelief der Zentralschweiz und einen lauschigen Garten mit Aussichtsturm und Picknickplätzen. www.gletschergarten.ch

Wenige Schritte neben der Talstation der Hotel-Standseilbahn lädt das Seebad Luzern zu einer sommerlichen Erfrischung ein. Die historische Badeanstalt, die sich um zwei Innenhöfe mit Schwimmbecken gruppiert, ist von den Luzernern heissgeliebt und tagsüber bis 20 Uhr und danach bis in die Nacht für die Gäste des kleinen Bar-Restaurants geöffnet. www.seebadluzern.ch

Wandertipp

Der Dietschiberg-Hügel mit diversen Spazier-, Wander- und Velowegen sowie Golfplatz liegt in Gehdistanz. Ebenso die Seepromenade.

Regentag-Alternative

Das Museum Sammlung Rosengart im ehemaligen Gebäude der Nationalbank zeigt die private Sammlung des Kunsthändlers Siegfried Rosengart und seiner Tochter Angela Rosengart. Beide pflegten freundschaftliche Kontakte mit weltberühmten Künstlern. Im Mittelpunkt stehen wichtige Werkgruppen von Pablo Picasso und Paul Klee, ergänzt durch 23 weitere Koryphäen des Impressionismus und der Klassischen Moderne wie Bonnard, Monet, Cézanne, Matisse, Dufy oder Braque. Unter dem Thema „Meisterwerke mit Geschichten" gibt es regelmässig Führungen, bei denen man spannende Hintergründe zu den Werken und Künstlern erfährt. www.rosengart.ch

im Fünfsternebereich „Montana Penthouse" auf der fünften und sechsten Etage des Hotels. **Zimmer-Flüstertipps:** Die beiden Penthouse-Juniorsuiten „Corner", die zwei Penthouse-Juniorsuiten „See" (602 und 605), die zweistöckigen Penthouse-Spa-Suiten 603 und 604 sowie die grosse Pent-house-Spa-Superior-Suite 606 verfügen jeweils über eine eigene kleine Dachterrasse mit Whirlpool.

Die Küche 9/10

Mediterran inspirierte Sonnenküche aus saisonalen Frischprodukten. Der Holländer Johan Breedijk gehört zu den besten Küchenchefs der Leuchtenstadt. Lukullischer Sonntagsbrunch (69 Franken pro Person).

Die Extras 3/10

Kleiner Wellnessbereich mit Massagen und Beauty-Behandlungen. Regelmässig Konzerte und Jam-Sessions sowie Kochkurse.

Besonders geeignet für...
für Luzern-Fans, die einen Ort suchen, wo man das Leben der Stadt spürt und sich zugleich stilvoll zurückziehen kann.

Wenn doch nur...
die vielen Veranstaltungen im Hotel nicht wären – nicht immer kommt man als privater Einzelgast reibungslos daran vorbei.

PARK HOTEL VITZNAU
VITZNAU

435 m ü.M.

6354 Vitznau, Seestrasse 18
Telefon +41 41 399 60 60
www.parkhotel-vitznau.ch
reservation@parkhotel-vitznau.ch
Ganzjährig geöffnet

Die Lage 10/10

Im eigenen Hotelpark am Ufer des Vierwaldstättersees, am Fusse der Rigi. Bei Sonnenuntergängen wird das Restaurant Prisma zum Kinosaal, das Zimmerfenster zur Leinwand für grosses Landschaftskino.

Die Atmosphäre 8/10

Das Genuss-Schloss stammt aus dem Jahr 1903, doch davon zeugt seit der radikalen Erneuerung 2013 nur noch die Fassade. Aus der einst charmanten Hoteldame wurde ein atmosphärisch recht unterkühlter, maskulin geprägter Seepalast, aus der zuvor verwunschenen Parkanlage ein glattgebügeltes Terrain mit dem pompösen Bronze-Brunnen „Bulle & Bär" im Mittelpunkt.

Dennoch ist das Park Hotel Vitznau gut auf Kurs, und dies hat viel mit der menschlichen Wärme des aufmerksamen Hotelteams zu tun. Direktor Urs Langenegger übersieht niemanden, hat stets ein nettes Wort parat, und ihn zeichnet die Gabe aus, fast jeden mit einem Lächeln zurückzulassen.
Der rauschende Luxus, den das Hotel bietet, wird mit der persönlichen Ansprache kleiner Individualhotels zugänglicher gemacht. Kein vernünftiger Spezialwunsch bleibt unerfüllt, dazu gibt es Spa-Wohltaten auf hohem Niveau und Aha-Erlebnisse aus Küche und Keller. Der eine oder andere Blumenstrauss geht als zeitgenössische Skulptur durch.

PARK HOTEL VITZNAU
VITZNAU

Freizeiterlebnisse
Vitznau ist Ausgangspunkt zahlreicher Ausflüge rund um den Vierwaldstättersee, in erster Linie natürlich auf den Hausberg Rigi, doch lädt im Sommer auch eine (Rund-)Fahrt auf einem der historischen Raddampfer dazu ein, die abwechslungsreiche Landschaft vom Schiff aus zu erkunden. Nach Luzern ist es übrigens eine Stunde auf dem Seeweg. *www.lakelucerne.ch*

Wandertipp
Von Vitznau mit der Zahnradbahn nach Rigi Kaltbad, dann in zwei Wanderstunden über Unterstetten, Seeweg, Gletti-Alp, Brüchen, Gass, Felmisegg nach Hinterbergen. Die urtümliche Alp besteht aus sechs Bauernbetrieben und dem Bergrestaurant Hinterbergen (Spezialität: Cordon-bleu mit Pommes und Gemüse). Eine Vier-Personen-Gondel, die als Material-, Milch- und Personentransport für die hiesigen Einwohner erstellt wurde, führt nach der Einkehr von Hinterbergen nach Vitznau zurück. *www.rigi.ch + www.hinterbergen.ch*

Regentag-Alternative
An Sonnentagen ist fast jedes Hotel gut, sofern die Umgebung etwas zu bieten hat. Der Luxus eines herausragenden Hotels zeigt sich unter anderem darin, wie man sich dort bei schlechtem Wetter fühlt. Im Park Hotel Vitznau kann man sich auf einen „Cocooning-Tag" geradezu freuen, weil sowohl die Zimmer überdurchschnittlich gross sind als auch das Spa mit angenehm temperierten Pools und zahlreichen Wohlfühlbehandlungen zum Relaxen einlädt.

Besonders geeignet für...
gut betuchte Geniesser, die schwelgerisch inszenierten Luxus wirklich sehen, fühlen und zelebrieren wollen.

Wenn doch nur...
die Technik in den Zimmern einfacher zu handhaben wäre. Der eine und andere Gast muss die Rezeption kontaktieren, um zu erfragen, wie man die Rollläden öffnet oder die Dusche bedient.

Die Zimmer 10/10
Die 47 sehr unterschiedlich gestalteten „Residenzen" (90 bis 195 Quadratmeter), Suiten (55 bis 75 Quadratmeter) und Juniorsuiten (45 bis 60 Quadratmeter) verströmen hochwertige Modernität, viele verfügen über Balkon oder Terrasse. Den schönen Ausblick, also sozusagen das Grundkapital bei dieser Lage, ist jedoch nicht automatisch in den ambitionierten Preisen (ab 750 Franken) inbegriffen: Diverse Juniorsuiten und Suiten haben „Bergsicht", und das bedeutet hier, dass man auf einen beinahe zum Greifen nahen, nordseitigen Steilhang und auf die vielbefahrene Seestrasse schaut.
Zimmer-Flüstertipps: „Scappi-Residenz" 207 mit Blick von der Badewanne ins Dorf Vitznau und vom Wohnbereich auf den See; „Newton Residenz" 301 mit Blick vom Bett auf den See und Richtung Weggis, Bürgenstock und Pilatus; „Sharpe" Juniorsuite Deluxe 302 mit schönem Seeblick.

Die Küche 10/10
Der stylische Glaspavillon des Restaurants Prisma bietet grandiose Ausblicke und eine lustvoll aromenreiche Marktküche. Bei Redaktionsschluss im Frühjahr 2018 übernahm der hochtalentierte Patrick Mahler (zuvor im „Prisma") die Küchenregie im Gourmetrestaurant Focus. In der Bar mit angeschlossenem Relais Gourmand werden einfachere Gerichte serviert, auf der Seeterrasse bei schönem Wetter süsse und salzige Häppchen sowie Grillspezialitäten. Beliebt: Der Sonntagsbrunch jeweils ab 11.30 Uhr (95 Franken pro Person). Weinfreaks werden mit Raritäten, Kultweinen und Neuentdeckungen zu teilweise überraschend tiefen Preisen überrascht. Auch wer schon alles zu kennen glaubt, kann sich vom Sommelier zu Weinhöhenflügen inspirieren lassen. In den sechs Weinkellern lagern 32000 Flaschen mit 4000 verschiedenen Positionen.

Die Extras 6/10
Das Spa bietet unter anderem einen 21 Meter langen Infinity-Aussenpool, ein Aussen-Sprudelbad, ein riesiges Salzwasser-Aquarium mit 30 verschiedenen Fischarten, ein Sanarium und ein Dampfbad, einen Fitnessraum sowie tadellos durchgeführte Körper- und Schönheitsbehandlungen. Eigenes Motorboot für begleitete Ausflüge auf dem See.

PILATUS-KULM HOTEL
KRIENS

2073 m ü.M.

6010 Kriens, Pilatus-Kulm
Telefon +41 41 329 12 12
www.pilatus.ch/de/hotel-pilatus-kulm/
hotels@pilatus.ch
Ganzjährig geöffnet, ausser die drei ersten Novemberwochen

Die Lage

Als Ingenieur Eduard Locher im 19. Jahrhundert die kühne Idee hatte, eine Bahn auf den Luzerner Hausberg zu bauen, hielten ihn viele für verrückt. Doch im Jahr 1889 wurde die (bis heute!) steilste Zahnradbahnstrecke der Welt eröffnet, ein Jahr später das Pilatus-Kulm Hotel, das über viele Jahrzehnte prächtig gedieh – nicht zuletzt deshalb, weil man aus den Zimmerfenstern auf eine Szenerie blickt, wie man sie aus Kalenderbildern kennt.

Auf der einen Seite öffnet sich das Panorama über die Innerschweiz zum Alpenkranz vom Säntis bis zum Wildhorn. Auf der andern Seite blickt man vom Pilatus aus auf einen grossen Teil des Mittellandes mit Schwarzwald- und Vogesenhöhen im Hintergrund. Wenn ein Sonnenuntergang oder -aufgang die Landschaft ins richtige Licht taucht, verschlägt es einem glatt die Sprache – ob Deutsch oder Chinesisch.

Erreichbar ist das historische Berghotel – Zahn um Zahn – mit der Zahnradbahn ab Alpnachstad oder der Luftseil- und Gondelbahn ab Kriens (via Fräkmüntegg).

Die Atmosphäre

Das denkmalgeschützte Hotel wurde 2010 gründlich renoviert. Die Atmosphäre aus der Pionierzeit des Tourismus hat einem heutigen Lebensgefühl mit zeitgemässem Zimmerkomfort Platz gemacht. Nur die Fassade und der Restaurantsaal wecken noch nostalgische Gefühle. Das macht aber nichts. Denn anders als in manchen anderen Ausflugshotels an vergleichbar berühmter Lage stehen im Pilatus-Kulm die Gäste im Mittelpunkt und nicht deren Kreditkarte (nach dem Motto „Die meisten kommen ja ohnehin nur einmal"). Man wird herzlich empfangen und freundlich bedient, und wenn das Wetter mitspielt, bietet das Haus ein unvergessliches Bergerlebnis. Eine ganz spezielle Stimmung herrscht hier übrigens, wenn der Nebel das Unterland einhüllt und der Pilatus in der Sonne badet.

PILATUS-KULM HOTEL
KRIENS

Die Zimmer

27 komfortable, modern eingerichtete Zimmer und 3 Juniorsuiten. Wer etwas preisgünstiger auf 2073 Meter Höhe übernachten will, dem steht das angegliederte Hotel Bellevue mit 20 schlichten Doppelzimmern zur Verfügung. Das Bellevue hat den Vorteil, sofern man ein Zimmer in der Mitte des Hotels bucht, nicht nur auf die Berner Alpen zu blicken (wie dies beim Pilatus-Kulm der Fall ist), sondern auch auf den Vierwaldstättersee. Bei allen Zimmern beider Hotels ist die Hin- und Rückfahrt inbegriffen. **Zimmer-Flüstertipp:** Die „Juniorsuite Superior" ist ein geräumiges Eckzimmer und verfügt über einen kleinen Balkon mit Blick auf die Berner Alpen mit dem Jungfraumassiv. Dank Schlafsofa auch ideal für eine Familie mit zwei kleinen Kindern.

Die Küche

Solide zubereitete Schweizer Spezialitäten im historischen Restaurantsaal „Queen Victoria". Grosse Sonnenterrasse mit 200 Sitzplätzen. Warme und kalte Snacks an der Steinbock-Bar mit riesiger Fensterfront. Selbstbedienungsrestaurant Bellevue.

Die Extras

Im Sommer organisiert das Hotel regelmässig „Steinbock-Safaris" mit dem Wildhüter.

Besonders geeignet für...
Naturliebhaber, die tagsüber in dreckigen Wanderschuhen die Bergwelt erkunden, abends aber schmucke Zimmer und gutes Essen erwarten.

Wenn doch nur...
tagsüber der Ausflugsrummel nicht wäre. Sobald aber die Tagestouristen mit der letzten Bahn verschwunden sind, fühlt man sich hier oben ganz „ab der Welt" und es kommt – insbesondere bei niedriger Hotelbelegung – eine mystische Stimmung auf.

Freizeiterlebnisse

Hier geben die Natur und das weitläufige Wanderwegnetz den Rhythmus vor. Der Pilatus ist auch ein Paradies für Gleitschirmflieger: Ein Tandemflug mit einer Höhendifferenz von bis zu 1650 Metern kostet ca. 250 Franken (Flugzeit 20 bis 60 Minuten). Auf der Fräkmüntegg stehen zudem ein Seilpark und die längste Sommer-Rodelbahn der Schweiz. www.pilatus.ch

Wandertipp

Ein Sonnenaufgang auf dem Pilatus zählt zu den spektakulärsten Erlebnissen in der Zentralschweiz. Am besten, man erklimmt bei Morgendämmerung den 50 Meter höher gelegenen „Esel"-Gipfel, den man von der Terrasse des Rundbaus über einen gesicherten Treppenaufgang besteigen kann. Nach dem Frühstück im Berghotel wandert man in dreieinhalb Stunden via Klimsensattel, Alp Gschwänd und Brunni nach Hergiswil hinunter. Oder man wandert in anderthalb Stunden zur Fräkmüntegg, erklettert dort vielleicht den Seilpark und fährt dann mit der Luftseilbahn zurück nach Pilatus-Kulm.

Regentag-Alternative

Das Verkehrshaus der Schweiz in Luzern ist das meistbesuchte Museum im Land und vermittelt in einem Dutzend Pavillons ein überaus unterhaltsames Bild von der Entwicklung des Verkehrs- und Transportwesens, inklusive Luft- und Raumfahrt. Ausgestellt sind Tausende von originalen Zeitzeugen der Verkehrsgeschichte, dazu steht den Besuchern ein Planetarium und die „Swissarena" offen. Letztere ist eine riesige Luftaufnahme der Schweiz, die mit Filzpantoffeln begangen werden kann. Eine Attraktion ist auch das interaktive Autotheater: Auf 42 Paletten stehen Strassenfahrzeuge der Jahre 1860 bis heute. Per Knopfdruck werden die Automobile mit einem Lift aus einem Hochregallager geholt und wie in einer Fernsehshow präsentiert. www.verkehrshaus.ch

SONNENBERG KRIENS

700 mü.M.

6010 Kriens, Zumhofstrasse 258
Telefon +41 41 320 66 44
www.hotelsonnenberg.ch
info@hotelsonnenberg.ch
Ganzjährig geöffnet

Wer nicht mit dem Auto anreist: Erschlossen ist der Sonnenberg auch durch die historische Standseilbahn, die von Kriens Dorf in sieben Minuten auf den Sonnenberg führt (nur zu bestimmten Zeiten von Mitte April bis Ende Oktober in Betrieb). Ausserdem steht auf vorherige telefonische Reservation ein Hotel-Shuttle ab Kriens zur Verfügung (Bushaltestelle Feldmühle, erreichbar mit Bus 1 vom Busbahnhof Luzern).

Die Lage 9/10

In absoluter Ruhe auf dem Sonnenberg ob Kriens. Von hier oben lassen sich Luzern und seine Aussengemeinden trefflich überblicken, eingerahmt von Pilatus, Rigi und den Zentralschweizer Alpen. Nachts funkeln die Lichter rund ums Luzerner Seebecken.

SONNENBERG
KRIENS

Freizeiterlebnisse

Schifffahrt auf dem Vierwaldstättersee ab Luzern oder Kastanienbaum. Pilatus-Seilpark auf der Fräkmüntegg mit zehn verschiedenen Parcours von leicht bis ziemlich anspruchsvoll.

Wandertipp

Ein gemütlicher Spaziergang: Sonnenberg-Schwyzerhüsli-Gabeldingen-Sonnenberg (30 Minuten). Die ideale Rundtour mit Kindern: Sonnenberg-Wolfsschlucht-Sonnenberg (50 Minuten).
Die etwas anspruchsvollere Wanderung: Sonnenberg-Renggloch-Blatten-Malters (3¼ Stunden). Von Malters führt die Bahn zum Bahnhof Luzern und von dort der Bus 1 nach Kriens-Feldmühle. Mountainbiker finden am unteren Sonnenberg Asphaltstrassen, weiter oben meist gute Schotterwege.

Regentag-Alternative

Im Bellpark im Ortszentrum von Kriens versteckt sich die herrschaftliche Villa Florida, welche das Museum im Bellpark beherbergt. Letzteres setzt auf Wechselausstellungen zu aktuellen Tendenzen der Schweizer (Foto-)Kunst und überrascht regelmässig auch mit ungewöhnlichen Themen. Wo gibt es schon Ausstellungen zur Autobahn, zu Vereinen, zu Hütten und Baracken, zu Bunkern oder zu „Töfflis"?
www.bellpark.ch

Die Atmosphäre 3/10

Das einstige Kurhaus aus dem 19. Jahrhundert wurde Mitte der 50er-Jahre abgerissen und 1963 im funktionalen Stil neu errichtet. Seit elf Jahren ist das Hotel durch den Verein „The Büez" geführt, welcher Menschen zwischen 16 und 50 Jahren ein Sprungbrett bietet, im Arbeitsmarkt Fuss zu fassen oder sich nach irgendwelchen Problemen wieder zu integrieren. „Wenn wir mit unserem Engagement dazu beitragen können, dass sich die Chancen dieser sehr unterschiedlichen Menschen im Berufsleben verbessern, ist das doch grossartig", sagt Direktor Ron Prêtre. Tatsächlich müssen die Gäste hier und da etwas Geduld mitbringen, doch bieten das unprätentiöse Hotel und das beliebte Restaurant ein insgesamt liebenswertes Gesamterlebnis an privilegierter Panoramalage hoch über dem Vierwaldstättersee.

Die Zimmer 3/10

14 einfache, zweckmässig eingerichtete Zimmer mit See-, Berg- oder Waldsicht, teilweise mit Dusche und Toilette auf der Etage. Alle Zimmer mit Nespresso-Maschine und WLAN.
Zimmer-Flüstertipps: Die Nummern 16, 25 und 27 haben einen besonders schönen Ausblick.

Die Küche 4/10

Solide zubereitete Regionalküche und mediterrane Gerichte. Zu den Klassikern zählen der hausgemachte Hackbraten mit Kartoffelstock, die Kalbsleberli mit Rösti sowie die Krienser Bauernbratwurst.

Die Extras 2/10

Minigolfanlage, Kinderspielplatz, Kinder-Gartenbahn. „Playfit"-Bewegungs-Parcours mit vier Fitnessgeräten unter freiem Himmel. Vitaparcours.

Besonders geeignet für...
Familien mit Kindern und Landschaftsanbeter mit schmalen Portemonnaies.

Wenn doch nur...
das Frühstücksbuffet nicht schon um 10 Uhr abgeräumt würde (sonntags um 10.30 Uhr).

STOOS HÜTTÄ
STOOS

1400 mü.M.

6433 Stoos, Rämsenweg 30
Telefon +41 41 811 24 08
www.stooshutta.ch
info@stooshutta.ch
Ende Mai bis Ende Oktober und Anfang Dezember bis Ende März geöffnet

Die Lage 9/10

In idyllischer Ruhe auf einem Hügel oberhalb dem kleinen Feriendorf Stoos, unmittelbar neben der Bergstation des Skilifts Sternegg. Die zwei markanten Felspyramiden des Grossen und Kleinen Mythen, die schon Goethe und Schiller zu romantischer Dichtung inspirierten, dominieren das weite Panorama, welches auch Hoch-Ybrig, Silberen und Glarner Alpen mit Vrenelisgärtli umfasst.

Anreise auf das autofreie, sonnige Hochplateau Stoos am Fuss des Fronalpstocks: ab Schwyz-Schlattli mit der Standseilbahn zu jeder halben Stunde; von Morschach mit der kleinen Luftseilbahn zu jeder halben Stunde. Die Stoos Hüttä ist im Winter von der Bergstation Stoos mit dem Sternegglift oder zu Fuss erreichbar. Im Sommer zusätzlich mit dem Bike.

Die Atmosphäre 5/10

Die im Dezember 2015 eröffnete, grösstenteils aus einheimischen Materialien mit viel Holz erbaute Stoos Hüttä empfängt mit modern-alpinem Wohlfühlambiente. Die Einrichtung ist klar und schnörkellos, ohne die kuschelige Geborgenheit einer Bergunterkunft zu entbehren. Neben zehn Zimmern mit insgesamt 41 Schlafplätzen laden zwei Restaurantstuben und eine grosse Sonnenterrasse mit bedientem und selbstbedientem Bereich zum Bleiben ein. Das Gastgeberpaar Ursula und Richard Gasenzer versucht das Normale aussergewöhnlich zu machen, und das gelingt in atmosphärischer wie kulinarischer Hinsicht bestens.

STOOS HÜTTÄ
STOOS

Die Zimmer

10 zweckmässig schlicht gestaltete, helle Zimmer mit zwei bis sechs Betten (teilweise Hochbetten). Alle Zimmer verfügen über ein eigenes Bad und sind auf der Website einzeln abgebildet und beschrieben. **Zimmer-Flüstertipps:** Zimmer „Ahorn", „Eiche" und „Lärche" mit schönem Ausblick zu den Mythen, Zimmer „Ulme" zu den Glarner Alpen.

Die Küche

Käse- und Trockfleischplatten, diverse Salate und Sandwiches, Käsespätzli mit Röstzwiebeln und Apfelmus, Frühlingsrollen mit Salat, Chicken Nuggets, Schweinsschnitzel mit Pommes frites, Pouletgeschnetzeltes mit Currysauce und Spätzli, Kalbssteak mit Champignonrahmsauce, Rindsfilet Stroganoff, zum Dessert Apfelküchlein mit Vanilleglace, Meringues mit Rahm, Schoggikuchen oder Früchtewähen. Abends gibt es auch Fondue chinoise oder ein Muotathaler Käsefondue mit Ananas und Kartoffeln.

Die Extras

Kinderspielplatz.

Freizeiterlebnisse

Im Winter: Skifahren, Langlaufen, Schlitteln, Schneeschuhlaufen, Winterwandern, Curling, Pferdekutschenfahrten.
Im Sommer: Wandern, Biken, Fischen am Stoos-Seeli.
www.stoos-muotatal.ch

Wer einmal in die Fussstapfen eines richtigen Mushers treten und sich wie ein Lappländer mit eigenem Hundeschlittengespann fühlen will, bucht einen **Schlittenhunde-Erlebnistag** im Muotatal. Dabei erlernt man den Umgang mit den ebenso zutraulichen wie flinken Huskies und fährt mit seinem eigenen Hundegespann von drei bis vier Polarhunden über die verschneite Talebene (Kosten: 454 Franken, Mindestalter 17 Jahre). Wem es eher nach einer einfachen Schlittenhunde-Rundfahrt (195 Franken) oder einer halbtägigen Schneeschuhtour in Begleitung von Huskies ist (145 Franken), wird auch davon begeistert sein. www.erlebniswelt.ch

Besonders geeignet für...

unternehmungslustige Familien mit Kindern und unkomplizierte Naturliebhaber mit schmalen Portemonnaies.

Wenn doch nur...

auf dem Stoos auch an Regentagen irgend etwas Besonderes geboten würde.

Wandertipp

Eine beliebte, an schönen Sommerwochenenden überbevölkerte Höhenwanderung führt vom Klingenstock (1935 m) auf den Fronalpstock (1922 m). Vorteil: Zwischen Stoos und Klingenstock sowie zwischen Stoos und Fronalpstock verkehren auch im Sommer Sesselbahnen, mit denen die Auf- oder Abstiege abgekürzt werden können.

Weitere schöne Routen sind die „Alpchäs-Rundwanderung" via Alpkäserei Tröligen (9,8 km, 2¾ Stunden) und die „Bergbeizli-Rundwandung" via Alp Metzg (5,2 km, 1¾ Stunden, ideal auch mit Kindern).

Ein Wanderklassiker ist die 15,5 km lange, knapp 5½-stündige Tour von der Bergstation Stoos (1305 m) nach Muotathal (610 m). Diese führt zunächst über die Alpen Metzg, Füdlen und Laubgarten zum Wannentritt, dann weiter zum natürlichen Aussichtsbalkon Höch Weidli und über die Wissenwand zur unteren Flüelen ins Tal. Zurück nach Stoos geht es mit Bus und Bergbahn.

Auch haben Ursula und Richard Gasenzer für jeden Gast den individuell passenden Wandervorschlag rund um die Mythen mit entsprechenden Einkehrtipps parat.

Regentag-Alternative

Der Swiss Holiday Park in Morschach bietet ungezählte Freizeit- und Wellnessmöglichkeiten von Bowling über Kartfahren und Indoor-Klettern bis zum Römisch-Irischen Baderitual.
www.swissholidaypark.ch

VILLA HONEGG
ENNETBÜRGEN

914 mü.M.

6373 Ennetbürgen, Honegg
Telefon +41 41 618 32 00
www.villa-honegg.ch
info@villa-honegg.ch
Ganzjährig geöffnet

Die Lage
An herrlicher Panoramalage ganz für sich allein stehend auf der Südseite des Bürgenstocks. Rund ums Hotel breiten sich steile Wiesen und landwirtschaftlich genutzte Felder aus.

Die Atmosphäre
Wenn Investoren aus dem Nahen Osten marode Schweizer Hotels übernehmen und international renommierte Architekturbüros mit dem Umbau beauftragen, fehlt oftmals das Feingefühl für hiesige Gegebenheiten. Umso überraschender fiel das Ergebnis aus, als die 1906 erbaute und bis 1977 als Familienbetrieb geführte Villa Honegg nach mehr als dreissig Jahren Dornröschenschlaf 2011 wiedereröffnet wurde. Aus dem einst einfachen Alpendomizil hat der Besitzer aus dem Emirat Katar das charmanteste Fünfsternehotel der Zentralschweiz gemacht.

Zwar kommt man in den 23 Zimmern kaum unter 800 Franken pro Nacht unter, dafür bietet die Villa Honegg entspannten Luxus von jener Klasse, die kein Blendwerk nötig hat. Bei den Gästen wirkt das manchmal Wunder: Dieselben Leute, die sich in prestigeträchtigeren Hotels unmöglich benehmen, jagen hier ihre Arroganz zum Teufel und benehmen sich wieder wie normale Menschen.

Dass Wasser, Berge und Aussicht spezielle Elemente sind, die Sehnsucht auslösen, beweist das ikonische Bild des warmen Aussenpools: Als die brasilianische Reisebloggerin Fabi Gama ihr „Honegg"-Badeerlebnis im Frühherbst 2016 gepostet hatte, verbreitete sich das Video auf Facebook und Instagram wie ein Lauffeuer mehrere hundert Millionen Mal rund um die Welt. Daraufhin war die Zimmernachfrage sprunghaft explodiert und hält bis heute an. Das liebenswerte Hotelteam ist trotz dem viralen Hype sehr um den Gast bemüht und nimmt auch dessen Reklamationen ernst – falls solche überhaupt nötig sind.

VILLA HONEGG
ENNETBÜRGEN

Die Zimmer

Die 23 hochwertig aus natürlichen Materialien verarbeiteten Zimmer sind zwar nicht sonderlich gross, aber so wohnlich, dass man darin länger als nur ein Wochenende verschnaufen kann. Die meisten Zimmer haben einen Balkon. **Zimmer-Flüstertipps:** Die Nummern 14, 15, 24, 25 und 32 haben eine besonders schöne Aussicht.

Die Küche

Im stilvollen Restaurant oder auf der aussichtsreichen Sommerterrasse wird eine leckere Marktküche aus regionalen und saisonalen Produkten serviert. Eine Hommage an den katarischen Besitzer sind die arabischen Mezze zur Vorspeise (Hummus, Moutabel, Lebhne, Muhammra, Fatoush und Tabouleh-Salat mit warmem Pitabrot), doch ist auch der „Honegg-Hackbraten" sehr zu empfehlen. Kaffee und Kuchen, Salate und Sandwiches, Aperitif und Digestif gibt es im Salon, das lukullische, direkt am Tisch servierte Frühstück bis 14 Uhr.

Die Extras

Kleiner Wellnessbereich mit Sauna und Dampfbad, gut ausgestattetem Fitnessraum sowie Massagen und Gesichtsbehandlungen. Das fabelhafte Aussenschwimmbad (34°C) mit Blick auf Berge und See (oder Nebelmeer) zählt inzwischen zu den bekanntesten Hotelpools der Welt. Kostenloser Verleih von Mountain- und Elektro-Bikes für Hotelgäste, die den Bürgenstock lieber auf zwei Rädern als zu Fuss erkunden und beispielsweise in wenigen Minuten zum neuen Bürgenstock Resort fahren (siehe Seite 56).

Besonders geeignet für...
Feingeister auf der Suche nach hedonistischer Glückseligkeit.

Wenn doch nur...
die fotowütigen Digitaljünger im Aussenbad nicht wären, die mit ihren Smartphones und Kameras jene Gäste verärgern, die nicht auf Urlaubsbildern oder gar im Internet erscheinen möchten. Auch muss man sich links und rechts anhören, wie die Selbstdarsteller ihre Filmbotschaften angeberisch besprechen: „Hey Leute, Ihr werdet es nicht glauben, wo ich jetzt bin... dieser super geile Pool..." Allerdings kann man dies nicht dem Hotel anlasten, sondern nur denjenigen Gästen, die sich ignoranterweise nicht um entsprechende Hinweisschilder scheren.

Freizeiterlebnisse
Gleitschirm-Tandemflüge. 9-Loch-Golfplatz Bürgenstock mit Driving Range und Golflehrer. Ausflug mit der Cabrio-Bahn aufs Stanserhorn oder zur Seemeile Ennetbürgen Buochs mit Verleih von Kanus und Stand-up-Paddles. www.stanserhorn.ch + www.seemeile.net

Wandertipp
Leichte, 5 km lange, anderthalbstündige Bürgenstock-Rundwanderung von der Villa Honegg zum Chänzeli (leichte Steigung), dann weitgehend flach oder leicht bergab über den berühmten Felsenweg zum Bürgenstock Resort und über Trogen zurück zur Honegg. Der Felsenweg gewährt überwältigende Blicke auf den 500 Meter tiefer gelegenen Vierwaldstättersee. Wer noch höher hinaus will, nimmt den Lift auf die Hammetschwand, von wo man eine atemberaubende Rundsicht auf die Zentralschweiz hat.

Anstrengender ist die Wanderung von der Villa Honegg (914 m) zum Chänzeli (1043 m) hinauf, dann über den Mattgrat hinunter bis zur Unteren Nase und flach weiter nach Ennetbürgen (435 m, hier kann im See gebadet werden), schliesslich wieder den Berg hoch bis zur Honegg. Laufzeit: rund 2½ Stunden.

Regentag-Alternative
Verkehrshaus Luzern, Glasi Hergiswil, Victorinox-Museum Brunnen.

WEITERE TOP GELEGENE HOTELS IN DER ZENTRALSCHWEIZ

HOTELNAME	ORT	WEBSEITE
Alexander & Gerbi Wellness Hotels	Weggis	www.alexander-gerbi.ch
be und mee bed and breakfast	Rigi-Kaltbad	www.be-mee.ch
Central am See	Weggis	www.central-am-see.ch
Château Gütsch	Luzern	www.chateau-guetsch.ch
Hotel des Balances	Luzern	www.balances.ch
Hotel Terrasse am See	Vitznau	www.hotel-terrasse.ch
Kurhotel Sonnmatt	Luzern	www.sonnmatt.ch
Nidwaldnerhof	Beckenried	www.nidwaldnerhof.ch
Paxmontana	Flüeli-Ranft	www.paxmontana.ch
Rigi Kaltbad Hotel	Rigi Kaltbad	www.hotelrigikaltbad.ch
Rigi Kulm Hotel	Rigi Kulm	www.rigikulm.ch
Romantik Hotel Beau Rivage	Weggis	www.beaurivage-weggis.ch
Seehotel Kastanienbaum	Kastanienbaum	www.seehotel-kastanienbaum.ch
Seehotel Waldstätterhof	Brunnen	www.waldstaetterhof.ch
Seerose Resort & Spa	Meisterschwanden	www.seerose.ch
Vitznauerhof	Vitznau	www.vitznauerhof.ch

WEITERE TOP GELEGENE HOTELS
IN DER ZENTRALSCHWEIZ

© Hotel Terrasse am See, Vitznau

© Seehotel Kastanienbaum, Kastanienbaum

© Rigi Kaltbad Hotel, Rigi Kaltbad

© Kurhotel Sonnmatt, Luzern

© Seerose Resort & Spa Meisterschwanden

© Rigi Kulm Hotel, Rigi Kulm

© Nidwaldnerhof, Beckenried

© Vitznauerhof, Vitznau

© Romantik Hotel Beau Rivage, Weggis

© Paxmontana, Flüeli-Ranft

TOP GELEGENE HOTELS
IM BERNER OBERLAND UND EMMENTAL

ALPINHOTEL BERGHAUS BORT GRINDELWALD

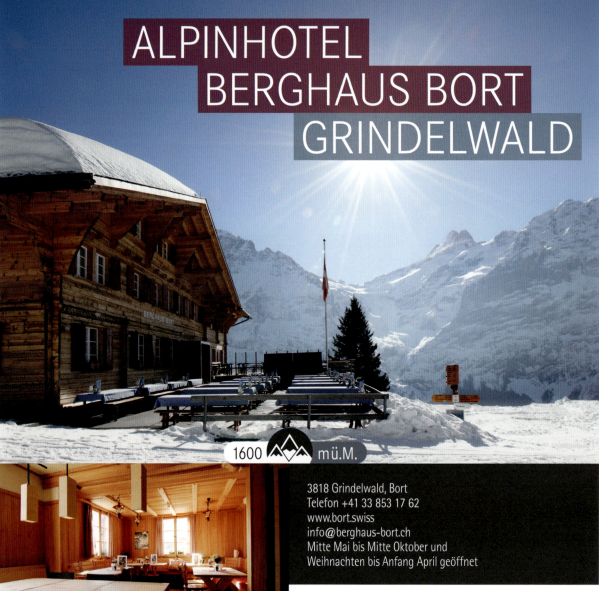

1600 mü.M.

3818 Grindelwald, Bort
Telefon +41 33 853 17 62
www.bort.swiss
info@berghaus-bort.ch
Mitte Mai bis Mitte Oktober und
Weihnachten bis Anfang April geöffnet

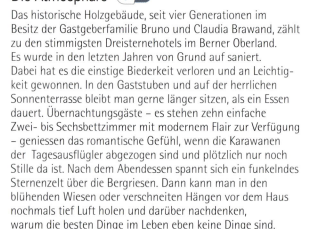

Die Lage 9/10

Direkt an der Mittelstation der Firstbahn, auf der Sonnenseite oberhalb von Grindelwald inmitten des Ski- und Wandergebiets. Schöner Ausblick auf die Eigernordwand und die Berner Alpen mit Wetterhorn, Fiescherhorn und Schreckhorn.

Anreise: Auto bei der Talstation der Gondelbahn Grindelwald-First abstellen und mit der Firstbahn bis zur Mittelstation fahren (letzte Bergfahrt im Sommer um ca. 16.30 Uhr, im Winter um ca. 15.45 Uhr). Im Sommer ist das „Bort" auch auf einer bewilligungspflichtigen, steilen Bergstrasse erreichbar. Die Bewilligung liegt nach der Beantragung beim Hotel sogleich vor.

Die Atmosphäre 7/10

Das historische Holzgebäude, seit vier Generationen im Besitz der Gastgeberfamilie Bruno und Claudia Brawand, zählt zu den stimmigsten Dreisternehotels im Berner Oberland. Es wurde in den letzten Jahren von Grund auf saniert. Dabei hat es die einstige Biederkeit verloren und an Leichtigkeit gewonnen. In den Gaststuben und auf der herrlichen Sonnenterrasse bleibt man gerne länger sitzen, als ein Essen dauert. Übernachtungsgäste – es stehen zehn einfache Zwei- bis Sechsbettzimmer mit modernem Flair zur Verfügung – geniessen das romantische Gefühl, wenn die Karawanen der Tagesausflügler abgezogen sind und plötzlich nur noch Stille da ist. Nach dem Abendessen spannt sich ein funkelndes Sternenzelt über die Bergriesen. Dann kann man in den blühenden Wiesen oder verschneiten Hängen vor dem Haus nochmals tief Luft holen und darüber nachdenken, warum die besten Dinge im Leben eben keine Dinge sind.

ALPINHOTEL BERGHAUS BORT
GRINDELWALD

Die Zimmer

10 funktionelle, modern gestaltete Zimmer mit privater Dusche/WC (davon 2 Doppelzimmer, 2 Dreibettzimmer, 2 Vierbettzimmer, 1 Fünfbettzimmer, 2 Sechsbettzimmer). Alle Zimmer bis auf die Nummer 105 haben Bergblick. **Zimmer-Flüstertipp:** Das Vierbettzimmer 111 hat einen tollen Blick auf das Wetterhorn.

Freizeiterlebnisse

Skifahrende Hotelgäste können direkt vor dem Haus die Gondelbahn zur Bergstation First besteigen und müssen weder einen Skibus erdulden noch Skier schleppen noch an der Talstation anstehen. Zurück zum Berghaus Bort führt dann die schwarze Piste von First oder Schreckfeld – diese Piste ist jedoch nur für erfahrene Wintersportler geeignet. Alle anderen können problemlos mit der Bahn zurück zum Hotel fahren.

Das Wanderangebot ist im Winter fast ebenso attraktiv wie im Sommer. Eine der sonnigsten und aussichtsreichsten Routen führt in rund drei Stunden von der First-Bergstation (2167 m) über Bachalpsee, Bachläger und Waldspitz nach Bort (1600 m). Wer in der Halbzeit einen Aufwärmstopp einlegen will, wird im Berggasthaus Waldspitz zu Füssen der senkrecht abfallenden Eiger-Nordwand freundlich empfangen, schöner ist es jedoch im Berghaus Bort am Ende dieses klassischen Winterwanderwegs, der teilweise auch von Schlittlern benutzt wird.

Die Schlittelabfahrt vom Faulhorn (2681 m) nach Grindelwald (1034 m), mit 15 km die längste im gesamten Alpenraum, muss verdient werden: Die Gondelbahn bringt einen „nur" auf die First – bis zum Faulhorn muss noch eine zweieinhalbstündige Wanderung bergauf unter die Füsse genommen werden. www.jungfrau.ch

Sommergäste, die mehr Action suchen, als Wandern bieten kann, sausen mit dem „First-Flieger" (eine Art Tyrolienne) von First nach Schreckfeld hinunter, buchen einen Tandem-Gleitschirmflug (ab First), nehmen den „Mountain Cart" (auf der Naturstrasse von Schreckfeld nach Bort) oder wählen die „Trottibike"-Abfahrt von Bort nach Grindelwald. Auch Mountainbiker kommen hier auf Touren: Von kurz bis lang, von leicht bis schwer ist für jeden etwas dabei. Für Familien lockt der Murmeltierlehrpfad von der First nach Schilt mit dazugehörigem Grillplatz.

Die Küche

Einfaches und Regionales wird hier verlässlich gut und mit kreativer Note zubereitet. Auf kulinarische Spezialwünsche wird ohne Aufhebens Rücksicht genommen. Stilvolle Skibar in der umgebauten Holzscheune von 1871.

Die Extras

Attraktiver, riesiger Kinderspielplatz. Massagen. Der Skilehrer und Mountainbike-Guide Alex führt zu den schönsten Plätzen und kennt die gemütlichsten Hütten.

Wandertipp

Mit der Firstbahn von Bort (1600 m) zur Bergstation First (2167 m). Von dort über den Bachalpsee und Waldspitz nach Bort hinunterwandern. Distanz: 8 km, Dauer: 2½ Stunden. Option: Von First über Bachalpsee, Burgihütte und Gassenboden zum Gipfel des Faulhorns (2681 m). Rückweg zur Bussalp (1800 m), von wo aus der Postbus ins Tal fährt. Distanz: 9,3 km, Dauer: 4 Stunden.

Regentag-Alternative

Das Sportzentrum Grindelwald beherbergt den grössten Indoor-Seilpark – und das bei jedem Wetter: trocken und windstill im Winter sowie kühl im Sommer, mit fünf unterschiedlichen Parcours vom einfachen Balanceakt bis zum puren Nervenkitzel. Kinder ab 12 dürfen sich allein ins sportliche Abenteuer stürzen. www.indoorseilpark.ch

Besonders geeignet für...
für preis- und leistungsbewusste Familien und Skibegeisterte.

Wenn doch nur...
die Badezimmer, obschon privat, durchwegs in die Zimmer integriert wären und sich nicht teilweise vis-à-vis auf der anderen Gangseite befinden würden.

BEATUS WELLNESS & SPA-HOTEL MERLIGEN

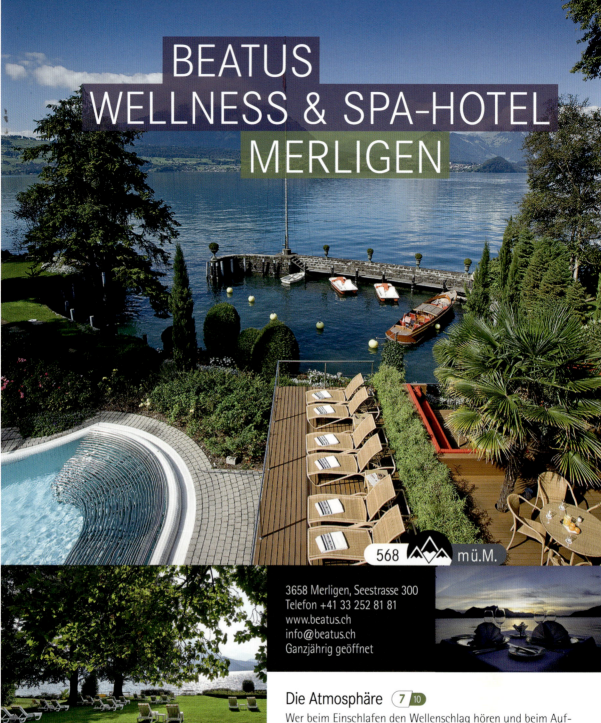

568 mü.M.

3658 Merligen, Seestrasse 300
Telefon +41 33 252 81 81
www.beatus.ch
info@beatus.ch
Ganzjährig geöffnet

Die Atmosphäre 7/10

Wer beim Einschlafen den Wellenschlag hören und beim Aufwachen in die Weite blinzeln will, hat im Berner Oberland keine grosse Hotelauswahl direkt am Wasser. Umso mehr begeistert das „Beatus", das hinter der „Cremeschnitten-Fassade" aus den 70er-Jahren eine labyrinthisch verschachtelte Wohlfühlwelt mit gelebter Hotelkultur eröffnet. Vom Garten kann man direkt in den Thunersee springen oder mit dem Kajak lospaddeln, und bei Regen lockt der grosse Wellnessbereich mit Aussen-Solbad. Abends, wenn die Lichterketten am andern Ufer zu funkeln beginnen und der pyramidenförmige Niesen über dem See zu schweben scheint, wähnt man sich in einem Strandhotel im tiefen Süden.

Die Lage 10/10

In einer parkartigen Gartenanlage mit mächtigen alten Bäumen und eigenem Hafen am östlichen Ufer des Thunersees. Das Dorf Merligen liegt je 15 Autominuten zwischen Thun und Interlaken gegenüber von Spiez.

BEATUS WELLNESS & SPA-HOTEL
MERLIGEN

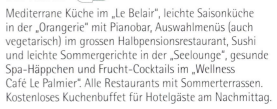

Freizeiterlebnisse

Direkt neben dem „Beatus" befindet sich eine Anlegestelle der Kursschiffe. Insbesondere eine Fahrt mit einem der beiden nostalgischen Schaufelraddampfer „Blümlisalp" und „Lötschberg" lohnt sich an warmen Tagen sehr.

Man muss nicht unbedingt mit Hunderten von Asiaten aufs Jungfraujoch tuckern, um die Naturschönheiten des Berner Oberlandes zu erleben – eine Fahrt aufs Stockhorn (2190 m) tut es auch. Die Tief- und Weitblicke vom Thunersee über die Berner und Walliser Eisriesen bis zum Jura und ins Elsass sind grandios. Übrigens: Adrenalin-Süchtige springen abends nach Fahrplanschluss an einem Bungee-Seil in 134 Meter Höhe aus der Seilbahnkabine. Ein nervenkitzelndes Erlebnis, das in Kooperation mit dem Abenteuerveranstalter Alpin Raft Interlaken angeboten wird und 189 Franken kostet. www.stockhorn.ch

Wandertipp

Der „Panoramarundweg Thunersee" führt auf einer genussvollen Mehrtageswanderung in 56 Kilometern um den See. Wer sich nur ein Teilstück herauspicken will, wählt beispielsweise die rund zweieinhalbstündige Wanderroute von Merligen über Endorf, Sigriswil, Aeschlen und Erizbüel nach Oberhofen. Diese Route ist landschaftlich besonders schön und führt über die Panoramabrücke Sigriswil – mit 340 Metern eine der längsten und mit 182 Metern eine der höchsten Fussgängerbrücken der Welt. Zurück nach Merligen gelangt man innert zwölf Minuten mit dem Postauto.

Wen es höher hinauf zieht: Niesen (2362 m), Stockhorn (2190 m) und Niederhorn (1963 m) bieten sich für herrliche Tageswanderungen mit grossartigen Panoramen an. Der Hin- oder Rückweg lässt sich bei allen drei Gipfeln mittels Standseil- oder Luftseilbahn erleichtern.

Regentag-Alternative

Zwischen Merligen und Interlaken liegen die St. Beatus-Höhlen, eines der grössten Tropfstein-Höhlensysteme der Schweiz. Das Innere des Berges lässt sich auf einem gut ausgebauten und ausgeleuchteten, rund einen Kilometer langen Rundgang erforschen – wahlweise ungeführt oder geführt. Man entdeckt faszinierende Stalaktiten und Stalagmiten, welche in Millionen von Jahren entstanden sind. Im Höhlenmuseum wird alles Wissenswerte dazu erklärt. Geführte Touren (Dauer: 75 Minuten) starten alle 30 bis 45 Minuten. Die konstante Temperatur in den Höhlen beträgt 8 bis 10°C, weshalb sich warme Bekleidung empfiehlt. www.beatushoehlen.ch
(Mitte März bis Ende Oktober täglich geöffnet)

Die Zimmer

75 Zimmer und Suiten in verschiedenen Stilen und Ausstattungsstandards, teilweise mit veralteten und sehr kleinen Bädern. Die allermeisten Zimmer verfügen über einen Balkon zum See. Die wenigen Zimmer zur Bergseite (Durchgangsstrasse, null Sonne!) sind nicht zu empfehlen.

Die Küche

Mediterrane Küche im „Le Belair", leichte Saisonküche in der „Orangerie" mit Pianobar, Auswahlmenüs (auch vegetarisch) im grossen Halbpensionsrestaurant, Sushi und leichte Sommergerichte in der „Seelounge", gesunde Spa-Häppchen und Frucht-Cocktails im „Wellness Café Le Palmier". Alle Restaurants mit Sommerterrassen. Kostenloses Kuchenbuffet für Hotelgäste am Nachmittag.

Die Extras 8/10

Schön angelegtes Aussen-Solebad (35°C) mit Strömungskanal und Sprudelliegen, Hallenbad (8x16 Meter, 29°C), zwei verschiedene Saunabereiche (der eine steht exklusiv für Hotelgäste zur Verfügung, der andere auch für externe Besucher), kleiner Fitnessraum, täglich Gymnastik- und Entspannungslektionen, diverse Massagen und Beauty-Behandlungen. Eine Besonderheit ist die sanft schaukelnde „See-Wellness": Wann immer es Temperaturen und das Wetter erlauben, kann eine Massage auf dem hauseigenen Salon-Schiff „MS Beatus" gebucht werden (von Juni bis September). Der Preis für eine klassische 80-minütige Massage inklusive Schifffahrt beträgt 255 Franken.
Für Sportler: Verleih von Mountain- und Elektrobikes, zahlreiche Wassersportarten, Pedalos und Ruderboote. Mehrmals wöchentlich geführte Wanderungen, teilweise kombiniert mit Schifffahrten.

Besonders geeignet für...
Wellness-Urlauber und Wassersportbegeisterte.

Wenn doch nur...
der innenarchitektonische Stilmix nicht wäre, der durch die ungezählten Umbauten und Erneuerungen in den letzten Jahrzehnten entstanden ist. Auch würde das „Beatus" gewinnen, wenn an den ohnehin gut besuchten Schlechtwettertagen nicht gar so viele auswärtige Tagesbesucher im Spa empfangen würden.

BELLEVUE DES ALPES
KLEINE SCHEIDEGG

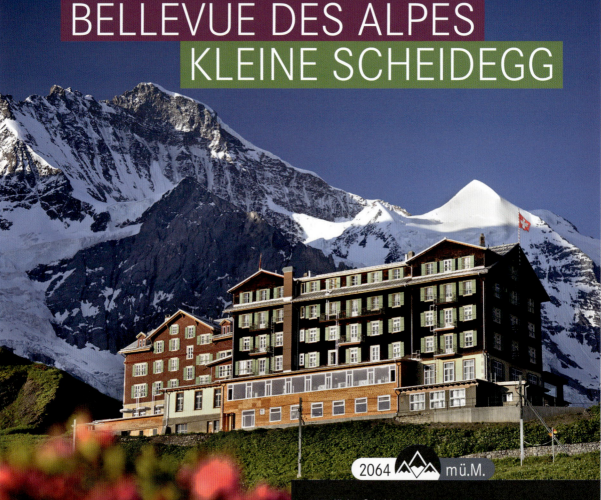

2064 mü.M.

3801 Kleine Scheidegg
Telefon +41 33 855 12 12
www.scheidegg-hotels.ch
welcome@scheidegg-hotels.ch
Mitte Juni bis Ende September und
Weihnachten bis Anfang April geöffnet

Die Lage 10/10

Auf der autofreien Kleinen Scheidegg, buchstäblich zu Füssen der Eigernordwand und im Zentrum des Wander- und Skigebiets Grindelwald-Wengen. Morgens um 8 Uhr erreicht der erste Zug den Bahnhof neben dem Hotel und spätestens um 19 Uhr verlassen die letzten Bahnen die Passhöhe talwärts Richtung Grindelwald und Wengen.

Belles vues à discrétion gibt es vom Hotel aus: Man staunt sich die Augen aus und ist als Unterländer in der bequemen Position, die Kronjuwelen der Berner Alpen nicht begehen zu müssen. Sie werden quasi auf dem Tablett serviert. Der Genuss, diese intensive Beziehung zur Welt, erhält grandiosen Raum.

Das Hotel ist im Sommer wie im Winter nur mit der Wengernalpbahn erreichbar. Entweder vom Bahnhof Lauterbrunnen (Auto im Parkhaus oder auf den öffentlichen Parkplätzen abstellen) via Wengen oder vom Bahnhof Grindelwald-Grund (Parkplätze im Freien) zur Station Kleine Scheidegg.

Die Atmosphäre 10/10

Das 1840 errichtete Bellevue des Alpes ist eines der letzten noch im Originalzustand existierenden Grandhotels des vorletzten Jahrhunderts und wirkt fast so, als sei es fast 180 Jahre lang in einem gewaltigen Einmachglas konserviert worden. Doch dieser Eindruck ist das Ergebnis einer ungeheuren Anstrengung des Besitzerpaars Silvia und Andreas von Almen, die das Juwel in fünfter Generation führen, jedem Modernisierungswahn widerstanden und bis heute bewusst auf technische Errungenschaften wie Fernseher oder Lift verzichten. Wer nicht das Auge dafür hat, sieht den subtilen Renovationen die Erneuerung oft nicht an und mag den „altmodischen" Stil belächeln. Für die Jäger verborgener Hotelschätze und all jene Gäste, die es satt haben, wenn ein Hotel so aussieht, als könne es überall auf der Welt stehen, hat dieses Retro-Refugium Kultstatus.

BELLEVUE DES ALPES
KLEINE SCHEIDEGG

Freizeiterlebnisse

Im Sommer: Wandern, Bergsteigen, Klettern.
Im Winter: Skifahren und Snowboarden, Skitouren, Schlitteln.

Wer Nerven dazu hat, mit tausend Asiaten aufs Jungfraujoch auf 3454 m ü. M. zu tuckern und sich oben um die besten Plätze fürs Selbstporträt mit Alpenpanorama zu streiten (Selfie klick, Selfie klick), braucht lediglich auf der Kleinen Scheidegg die Jungfraubahn zu besteigen. Dabei lohnt es sich sowohl auf der Berg- als auch auf der Talfahrt, persönliche Sitzplätze zu reservieren (online oder am Bahnschalter möglich), um einen garantierten Sitzplatz zu haben.
www.jungfraubahn.ch

Weniger touristisch: Der Alpenvogelpark auf Ischboden am Weg zur Grossen Scheidegg (nur zu Fuss oder mit dem Sommerbus erreichbar).
www.alpenvogelpark.ch

Auf First (2167 m) gibt es den First Cliff Walk by Tissot (Gipfelrundweg mit Hängebrücke und Aussichtssteg, der 45 Meter ins Nichts hinausragt), Tandem-Gleitschirmflüge sowie ein eigentümliches Gefährt namens First-Flieger. Es eignet sich eher für Abenteuerhungrige als für Angsthasen und ermöglicht mutigen Fahrgästen, während 45 Sekunden mit einer Geschwindigkeit von bis zu 84 Stundenkilometern talwärts zu flitzen. Hat man die erste Fahrt hinter sich, kann man weitere First-Flüge richtig geniessen: Das sicher konstruierte Gurtzeug (ähnlich demjenigen eines Gleitschirms) verleiht guten Halt und die Fahrt wird vor dem Ziel mit einer ausgeklügelten Federkonstruktion abgebremst.
www.jungfrau.ch

Wandertipp

Von der Bergstation Männlichen über den Aussichtspunkt Honegg zur Kleinen Scheidegg hinunter (leicht, 1¼ Stunden). Von der Kleinen Scheidegg über Steinmandli, Wixi und Biglenalp zur Mettlenalp (mittelschwer, 2½ Stunden). Eigertrail von der Haltestelle Eigergletscher (Jungfraubahn) entlang der Eigernordwand nach Alpiglen hinunter (leicht, 2 Stunden).

Regentag-Alternative

Siehe Beitrag „Berghaus Bort" auf Seite 82.

Die Zimmer 5 / 10

In den 62 sanft renovierten Zimmern fühlt man sich in die Pionierjahre des alpinen Tourismus zurückversetzt. Sämtliche historischen Elemente wie die alten Doppelfenster, die grossmütterlichen Betten und Lampenschirme, die Füsschenbadewannen, die antiken Armaturen und das originale Mobiliar wurden, wo immer möglich, erhalten. Ausnahmslos alle Zimmer bieten grossartige Ausblicke auf die Bergwelt.

Die Küche 4 / 10

Im historischen Speisesaal wird traditionell nach Schweizer Art gekocht. An das Hotel angeschlossen ist ein Tagesrestaurant mit 150 Plätzen, an sonnigen Tagen mit toller Terrasse.

Besonders geeignet für...

Zeitreisende, die nicht viel Fantasie brauchen, um sich die Gäste vorzustellen, die hier anno dazumal ihre Ferien verbrachten. Die viktorianisch anmutende Lobby, die knarrenden Holztreppen, die Bar aus den Zwanzigerjahren – alles erstrahlt heute wie zu den Glanzzeiten des Hotels.

Wenn doch nur...

tagsüber der Ausflugs- und Pistenrummel auf der Kleinen Scheidegg nicht wäre. Doch am frühen Abend kehrt hier oben eine erhabene Ruhe ein und man fühlt sich wie auf einem anderen Planeten.

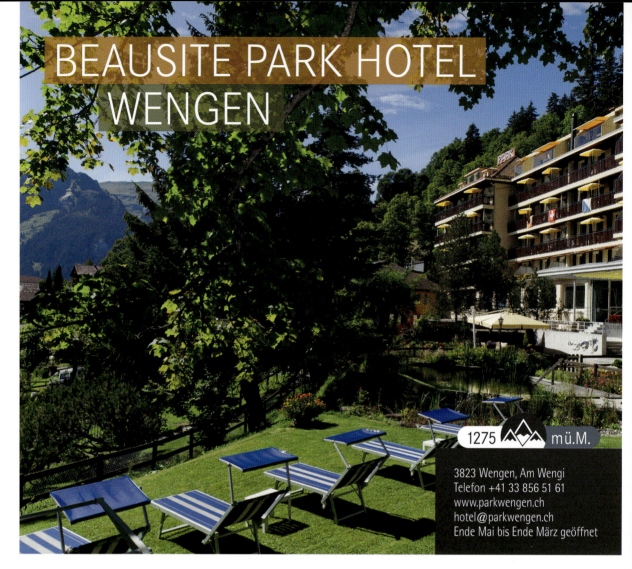

BEAUSITE PARK HOTEL
WENGEN

1275 mü.M.

3823 Wengen, Am Wengi
Telefon +41 33 856 51 61
www.parkwengen.ch
hotel@parkwengen.ch
Ende Mai bis Ende März geöffnet

Die Lage 9/10

Leicht erhöht über dem Dorfkern, in einer Gartenanlage am Waldrand mit malerischem Ausblick auf das Jungfraumassiv. Im Winter kann man direkt mit den Skiern zur Talstation der Luftseilbahn Wengen-Männlichen fahren.

Das auf charmante Art beschauliche Bergdorf Wengen ist nur mit der Wengernalpbahn ab dem Bahnhof Lauterbrunnen erreichbar (15-minütige Fahrt). Am Bahnhof Wengen holt ein Hotelmitarbeiter jeden Gast ab.

Die Atmosphäre 5/10

Der Verzicht auf alles Geschniegelte und die ehrliche Normalität in diesem gepflegten, von der Inhaberfamilie Leemann sehr persönlich geführten Viersternehotel wird von den vielen Stammgästen sehr geschätzt. Anders als in scheinbar perfekten Hotels sind sie hier nicht mit ihrer eigenen Unvollkommenheit konfrontiert und können ganz gelassen sich selber sein. Wer hier wohnt, ist zudem für sportliche Aktivitäten am Fuss der Jungfrau bestens gerüstet.

Die Zimmer 6/10

Die 55 Zimmer, Familienzimmer, Juniorsuiten und Suiten präsentieren sich in konservativer Behaglichkeit. Teilweise sind sie mit etwas ältlichen, aber stets praktischen Bädern ausgestattet. Die Zimmer und Suiten mit Jungfraublick verfügen alle über einen Balkon, die Zimmer zur Waldseite haben keinen Balkon und blicken wortwörtlich in den unmittelbar hinter dem Haus beginnenden Wald.

Die Küche 4/10

Solide Hotelküche mit fünfgängigen Abendmenüs. Gutes Frühstücksangebot mit grosser Teeauswahl und frischen Säften.

Die Extras 4/10

Wellnessbereich mit Hallenbad, drei Saunen und Dampfbad, kleinem Fitnessraum und Massagen. Kleiner Bio-Schwimmteich im Garten. Kinderspielzimmer direkt neben dem Speisesaal, Kinderspielplatz im Garten.

BEAUSITE PARK HOTEL
WENGEN

Freizeiterlebnisse

Die Talstation der Luftseilbahn Wengen-Männlichen, die innert wenigen Minuten ins Ski- und Wandergebiet Männlichen-Kleine Scheidegg führt, liegt etwas unterhalb dem „Beausite". Im Winter befindet sich die Anfänger- und Kinderskipiste direkt vor dem Hotel. Die Skischule Wengen organisiert Unterrichtsklassen für jedes Alter.

Im Januar endet die legendäre Herren-Abfahrtsstrecke des Lauberhornrennens in Wengen. Im September führt der Jungfrau-Marathon von Interlaken zur Kleinen Scheidegg an Wengen vorbei – es ist der wohl spektakulärste Marathon Europas, bei dem fast 2000 Höhenmeter zu überwinden sind.

Wer im Sommer mehr Nervenkitzel sucht, als eine Wanderung zu bieten vermag, kann sich bei einem Gleitschirm-Tandemflug, beim River-Rafting oder Canyoning versuchen. Für einen klassischen Sightseeing-Ausflug lohnen die Trümmelbachfälle bei Lauterbrunnen – ein eindrückliches Naturschauspiel mit zehn im Berginnern versteckten Wasserfällen.

Wandertipp

Ein dreistündiger Hochgenuss ist die einfache, über 950 Höhenmeter immer leicht abfallende Abstiegswanderung vom Männlichen nach Wengen. Die Tour beginnt mit dem Aufstieg per Luftseilbahn von Wengen (1274 m) zur Bergstation Männlichen (2230 m). Von keinem anderen Ort aus ist das Panorama auf das berühmte Dreigestirn Eiger, Mönch und Jungfrau schöner als von hier. Vom Männlichen geht der Weg dann in südlicher Richtung der Ostflanke des Tschuggen entlang zur Honegg (2156 m) und weiter via Rotstöckli zur Kleinen Scheidegg (2061 m). Im zweiten Teil verläuft die Route der Bahnlinie entlang zur Wengernalp (1873 m) und schliesslich nordwärts hinunter nach Wengen.

Regentag-Alternative

Das Freilichtmuseum Ballenberg in Hofstetten bei Brienz lohnt auch an Regentagen den Besuch. Auf einem weitläufigen Gelände sind 100 originale, jahrhundertealte Gebäude aus allen Landesteilen der Schweiz wiederaufgebaut worden. Dazu zeigen Handwerker an authentischen Arbeitsplätzen, wie früher gewerkt wurde. Rund 250 Bauernhoftiere geben einen Querschnitt durch alle einheimischen Rassen und sind bei den Kindern natürlich der Renner. www.ballenberg.ch

Besonders geeignet für...

preis- und leistungsbewusste Familien und Paare, die authentische Berner Oberländer Gastlichkeit zu schätzen wissen.

Wenn doch nur...

der recht bieder eingerichtete Speisesaal nicht diesen Halbpensions-Groove hätte, doch immerhin betört der Ausblick. Auch gibt es Frühstück nur bis 10 Uhr morgens und das Hotelgebäude ist von aussen keine Schönheit.

ENGSTLENALP
MEIRINGEN-ENGSTLENALP

1839 mü.M.

3860 Meiringen, Engstlenalp
Telefon +41 33 975 11 61
www.engstlenalp.ch
hotel@engstlenalp.ch
Mitte Mai bis Ende Oktober geöffnet (abhängig vom Schnee).
Zwischen Ende Dezember und Ende April
witterungsabhängig auf Anfrage geöffnet

Die Lage

In alpiner Abgeschiedenheit am Ende des Berner Oberländer Gentals im Naturparadies Engstlenalp. Von der Hotelterrasse blickt man auf Rosenhorn, Mittelhorn und Wetterhorn.

Erreichbar ist die Engstlenalp mit dem Auto über ein 17 km langes Strässchen ab Meiringen via Innertkirchen und Wiler oder zu Fuss aus allen vier Himmelsrichtungen – zum Beispiel von Engelberg in 5 Wanderstunden, von Hasliberg-Reuti in 4 Stunden oder von Melchsee-Frutt in 2 Stunden. Seit 2018 ist der Postauto-Anschluss ab Meiringen eingestellt. Im Winter ist der Zugang auf die Engstlenalp nur zu Fuss mit Schneeschuhen oder Tourenskiern und der entsprechenden Erfahrung und Ausrüstung möglich. Das Hotel gibt Auskunft über die aktuellen Schneeverhältnisse und Zugangsmöglichkeiten.

Die Atmosphäre

Das geschichtsträchtige Berghotel von 1892 mit den türkisfarbenen Fensterläden und der vorgelagerten Restaurantterrasse strahlt hochalpine Gemütlichkeit aus und liegt so friedlich in der archaisch anmutenden Natur, dass man den Rest der Welt und den fehlenden Komfort schnell vergisst. In den Zimmern gibt es weder Radio noch Fernseher, kein Telefon und auch kein WLAN, und abgesehen von sechs Doppelzimmern teilt man sich Bad und Toiletten mit anderen Gästen auf der Etage. Wer Internetempfang benötigt, kann dies immerhin über das eigene Mobiltelefon tun – auf der Engstlenalp sind Netze verschiedener Provider zu empfangen.

ENGSTLENALP
MEIRINGEN-ENGSTLENALP

Die Zimmer

6 schlichte, mit viel Holz ausgekleidete Doppelzimmer mit Dusche und WC sowie 22 unterschiedlich grosse Nostalgiezimmer mit dem ursprünglichen Charme und dem Original-Mobiliar von anno dazumal. Die Nostalgiezimmer verfügen jeweils über ein bis vier Betten; die zugehörigen Duschen, Waschbecken und Toiletten sind auf der Etage. In einem Nebengebäude stehen nicht heizbare Matratzenlager mit kaltem Wasser und Toiletten zur Verfügung (keine Duschen).

Die Küche

Gutbürgerliche Schweizer Küche und lokale Spezialitäten – von Käseschnitten über Bratwürste und Zürcher Geschnetzeltes bis zu Meringues, im Herbst auch diverse Wildgerichte – serviert in der holzgetäferten Gaststube aus dem 19. Jahrhundert.

Freizeiterlebnisse

Noch heute sind die Engstlen-, Gental- und Baumgartenalp wichtige Standorte der Berglandwirtschaft. Jährlich treiben die Talbauern über 400 Stück Vieh auf diese schönen Alpen. Hier kann man einem Sennen über die Schulter schauen und erleben, wie Milch zu Alkäse wird. In Sichtweite des Hotels steht die Schaukäserei Engstlenalp, die täglich von 9 bis 17 Uhr geöffnet ist.

Aktivitäten (ausser Wandern): Rudern auf dem Engstlensee oder Fischen im See, Klettersteig Tälli, Biken (z.B. auf der geteerten Strasse zwischen Meiringen und der Engstlenalp, auf der Route Stöckalp-Engstlenalp-Sarnen oder Dallenwil-Engstlenalp-Innertkirchen).

Für Sherlock-Holmes-Fans ist ein Ausflug zu den Reichenbachfällen bei Meiringen ein Muss. Hier forderte der Meisterdetektiv seinen Erzfeind Professor Moriaty zum Kampf – das heftige Handgemenge endete mit dem Fall in die Tiefe. Nicht weit der Bergstation der nostalgischen Drahtseilbahn bieten drei Aussichtsterrassen atemberaubende Blicke auf die 120 Meter zu Tal stürzenden Wassermassen und das Haslital. www.reichenbachfall.ch

Wandertipp

Die Minimal-Variante für Engstlenalp-Besucher ist ein kurzer Spaziergang zum tiefblauen, ein paar Meter höher gelegenen Engstlensee. Allerdings ist eine komplette Umrundung nicht möglich, weil die Bergflanken am südlichen und nördlichen Ufer steil abfallen. Im späten Frühjahr ist der See von einem Meer von Alpenrosen umgeben.

Ein Klassiker für Bergwanderer ist die mittelschwere „Vier-Seen-Höhenwanderung" entlang den vier glasklaren Bergseen Trübsee, Engstlensee, Tannensee und Melchsee. Diese beginnt in Engelberg und führt in 6½ Stunden über den Jochpass und die Engstlenalp nach Melchsee-Frutt. Wer es gemütlicher mag, kann die Wanderzeit mit Einbezug verschiedener Bergbahnen um 1¾ Stunden verkürzen. – da bleibt genug Zeit fürs Panorama und zur Einkehr in den vielen Gaststätten an der Route.

Wer von Melchsee-Frutt über die Tannalp zur Engstlenalp wandert, muss mit 2 Stunden Marschzeit rechnen. Von Engelberg über den Jochpass zur Engstlenalp sind es 5 Stunden Marschzeit – diese kann mit Gondelbahnen und Sesselliften nach Belieben verkürzt werden.

Weitere Wanderungen zur Engstlenalp:
Von Planplatten über das Balmerigghorn und die Tannalp zur Engstlenalp (Marschzeit: 4 Stunden). Oder von Hasliberg-Reuti über die Baumgartenalp zur Engstlenalp (Marschzeit: 4 Stunden).

Regentag-Alternative

Die Kletterhalle Haslital in Meiringen verfügt über 60 Routen, eine Boulderhalle mit weiteren 60 Routen und eine Kinderkletterwand.
www.kletterhalle-haslital.ch

Besonders geeignet für...
Wanderer, Bergsteiger, Sportkletterer, Mountainbiker und Skitourenläufer.

Wenn doch nur...
die Benützung der Dusche auf der Etage nicht auf drei Minuten pro Person und Nacht im Nostalgiezimmer rationiert wäre (zur entsprechenden Durchsetzung erhält jeder Gast einen „Dusch-Jeton").

FAULHORN BERGHOTEL GRINDELWALD

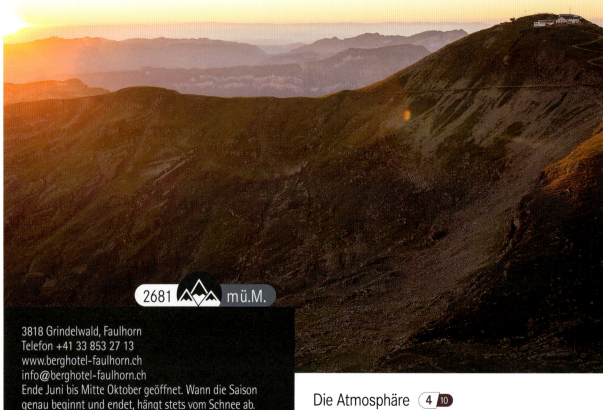

2681 m ü. M.

3818 Grindelwald, Faulhorn
Telefon +41 33 853 27 13
www.berghotel-faulhorn.ch
info@berghotel-faulhorn.ch
Ende Juni bis Mitte Oktober geöffnet. Wann die Saison genau beginnt und endet, hängt stets vom Schnee ab. Sind die Wanderwege schneebedeckt und offiziell geschlossen, verzögert respektive verkürzt sich die Saison.

Die Lage 10/10

Auf dem Gipfel des Faulhorns (Bedeutung: faules Gestein). Von hier oben aus kann man Eiger, Mönch und Jungfrau sowie Wetterhorn, Schreckhorn, Fiescherhörner, Finsteraarhorn und viele weitere Bergriesen ohne Genickstarre betrachten. Bei klarem Wetter blickt man zudem bis zum badischen Schwarzwald und zu den elsässischen Vogesen sowie auf sieben Schweizer Seen: Thunersee, Brienzersee, Neuenburgersee, Bielersee, Murtensee, Vierwaldstättersee und Zugersee.

Der kürzeste Aufstieg führt in zwei Wanderstunden von First über den Bachalpsee zum Faulhorn. Der kürzeste Abstieg geht in 1¼ Stunden vom Faulhorn zur Bussalp hinunter.

Die Atmosphäre 4/10

Wer alte, historische Berggasthäuser abseits jeder „Zivilisation" liebt, ist hier richtig. Knarrende Holzböden, Betten aus der Gründerzeit des 1830 erbauten Hotels, warme Bettflaschen und ein antiker Krug mit kaltem Wasser zum Waschen – die gesamte rustikale Einrichtung erzeugt eine authentische Atmosphäre von anno dazumal. Ein Telefonanschluss ist die innovativste technische Errungenschaft im Haus, es gibt weder Fernseher noch Internetzugang. Das für manchen Gast anachronistisch anmutende Lebensgefühl verdankt sich der Tatsache, dass der Faulhorngipfel nicht mit einer Bergbahn erschlossen ist, sondern nur mit körperlicher Anstrengung erreicht werden kann. Die Mühe wird reichlich belohnt – das 360-Grad-Panorama sucht seinesgleichen, ganz besonders beim prachtvollen Farbenspiel eines Sonnenauf- oder Sonnenuntergangs. Anfang 2018 hat Christian Garbani das in Privatbesitz befindliche Haus in vierter Generation übernommen – er sorgt wie schon seine Eltern und Grosseltern für eine freundliche Betreuung der Gäste.

FAULHORN BERGHOTEL
GRINDELWALD

Wegen der kompletten Abgeschiedenheit des Berghauses, das übrigens nicht dem SAC angeschlossen ist und sich (anders als SAC-Hütten, die staatliche Subventionen und Gönnerbeiträge erhalten) aus eigener Kraft finanzieren muss, erfolgt die gesamte Versorgung sowie die Entsorgung des Hauskehrichts mit dem Helikopter. Dazu sind in der sommerlichen Hochsaison mindestens vier Flüge pro Woche notwendig.

Die Zimmer 2 10

6 einfache, zweckmässig nostalgisch eingerichtete Zwei- und Dreibettzimmer sowie 2 Touristenlager mit jeweils 30 Schlafplätzen. Das WC ist auf dem Gang, und wegen Wassermangel gibt es keine Duschen. In den Zimmern stehen Waschschüsseln und Wasserkrüge sowie zwei Frotteetücher bereit. Für die Gäste im Touristenlager gibt es einen Waschraum mit fliessendem Kaltwasser. Bis auf zwei Zimmer, welche nach Osten blicken (und schön für den Sonnenaufgang sind) sind alle nach Süden ausgerichtet.

Die Küche 2 10

Je nach Anzahl der Gäste wird abends in der Gaststube eine kleine Auswahl währschafter Gerichte (zum Beispiel Boeuf Stroganoff mit Eierspätzli oder Älplermagronen mit Apfelmus) oder ein Einheitsmenü mit vegetarischer Variante serviert. Tagsüber herrliche Restaurantterrasse.

Wandertipp

Die klassische und meistbegangene Route ist von der Schynigen Platte (2076) zum Faulhorn (2681 m) und am nächsten Tag weiter via Bachalpsee und First (2167) zur Grossen Scheidegg (1962 m). Wanderzeit für die erste Etappe: 3½ bis 4 Stunden. Wanderzeit für die zweite Etappe vom Faulhorn zur Grossen Scheidegg: 3 Stunden. Wer möchte, kann von der Grossen Scheidegg in weiteren 3 Stunden bis Meiringen (595 m) hinunterwandern. Ebenfalls schön: Vom Faulhorn über Bachsee und Waldspitz nach Grindelwald (1034 m) hinunter. Marschzeit: 3 Stunden.

Für den zweiten Tag etwas anspruchsvoller ist die Route durchs Hühnertal hoch zum Wart-Sattel (2705 m) und weiter das Wischbääch hinunter zur Grossen Scheidegg.

Besonders geeignet für...
Hochgebirgsfans, die sich die Belohnungen des Lebens gerne durch kleine Entbehrungen verdienen.

Wenn doch nur...
nach dem schweisstreibenden Aufstieg zum Berghotel Faulhorn warm und ausgiebig geduscht werden könnte. Doch ist das Wasser rar und wird einerseits aus Regen- und Schneewasser gewonnen und in grossen Tanks gesammelt (welche in trockenen Sommern rasch aufgebraucht sind), andererseits mechanisch über einen hydraulischen „Widder" vom Gletscher unterhalb des Gipfels ins Hotel gepumpt (vier bis fünf Liter pro Minute). Bei Temperaturen unter null Grad muss diese Vorrichtung jedoch abgestellt werden.

GRANDHOTEL GIESSBACH BRIENZ

668 mü.M.

3855 Brienz, Axalpstrasse
Telefon +41 33 952 25 25
www.giessbach.ch
grandhotel@giessbach.ch
Anfang April bis Ende Oktober geöffnet

Die Lage 10/10

Der Hotelpalast aus dem Jahr 1874 steht wie ein Denkmal seiner selbst in der wildromantischen Naturszenerie auf einem Felsbuckel über dem Brienzersee und zu Füssen der Giessbachfälle, dessen Wassermassen aus den Quellgebieten des Faulhorns kommen und in pittoresker Pracht und mit lautem Getöse herunterdonnern. Vom Hotel führt eine historische Standseilbahn zum Seeufer (570 m) mit eigener Kursschiffstation hinunter.

Die Atmosphäre 10/10

Wer in diesem verwunschenen „Märchenschloss" eincheckt, begibt sich auf eine (be)rauschende nostalgische Reise. Man riecht förmlich die Geschichte in den weitläufigen Salons, Korridoren und Zimmern und fühlt sich in die Belle-Epoque zurückversetzt.

Anfang der 80er-Jahre sollte das damals hoffnungslos heruntergekommene und 1979 scheinbar für immer geschlossene Grandhotel abgerissen werden, doch mit viel Idealismus des Umweltschützers Franz Weber und Spenden der Schweizer Bevölkerung konnte es gerettet und originalgetreu saniert werden. 2004 wurde es als „Historisches Hotel des Jahres" ausgezeichnet. Die Lage sei „einzigartig", die „repräsentative Gesamterscheinung des Hotels" sei „bemerkenswert", und „ausserordentlich" sei „der stets den Grundsätzen der Denkmalpflege verpflichtete Aufwand", stellte die Jury fest. Alles, was bewahrt werden konnte, sei erhalten worden. Auch der „Erlebnischarakter der Gesamtanlage" werde erfüllt. Heute zählt der Hotelkomplex zu den Kulturgütern von nationaler Bedeutung, und so mancher Gast meint hier die Magie eines „Kraftorts" zu spüren. Der zeitlose Zauber der Hotelanlage blieb auch amerikanischen Filmproduzenten nicht verborgen: Einige Szenen aus der F.-Scott-Fitzgerald-Verfilmung „Tender is the Night" wurden hier abgedreht.

GRANDHOTEL GIESSBACH
BRIENZ

Die Zimmer

70 sehr unterschiedliche, teilweise eher kleine und düstere Zimmer und Suiten, grösstenteils mit restaurierten Möbeln aus der Zeit der vorletzten Jahrhundertwende eingerichtet. Wer mit Wasserrauschen gut einschläft, der sollte ein Zimmer zum Wasserfall buchen. Wer sich daran stört, wählt ein Zimmer mit frontalem Brienzersee-Blick oder ein einfacheres Zimmer mit Waldblick. **Zimmer-Flüstertipps:** Nr. 101 (Turm-zimmer mit Wasserfallblick), Nr. 216 (Deluxe-Doppelzimmer mit Balkon und direktem Brienzerseeblick), Suite „Horace Edouard" 324 (im Turm mit Blick zum Wasserfall und See).

In der stimmungsvollen Lobby-Bar mit Hauspianist werden tagsüber hausgemachte Kuchen und Patisserie, abends Aperitif und Digestif serviert.

Die Küche

Kreative Marktküche, unter anderem mit leckeren veganen und vegetarischen Spezialitäten, im „Le Tapis Rouge", kulinarische Klassiker und Halbpensionsmenüs im Parkrestaurant Les Cascades mit grosser Terrasse. Windböen von den Wasserfällen, die gelegentlich zur Terrasse herüberwehen, mögen an warmen Sommernachmittagen eine angenehme Erfrischung sein, aber abends ziehen sich die meisten Gäste lieber in die Innenräume zurück.

Die Extras

Bio-Freibad, Spielwiese, Tennisplatz.

Freizeiterlebnisse

Absolutes Muss für jeden „Giessbach"-Gast ist ein kurzer Abstecher zum Wasserfall – genauer: ein Spaziergang hinter dem Wasserfall hindurch. Atemberaubend!

In der Region: Ausflug aufs Brienzer Rothorn oder zur Gletscherschlucht Rosenlaui, Besuch des Freilichtmuseums Ballenberg. www.brienz-rothorn-bahn.ch + www.rosenlauischlucht.ch + www.ballenberg.ch

Wandertipp

Der 5,3 km lange, rund anderthalbstündige Wanderweg vom Giessbach ins Dörfchen Iseltwald ist einer der schönsten Uferwege der Schweiz. Dieser führt auf der Südostseite des Brienzersees in leichtem Auf und Ab an lauschigen Badeplätzen vorbei. Allerdings sei hier nicht verschwiegen, dass der vorwiegend mit Gletscherwasser gespeiste See zu den Kältesten im Land gehört. Der Weg ist ungeeignet für Kinderwagen und für Fahrräder verboten. Ausgangsort und Ziel verfügen beide über Schiffsstationen, so dass das Gesamterlebnis mit einer Brienzersee-Schifffahrt bereichert werden kann.

Anspruchsvoller ist der grosse Wasserfall-Weg auf den Spuren des Wasserfalls vom Grandhotel Giessbach steil hoch zur Schweibenalp (1100 m) und weiter bis zur Axalp (1535 m). Laufzeit: 3 Stunden. Von der Axalp kommt man mit dem Postauto (Richtung Brienz) bis zur Haltestelle „Abzweigung Giessbach". Von dort führt ein 15-minütiger Spazierweg zum Hotel zurück.

Regentag-Alternative:

Bei der Besichtigung der Grimsel-Kraftwerke erfährt man viel Wissenswertes zum Thema Strom aus Wasserkraft. Die täglich fünf Mal stattfindende, anderthalbstündige Führung „Energie im Granit" ist unbedingt lohnenswert. www.grimselwelt.ch/besuch-im-kraftwerk/energie-im-granit

---

Besonders geeignet für...
hoffnungslose Romantiker, welche das Grandhotel-Gefühl von damals lieben.

Wenn doch nur...
die Hotelanlage an vielen Wochenenden nicht von Hochzeitsgesellschaften, Bustouristen und Wandersleuten überschwemmt würde. Auch darf man nicht mit der Erwartung anreisen, dass das „Giessbach" ein in allen Belangen perfektes und reibungslos funktionierendes Hotel ist. Ein Aufenthalt kommt eher einem Besuch bei der charmanten, in die Jahre gekommenen Grossmutter gleich.

LE GRAND CHALET GSTAAD

1100 m ü.M.

3780 Gstaad, Neueretstrasse 43
Telefon 033 748 76 76
www.grandchalet.ch
hotel@grandchalet.ch
Anfang Juni bis Mitte Oktober und
Mitte Dezember bis Ende März geöffnet

Die Lage 9 10

Alleinstehend auf einem sonnigen Hügel in freier Natur oberhalb des Dorfzentrums von Gstaad, mit herrlichem Panorama aufs Saanenland mit Rüeblihorn und Gummfluh, Wildhorn und Diablerets-Gletscher.

Die Atmosphäre 8 10

Im Saanenland kommt man dem „Heile-Welt-Gefühl" näher als an irgendeinem anderen Ort der Welt, wo es Berge gibt. Das hat einerseits mit der heiter stimmenden Landschaft zu tun. Andererseits wird streng darauf geachtet, dass alle Häuser im Chalet-Stil erbaut sind. Das Le Grand Chalet fügt sich nahtlos in die Idylle ein.

Wie alles, was wirklich gut ist, hat es dieses Kleinod nicht nötig, laut auf sich aufmerksam zu machen – die zwei Dutzend Zimmer sowie die Tische im Restaurant und auf der herrlichen Terrasse sind auch so oft ausgebucht. Hier steigen jene Gstaad-Gäste ab, die dem hochgezüchteten Hotelgewerbe und dem zur Schau getragenen Tamtam misstrauen und es gern entspannt, aber richtig gut haben wollen. Die ehrliche Gemütlichkeit und das stimmige Alpin-Ambiente des Hauses, die beiläufige Brillanz der Gourmetküche und die souveräne Haltung der Mitarbeiter unter Gastgeber Pedro Ferreira haben jene Klasse, die kein Blendwerk nötig hat.

LE GRAND CHALET
GSTAAD

Die Zimmer

21 komfortable, holzgeprägte und tadellos gepflegte Zimmer (27 bis 42 Quadratmeter) und 2 Suiten (65 Quadratmeter). Alle Zimmer verfügen über einen Balkon.
Zimmer-Flüstertipp: Alle „Superior"-Zimmer liegen zur Südseite und blicken auf Gstaad und die Bergwelt.

Die Küche 9/10

Die französisch-mediterrane Küche von Steve Willié betört mit fehlerlosen Garzeiten und raffiniert abgestimmten Aromen, gelegentlich mit asiatischen Noten. Auch vegetarische Menüs gelingen im Restaurant La Bagatelle bis ins beglückende Detail. Auf der Karte: Sommersalat von Spargeln und Avocado an einer Vinaigrette von roten Früchten, Spinat-Ricotta-Ravioli mit schwarzen Trüffeln, hausgemachte Entenstopfleber-Terrine mit Mango-Chutney, gebratener Steinbutt-Rücken vom Wildfang an Limonensauce, grillierter Sisteron-Lammsattel mit Thymianblüten, ganzer Wolfsbarsch im Teigmantel mit provenzalischem Gemüse-Bouquet. Die Weinauswahl mit rund 900 verschiedenen Etiketten, darunter zahlreiche Raritäten, zählt zu den besten im Berner Oberland.

Die Extras 2/10

Sauna und Dampfbad, Fitnessraum, kleiner Aussenpool im Sommer.

Besonders geeignet für...
feinschmeckende Bonvivants, die es gerne eine Nummer persönlicher haben als es die Gstaader Alpenpaläste bieten können.

Wenn doch nur...
der Saunabereich nicht so klein und kellermässig wäre. Den Ruheraum teilt man sich mit Standradfahrern im Ausdauertraining.

Freizeiterlebnisse

Im Sommer locken Bike- und Wanderwege für jeden Anspruch, rasante Trottinett-Abfahrten, hochkarätige Sport-Events und ein abwechslungsreiches Kulturprogramm.
Im Winter beginnen die Langlaufloipen, Wander- und Schlittelwege vor dem Hotel.

Wer das Saanenland von oben erleben möchte, bucht zu jeder Jahreszeit einen Gleitschirm-Tandemflug. Ein erfahrener Pilot der Paragliding School Gstaad steuert jeweils einen Fluggast über Täler und Gipfel und bringt diesen sicher wieder in die Realität zurück. Der Abflug findet wahlweise von einem der Gstaader Hausberge (190 Franken) oder vom Glacier 3000 statt (350 Franken) statt. *www.paragstaad.com*

Wandertipp

Empfehlung 1: Vom Hotel Le Grand Chalet (1100 m) über Turbach und den Hornberg (1811 m) auf den Schönrieder Hausberg Horneggli (1800 m), dann über Schönried und Gruben zurück zum Hotel. Marschzeit: 3½ Stunden.

Empfehlung 2: Vom Dorf Lauenen (Hotel Alpenland) auf der alten Strasse eine Wanderstunde bergauf zum idyllisch gelegenen Lauenensee. Dieser lässt sich auf einem breit angelegten, kinderwagentauglichen Spazierweg in 40 Minuten umrunden. Der See besteht aus zwei durch Sumpfland getrennte Teile, deren geringe Tiefe eine rasche Erwärmung des Wassers an sonnigen Sommertagen ermöglicht. Wer nicht baden mag: Das Restaurant Lauenensee, eine rustikale Bergwirtschaft mit rot-weiss-karierten Tischdecken, vermietet Ruderboote. Der Rückweg nach Lauenen führt über die neue Strasse auf der anderen Talseite. Anfahrt ab Bahnhof Gstaad: Mit dem Postauto bis Station Lauenen-Rohrbrücke. Will man lediglich den See umwandern, fährt man bis zur Station Lauenensee. *www.lauenensee.net/restaurant.php*

Regentag-Alternative

Das Maison Cailler in Broc im Greyerzerland (50 Autominuten von Gstaad entfernt) hat sich in den letzten Jahren zur beliebtesten Touristenattraktion der Romandie entwickelt. Die Schokoladenfabrik öffnet ihre Türen für Besucher und bietet interessante Einblicke zum Ursprung und zum Herstellungsprozess von Schokolade. Auf dem Rundgang werden die unterschiedlichen Eigenschaften von Bitter-, Milch- und weisser Schokolade erklärt, neuste Entwicklungen der Chocolatiers präsentiert, und man lernt ganz nebenbei die Geschichte der 1819 gegründeten und seit 1929 zu Nestlé gehörenden Schweizer Marke kennen. Am Schluss dürfen „Schokoholics" einige Erzeugnisse direkt ab Fliessband probieren. *www.cailler.ch/de/maison-cailler*

MOOSEGG
EMMENMATT

957 mü.M.

3543 Emmenmatt, Moosegg 231 A
Telefon +41 34 409 06 06
www.moosegg.ch
hotel@moosegg.ch
Anfang März bis Anfang Februar geöffnet

Die Lage 10/10

Auf einem Hügel hoch über Emmenmatt und mit grandiosem Weitblick auf das Emmental und die Berner Alpen. Manchem Theaterbesucher ist der Ort von den jährlich stattfindenden Freilichtspielen Moosegg bekannt (Mitte Juni bis Mitte August, Spielbeginn jeweils um 20.15 Uhr, sonntags um 15 Uhr).

Die Moosegg ist nicht mit öffentlichen Verkehrsmitteln erreichbar. Das Hotel bietet jedoch auf Voranmeldung einen Shuttle-Service ab dem Bahnhof Langnau im Emmental oder Emmenmatt an – dieser ist für Hotelgäste kostenlos, für Restaurantgäste werden 30 Franken pro Weg (maximal acht Personen) verrechnet.

Die Atmosphäre 5/10

Wer schon lange keinen intensiv leuchtenden Sternenhimmel mehr betrachtet, kein nächtliches Zirpen der Grillen wahrgenommen und kein beschauliches Bimmeln von Kuhglocken gehört hat, kann dies im familiengeführten Hotel Moosegg nachholen. Es liegt ganz für sich allein auf einer

MOOSEGG
EMMENMATT

Hügelkuppe und überblickt die weite Hügellandschaft des Emmentals. Die Architektur des Gebäude-Ensembles ist keine Offenbarung, doch wurden grosse Teile des Landhotels in den letzten Jahren geschmackvoll erneuert, und das Team um Gastgeberin Nicole Lehmann ist mit Herz und Seele um das Wohl der Gäste besorgt.

Die Zimmer 5/10

20 Zimmer in sehr unterschiedlichen Stilen von cool bis grossmütterlich. 2 geräumige Juniorsuiten. Abgesehen von den „Budget"-Zimmern blicken alle Zimmer auf das Emmental und die Berner Alpen.

Die Küche 8/10

Innovative Marktküche im Gourmetrestaurant „Laube", währschafte regionale Gerichte in der „Beiz". Die Produkte, die Küchenchef Daniel Lehmann verwendet, stammen fast ausschliesslich aus der Region. Aussichtsreiche Restaurantterrasse, aussergewöhnliche Weinauswahl zu fairen Preisen.

Die Extras 1/10

Weinseminare mit Daniel oder Nicole Lehmann. Rösslifahrten über die Moosegg und an prachtvollen Bauernhöfen vorbei. Gelegentlich Kurse zum ursprünglichen Emmentaler Schlag- und Fangspiel Hornussen.

Besonders geeignet für...
aktive Geniesser, die einen Ort suchen, wo man noch das Gras wachsen hört und dabei ausgezeichnet essen kann.

Wenn doch nur...
nicht so viele Familienfeiern und Hochzeiten (wochenends) sowie Firmenanlässe und Seminare (wochentags) hier stattfinden würden.

Freizeiterlebnisse

Das Emmental weist ein dichtes Netz von Radwanderwegen auf, das zum Erobern lockt. Das eigene Velo braucht man dazu noch nicht einmal selbst mitzubringen. Man kann es an verschiedenen Bahnhöfen ganz einfach mieten – und schon ist man unterwegs, ob mit einem gewöhnlichen Fahrrad oder einem „Flyer"-Elektrobike. Eine besonders schöne Strecke ist Teil der schweizweiten „Herzroute" und führt auf 63 km von Burgdorf durchs Emmental nach Willisau (oder umgekehrt) – inklusive zahlreichen Landschaftssuperlativen, stimmigen Gasthöfen und praktischen Akkuwechselstationen unterwegs. Für Familien wichtig zu wissen: E-Bikes dürfen erst ab 14 Jahren gefahren werden.
www.herzroute.ch

Lohnenswert sind Besuche der Kambly-Fabrik in Trubschachen, der Glas-Werkstube in Lützelflüh (Anmeldung erforderlich) und im Regionalmuseum Langnau.
www.kambly.com + www.glas-werkstube.ch + www.regionalmuseum-langnau.ch

Für kleine Gruppen organisiert das Hotel auch Besuche in der Dorfkäserei Arni, in der Brauerei Aemme oder in der Glockengiesserei Berger in Bärau.

Wandertipp

Einfacher Rundspaziergang ohne grosse Höhenunterschiede auf der Moosegg (45 Minuten). Eine etwas anspruchsvollere Rundtour mit wunderschönen Ausblicken führt in zwei Stunden von der Moosegg auf die Blasenfluh und wieder zurück. Als Tageswanderung empfiehlt sich die Route von der Moosegg hinunter ins breite Tal der Grossen Emme und dann über einen langen Bergrücken mit verstreuten Bauernhöfen hinauf zur ebenfalls aussichtsreichen Lüderenalp (mit gleichnamigem Hotel-Restaurant). Es ist dies die Etappe 16 des offiziellen Alpenpanorama-Wegs. Distanz: 17 km, Marschzeit: 5¼ Stunden. Von der Lüderenalp führt Bus 245 nach Langnau im Emmental.

Regentag-Alternative

Besuch im Gotthelf-Zentrum in Lützelflüh. In den Räumen, in denen Albert Bitzius – besser bekannt unter seinem Pseudonym Jeremias Gotthelf (1797-1854) – seine Werke geschrieben, berühmte Gäste empfangen und mit seiner Familie gelebt hat, ist eine Dauerausstellung über den berühmtesten Emmentaler zu sehen. *www.gotthelf.ch*

Wer mit Kindern unterwegs ist, kann im Sensorium in Rüttihubelbad alle Sinne in Bewegung bringen: Der Parcours der 70 Erlebnisstationen macht für die Phänomene der Natur empfänglich und regt zum Staunen, Erforschen und Nachdenken an. Augen, Nase, Ohr und Haut werden auf oftmals überraschende Art getäuscht, gereizt und herausgefordert.
www.sensorium.ch

OESCHINENSEE BERGHOTEL KANDERSTEG

1578 mü.M.

Die Lage 9/10

Der eindrücklichste Bergsee in den Berner Alpen ist von den imposanten Felswänden des Blümlisalpmassivs eingefasst, die sich im grünen Wasser spiegeln, aber auch von lieblichen Uferstrichen zum Picknicken, Angeln oder (Sonnen-)Baden. Das Berghotel liegt etwas erhöht über dem Seedamm.

Man erreicht den autofreien Oeschinensee nach einer anderthalbstündigen Wanderung von Kandersteg durch den Oeschiwald oder mit der Gondel ab Kandersteg zur Bergstation Oeschinensee, dann 20 Minuten zu Fuss.

Die Atmosphäre 6/10

Vom Smartphone und der modernen Kommunikationstechnik versklavt. Ständig erreich- und verfügbar, niemals wirklich da. Und immer dieses diffuse Gefühl, man könnte etwas verpassen, wenn man nicht alle 30 Sekunden aufs Telefon schaut. So geht es heute den meisten von uns. Um aus dem Hamsterrad auszubrechen und zu lernen, weniger Zeit mit digitalen Inhalten und Bildschirmen zu verbringen, hilft manchmal nur ein kalter Entzug. Das urchige Berghotel Oeschinensee bietet die besten Voraussetzungen dazu. 1892 erbaut und heute in fünfter Generation liebevoll von der überaus freundlichen

3718 Kandersteg
Telefon +41 33 675 11 19
www.oeschinensee.ch/hotel-restaurant/
info@oeschinensee.ch
Mitte Mai bis Mitte Oktober geöffnet. Das Restaurant ist ausserdem tagsüber von Mitte Dezember bis Ende März täglich geöffnet. Übernachtungen im Winter sind nicht möglich.

Gründerfamilie Wandfluh geführt, wirbt es damit, „kein WiFi und nur sehr schlechten Handyempfang" zu haben. Auch sind die Zimmer lediglich mit einem Lavabo (fliessend Wasser) ausgestattet – die Duschen und Toiletten werden gemeinschaftlich auf der Etage genutzt. Aber das stört nicht jeden Gast, im Gegenteil: Eine Art „Hüttengefühl" schweisst die zufällige Gemeinschaft zusammen. Wer hier ankommt, gehört sofort zur Familie. Und weil es auch keinen Fernseher im Zimmer gibt, hat man plötzlich Zeit. Nach dem Abendessen gemütlich auf der Terrasse sitzen zu bleiben und auf den Sternenhimmel zu schauen anstatt auf einen Bildschirm. Mal ein Buch an einem Nachmittag zu Ende zu lesen, ohne zwischendurch Mails und Twitter-Nachrichten zu checken. Einfach mal drauflos zu laufen, ohne dass das Handygepiepse das Vogelgezwitscher übertönt. Die Liebste über den See zu rudern und danach ein Picknick am Waldrand zu geniessen, ganz ohne die digitalen Zeitdiebe, welche unseren Alltag ungefragt bestimmen! In diesem Hotel-Kleinod wird man sich wieder bewusst, wie viel Spass das authentische, analoge Leben macht.

OESCHINENSEE BERGHOTEL
KANDERSTEG

Die Zimmer

18 einfache, rustikal gemütliche und tadellos gepflegte Einzel-, Doppel- und Mehrbettzimmer, alle mit Etagenbad. Speziell: Die Zimmer sind normalerweise bereits ab 11.30 Uhr bezugsbereit. Dafür müssen die Zimmer am Abreisetag bis 9.30 Uhr freigegeben werden. **Zimmer-Flüstertipps:** Nummer 1 und Nummer 7.

Die Küche

Solide zubereitete Regionalküche aus vorwiegend regionalen Produkten sowie vegetarische und vegane, gluten- und laktosefreie Gerichte. Das Lammfleisch stammt vom eigenen Bio-Bauernhof in Kandersteg. Brot, Apfelstrudel, Früchte- und Schokoladenkuchen werden täglich frisch gebacken, und auch das Glacé ist hausgemacht. Das Restaurant schliesst nach dem Abendessen, doch steht den Hausgästen die Feierabendstube mit Getränken zum Selbstnehmen zur Verfügung. Die Konsumation notiert man einfach auf einen Zettel und begleicht die Rechnung am nächsten Tag.

Die Extras

Kinderspielplatz neben dem Haus. Lukullische Picknick-Körbe mit regionalen Spezialitäten (66 respektive 98 Franken).

Freizeiterlebnisse

Mietbare Ruderboote laden zu einer romantischen Fahrt auf dem Oeschinensee ein. Ein rasanteres Vergnügen verspricht die 750 Meter lange Sommerrodelbahn direkt bei der Bergstation Oeschinensee. Und für den ultimativen Adrenalinkick gibt es den Klettersteig Kandersteg-Allmenalp: Der 550 Höhenmeter lange Aufstieg hat es in sich und führt neben den tosenden Wasserfällen des Allmibachs über Drehleitern und Nepalstege in rund drei Stunden hoch zur Bergstation der Allmenalpbahn. Auch eine Tyrolienne-Seilrutsche übers Wasser ist Teil des spektakulären Klettersteigs. Voraussetzung zur Begehung sind Schwindelfreiheit, Trittsicherheit und eine gute Kondition. Kletter-Trainings und geführte Touren organisiert das Alpine-Center Kandersteg. Die Kletterausrüstung kann bei den Sportgeschäften in Kandersteg oder direkt bei der Talstation der Luftseilbahn Allmenalp gemietet werden (25 Franken pro Person und Tag). www.oeschinensee.ch + www.kandersteg.ch + www.alpine-center.ch

Wandertipp

Der mittelschwere, 10 km lange und rund 3½-stündige Rundwanderweg Heuberg führt von der Bergstation der Gondelbahn Oeschinensee zunächst oberhalb des Oeschinensees entlang durch eine urtümliche Naturlandschaft, steigt dann ab zum See und geht zum Schluss auf gut ausgebautem, doch teilweise steilem Pfad hinunter nach Kandersteg.

Familientauglich ist auch die ebenfalls mittelschwere, rund vierstündige Wanderung vom Oeschinensee (1578 m) zur Fründenhütte (2562 m) und wieder zurück. Im Sommer zeichnen Alpenrosen die Hänge rot und wer ein gutes Auge hat, wird mit etwas Glück Steinböcke beobachten können.

Der Klassiker der Klassiker ist die leichte, 2½-stündige Wanderung von der Bergstation Sunnbüel (1934 m) ob Kandersteg zum Gemmipass (2314 m). Die Tour lässt sich um anderthalb Stunden verlängern, indem man von der Gemmipasshöhe in vielen engen Kehren steil nach Leukerbad hinunterwandert. Bequemer ist die Luftseilbahn Gemmi hinunter nach Leukerbad (1402 m). So oder so locken im traditionsreichen Walliser Thermalort die warmen Quellen zum Baden.

Besonders geeignet für...

wandererprobte Familien und sportliche Bergseen-Liebhaber.

Wenn doch nur...

der Menschenauflauf an schönen Sommertagen nicht wäre. Nach 18 Uhr und bis 8 Uhr morgens gehört der Oeschinensee jedoch den wenigen Hotelgästen.

PARKHOTEL BELLEVUE
ADELBODEN

1356 m ü.M.

3715 Adelboden, Bellevuestrasse 15
Telefon +41 33 673 80 00
www.parkhotel-bellevue.ch
info@parkhotel-bellevue.ch
Anfang Juni bis Mitte April geöffnet

Die Lage 8/10
Leicht erhöht über dem Dorfzentrum am Waldrand, in einer Gartenanlage mit schönem Ausblick auf die Bergwelt mit Wildstrubel, Tierhörnli und Lohnermassiv.

Die Atmosphäre 9/10

Die Mischung aus trendig-heimeliger Wohlfühlstimmung, lustvoller Nachhaltigkeit und familienfreundlicher Infrastruktur begeistert eine treue, bunt gemischte Klientel aus nah und fern. Im Wellnessbereich mit Aussen-Solebad und schöner Saunawelt zerfliessen Sorgenfalten und Stress im Nu. Seit 1931 ist das Parkhotel Bellevue zu einem stimmigen Ganzen gewachsen und in drei Generationen der Besitzerfamilie Richard kontinuierlich optimiert worden – jüngst mit einem Umbau im gekonnten Vintage-Stil fern des gängigen Alpen-Chic. Stets nahe am Pulsschlag der Gäste, leben die Richards und das Direktionspaar Denise Mani und Daniel Schüpfer mit Herz und Verstand vor, dass auch Häuser, die sich aus eigener Kraft rechnen müssen, konkurrenzfähige Hotelperlen sein können.

PARKHOTEL BELLEVUE
ADELBODEN

Freizeiterlebnisse

Passend zu den Jahreszeiten bietet die Alpinschule Adelboden vielfältige Erlebnistouren. Im Sommer kann man am Fels klettern, an Canyoning-Abenteuern teilhaben, sich in der Cholerenschlucht abseilen oder im Adventure Park wie Tarzan durch die Lüfte schwingen. Im Winter werden Schneeschuhwanderungen angeboten oder Iglu bauen mit Fondue-Essen. Oder man klettert einen gefrorenen Wasserfall hoch.
www.alpinschule-adelboden.ch

Für alle, die hoch hinaus wollen, steht der Kletterturm Sillerenbühl bereit (3,7 km vom Hotel entfernt). Die zahlreichen Parcours mit verschiedenen Schwierigkeitsstufen garantieren Erfolgserlebnisse für Familien, Freunde und in der Gruppe. Zuoberst im Hochseilgarten erwartet die gut gesicherten Kletterer schliesslich eine weite Rundsicht auf der grossen Aussichtsterrasse. Für Kinder zwischen 4 und 8 Jahren gibt es einen separaten Kinder-Parcours. Saust man lieber mit dem Trottinett die Berghänge hinunter, stehen zwischen Silleren, Hahnenmoos und Adelboden-Dorf diverse Abfahrten auf 45 markierten Kilometern bereit (ab 8 Jahren, Trottinett-Tagesmiete 18 Franken). Die Bergbahnen sind für Hotelgäste im Sommer kostenlos.

Wandertipp

Ein leichter, 1½-stündiger Spaziergang führt vom Hotel über Oey der lieblichen Bachlandschaft entlang zu den spektakulären Engstligenfällen. Zurück nach Adelboden geht's mit dem Bus ab Station „Unter dem Birg". Wer weiterwandern möchte und dabei 600 Höhenmeter nicht scheut, läuft in knapp zwei Stunden den steilen Bergpfad ab „Unter dem Birg" stets nahe den stäubenden Wasserfällen entlang auf die Engstligenalp. Oben locken herrliche Rundwanderwege, die sich auch für diejenigen lohnen, die bequem mit der Engstligenalpbahn vom Talboden hinaufgondeln. *www.engstligenalp.ch*

Besonders geeignet für...
Wellnessliebhaber, Designfans, Weinfreaks, Eltern mit Kindern sowie Einzelreisende, die hier schwerelos das Alleinsein kultivieren können und doch nie einsam sind.

Wenn doch nur...
der ganze Wellnessbereich wochentags nicht schon um 19 Uhr schliessen würde. Immerhin ist dieser freitags und samstags bis 19.30 Uhr geöffnet.

Die Zimmer

50 angenehme Zimmer und Suiten in drei Stilen: „Nature" (schlicht und jugendlich mit skandinavischen Möbelklassikern), „Classic" (geräumige Südzimmer und Juniorsuiten für Vintage-Liebhaber) und „Privilege" (zeitlos elegante Juniorsuiten und Suiten in bester Südlage). Dazu gibt es das zweckmässige und kindgerechte Familienappartement „Nature" für die vier- bis fünfköpfige Familie.
Zimmer-Flüstertipps: Die schönen Eckzimmer 202, 302, 216 und 316 bieten tolle Ausblicke, ebenso die Zimmer 203 und 303 sowie die Dachsuiten 402, 403 und 404.

Die Küche

Französisch inspirierte Marktküche und Klassiker der Schweizer Küche aus hochwertigen Frischprodukten. Sehr gutes Frühstücksbuffet mit hausgemachten Marmeladen und saisonalen Spezialitäten aus der Region. Herausragend ist die Weinkarte mit über 850 Positionen, darunter viele Raritäten und Spezialitäten, die zum Teil in homöopathischen Dosen produziert werden.

Die Extras

Hallenbad (29°C), Aussen-Solebad (34°C), Saunawelt (40 bis 90°C), Massagen und Beauty-Behandlungen, sechsmal pro Woche morgendliche Entspannungs- und Gymnastiklektionen. Geführte Wanderungen, Leihfahrräder. Kinderspielzimmer.

Regentag-Alternative

Die Freizeit- und Sportarena Adelboden (400 Meter vom Hotel entfernt) bietet unabhängig vom Wetter ganzjährig eine Bowlinganlage mit 6 Bahnen, eine Eishalle für Eislauf, Eishockey und Eisstockschiessen, eine Curlinghalle mit 4 Rinks sowie eine Kletterhalle mit separatem Boulderraum. *www.arena-adelboden.ch*

Ebenfalls im Dorf: Das gemütliche, kleine Kino Ciné Rex, die Holzschnitzerei Trummer und das Heimatmuseum Adelboden. Letzteres informiert über Brauchtum und Leben im Engstligental und befindet sich in der ehemaligen englischen Kirche gegenüber dem Kino Rex. *www.cine-rex.ch + www.trummerwoodcarving.com*

14 km von Adelboden entfernt liegt das Tropenhaus Frutigen. Im Ausstellungsrundgang durch die Gewächshäuser werden den Besuchern die Themen Berg, Energie, Fischzucht und Tropen auf anschauliche Weise nähergebracht. *www.tropenhaus-frutigen.ch*

PARKHOTEL GUNTEN

560 mü.M.

3654 Gunten, Seestrasse 90
Telefon +41 33 252 88 52
www.parkhotel-gunten.swiss
info@parkhotel-gunten.swiss
Mitte Februar bis Anfang Januar geöffnet

Die Lage 8 / 10

In einer kleinen Parkanlage auf einem Landvorsprung der Seestrasse direkt am Thunerseeufer. Der Niesen liegt direkt gegenüber, zur Linken steht die Berner Alpenkette Spalier.

Die Atmosphäre 6 / 10

Ein Hauch von immerwährenden Ferien liegt in der Luft. Eine leichte Brise fächelt, hinter den hohen Bäumen am Seeufer ziehen Boote vorbei, ab und zu vernimmt man freudige Schreie von Badenden, und von den beiden Restaurantterrassen ertönt Gelächter und Gläserklirren. Aus der Ferne grüssen Eiger, Mönch und Jungfrau. Stadtleben und Alltagshektik scheinen Lichtjahre entfernt. Die Eile hat kein Zimmer hier, und der einheimische Gastgeber Beat Bührer trägt das seine zur Entschleunigung der Gäste bei. Neue Dinge werden wichtig: Sich von den Vögeln in den Mittagsschlaf zwitschern lassen, die Panoramasauna im ehemaligen Bootshaus ausprobieren, sich mit einem Stand-up-Paddelbrett aufs Wasser wagen oder von seinem Balkon aus eine herumtigernde Katze beobachten. Wenn sie im Gebüsch verschwindet, kann man Wetten abschliessen, wo sie wieder auftaucht. Seit 1910 gibt es dieses Dreisternehotel, und es ist trotz etwas banaler Innenarchitektur ein heiter

PARKHOTEL GUNTEN

stimmender Ort für unkomplizierte Geniesser und Familien, deren Kinder im Garten Verstecken spielen. Bemerkenswert und in vielen anderen (auch höher besternten) Hotels leider längst nicht mehr selbstverständlich: Sowohl an der Rezeption als auch im Restaurant arbeiten überaus engagierte Mitarbeiter, die aus eigener Erfahrung über die Freizeitaktivitäten in der Region informiert sind und ihr Wissen gerne an die Gäste weitergeben.

Die Zimmer 4/10

47 solide, tadellos saubere Zimmer und 1 Juniorsuite. Manche Badezimmer sind sehr klein und wirken etwas ältlich. Unbedingt Zimmer zur Seeseite buchen. Diejenigen zum Dorf sind von der vielbefahrenen Seestrasse beschallt. **Zimmer-Flüstertipps:** Die Nummern 21, 23, 41, 43, 61, 63 und 68 sind grosse Doppelzimmer zur Seeseite mit Balkon. Auch die Juniorsuite 83 bietet eine besonders schöne Aussicht.

Die Küche 5/10

Gut zubereitete Marktküche, zum Beispiel gemischte Blattsalate mit sautierten Waldpilzen, Lachsforelle mit Mango-Chutney und Salat, Kartoffel-Gnocchi an Salbeibutter mit Pinienkernen und Artischocken, Saiblingfilet auf zweifarbigem Quinoa-Lauch-Chilisalat Emmentaler Rindsfiletmedaillon mit Bratkartoffeln und Cherry-Tomaten. Hausspezialität sind diverse Fleischspiesse auf dem heissen Stein. Schöne Weinauswahl zu kundenfreundlichen Preisen.

Die Extras 3/10

Finnische Sauna im einstigen Bootshaus mit Panoramafenster und direktem Zugang zum Thunersee, Blütenduft-Sauna und Dampfbad, Aussen-Whirlpool, Fitnessraum. Massagen und Gesichtsbehandlungen.

Freizeiterlebnisse

Altstadt Thun, Panoramarundweg Thunersee, Seilpark Interlaken, Giessbachfälle, St. Beatus-Höhlen, Freilichtmuseum Ballenberg, Schifffahrt und Wassersport auf dem Thunersee. Die Anlegestelle der Kursschiffe liegt wenige Schritte vom Hotel entfernt, und in Zusammenarbeit mit dem Wakehouse Gunten (Wassersportschule und Bootsvermietung) wird von der Einführung ins Stand-up-Paddling bis zum Motorbootausflug mit Bootsführer fast jeder Spass auf dem Wasser möglich.

Wandertipp

Sehr schöne, mittelschwere Panorama-Rundwanderung von der Bergstation Niederhorn (1950 m) dem Grat entlang zum Gemmenalphorn (2061 m) und durch die malerische Moorlandschaft der Gemmenalp zurück zum Niederhorn. Distanz: 7 km, Wanderzeit: 3 Stunden. Anreise aufs Niederhorn: Von der Haltestelle „Gunten, Dorf" (eine Gehminute vom Parkhotel entfernt) mit dem Bus 21 in Richtung Interlaken bis zur Haltestelle „Beatenbucht" (9 Minuten). Von der Beatenbucht aus führt zunächst die Standseilbahn, dann die Gruppenumlaufbahn aufs Niederhorn.

Direkt beim Parkhotel Gunten startet der 45-minütige Wanderweg durch die Gummischlucht (Guntenbachschlucht) nach Sigriswil. Dort geht es auf der modernen, sehr eindrücklichen Hängebrücke über die Gummischlucht nach Aeschlen und in weiteren 45 Minuten auf dem alten Kirchweg zurück nach Gunten.

Regentag-Alternative

Die Gegend am unteren rechten Thunerseeufer ist reich an Schlösschen und Herrschaftssitzen. Am eindrücklichsten ist das von Wasser umgebene Schloss Oberhofen, das direkt aus dem Märchenbilderbuch zu stammen scheint. Ein Gang durch die Innenräume lässt die Lebens- und Wohnkultur des bernischen Adels vom 16. bis 19. Jahrhundert lebendig werden. Ausserdem zeigt die Dauerausstellung „Stets zu Diensten" den Alltag der Dienstboten. Die Besucher erhaschen Situationen, die sich hinter den Türen und in den Gängen der Hausangestellten abgespielt haben. So können die Stubenmädchen beim Wäscheaufhängen belauscht werden. Interessant, was sie über die gnädigen Damen und Herren zu erzählen wissen. www.schlossoberhofen.ch

---

Besonders geeignet für...
alle, die lustbetont etwas fürs Wohlbefinden tun und sich dabei finanziell nicht ruinieren möchten.

Wenn doch nur...
noch etwas von der Geschichte des hundertjährigen und im Innern etwas überrenovierten Hotels spürbar wäre.

RINDERBERG SWISS ALPINE LODGE ZWEISIMMEN

1450 m ü.M.

3770 Zweisimmen, Rinderbergstrasse 26
Telefon +41 33 722 74 74
www.huettenzauber.ch
alpinelodge@huettenzauber.ch
Mitte Dezember bis Ende März und
Anfang Mai bis Ende Oktober geöffnet

Die Lage 9/10

In idyllischer Natur auf dem Hausberg von Zweisimmen, direkt neben der Mittelstation „Eggweid" der Gondelbahn Zweisimmen-Rinderberg.

Im Winter ist das Hotel nur mit der Rinderbergbahn zu erreichen (täglich 8.30 bis 16.30 Uhr). Bei Anreise nach 16.30 Uhr benötigt man ein Taxi für die Fahrt von Zweisimmen bis zum Restaurant Fang (ca. 40 Franken für max. vier Personen) – dort wird man von einem Hotelmitarbeiter mit dem Schneemobil abgeholt. Für Hotelgäste stehen reservierte Parkplätze bei der Talstation zur Verfügung (5 Franken pro Tag).

Die Atmosphäre 6/10

Näher dran an der Saanenländer Bergwelt als in diesem charmanten Wochenendversteck geht kaum. Inmitten des Ski- und Wandergebiets Gstaad-Zweisimmen gelegen, ist aus der einst schlichten Skihütte „Gobeli" im Jahr 2012 das Boutiquehotel „Hamilton Lodge" entstanden. Im Sommer 2017 wurde es vom Gastro-Unternehmer Samuel Kappeler übernommen und in „Rinderberg Swiss Alpine Lodge" umbenannt. Die Innenräume und Zimmer präsentieren sich im zeitgemäss interpretierten Blockhausstil mit unbehandeltem Holz, Naturstein, warmen Farben und Vintage-Accessoires. Das Restaurant, die Kaminlounge und die grosse Sonnenterrasse verströmen einen Hauch Alpen-Chic, aber kein Alpen-Schickimicki. Die Mitarbeiter agieren manchmal etwas behäbig, doch immer freundlich und hilfsbereit.

RINDERBERG SWISS ALPINE LODGE
ZWEISIMMEN

Freizeiterlebnisse

Direkt beim Hotel beginnt der 4,8 km lange Schlittel- und Wanderweg nach Zweisimmen (auch mit dem Trottinett möglich). Die 500 Höhenmeter bergwärts (bis zur Mittelstation „Eggweid") lassen sich dann bequem mit der Rinderbergbahn zurücklegen.

Ein Muss ist ein Abstecher nach Gstaad respektive ein Spaziergang entlang der autofreien Dorfpromenade mit seinen Modeboutiquen, Bijouterien, Delikatessläden und Sportgeschäften.

Der Seilpark Zweisimmen mit fünf nervenkitzelnden Parcours von bis zu 20 Meter Höhe bietet Abenteuerlustigen Erlebnisse in den Wipfeln mächtiger Bäume. Dank einem Kinderparcours sind auch kleine Kraxler ab 120 Zentimeter Grösse willkommen.

Wandertipp

Vor der Haustür beginnt der familientaugliche Höhenwanderweg vom Rinderberg zum Horneggli, bei dem man eine farbenfrohe Flora entlang von Alpwiesen und Wildheuhängen sowie viel Panorama in die Berner, Freiburger und Waadtländer Alpen serviert bekommt. Die erste Etappe auf den Rinderberg (2079 m) lässt sich mit der Gondelbahn ab der Mittelstation „Eggweid" (1450 m) abkürzen. Vom Rinderberg verläuft die Route in zwei Stunden über den Gandlauenengrat, den Parwengesattel (1836 m) und den Hornberg (1811 m) zum Horneggli (1800 m). Vom Horneggli geht es dann nach Schönried (1231 m) hinunter, wo die Bahn nach Zweisimmen zurückführt.

Ebenfalls sehr zu empfehlen: Von Schönried (leicht erreichbar mit der Bahn ab Zweisimmen) mit der Gondelbahn aufs Rellerli (1831 m) und über den Hugeligrat (1898 m), die Bire (1789 m) und den Nüjeberg (1740 m) nach Sparenmoos (1639 m). Von Sparenmoos gelangt man per Bus oder Trottinett zurück nach Zweisimmen (941 m). Marschzeit vom Rellerli zum Sparenmoos: 3½ Stunden, Distanz: 10,7 km.

Die Zimmer

23 gemütliche, holzgeprägte Zimmer, Juniorsuiten und Suiten, fast alle mit Balkon. **Zimmer-Flüstertipps:** Doppelzimmer 102 und 202, Juniorsuiten 403 und 404, Suite 502.

Die Küche

Ehrlich, schnörkellos und mit vorwiegend regionalen Produkten. Wie es geschrieben steht, so schmeckt's: Randen-Carpaccio mit Frischkäse und Meerrettich, Spätzlipfanne mit Eierschwämmli und Preiselbeerapfel, gebratene Forelle mit Bratkartoffeln, grilliertes Rindsfilet mit Butterkefen und Süsskartoffel-Frites. Auch Käsefondue, verschiedene Burger und Wildspezialitäten (Letztere im Herbst) stehen auf der Speisekarte. Leckeres Frühstück – Käse, Butter und Joghurt werden direkt vom genossenschaftlichen Bauernbetrieb am Rinderberg bezogen.

Die Extras

Finnische Sauna, Bio-Sauna, Hot-Tub und Whirlpool.

Regentag-Alternative

Für Modellauto-Liebhaber lohnt ein Abstecher in die Model-Box in Erlenbach im Simmental. Versteckt im geschichtsträchtigen „Haus Krone" mit hauseigenem Café im Dorfzentrum, ist in diesem kultigen kleinen Laden eine riesige Auswahl an Spielzeugautos und Sammlermodelle-Raritäten in allen gängigen Massstäben zu finden, darunter auch Lastwagen, Motorräder, Schiffe und Flugzeuge. „Bei uns finden Sie Ihren Traumwagen in Kleinformat", sagt Geschäftsführer Christoph Zurbrügg. Tatsächlich gibt es für jedes Budget etwas: Die Modelle sind zwischen 2,50 und 10.000 Franken teuer. Öffnungszeiten: Dienstag bis Freitag 9 bis 12 und 13.30 bis 18 Uhr. www.model-box.ch

Besonders geeignet für...

Saanenland-Fans, die das Bett gerne am Pistenrand haben.

Wenn doch nur...

der Eintritt zur Sauna nicht mit 20 Franken pro Hotelgast verrechnet würde.

ROMANTIK HOTEL HORNBERG
SAANENMÖSER BEI GSTAAD

1270 mü.M.

3777 Saanenmöser bei Gstaad, Bahnhofstrasse 36
Telefon 033 748 66 88
www.hotel-hornberg.ch
willkommen@hotel-hornberg.ch
Mitte Mai bis Ende Oktober und
Ende November bis Anfang April geöffnet

Die Lage 8/10

Freistehend in einer grossen Gartenanlage am Waldrand, mit Blick auf Rüeblihorn und Gummfluh. Die Skipste Saanerslochgrad-Horneggli, die Langlaufloipe und attraktive (Winter-)Wanderwege beginnen und enden vor der Haustür. Der Bahnhof Saanenmöser ist nur wenige Schritte vom Hotel entfernt.

Die Atmosphäre 10/10

Im Vergleich zu den Hotelpalästen im nahen Gstaad wirkt das „Hornberg" wie eine Insel massvoller Bescheidenheit. Der Luxus entsteht hier durch das Fehlen von Statussymbolen. Kein Protz. Kein Chichi. „Die Authentizität und die gelebte Gastfreundschaft sind uns das Wichtigste", sagen Brigitte und Christian Hoefliger-von Siebenthal. Im Jahr 2003 haben die beiden das Hotel von Brigittes Eltern übernommen. Seitdem sind sie, ohne Investoren im Rücken, ihrem eigenen Stil gefolgt und haben bei den zahlreichen Erneuerungen alles richtig gemacht. Man kann so kritisch hinschauen, wie man will: Hier stimmt einfach alles, und schon beim Eintreten spürt der Besucher den Dialog des Hauses mit der Natur. Das holzgeprägte Dekor in den Zimmern, im Restaurant und im kleinen Wellnessbereich stellt feinsinnige Bezüge zum Berner Oberland her, ohne in Alpenkitsch zu verfallen, und auch die Freundlichkeit der mehrheitlich einheimischen Mitarbeiter ist echt und dennoch nicht übertrieben familiär. Für das flirrend internationale Lebensgefühl sorgen die Gäste aus aller Welt.

ROMANTIK HOTEL HORNBERG
SAANENMÖSER BEI GSTAAD

Freizeiterlebnisse

Bergsommer-Aktivitäten: Wandern und Biken auf mittlerer Höhenlage. Trottinett-Abfahrten, Mountainboarden, Canyoning, Rafting, Ballonfahrten, Gleitschirmfliegen. Reitzentrum Gstaad. Menuhin Festival Gstaad (Mitte Juli bis Ende August), Beach Volleyball Turnier Gstaad (an sechs Tagen Mitte Juli). Das „Hornberg" liegt wenige hundert Meter vom 18-Loch-Golfplatz Gstaad-Saanenland entfernt. Für Abenteuerlustige aller Altersklassen: Seilpark Zweisimmen mit verrückten Tyrolliennes und wagemutigen Sprüngen in fünf Parcours von bis zu 20 Meter Höhe (für Kinder ab 120 cm Körpergrösse).

Wandertipp

Eine mittelschwere, 1¾-stündige Wanderung führt von Saanenmöser (1279 m) über „d'Wittere" und „s'Schlittmoos" oberhalb von Schönried durch das wunderbare Landwirtschaftsgebiet „Gruben" nach Gstaad (1050 m). Wer nicht mehr retour (und entsprechend hinauf) wandern will, nimmt in Gstaad die Bahn zurück nach Saanenmöser.

Etwas anspruchsvoller: Vom Horneggli um die Hornfluh mit fantastischer 360-Grad-Sicht auf das Saanenland und über Parwengen hinunter ins beschauliche Turbachtal (dem authentischsten Flecken der Region), dann dem Bach entlang bis nach Gstaad. Wanderzeit: 3¾ Stunden.

Regentag-Alternative

Kletterhalle Vertical in Gstaad, Sportzentrum Gstaad mit Hallenbad, Tennishalle und Badminton. Museum der Landschaft Saanen in Saanen, welches die bewegte Geschichte des Saanenlands anhand einer sehenswerten Ausstellung dokumentiert.
www.verticalgstaad.ch
www.sportzentrum-gstaad.ch
www.museum-saanen.ch

Tipp von „Hornberg"-Gastgeber Christian Hoefliger: „Nichts ist so magisch wie eine Runde um den Arnensee ob Feutersoey bei Regen! Einen besseren Duft als den nassen Tannenwald gibt es nicht." Wanderzeit: 1 Stunde und 10 Minuten.

Die Zimmer

40 alpin geprägte, durchwegs behagliche Zimmer, 3 Juniorsuiten und 8 Familienappartements. Die meisten Zimmer verfügen über Balkon oder Terrasse. **Zimmer-Flüstertipps:** Die Nummer 35 hat bergigen Charme mit dem Bett unter dem Dach und gleichwohl hohen Räumen. Die geräumige Nummer 50 mit Kamin, Morgensonne und absoluter Ruhe sowie die Juniorsuite 25 mit Blick gegen Westen und mit Abendsonne sind ebenfalls ganz besonders zu empfehlen.

Die Küche

Lustvolle Marktküche aus frischen Produkten in tadelloser Zubereitung. Fast alle Hotelgäste wählen abends das 6-Gang-Menü im Rahmen der Halbpension – immer mit vegetarischer Variante. Die Küchencrew hat ein Bewusstsein für Nahrungsmittel-Unverträglichkeiten und bietet auf Wunsch auch gluten- und laktosefreie Gerichte an. Als Alternative zum Hauptrestaurant, das sich in mehrere Stuben unterteilt und an warmen Tagen über eine herrliche Terrasse verfügt, lädt das rustikale „Hüttli", Baujahr 1726, im Garten zu einem gemütlichen Käsefondue, einem Fondue Chinoise oder einem Raclette ein – dort ist das Abendessen ebenfalls im Halbpensions-Arrangement inbegriffen, doch ohne frühzeitige Reservation geht nichts. Speziell: Die Teeauswahl umfasst über 30 schmackhafte frische Teesorten.

Die Extras

Kleiner Wellnessbereich mit 2 Saunas und Dampfbad, kleinem Hallenbad (34°C) und diversen Massagen. Bio-Schwimmteich im Hotelgarten (eiskalt). 2 Aussen-Tennisplätze. Scherenschnitt-Kurse. Regelmässig geführte Wanderungen mit den Gastgebern.

Besonders geeignet für...
Ruhe und Natur suchende Familien und Paare, die sich gerne ohne viel Getue verwöhnen lassen.

Wenn doch nur...
kurzfristig an einem Winterwochenende ein Zimmer zu ergattern wäre.

ROSENLAUI
ROSENLAUI

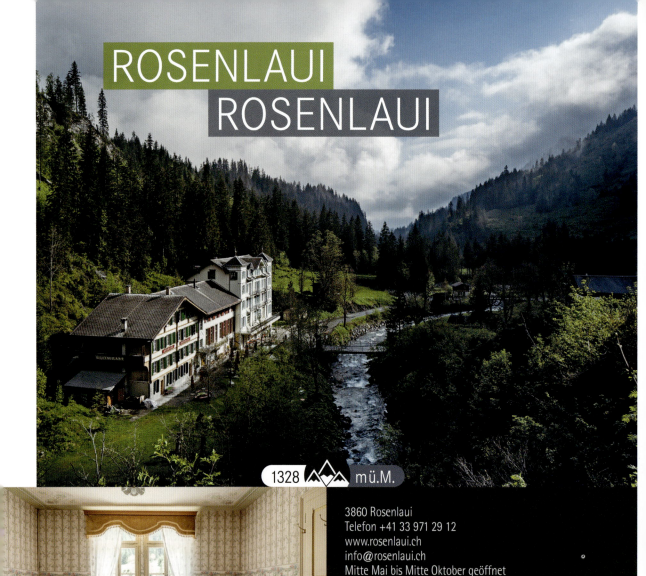

1328 mü.M.

3860 Rosenlaui
Telefon +41 33 971 29 12
www.rosenlaui.ch
info@rosenlaui.ch
Mitte Mai bis Mitte Oktober geöffnet

Die Atmosphäre 8/10

Die Geschichte des Hotels reicht bis ins Jahr 1779 zurück. Die heutige Struktur mit dem Belle-Epoque-Bau neben einem älteren Hausteil erhielt es 1905, und eigentlich hat sich seitdem nicht viel verändert. Man diniert im Jugendstil-Speisesaal, verweilt in Salons mit zarten Tapeten und schreitet über knarrendes Parkett. Fernseher, Radio und WIFI sucht man vergeblich. Selbst unverbesserliche Hektiker beugen sich spätestens am zweiten Tag dem trägen Rhythmus des Hotels und der umgebenden Szenerie. Jene, die von ihren Smartphones nicht lassen können, werden gezwungenermassen durch unzuverlässige Verbindungen von ihren Workaholic-Gewohnheiten abgebracht. Andreas und Christine Kehrli, die das Haus in zweiter Generation führen, sorgen mit viel Herzblut dafür, dass das Rosenlaui ein wunderbar authentischer, eigensinnig schöner Ort ausserhalb der Zeit bleibt. Allerdings ist das Hotel nur etwas für echte Romantiker: Dusche und Toilette muss man sich mit anderen Gästen teilen.

Die Lage 8/10

Alleinstehend im Rosenlauital. Die wilde Schönheit des Bergtals mit seinen Alpwiesen, Wäldern und Bächen, dem Gletscher und den Engelhörnern hat im 19. Jahrhundert zahlreiche Künstler zu Gedichten und Gemälden inspiriert – und bietet alles, was zivilisationsmüde Menschen seit den Anfängen des Tourismus in die Bergwelt zieht.

Erreichbar ist das Hotel Rosenlaui über eine gebührenpflichtige Strasse von Meiringen aus. Oder mit dem Postauto ab Bahnhof Meiringen oder Bahnhof Grindelwald.

ROSENLAUI
ROSENLAUI

Die Zimmer

25 Hotelzimmer „mit Mobiliar und Komfort aus den Jahren 1861 respektive 1905" (ohne fliessendes Wasser). Duschen und Toiletten befinden sich auf der Etage. Des Weiteren gibt es einige rudimentäre 2-Bett-„Touristenzimmer" mit Wolldecken (Schlafsack und Duschtücher sind vom Gast mitzubringen). Die Hotelzimmer sind alle gegen Osten gerichtet und haben Sicht auf die Engelhörner (von denen mal jemand schrieb, dass sie „Teufelshörner" heissen müssten) und das imposante Wellhorn. Das Rauschen des Reichenbachs, der direkt vor dem Hotel vorbeifliesst, bildet die Geräuschkulisse in allen Hotelzimmern.

Die Küche

Viergängige Abendmenüs, deren Qualität ihr Auf und Ab wie die umliegenden Berge hat. Regionale Spezialitäten, kalte Platten, Salate und hausgemachte Kuchen tagsüber auf der Terrasse.

Die Extras

Bibliothek, kulturelle Soirées jeweils am Dienstagabend.

Besonders geeignet für...
Berner-Oberland-Reisende, die gerne einen Trip zurück in die Zeit machen, als Berghotels noch einfach, essenziell und auf angenehme Weise rustikal waren.

Wenn doch nur...
die Küche mit dem Ambiente mithalten könnte. Auch wird man nachdrücklich darauf aufmerksam gemacht, spätestens um 19.30 Uhr zum Abendessen zu erscheinen.

Freizeiterlebnisse

In fünf Gehminuten vom Hotel Rosenlaui aus ist man beim Eingang der eindrücklichen Gletscherschlucht, durch die das Schmelzwasser ins Tal schiesst. Man klettert einen schmalen, gut gesicherten Pfad entlang eines Canyons, in der Tiefe gurgelt und braust das Wasser, bizarr geformte Felsformationen ragen in die Höhe und rahmen den Blick in den Himmel. www.rosenlauischlucht.ch

Weg aus dem Tal: Brienzersee-Schifffahrt, Freilichtmuseum Ballenberg, Giessbachfälle, Gelmerbahn/Grimselwelt.

Wandertipp

Wandern ist das grosse Thema im Hotel Rosenlaui. Von hier kann man jeden Tag in eine andere Himmelsrichtung losmarschieren. Die Auswahl ist vielfältig, vor allem für geübte Wanderer. „Massgeschneiderte Wandertipps, je nach Wetter, Kondition und individuellen Vorlieben der Gäste, sind unser Kernkompetenz", sagt Hausherrin Christine Kehrli. Vor Ort verrät sie gerne auch das eine und andere geheime Plätzchen. Zudem erhält jeder Gast bei der Anreise ein Heft mit Karten und Detailbeschrieb ihrer Lieblingswanderungen.

Empfehlung 1: Einfache Wanderung Rosenlaui-Schwarzwaldalp-Grosse Scheidegg-Hotel Wetterhorn-Bahnhof Grindelwald (Marschzeit: 4½ Stunden, Rückweg mit dem Postauto).

Empfehlung 2: Mittelschwere Rundwanderung Rosenlaui-Engelhornhütte-Gross Reichenbachalp-Rosenlaui (Distanz: 8,3 km, Marschzeit: 3¼ Stunden, 625 Meter Steigung & Abstieg).

Regentag-Alternative

Viele Rosenlaui-Gäste wandern bei jedem Wetter. Entsprechende Ausrüstung liegt im Hotel bereit. Gut begehbar bei Regen ist zum Beispiel die knapp dreistündige Route dem Reichenbach entlang nach Meiringen, wo man auf den Reichenbachfall trifft und auf die Geschichte des unglücklichen Helden Sherlock Holmes, der beim Reichenbachfall (scheinbar) seinen Tod gefunden hat. Die Hälfte des Wegs lässt sich ab der Bergstation des Reichenbachfalls mit der Standseilbahn nach Meiringen abkürzen. Die Postautostrecke zurück von Meiringen zum Hotel ist (wie die gesamte Buslinie Meiringen-Grindelwald) für die Hotelgäste gratis.

Im Sherlock Holmes Museum in Meiringen wandelt man auf den Spuren des fiktiven Detektivs. Es gibt interessante Einblicke in die Kriminal- und Polizeigeschichte von Scotland Yard zur viktorianischen Zeit, ausserdem wurde hier das Wohnzimmer von Sherlock Holmes und Dr. Watson an der Londoner Baker Street 221b nach den Beschrieben in den Romanen „originalgetreu" rekonstruiert – inklusive der legendären Lupe und dem im Kaminsims steckenden Messer. www.sherlockholmes.ch

SCHÖNEGG WENGEN

1274 mü.M.

3823 Wengen, Dorfstrasse
Telefon +41 33 855 34 22
www.hotel-schoenegg.ch
info@hotel-schoenegg.ch
Anfang Juni bis Mitte Oktober und
Weihnachten bis Anfang April geöffnet

Die Lage 8/10

Im Dorfzentrum. Das Panorama aufs Jungfraumassiv raubt einem jedes Mal den Atem, egal, wie oft man schon hier war.

Das Bergdorf Wengen, das auf einem windgeschützten Plateau hoch über dem Lauterbrunnental liegt, ist nur mit der Wengernalpbahn ab dem Bahnhof Lauterbrunnen erreichbar (die Züge verkehren tagsüber alle 25 Minuten, die Fahrt dauert 15 Minuten). Vom Bahnhof Wengen zum Hotel Schönegg sind es wenige Schritte entlang der Dorfstrasse.

Die Atmosphäre 7/10

Da Wengen vor hundert Jahren ein touristisches Muss für weitgereiste Gelehrte, Bergfreunde und Künstler war, strahlt das autofreie Bergdorf bis heute eine wohltuend-dezente Gediegenheit aus, die auch dieses kleine, feine Gasthaus prägt. Es ist eines der ältesten Gebäude im Ort, 2012 wurde es geschmackvoll renoviert. Von der alpin geprägten Einrichtung mit viel Holz über die lustvolle Küche bis zu den unerwarteten Aufmerksamkeiten ist alles von einer Aura der guten Laune ergriffen. Gastgeberin Caroline Ogi, die das Schönegg seit 2015 zusammen mit ihrem Mann und Küchenchef Sylvain Stefanazzi Ogi leitet, gibt jedem Besucher das Gefühl, ein besonders wichtiger Lieblingsgast zu sein.

SCHÖNEGG
WENGEN

Freizeiterlebnisse

Für Ausflüge geht es wahlweise hoch oder hinunter. Unten im U-förmigen Lauterbrunnental gehen 72 Wasserfälle nieder und geben dem Tal seinen Namen – „lauter Brunnen". Der weithin sichtbare Staubbachfall in Lauterbrunnen inspirierte Goethe zu seinem „Gesang der Geister über den Wassern". 4 km entfernt liegen die imposanten Trümmelbachfälle. Diese sind im Berginnern durch Tunnel, Galerien und Brücken zugänglich gemacht – rund 20'000 Liter Gletscherwasser pro Sekunde schiessen hier in die Tiefe. Kein Wunder, müssen die sieben Fälle doch allein die Gletscherwände von Eiger, Mönch und Jungfrau entwässern. Ein ohrenbetäubendes Naturschauspiel. www.truemmelbachfaelle.ch

Wen es in die Höhe zieht, ist dank der Luftseilbahn Wengen-Männlichen innert wenigen Minuten im Ski-, Bike- und Wandergebiet Männlichen-Kleine Scheidegg. Hier befindet sich im Winter auch die weltberühmte Lauberhornpiste, die nach Wengen hinunterführt. Und vom Männlichen sind Helikopter-Rundflüge ein ganz besonderes Vergnügen.

Vom Schilthorn, erreichbar mit der Seilbahn ab dem Bergdorf Mürren (auf der gegenüber liegenden Talseite von Wengen), hat man eine der schönsten Rundsichten der Schweiz: An klaren Tagen sind 200 Berggipfel und 40 Gletscher zu erkennen. Der Berg ist seit dem 1969 gedrehten James-Bond-Film „On Her Majesty's Secret Service" weltbekannt: Geheimagent 007 bekämpfte hier den Bösewicht Blofeld und verhinderte in einer rasanten Tiefschnee-abfahrt erfolgreich den Untergang Englands, wobei je ein Diener des Bösen unter einem Pistenfahrzeug, unter einer Lawine und aufgespiesst auf einem Ski-stock endeten. In Realität geht es am Schilthorn fried-licher zu. Das Gipfelrestaurant Piz Gloria (2970 m ü. M.)

Die Zimmer 5 | 10

17 holzgeprägte, freundliche Zimmer, 2 Familienzimmer und 1 Juniorsuite. Alle Zimmer (ausser das Dachgeschoss-Zimmer) verfügen über einen Balkon oder eine Terrasse. Für Familien-Clans steht ein 155 Quadratmeter grosses Penthouse-Apartment mit 3 Schlafzimmern und grossem Kamin-Salon zur Verfügung.

Die Küche 7 | 10

Fein zubereitete mediterrane Marktküche mit vorwiegend Schweizer Produkten im Restaurant 1903 (nur abends geöffnet), alpine Gerichte zum Mittag- und Abendessen sowie hausgemachte Kuchen und Patisserie am Nachmittag im rustikalen „Stübli" mit Bar. Herrliche Terrasse bei schönem Wetter. Gute Weinauswahl auch im Offenausschank.

Die Extras 1 | 10

Sauna.

dreht sich in 45 Minuten um die eigene Achse – ein Erlebnis, das man nicht so schnell vergisst und sich auch für Familien mit Kindern eignet. Im Untergeschoss erfreut übrigens die Ausstellung „Bond World" mit augenzwinkernden Inszenierungen rund um die Entstehung des Films. www.schilthorn.ch

Wandertipp

Eine einfache, 50-minütige Wanderung führt vom Hotel Schönegg via alte Männlichenbahn-Talstation/Steinenwald zur Allmend hoch.

Anspruchsvoller ist die 3½-stündige Wanderung vom Hotel Schönegg (1274 m) auf den Männlichen (2230 m) und weiter bis zur Kleinen Scheidegg (2061 m).

Regentag-Alternative

Siehe „Beausite Park Hotel" auf Seite 88.

Besonders geeignet für...
alle, die ein 5-Sterne-Panorama zu 3-Sterne-Preisen suchen.

Wenn doch nur...
die Zimmer etwas geräumiger wären. Bei 12 bis 16 Quadratmetern (ausgenommen Dachgeschoss-Zimmer und Juniorsuite) kann man sich insbesondere beim An- und Abziehen der winterlichen Skifahrermontur wie die Giraffe im Blumentopf fühlen.

WEITERE TOP GELEGENE HOTELS IM BERNER OBERLAND

© Huus Hotel, Saanen-Gstaad

© Aspen Alpin Lifestyle Hotel, Grindelwald

© Bärghuus Alpiglen, Grindelwald

© Bellevue Palace, Bern

© Bodmi, Grindelwald

© Deltapark Resort, Gwatt bei Thun

HOTELNAME	ORT	WEBSEITE
Aspen Alpin Lifestyle Hotel	Grindelwald	www.hotel-aspen.ch
Bärghuus Alpiglen	Grindelwald	www.alpiglen.ch
Bellevue Palace	Bern	www.bellevue-palace.ch
Bodmi	Grindelwald	www.bodmi.ch
Deltapark Resort	Gwatt bei Thun	www.deltapark.ch
Eden	Spiez am Thunersee	www.eden-spiez.ch
Eiger	Mürren	www.hoteleiger.com
Grimsel Hospiz	Guttannen	www.grimselwelt.ch/grimselhotels/grimsel-hospiz
Gstaad Palace	Gstaad	www.palace.ch
Huus Hotel	Saanen-Gstaad	www.huusgstaad.com
Jungfrau Wengernalp	Wengernalp	www.wengernalp.ch
Kirchbühl	Grindelwald	www.kirchbuehl.ch
Lenkerhof Gourmet Spa Resort	Lenk im Simmental	www.lenkerhof.ch
Regina	Mürren	www.regina-muerren.ch
Schynige Platte Berghotel	Interlaken	www.hotelschynigeplatte.ch
The Alpina	Gstaad	www.thealpinagstaad.ch
The Cambrian	Adelboden	www.thecambrianadelboden.com
Wetterhorn	Hasliberg-Hohfloh	www.wetterhorn-hasliberg.ch

WEITERE TOP GELEGENE HOTELS
IM BERNER OBERLAND

© Eden, Spiez am Thunersee

© Eiger, Mürren

© Grimsel Hospiz, Guttannen

© Gstaad Palace, Gstaad

© Huus Hotel, Saanen-Gstaad

© Jungfrau Wengernalp, Wengernalp

© Kirchbühl, Grindelwald

© Lenkerhof Gourmet Spa Resort, Lenk im Simmental

© Regina, Mürren

© Schynige Platte Berghotel, Interlaken

© The Alpina, Gstaad

© The Cambrian, Adelboden

© Wetterhorn, Hasliberg-Hohfluh

TOP GELEGENE HOTELS IN DER WESTSCHWEIZ

AU FIL DE L'EAU
CLARENS-MONTREUX

390 mü.M.

1815 Clarens, Rue du Lac 75
Telefon +41 21 964 44 11
www.aufildeleau-clarens.ch
info@aufildeleau-clarens.ch
Anfang Februar bis Mitte Dezember geöffnet.
Restaurant Sonntagabend und Montag geschlossen

Die Lage 9/10
In einem Garten an der Fussgänger-Uferpromenade von Clarens, mit Panoramablick auf See und Berge.

Die Atmosphäre 7/10
Montreux strahlt eine ganz eigene Faszination aus, ein Hauch von heiterer Melancholie, dem man am besten entlang der kilometerlangen Seepromenade zwischen dem Hafen Clarens und Schloss Chillon auf die Spur kommt. Direkt an dieser autofreien Promenade, in einer gartenumgebenen kleinen Villa, begeisterte in den letzten zwei Jahrzehnten das „Ermitage" und dessen Küchenchef Etienne Krebs eine treue Stammkundschaft. Dem einstigen Pächter wurde wegen einer geplanten Überbauung gekündigt, doch dann ist aus dem Bauprojekt vorerst nichts geworden und ein neues Team hielt in der gastlichen Villa Einzug. Das Haus heisst nun „Au Fil de l'Eau" (übersetzt: „am Wasserrand") und wird von Serge Coletta aufmerksam geführt und von Patrice Gilbert sorgfältig bekocht. Das weite Panorama auf Genfersee und Berge – am schönsten auf der fabelhaften Restaurantterrasse zu erleben – ist dasselbe wie eh und je, doch wich das zuvor pastellfarbene Interieur im Restaurant und in den sieben Zimmern einem zeitgemäss schlichteren Stil. Deutlich verbessert wurde das Preis-Leistungsverhältnis: So kostet die Übernachtung in der Juniorsuite mit schmucker Südterrasse vergleichsweise bescheidene 250 Franken für zwei Personen (ausser im Juli 300 Franken), und auch die Menüs und Weine sind so kundenfreundlich kalkuliert, dass man sich beim Auschecken darüber freuen kann, nicht sein Konto plündern zu müssen.

AU FIL DE L'EAU
CLARENS-MONTREUX

Die Zimmer 5 10

6 angenehme, unterschiedlich eingerichtete Zimmer und eine Juniorsuite. **Zimmer-Flüstertipps:** Die Juniorsuite „Rhône", die sich im Zentrum der Villa in der ersten Etage befindet, verfügt über eine grosse private Terrasse und ein schönes Bad mit Badewanne direkt am Fenster zum See. Ebenfalls speziell ist das Zimmer „Forestay" in der ersten Etage in Richtung Genf, mit grossem Balkon und zusätzlichem Sofabett – ideal für eine Familie mit zwei Kindern. Von den kleineren Zimmern im zweiten Stock ist das Eckzimmer „Veveyse" in Richtung Genf das Aussichtsreichste.

Die Küche 7 10

Ausgezeichnete moderne Marktküche. Während das einstige „Ermitage" recht filigrane Darbietungen auf die Teller zauberte, konzentriert sich der heutige Küchenchef auf Gäste, die nicht von Kreativität, Tricks und Gimmicks überwältigt werden wollen, sondern den guten Geschmack guter Produkte in optimaler Zubereitung suchen.

Freizeiterlebnisse

Direkt vor dem Haus lockt die 7 km lange, blumen- und pflanzengesäumte Uferpromenade von Montreux – ein Traum für Spaziergänger, Rollerblader und Velofahrer. Die Schiffsanlegestelle Clarens, von der aus diverse Genfersee-Rundfahrten möglich sind, liegt 250 Meter vom Hotel entfernt.

Wandertipp

Die Genfersee-Region ist eine grosse Wanderkarte mit abwechslungsreichen Szenerien und immer wieder überraschenden Ein- und Ausblicken. Ein Klassiker für Genusswanderer, die gut zu Fuss sind und eine gewisse Ausdauer mitbringen, beginnt mit der Zahnradbahnfahrt ab Montreux in Richtung Rochers-de Naye respektive der Bahnstation Jaman (1739 m). Von dort führt ein herrlicher, mittelschwerer Wanderweg via Col de Jaman (1512 m) und Orgevaux (1313 m) nach Les Pléiades (1360 m). Die gut markierte Tour hat wenige nennenswerte Steigungen, es sind jedoch rund 6 Stunden Wanderzeit einzuplanen. Von der Bergstation Les Pléiades führt eine Zahnradbahn nach Vevey hinunter. Zwischen Vevey und Montreux besteht eine Busverbindung (Bus 201 bis Station Clarens Centre).

Regentag-Alternative

Zehn Gehminuten der Seepromenade entlang entfernt liegt das luxuriöse Belle-Epoque-Hotel Fairmont Le Montreux Palace mit attraktivem Wellnessbereich, der auf Voranmeldung auch externen Tagesgästen offensteht. Der Day-Spa-Eintrittspreis von 140 Franken lässt sich umgehen, wenn man eine Massage oder eine Beauty-Behandlung bucht. Es lohnt sich, denn das Hotel beschäftigt ausserordentlich gute Therapeutinnen und Therapeuten. *www.fairmont.com/montreux*

Ist man mit Kindern unterwegs, bietet der Wasser-Erlebnispark Aquaparc in Le Bouveret Spass und Action für die ganze Familie. Dazu gehören rasante Rutschpartien von insgesamt einem Kilometer Länge. *www.aquaparc.ch*

Besonders geeignet für...
Gourmets und Individualisten, die es trotz hohen Ansprüchen gerne unprätentiös und entspannt haben.

Wenn doch nur...
die Zimmer nicht so hellhörig wären.

GLAMPING À LA PINTE DU VIEUX MANOIR
MURTEN-MEYRIEZ

429 mü.M.

3280 Murten-Meyriez,
Rue de Lausanne 18
Telefon +41 26 678 61 80
www.vieuxmanoir.ch
welcome@vieuxmanoir.ch

Ganzjährig geöffnet.
Restaurant montags und dienstags geschlossen, im Winter zusätzlich auch am Sonntagabend

Die Lage 10/10
In einer zauberhaften privaten Parkanlage mit altem Baumbestand am Seeufer und mit idyllischem Ausblick auf den Murtensee und den gegenüberliegenden Mont Vully.

Freizeiterlebnisse
Der Besuch des mittelalterlichen Städtchens Murten mit seinen althergebrachten Proportionen, den verträumten Innenhöfen und der fast vollständig erhaltenen, begehbaren Ringmauer lohnt wirklich – allerdings nur frühmorgens oder abends, wenn die Touristenbusse verschwunden sind.
www.regionmurtensee.ch

GLAMPING À LA PINTE DU VIEUX MANOIR
MURTEN-MEYRIEZ

Die Atmosphäre

Wer einzigartige Unterkünfte an speziellen Orten sucht, stösst weltweit immer öfter auf den Begriff „Glamping". Bei dieser Fusion aus Glamour und Camping braucht man kein eigenes Zelt aufzustellen, keinen Schlafsack auszurollen und keine Gemeinschaftsduschen zu benutzen. Glamping ist eine zeitgemäss entspannte Art, die Natur hautnah zu erleben, ohne dabei auf Luxus, Style und Service verzichten zu müssen. In der Schweiz gelingt dies dem „Glasdiamant" und dem „Seehaus" am besten. Ersteres ist ein spektakuläres Baumhaus direkt am Seeufer auf Stelzen in den Baumkronen schwebend; vom privaten Badesteg kann man direkt in den See springen. Wer mehr Bodenhaftung und Platz braucht, wird im benachbarten, in einem privaten Garten direkt am Wasser liegenden Seehaus glücklich.

Dieses besteht aus vier Schlafzimmern (davon zwei Einzelzimmern) und einem grossen Wohnraum mit Kamin und verströmt einen betörenden Mix aus 50er-Jahre-Charme und maritimem skandinavischem Chic. Die beiden Glamping-Unterkünfte sind zwei exklusive Wohnformen des Hotel-Kleinods Le Vieux Manoir, das aus komplizierten Gründen, die alleine ein Buch füllen würden, seit Herbst 2013 geschlossen ist. Wie das Baum- und das Seehaus bleibt jedoch auch das Restaurant La Pinte du Vieux Manoir in einem historischen Nebengebäude des Hotels geöffnet.

Wandertipp

Von der Hotelanlage des Le Vieux Manoir blickt man auf den Mont Vully, dessen Hänge mit Reben bedeckt und von diversen Wanderwegen durchzogen sind. Der „Gipfel" liegt zweihundert Meter über dem Seespiegel. Idealer Ausgangspunkt für Wanderer ist das Winzerdorf Sugiez, wo ein fünf Kilometer langer Weinlehrpfad nach Môtier beginnt („Chemin la Riviera") und der idyllische Garten des Romantik Hôtel de l'Ours zur Einkehr lädt.

Für ausdauernde Wanderer eignet sich der Murtensee auch für eine Umrundung zu Fuss. Die rund siebenstündige, ohne nennenswerte Steigungen verlaufende Tour (30 Kilometer) verläuft mehrheitlich in Ufernähe und kann an zahlreichen Orten mit Bahn, Bus oder Schiff abgekürzt werden.

Regentag-Alternative

Elf Kilometer östlich von Murten liegt das Dorf Kerzers und dort das Papiliorama. Im Zentrum der Anlage stehen gläserne Tropenpavillons, in denen rund 1500 Schmetterlinge (sechzig Arten) und seltene Kolibris ein buntes Ballett zwischen Palmen bieten. Hier lässt sich ausserdem der komplette Lebenszyklus des Schmetterlings – vom Ei über die Raupe bis zur Puppe – beobachten, denn rund zehn Arten vermehren sich im Garten auf natürliche Weise. Im dazugehörenden „Nocturama" können nachtaktive Tiere wie zum Beispiel Fledermäuse, Faultiere und Ameisenbären durch Umkehrung des Tages- und Nachtzyklus in einer Vollmondnacht-Atmosphäre bei ihren Streifzügen bestaunt werden. www.papiliorama.ch

Die Zimmer

Der „Glasdiamant" ist eines der aussergewöhnlichsten „Hotelzimmer" der Schweiz. Das mit hochwertigen Materialien wie Leder, Linnen, Messing und Holz erbaute und im Hotelpark des Le Vieux Manoir liegende Luxus-Baumhaus verfügt über raumhohe Schiebefenster, die von aussen nicht einsehbar sind. Auch zählen Leihvelos, der private Seezugang mit Steg und Ruhefloss sowie ein kleiner Gartenpavillon mit Bibliothek zur Grundausstattung, weshalb das Wohnerlebnis seinen (gerechtfertigten) Preis hat: 650 Franken für zwei Personen in den Wintermonaten, 830 Franken im Sommer.

Das „Seehaus" ist der perfekte Rückzugsort für bis zu sechs Gäste. Es liegt in einem privaten Garten neben dem Hotelpark des Le Vieux Manoir und bietet direkten Seezugang, eine Sauna und Leihvelos. Die Innenräume in Blau- und Weisstönen sind finessenreich eingerichtet und überaus wohnlich – wer einmal hier ist, will nie wieder weg. Preis: Im Winter ab 800 Franken für zwei Personen (1400 Franken für sechs Personen), im Sommer 1000 Franken für zwei Personen (1600 Franken für sechs Personen).

Die Küche

Hausherr und Küchenchef Rudolf Reetz verwöhnt seine Gäste mit verfeinerter Marktküche, und es schmeckt mit hoher Konstanz ausgezeichnet. Auf der Karte: Randen-Carpaccio mit gehacktem Wachtelei und Nüsslisalat, Karotten-Ingwer-Suppe mit gebratenen Jakobsmuscheln, Lammrack mit Fregola Sarda und Zitronenthymian-Jus, Waadtländer Saibling mit Sellerie-Risotto und Curryschaum, zum Dessert marinierte Strauchbeeren mit Limetten-Crème-Fraîche. Nur die in jedem Restaurant der Region vertretenen „filets de perche" (Eglifilets) sucht man in der La Pinte du Vieux Manoir vergeblich.

Die Extras

Leihfahrräder. Privatsauna im Seehaus. Kochkurse. Eigene Motorjacht mit Kapitän für Ausflüge im Murten-, Bieler- und Neuenburgersee.

Besonders geeignet für...

anspruchsvolle Romantiker, die gerne in Baumwipfeln oder in verträumten privaten Seehäusern logieren.

Wenn doch nur...

das benachbarte Landhaushotel Le Vieux Manoir wieder aus dem Dornröschenschlaf erweckt würde.

GRAND HÔTEL DES RASSES
LES RASSES SUR SAINTE-CROIX

1200 m ü.M.

1452 Les Rasses sur Sainte-Croix, Route des Alpes 25
Telefon +41 24 454 19 61
www.grandhotelrasses.ch
info@grandhotelrasses.ch
Ganzjährig geöffnet

Die Lage 9/10

Alleinstehend in einer Parkanlage oberhalb von Sainte-Croix, mit Weitblick über das Westschweizer Mittelland bis auf die Alpenkette. Im Winter oftmals über dem Nebel.

Die Atmosphäre 4/10

Das Dreisternehotel auf dem sonnigen Balkon der waadtländischen Juralandschaft wurde Ende des 19. Jahrhunderts als Herrenhaus erbaut und ist trotz banaler Innenarchitektur und abgewohnten Zimmern ein angenehmer Rückzugsort mit unprätentiösem Retro-Charme und vielen zufriedenen Stammgästen. Das tolle Panorama, das freundliche Personal und das gute Preis-Leistungsverhältnis lassen bauliche Schwächen in den Hintergrund treten. Dennoch wünscht man dem Grand Hôtel des Rasses, dass es bald einmal eine Verjüngungskur erhält und die Kurve ins 21. Jahrhunderts kriegt.

Die Zimmer 3/10

44 einfache, renovationsbedürftige, doch tadellos saubere Zimmer und Juniorsuiten, alle mit Balkon oder Terrasse.
Zimmer-Flüstertipp: Die geräumigen Juniorsuiten an den Hausecken (z.B. die Nummer 50) verfügen über mehrere Fenster und Alpensicht.

Die Küche 4/10

Solide zubereitete Hotelküche aus regionalen Produkten im historisch geprägten Speisesaal mit herrlicher Terrasse sowie im kleinen Bar-Restaurant im Erdgeschoss.

Die Extras 4/10

Hallenbad, Sauna, kleiner Fitnessraum, Tennisplatz, Minigolf, Pétanque-Bahn, Billard, Kinderspielplatz, Aquagym-Kurse, Massagen.

GRAND HÔTEL DES RASSES,
LES RASSES SUR SAINTE-CROIX

Freizeiterlebnisse

Im Sommer: Wander- und Veloparadies.
Im Winter: Langlaufloipen, Schneeschuh-Routen und kleines Skigebiet Sainte-Croix-Les Rasses mit sieben Liften.

Im Januar und Februar wird der dann meist zugefrorene Lac de Joux im Vallée de Joux (45 Autominuten vom Hotel entfernt) zu einer der grössten Natureisbahnen Europas und zum spektakulären Tummelplatz für Schlittschuhfans, die hier träumerisch dahingleiten oder Tempofahrten und Pirouetten à discrétion hinlegen können. Kalte Füsse werden im Restaurant du Lac in Le Pont wieder aufgewärmt.
www.myvalleedejoux.ch +
www.restaurantdulaclepont.com

Wandertipp

Einfache, aber landschaftlich grandiose Rundwanderung vom Grand Hôtel des Rasses hinauf zum Chasseron (1607 m). Auf dem Gipfel wird man mit einer herrlichen Rundsicht belohnt und man kann sich im Hôtel du Chasseron für den Rückweg über Petites Roches und Les Avattes stärken. Distanz: 8 km, Dauer: 2½ Stunden. www.chasseron.ch

Regentag-Alternative

1796 erfand der Genfer Uhrmacher Antoine Favre die Musikdose. Ein kleines mechanisches Wunderwerk, das man aufziehen konnte und das eine Melodie spielte. Später kamen kuriose Automaten mit Mechanismen hinzu, die Bewegungen menschlicher Gestalten und Singvögel imitierten. Das Kunsthandwerk hat sich im vorletzten Jahrhundert in Sainte-Croix zur Perfektion entwickelt. Das Musée CIMA präsentiert in seiner Sammlung einige dieser klingenden Meisterwerke. Das Schauspiel der Automaten versetzt die Besucher in Erstaunen und Entzücken. Es sind Augenblicke der Poesie, wenn der Balancekünstler mit seinen Stühlen oder Pierrot, der Schreiber, plötzlich zu Leben erwachen. Einmal an der Kurbel drehen – und schon zirpt und tschingelt es, tönen Glocken und Trommeln, klingen Walzermelodien aus kostbar verzierten Holzkästchen, bewegen sich porzellangesichtige Puppen und mechanische Vögel zu zarten Klängen. www.musees.ch

Neben dem Château Chillon am Genfersee gehört das Château Grandson am nordwestlichen Ende des Neuenburgersees zu den eindrucksvollsten schweizerischen Festungsbauten des Mittelalters. Es ist ein Teil der Altstadt von Grandson und beherbergt ein Automobil-Museum, zu dessen Vorzeigeobjekten der „Rolls-Royce-Phantom I" von Greta Garbo und der „Austin Cambridge Saloon" von Winston Churchill gehören. Ebenfalls im Schloss ausgestellt ist eine Sammlung an Waffen, Rüstungen und experimentellen historischen Kampfgeräten. Auch ein Kerker mit Folterkammer fehlt nicht.
www.chateau-grandson.ch

Besonders geeignet für...

Wanderer, Mountainbiker und Erholungssuchende, die Naturerlebnisse statt Bling-Bling suchen. Auch Familien mit Kindern fühlen sich im Grand Hôtel des Rasses wohl, weil sie unkompliziert willkommen geheissen werden.

Wenn doch nur...

das Frühstücksbuffet nicht schon um 10.20 Uhr abgeräumt würde (an Werktagen bereits um 10 Uhr). Auch mutet es seltsam an, dass für Bademantel und Badetuch 5 Franken extra verlangt werden.

HÔTEL DES TROIS COURONNES
VEVEY

390 mü.M.

1800 Vevey, Rue d'Italie 49
Telefon +41 21 923 32 00
www.hoteltroiscouronnes.ch
info@hoteltroiscouronnes.ch
Ganzjährig geöffnet

Die Lage 10/10

An der autofreien Uferpromenade von Vevey. Vor dem Gast breitet sich der Grossteil des Genfersees aus, im Rücken liegt die hübsche Altstadt von Vevey, zur Linken grüssen die Walliser Bergriesen und zur Rechten die steilen Weinberge des Lavaux.

Die Atmosphäre 10/10

Das als historisches Monument klassierte Grandhotel blickt seit dem Jahr 1842 über den Lac Léman – länger als alle anderen Hotelpaläste in der tourismushistorisch geadelten Region. Und obwohl es nicht leicht ist, sich neben den nahe gelegenen und aufwendiger renovierten Traditionshäusern Fairmont Le Montreux Palace und Beau-Rivage Palace in Lausanne zu behaupten, haben viele neue Gäste das „Trois Couronnes" für sich entdeckt. Diese begeben sich hier auf eine Zeitreise ins vorletzte Jahrhundert: Marmorierte Säulen, Atrium-Galerien und plätschernde Springbrunnen prägen die Eingangshalle dieses fast intimen Hoteljuwels mit der schönen Fassade. Die öffentlichen Räume verströmen stilvolle Geborgenheit und laden zum Flanieren, Entspannen oder Dinieren ein. Speziell ist der grosse Fitnessraum, der in einem prachtvollen Salon mit

HÔTEL DES TROIS COURONNES
VEVEY

Freizeiterlebnisse
Für eine erfrischende Brise sorgen zahlreiche Schiffsrundfahrten, mit 40 Häfen zum Ein- und Aussteigen, fahrplanmässig von April bis Oktober. Die Genfersee-Schifffahrtsgesellschaft CGN besitzt 17 Schiffe, darunter acht prächtige Raddampfer aus der Belle-Epoque, die mit Schaufelrädern angetrieben werden. Zur Schiffsanlegestelle Vevey-Marché sind es wenige Gehminuten der schönen Uferpromenade entlang. www.cgn.ch

Wandertipp
Seespaziergang von Vevey zum Schloss Chillon. Die 13,7 km lange, knapp vierstündige Strecke verläuft weitgehend auf Seepromenaden direkt dem Ufer entlang – ausgenommen von La Tour-de-Peilz nach Clarens, wo jedoch ein sehr breites Trottoir der Strasse entlang führt und immer wieder Blicke auf den See freigibt. Ausserdem versteckt sich unterhalb dem Schwimmbad Maladaire an der Ortsgrenze von La Tour-de-Peilz und Clarens der schönste Naturbadestrand der Region: die „Plage de la Maladaire" mit gepflegter Wiese unter alten Bäumen und Snack-Restaurant. Ab Schloss Chillon lässt sich die Strecke um 2½ Stunden verlängern, indem man 10,5 km durch das Naturschutzgebiet Les Grangettes nach Le Bouveret weiterwandert.

Regentag-Alternative
In Vevey und seinen Nachbarorten machen zahlreiche Museen neugierig. Alles andere als langweilig ist beispielsweise das Musée Suisse du Jeu (Schweizer Spielmuseum) in La Tour-de-Peilz, das in einem Schlösschen am Seeufer untergebracht ist (900 m vom „Trois Couronnes" entfernt). Es zeigt auf, dass Spielen mehr als nur ein Zeitvertreib ist und seit Urzeiten eine bedeutende Rolle im Leben der Menschen einnimmt. Im Museumsshop gibt es originelle Spiele aus aller Welt zu kaufen. www.museedujeu.ch

Zu einer Entdeckungsreise der Ernährung laden die beiden von Nestlé finanzierten MuseenMuseen „Alimentarium" an der Seepromenade von Vevey (150 m vom Hotel entfernt) und „nest" in ehemaligen Fabrikhallen hinter dem Bahnhof ein. www.alimentarium.ch + www.le-nest.ch

Stuckdecken, Kronleuchter, Kamin und altem Parkettboden untergebracht ist. Bemerkenswert ist das Engagement des jungen Hoteldirektors Jay Gauer, der es versteht, sich mit hochmotivierten Mitarbeitern zu umgeben. Vom Zimmermädchen über den Barmann bis zur Spa-Therapeutin denken alle mit und geben ihr Bestes, die Gäste zu umsorgen.

Die Zimmer
71 klassisch elegante, mehrheitlich jedoch renovationsbedürftige Zimmer und Suiten. 35 Zimmer blicken auf den Genfersee, fast alle verfügen über eine Terrasse oder einen Balkon.

Die Küche
Südfranzösische Gourmetküche im wunderschönen Speisesaal, der fast zu hundert Prozent im Originalzustand des 19. Jahrhunderts ist und auch mit grosszügig weit auseinander platzierten Tischen erfreut, sodass man sich entspannt unterhalten kann. Einfache mediterrane Gerichte in der Lounge-Veranda „Le 3C". Schönes Frühstück mit frisch gepressten Säften und hochwertigen Produkten. Sonntagsbrunch mit lukullischen Buffets. Wunderbare Lounge- und Restaurantterrassen.

Die Extras
Kleines Spa mit schönem Hallenbad (24 Meter Länge), Whirlpool, Dampfbad und Sauna, Liegeterrasse an der Sonne, Fitnessraum. Täglich Gymnastik- und Entspannungslektionen, klassische und fernöstliche Massagen, vielfältige Gesichts- und Körperpflegebehandlungen.

Besonders geeignet für...
Nostalgiker, die gerne zwischen Marmorhallen von Grandhotels wandeln und dennoch ein cool-entspanntes Lebensgefühl erwarten.

Wenn doch nur...
der anonym bleiben wollende Hotelbesitzer aus dem Nahen Osten endlich die in die Jahre gekommenen Zimmer renovieren würde.

L'AUBIER MONTEZILLON

750 m.ü.M.

2037 Montezillon, Les Murailles 5
Telefon +41 32 732 22 11
www.aubier.ch
contact@aubier.ch
Ganzjährig geöffnet

Die Lage 8/10

Alleinstehend und absolut ruhig inmitten des intakten Landwirtschaftsgebiets. Im Hintergrund die Alpen und als schmales blaues Band der Neuenburgersee, davor ein dunkelgrüner Streifen Wald und im Vordergrund satte Wiesen und ein Landsträsschen, auf dem vielleicht gerade ein Traktor um die Kurve brummt.

Die öffentlichen Verkehrsverbindungen von Neuchâtel zum Hotel sind nicht optimal (Postauto bis Montmollin, dann 20 Minuten zu Fuss), doch hat das Hotel mit „Taxi Cab" (erkennbar an den weissen Fahrzeugen) einen Vertrag abgeschlossen, dass Hotelgäste vom Pauschaltarif von 15 Franken für die Fahrt zwischen dem Bahnhof Neuchâtel und dem L'Aubier (oder umgekehrt) profitieren können.

Die Atmosphäre 4/10

Eines der ersten und besten Ökohotels der Schweiz – getragen von Hunderten von Kleinaktionären und genossenschaftlich organisierten Partnern. Die Zimmer sind eher einfach, aber freundlich gestaltet, und in den öffentlichen Räumen herrscht eine lebendige, kommunikative Atmosphäre. An Wochenenden und zu Schulferienzeiten sind meist auch viele Familien mit Kindern zu Gast. Wer dem Nichtstun frönen und eine Drehzahl niedriger schalten will, findet rund ums Haus zahlreiche ruhige Plätzchen. Das Ensemble mit Hotel, Restaurant, Boutique und biodynamischem Bauernhof umfasst eine landwirtschaftliche Nutzfläche von 35 Hektar, auf denen Weizen, Roggen, Kartoffeln, Mais und diverse Gemüse angebaut werden. Im Freilaufstall leben zahlreiche Kühe, Rinder, Kälber und Schweine, dazu gibt es eine hofeigene Käserei, deren Produkte in manchen Bioläden der Region und natürlich auch im Hotelladen erhältlich sind.

L'AUBIER
MONTEZILLON

Freizeiterlebnisse

Im Creux du Van über dem Neuenburgersee inszeniert sich die Natur selbst: in einer gigantischen Felsenarena über der wildromantischen Areuse-Schlucht und mit Steinböcken, Murmeltieren und Rehen als Publikum. Die zwei Stunden Aufstieg zu Fuss ab Noiraigue oder dem Bike ab Boudry durch die Areuse-Schlucht lohnen sich. Auf dem Rundweg entlang der Krete kann man das Naturphänomen bewundern, das aus der Kalkablagerung eines urzeitlichen Meers von 200 Millionen Jahren entstanden ist. Den Ausflug würzt man am besten mit etwas Tiefgang: dem Besuch der berühmten Asphaltminen La Presta im Val de Travers.

Von den 600 Hektaren Reben am Neuenburgersee entfallen drei Viertel auf die weisse Chasselas-Traube. Aus ihr werden auch die moussierenden Weine gekeltert, auf die sich die alte Benediktinerabtei Le Prieuré St-Pierre in Môtiers spezialisiert hat. Dort wird seit dem Jahr 1829 der weithin bekannte Schaumwein Mauler hergestellt. Die Klosterkellerei ist bereits in der vierten Generation in Familienbesitz, was man als Besucher an der herzlichen Führung spürt. Weitere besuchenswerte Winzerorte am Neuenburgersee sind St-Aubin, Cortaillod, Colombier und Cressier in Richtung Bielersee. *www.mauler.ch*

Wandertipp

Vom Hotel (750 m) führt eine 7 km lange Wanderung zum Col de la Tourne (1129 m) – steil, aber man wird mit einer wunderbaren Aussicht belohnt. Zurück zum L'Aubier kann man mit dem Postauto (Station La Tourne bis Station Montmollin; wochentags stündlich, an Sonntagen mit verdünntem Fahrplan).

Ebenfalls empfehlenswert: Vom Hotel 5 km durch Wald und Weinberge hinunter zum See (429 m) wandern. Nach einem Sprung ins Wasser wieder zurück zum Hotel oder 4 weitere Kilometer dem See entlang nach Neuchâtel spazieren. Rückfahrt siehe Rubrik „Lage".

Regentag-Alternativen

Es bieten sich die Museen der Umgebung an: Das Centre Dürrenmatt Neuchâtel, das Musée d'Ethnographie de Neuchâtel, das Laténium (archäologisches Museum) in Hauterive bei Neuchâtel, das Musée International d'Horlogerie (Uhrenmuseum) in La Chaux-de-Fonds sowie die Moulins souterrains du Col-des-Roches (unterirdische Mühlen) in Le Locle.
www.cdn.ch + www.mih.ch + www.men.ch + www.latenium.ch + www.lesmoulins.ch

Die Zimmer

25 helle Zimmer, verteilt auf das Haupthaus und den benachbarten, architektonisch schlichten „Pavillon". Der Grossteil der Zimmer geht nach Süden mit Blick auf den Neuenburgersee und verfügt über einen Balkon oder direkten Gartenzugang. **Zimmer-Flüstertipps:** Die Zimmer „Popcorn" und „Sirop d'érable" haben besonders schöne Ausblicke und beide einen kleinen Balkon.

Die Küche

Solide zubereite Vollwertküche aus biodynamischer oder biologischer Produktion. Viele Erzeugnisse – mehrheitlich auch das Fleisch – stammen vom eigenen Hof. Auch das Frühstück erfreut mit viel Hausgemachtem.

Die Extras

Sauna und Dampfbad, Massagen. Kinderspielplatz. Bioladen und Boutique (unter anderem mit ökologischen Kleidern im Hippie-Stil der 70er-Jahre, esoterischen Edelsteinen und anthroposophisch sinnvollem Spielzeug).

Besonders geeignet für...
umweltbewusste Geniesser und naturliebende Familien.

Wenn doch nur...
der leicht missionarische Unterton nicht wäre, den dieses Ökohotel der ersten Stunde auch heute noch ausstrahlt. Hier findet sich nichts, was ein politisch korrektes Bewusstsein empören könnte. Ausbeutung der Erde, Ausbeutung der Frauen, Kolonialisierung ethnischer Randgruppen, Verseuchung unserer Lebensmittel und so weiter werden hier – natürlich zu Recht – an den Pranger gestellt, doch nicht jeder Hotelgast will in seiner Freizeit den Zeigefinger von hundertprozentigen Gutmenschen spüren.

LE BARON TAVERNIER
PUIDOUX-CHEXBRES

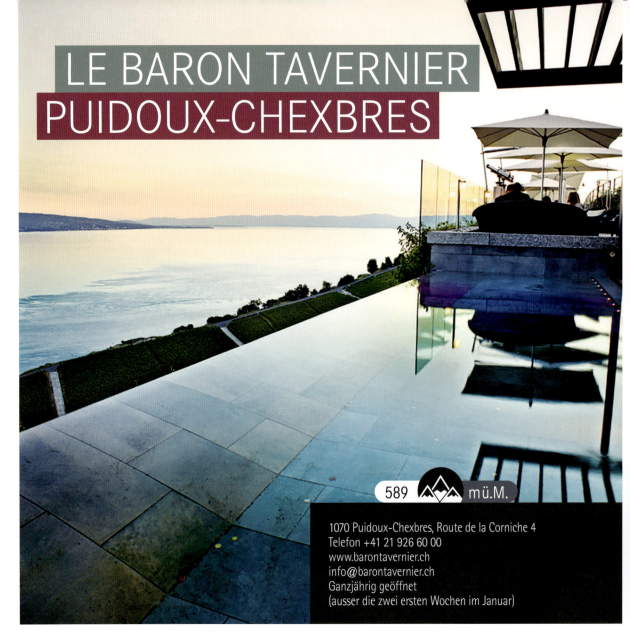

589 m ü.M.

1070 Puidoux-Chexbres, Route de la Corniche 4
Telefon +41 21 926 60 00
www.barontavernier.ch
info@barontavernier.ch
Ganzjährig geöffnet
(ausser die zwei ersten Wochen im Januar)

Die Lage 10/10

Ein Fest für die Augen: Rund ums Hotel breitet sich die Rebenflut des Lavaux aus, und weit unten der Lac Léman, eine Verheissung.

Die Atmosphäre 4/10

Der Ausblick raubt einem jedes Mal den Atem, egal, wie oft man schon hier war. Auf der langgestreckten Restaurantterrasse glaubt man, mitten in einer Märklin-Eisenbahnanlage mit wechselnden Beleuchtungseffekten zu sitzen. Denn die Stimmungen über dem Genfersee können sich rasch ändern: innerhalb einer Viertelstunde von den typisch zartdunstigen Pastelltönen zum dräuenden Gewitterschwarz. Da hört das Herzklopfen nie auf. Wer sich an diesem Cinemascope-Panorama nicht satt sehen kann, bucht ein Zimmer im Le Baron Tavernier. Es sei hier nicht verschwiegen, dass es dem Service an Herzlichkeit, der Küche an Konstanz und dem Interieur am gewissen Etwas fehlt, doch angesichts der konkurrenzlosen Lage (es gibt kein anderes Hotel im Lavaux mit einer vergleichbaren Aussicht) nimmt man diese Schwächen mehr oder weniger gerne in Kauf und fühlt sich herrlich weltentrückt.

LE BARON TAVERNIER
PUIDOUX-CHEXBRES

Die Zimmer
26 komfortable Zimmer, fast alle mit Seeblick und mit Balkon oder Terrasse.

Die Küche
Französisch geprägte Marktküche, im Sommer serviert im spektakulär über den Weinbergen thronenden Restaurant Le Deck mit Lounge-Bar, im Winter im Speisesaal „Le Baron". Rustikales Bistro Bon Sauvage mit traditionellen Waadtländer Gerichten.

Die Extras
Kleiner Wellnessbereich mit Hallenbad, Sauna und Dampfbad, Fitnessraum, Massagen und Schönheitsbehandlungen.

Freizeiterlebnisse
Auf dem 18-Loch-Golfplatz Lavaux (3,7 km vom Hotel entfernt) ist die Ambiance familiär und die Natur nah – wer frühmorgens eine Runde spielt, hat gute Chancen, einem Reh oder einem Fuchs zu begegnen. Es gibt einen zusätzlichen 6-Loch-Übungsparcours sowie eine Driving-Range und eine Golfschule. www.golflavaux.ch

Im Sommerhalbjahr fährt der „Lavaux Express" drei- bis viermal täglich während einer Stunde über die steilen Weinpfade des Lavaux-Gebiets. Abfahrt je nach Tag vom Schiffssteg Cully oder Lutry. Fahrplan siehe Website. www.lavauxexpress.ch

Auf einer Fläche von zwei Hektaren Wald bietet der Parc Aventure Aigle (33 km vom Hotel entfernt) sportliche Abenteuer auf elf Parcours sehr unterschiedlicher Schwierigkeitsgrade, davon eignen sich drei Parcours für vier- bis achtjährige Kinder. Auch stehen zwei Tyrolienne-Drahtseilrutschen für den ultimativen Adrenalinkick bereit. Bevor es losgeht, werden die Besucher ausführlich über die Sicherheitsregeln und den Gebrauch der zur Verfügung gestellten Ausrüstung instruiert. www.parc-aventure.ch

Wandertipp
Die terrassierten Weinhänge des Lavaux sind von ungezählten autofreien Rebwegen durchzogen. Direkt beim Hotel beginnen wunderbare, wenn auch teilweise recht steile Wege, etwa in Richtung Wallis von Chexbres über das Winzerdorf Rivaz nach Saint-Saphorin oder von Chexbres in Richtung Genf über das Winzerdorf Epesses nach Cully.

Regentag-Alternativen
Der Genfersee begeistert nicht nur landschaftlich. Zahlreiche Museen eröffnen überraschende Perspektiven und sind keine „Notlösung" für Regentage, sondern eine echte Alternative für spannende Ausflüge. Immer einen Besuch wert ist das Fotografiemuseum Musée de l'Elysée in Lausanne. In der herrschaftlichen Villa werden jährlich diverse Ausstellungen präsentiert – historische Retrospektiven ebenso wie aktuelle thematische Schauen, junge Talente und weltberühmte Fotografen. www.elysee.ch

Besonders geeignet für...
aussichtsbegeisterte Lavaux-Fans.

Wenn doch nur...
die Restaurantterrasse an schönen Tagen nicht so krass von einheimischen Ausflüglern überrannt würde. Der Entdeckungsreisende Jean-Baptiste Tavernier (1605-1689), nach dem das Hotel benannt ist, würde das Weite suchen.

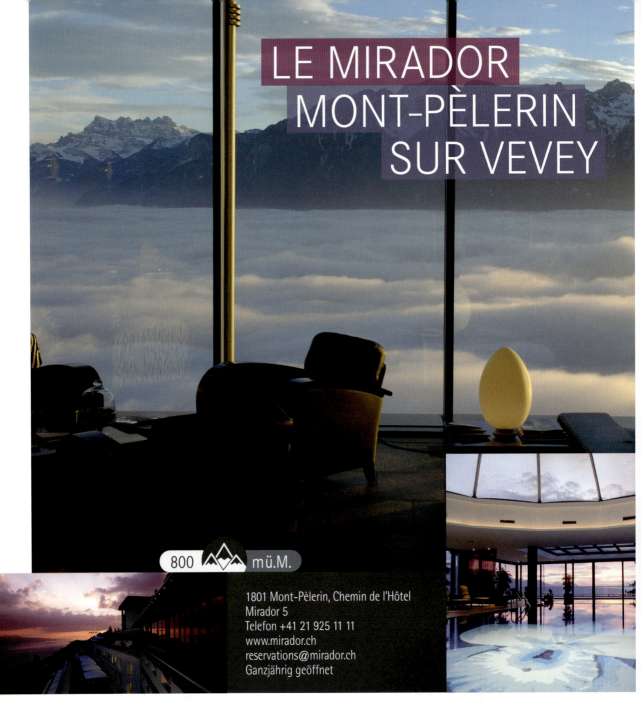

LE MIRADOR MONT-PÈLERIN SUR VEVEY

800 m ü.M.

1801 Mont-Pèlerin, Chemin de l'Hôtel Mirador 5
Telefon +41 21 925 11 11
www.mirador.ch
reservations@mirador.ch
Ganzjährig geöffnet

Die Lage 10/10

Das Lavaux – das Herzstück des Waadtländer Weingebiets zwischen Lausanne und Vevey – zählt zu den faszinierendsten Landschaften der Schweiz. Es sind die hängenden Gärten des Schweizer Weins. Über den steilen Rebterrassen dieses Unesco-Welterbes, auf dem Mont-Pèlerin, liegt das Le Mirador.

Wer mit öffentlichen Verkehrsmitteln unterwegs ist: Der Mont-Pèlerin ist auf einer elfminütigen Fahrt mit einer Standseilbahn ab Vevey erreichbar.

Die Atmosphäre 6/10

Das aussichtsreichste Luxushotel der Westschweiz, lange von Kempinski geführt, geht seit dem Besitzerwechsel 2015 unabhängige Wege, setzt aber weiterhin auf netten Service, solide Küche, Spa-Wohltaten im Givenchy Spa und Gesundheitsvorsorge im Mirador Medical Center. Die Hauptrolle spielt hier oben, 420 Meter über dem Seespiegel, das tägliche Naturschauspiel. Einmal angekommen, will man gar nicht mehr weg, und mit jedem Tag spürt man deutlicher: Der Überfluss an Weite ersetzt das Ichgefühl durch Raumgefühl, man wird förmlich Teil der Traumlandschaft.

LE MIRADOR
MONT-PÈLERIN SUR VEVEY

Die Innenarchitektur weckt gemischte Gefühle: Im Haupthaus logiert man in teilweise renovierungsbedürftigen Zimmern, welche an die Zeiten Napoleons erinnern. Die grosszügig konzipierten Juniorsuiten im neuen Zimmertrakt präsentierten sich im globalen Chic, so dass man sich ein bisschen wie in Dubai oder Singapur fühlt. Stimmungskiller sind die ältlichen Verbindungskorridore zwischen den Hoteltrakten.

Die unkompliziert zuvorkommende Art, wie das Hotelteam unter Direktorin Yvette Thüring auf individuelle Gästewünsche eingeht, macht kleine Schwächen des Hauses wett.

Die Zimmer

63 Zimmer und (Junior-)Suiten, verteilt auf das historisch eingerichtete Haupthaus und einen modernen Zimmertrakt. Bemerkenswert: Jedes Zimmer öffnet sich nach Süden und auf den Genfersee. **Zimmer-Flüstertipps:** Die lichtdurchfluteten „Junior Suites Prestige" im neuen Zimmertrakt sind jeweils 50 Quadratmeter gross und verfügen alle über eine eigene Panoramaterrasse mit weiteren 20 Quadratmetern.

Die Küche

Mediterran inspirierte Marktküche aus vorwiegend lokalen Frischprodukten im „Le Patio" mit Sommerterrasse. Japanische Spezialitäten im „Hinata". Snacks, Aperitif und Digestif in der Hotelbar (mit diversen raren Single Malt Whiskys) oder auf der grossartigen Lounge-Terrasse. Beliebter Sonntagsbrunch (80 Franken pro Person).

Die Extras 6/10

Wellnessbereich mit Hallenbad, Whirlpool, Sauna und Dampfbad (jeweils getrennt für Damen und Herren), hervorragenden Massagen und Gesichtsbehandlungen. Spektakulärer Fitnessraum mit mehr als 60 Trainingsmaschinen und Weitblick. Täglich Gymnastik- und Entspannungslektionen. 3 Tennis-Aussenplätze.

Freizeiterlebnisse

Stadtbummel durch Vevey – im Sommer verwandelt sich der seeseitige Teil der Grande Place zu einer legeren Beach-Lounge mit Sandboden und Sonnenliegen. Zu jeder Jahreszeit überrascht die Altstadt mit einer Vielzahl von sympathischen kleinen Läden und Cafés.

Wandertipp

Direkt beim Hotel beginnen friedliche Spazierwege in westlicher Richtung – ein sanftes Auf und Ab entlang von Wäldern, Feldern und Wiesen auf dem Höhenrücken des Mont-Pèlerin.

Quer durch die berühmten Rebhänge des Lavaux führt der gut markierte, 11 km lange und rund dreistündige Weinwanderweg „Terrasses de Lavaux" von Saint-Saphorin nach Lutry. Die Route ist mit Lehrtafeln ausgestattet, die Informationen zur Arbeit der Winzer, zu den Rebsorten, Böden, Weinen und Traditionen der Region liefern. Den Rückweg kann man gemütlich mit dem Zug oder dem Kursschiff antreten.

Regentag-Alternative

Bei Sonnenschein kommt so mancher „Mirador"-Gast in einen gewissen Sightseeing-Stress, die einmalige Umgebung erkunden zu müssen. Hat das Wetter einmal schlechte Laune, blühen Spa-Liebhaber auf und können endlich einmal ohne schlechtes Gewissen das vielfältige Wellnessangebot im Hotel nutzen.

Besonders geeignet für...
landschaftsverliebte Wellness- und Beauty-Urlauber.

Wenn doch nur...
die Konferenzen, Seminare, Hochzeiten und Familienfeste nicht wären. Auch ist das Hotel nicht ganz so ruhig gelegen, wie man vielleicht denken könnte: Die Autobahn rauscht rund um die Uhr von weit unten zum Mont-Pèlerin hinauf.

MONT-VULLY
LUGNORRE

653 mü.M.

1789 Lugnorre, Route du Mont 50
Telefon +41 26 673 21 21
www.hotel-mont-vully.ch
info@hotel-mont-vully.ch
Mitte Februar bis Ende Dezember geöffnet.
Das Restaurant ist am Montag und Dienstag sowie am
Sonntagabend geschlossen (dann lädt zum Beispiel die
Auberge des Clefs im selben Ort zur Einkehr ein)

Die Lage 8/10
Alleinstehend am Südhang des Mont-Vully, mit schönem Blick
auf den Murtensee und den gegenüberliegenden Ort Murten –
bei klarem Wetter auch auf die Alpenkette im Hintergrund.

Die Atmosphäre 5/10
Das gute Leben kann ganz einfach sein. Ein nettes Zimmer in
einem kleinen Hotel inmitten der Rebhänge des Mont-Vully.
Eine Gartenterrasse mit Blick auf den Murtensee und die
Hochalpen. Ein herzhaftes Frühstück ohne Schnickschnack,
aber in authentischer Qualität. Abends eine bodenständige
Marktküche aus lokalen Frischprodukten, begleitet von
den besten Weinen der Region. Dazu eine unaufdringlich
zuvorkommende Gastgeberin, die Lust darauf macht, das
umliegende Drei-Seen-Land zu erkunden. Das gute Leben
braucht kein Feuerwerk. Zumindest nicht am Mont-Vully.

MONT-VULLY
LUGNORRE

Freizeiterlebnisse

Fünf Gehminuten unterhalb des Hotels befinden sich die Grotten von Lamberta. Diese wurden während dem ersten Weltkrieg zur Verteidigung des Schweizer Mittellandes in den Sandstein gegraben. Die dunklen, höhlenartigen Gänge sind frei zugänglich und ein abenteuerlicher Spielplatz für Kinder – und grosse Kinder. Gutes Schuhwerk und Taschenlampe (oder Handy) nicht vergessen!

Auch ein Abstecher im 800-jährigen Ort Murten mit seinen Laubengängen, den verschachtelten Dächern und der fast vollständig erhaltenen, begehbaren Ringmauer ist ein Vergnügen.

Unbedingt lohnenswert ist die Drei-Seen-Fahrt mit dem Schiff – dieser längste Wasserweg der Schweiz führt vom Bielersee via Zihlkanal in den Neuenburgersee und weiter durch den Broyekanal in den Murtensee. An Bord gibt es Frühstück und Mittagessen. Von April bis Oktober täglich um 9.45 Uhr ab Biel, Rückkehr in Biel um 18.20 Uhr (Mittagsstopp in Murten von 13 bis 14.30 Uhr). In den Wintermonaten findet die Kreuzfahrt jeden Sonntag statt.

Wandertipp

Der Mont-Vully erreicht nicht mal eine Höhe von 700 Metern und ist eher ein Hügel als ein Berg. Dennoch lohnt sich der „Aufstieg" vom Hotel auf einem kurzen Waldweg: Der Rundumblick auf die drei Seen sowie auf den Alpenkamm auf der einen Seite und die Jurakette mit dem markanten Chasseral auf der anderen Seite ist wirklich überraschend.

Ebenfalls vor der Haustür beginnt die leichte, gut zweistündige Rundwanderung auf dem Mont-Vully, die oberhalb von Praz und Nant auf dem Weinlehrpfad „Chemin la Riviera" durch die Rebberge nach Sugiez führt. Von Sugiez geht es auf weiter unten gelegenen Wegen via Praz und Môtier zurück zum Hotel. Als Variante kann man von Sugiez auch dem Seeufer entlang nach Murten wandern und von dort mit dem Kursschiff nach Môtier zurückfahren.

Regentag-Alternative

Die Altstadt Bern (36 km vom Hotel entfernt) besitzt mit 6 km Arkaden – den sogenannten Lauben – eine der längsten wettergeschützten Einkaufspromenaden Europas. Kaum eine andere Stadt hat ihre mittelalterlichen Züge so gut bewahrt, und kaum ein anderer Ort eignet sich so ideal zum kultivierten Müssiggang wie Bern.

Der Besuchermagnet unter den Berner Kulturzentren ist das Zentrum Paul Klee am östlichen Stadtrand. Hier schuf der italienische Architekt Renzo Piano in drei „Wellen" aus Stahl und Glas Raum für 4000 Werke des berühmten Berner Malers. Ebenfalls sehenswert: das Kunstmuseum Bern mit seiner Sammlung Schweizer Kunst (Anker, Hodler, Amiet) und internationaler Malerei des 19. und frühen 20. Jahrhunderts – neu auch mit dem „Kunstfund Gurlitt".
www.zpk.org + www.kunstmuseumbern.ch

Albert Einstein lebte in Bern, als er 1905 mit seiner Relativitätstheorie die Vorstellungen von Raum und Zeit auf den Kopf stellte. Das im Bernischen Historischen Museum integrierte Einstein Museum präsentiert das Leben des Physikers und vermittelt Einblicke in seine bahnbrechenden Erkenntnisse. Zahlreiche Originalobjekte, Filme und Animationen machen den Mensch hinter dem Genie fassbar. Liebesbeziehungen und -dramen werden ebenso thematisiert wie die schicksalsvolle Welt der 1920er- und 1930er-Jahre.
www.bhm.ch/de/ausstellungen/einstein-museum/

Die Zimmer 4 / 10

8 unprätentiös angenehme, im Januar 2018 frisch renovierte Doppelzimmer und 1 Familienzimmer, alle mit eigenem Balkon und identischem Weitblick.

Die Küche 4 / 10

Saisonale Regionalküche: Nüsslisalat mit sautierten Steinpilzen und Ziegenkäse-Croûtons, Vully-Weinsuppe, Rindstatar mit Toast, Lamm-Entrecôte an Steckrübengemüse mit Kartoffelstampf und Kräuterjus, Eglifilet Müllerinnenart auf Spinat und Salzkartoffeln, zum Dessert Vermicelles mit Meringue und Vanilleglacé. Eine Sommerspezialität sind die Fleisch- und Fischstücke auf dem heissen Stein.

Besonders geeignet für...
unkomplizierte Geniesser und Freunde der Drei-Seen-Landschaft.

Wenn doch nur...
das hässliche Veranstaltungszelt am Eingang zur grossen Terrasse nicht wäre – respektive wieder abgebaut würde, wenn keine Veranstaltungen stattfinden.

PALAFITTE NEUCHÂTEL

440 mü.M.

2000 Neuchâtel,
Routes des Gouttes-d'Or 2
Telefon +41 32 723 02 02
www.palafitte.ch
reception@palafitte.ch
Mitte Januar bis Mitte Dezember geöffnet

Die Lage 9/10

Am Ufer des Neuenburgersees, wenige Autominuten vom Stadtzentrum Neuchâtel entfernt.

Die Atmosphäre 9/10

Am Neuenburgersee kann man durchaus günstiger übernachten. Aber nirgends stilvoller absteigen: Wer sich's leisten kann oder mag, bucht einen der 38 unlängst renovierten Gäste-Pavillons, die auf Pfählen im See oder am Ufer stehen sowie mit lichtdurchfluteten Interieurs und fabelhaften Badezimmern überraschen. Von den Seepavillons kann man direkt ins Wasser springen – so dass man sich ein bisschen wie auf den Malediven fühlt, mit dem Unterschied, dass man keinen Jetlag in Kauf nehmen muss. Die Anlage, die als temporäre Nobelabsteige der Landesausstellung Expo.02 errichtet wurde, bleibt glücklicherweise auch weiterhin als Traumhotel für ruhesuchende Individualisten bestehen. Übrigens: Die Pfahlbauweise des Palafitte hängt mit der Geschichte des Standorts zusammen – in der Region wurden Überreste erster Schweizer Siedlungen gefunden, die auf Pfählen errichtet waren.

PALAFITTE
NEUCHÂTEL

Die Zimmer 10/10
Solche Zimmer gibt's nur einmal in der Schweiz: Jedes misst 58 Quadratmeter und präsentiert sich nach asiatischem Vorbild als luxuriöser Pavillon mit privater Terrasse (jeweils 10 Quadratmeter). **Zimmer-Flüstertipps:** Unbedingt einen der 24 Seepavillons buchen. Diese kosten rund 30 Prozent mehr als die Uferpavillons, doch ist in ihnen das Glückserlebnis um 300 Prozent gesteigert.

Die Küche 7/10
Die Karte folgt dem Rhythmus der Jahreszeiten, die sorgfältig gemachten Gerichte werden nach Möglichkeit auf der herrlichen Restaurantterrasse serviert. Gemütliche Lounge-Bar mit Cheminée. Sonntagsbrunch von 12.30 bis 14 Uhr (82 Franken pro Person, Kinder 6 bis 12 Jahre: 40 Franken).

Die Extras 1/10
Kostenloser Verleih von Kajaks und Stand-up-Paddles.

Besonders geeignet für...
Genussmenschen, die ein Stück Malediven in der Schweiz suchen.

Wenn doch nur...
die Umgebung im Rücken des Hotels nicht diese Vorort-Tristesse verströmen würde. Doch vergisst man das, sobald man im Palafitte eingecheckt hat und auf die Weite des Sees bis zur Alpenkette blickt.

Freizeiterlebnisse
Die Rebhänge am milden Nordufer des Neuenburgersees (mit 216 Quadratkilometern der grösste rein schweizerische See) gehören nicht nur zu den schönsten Kulturlandschaften der Schweiz, sie bringen auch eine reiche Vielfalt von Weinen hervor. Wer die ihm zusagenden finden will, sieht sich am besten gleich an Ort und Stelle um. Die Weinbauern heissen Besucher herzlich willkommen in ihren „Caveaux". Zum Beispiel in Auvernier, wo die Caves du Château d'Auvernier und die Domaine E. de Montmollin Fils um den besten Tropfen wetteifern. Eine besondere regionale Weinspezialität ist ein leichter Rosé aus der Pinot-Noir-Traube, seiner Farbe wegen Oeil de Perdrix (Rebhuhnauge) genannt. *www.chateau-auvernier.ch + www.montmollinwine.ch*

Auch ein Stadtbummel durch Neuchâtel oder eine Schifffahrt auf dem Neuenburgersee lohnen sich.

Wandertipp
Der Klassiker ist der 5 km lange, topfebene Heidenweg von Erlach bis ans äusserste Ende der St. Petersinsel im Bielersee, wo die Restaurantterrasse des Klosterhotels St. Petersinsel zur Einkehr einlädt. Es ist mit einer Stunde pro Wegstrecke und an Wochenenden mit zahlreichen anderen Wanderern zu rechnen. *www.biel-seeland.ch + www.st-petersinsel.ch*

Wer die St. Petersinsel lieber von oben betrachtet, wandert dem Nordufer des Bielersees entlang von La Neuveville nach Biel. Der sogenannte Rebenweg führt in rund vier Stunden durch hübsche Winzerdörfer. Zwischen dem Rebbaumuseum in Ligerz und dem Dorf Twann findet sich zudem ein Rebenlehrpfad, und im Restaurant „Aux Trois Amis" in Schernelz schmecken die frischen Egli-Filets besonders lecker. *www.biel-seeland.ch + www.aux3amis.ch*

Regentag-Alternative
400 Meter vom Hotel Palafitte entfernt liegt das Laténium. In diesem grössten archäologischen Museum der Schweiz wurden die Funde von mehr als hundert archäologischen Stätten unter der Erde oder unter dem Wasser des Sees zusammengetragen und interaktiv aufgearbeitet. 50000 Jahre Regionalgeschichte von den Neandertalern bis zum Mittelalter – modern inszeniert und gleichermassen wissenschaftlich wie familientauglich dargeboten. *www.latenium.ch*

VICTORIA
GLION SUR MONTREUX

700 mü.M.

1823 Glion sur Montreux
Route de Caux 16
Telefon +41 21 962 82 82
www.victoria-glion.ch
info@victoria-glion.ch
Ganzjährig geöffnet

Die Lage 10/10

Vom privaten Hotelpark, der am Hang über Montreux zu schweben scheint, überblickt man drei Viertel des Genfersees. Dahinter erstrecken sich die Savoyer Voralpen mit der Bergkette Dents du Midi und dem Chablais-Massiv mit dem markanten, vom Schweizer Künstler Ferdinand Hodler oft gemalten Grammont.

Die Atmosphäre 10/10

In diesem nostalgischen Hoteljuwel checkt man nicht ein, hier kommt man an. Spätestens wenn man die Balkontür seines Zimmers öffnet und auf die Weite des Genfersees blickt, wird es einem ganz leicht ums Herz und schwindelig vor Glück. Zeigt sich das Wetter von seiner schlechten Seite, macht auch das Innenleben gute Laune: In den Hallen und Salons leuchtet die Belle Epoque, als hätte sie gerade erst begonnen, und es grenzt fast an ein Wunder, wie unbeschadet das Haus die Zeiten überstanden hat. Trotzdem ist es kein Schaustück zum Bewundern, sondern ein überraschend unprätentiöses Hotel zum Brauchen und Bewohnen. Toni Mittermair, dem das „Victoria" vor dreissig Jahren in die Hände fiel, sorgt zusammen mit seiner Frau Barbara dafür, dass jeder Gast der Wichtigste ist und das Hotel jene Gelassenheit ausstrahlt, die man mit Geld allein nicht kaufen kann. Vielleicht bewirkt ja die gewachsene Aura des Hauses, dass erholungssuchende Genussmenschen und Familien mit Kindern hier so entspannt miteinander umgehen.

VICTORIA
GLION SUR MONTREUX

Die Zimmer 7/10

45 unterschiedlich eingerichtete, durchwegs wohnliche Zimmer und 9 Suiten. Die meisten Zimmer erfreuen mit Balkon und Seeblick. **Zimmer-Flüstertipps:** Die Südzimmer-Nummern 58, 62 und 65 sowie die Suiten 130 und 140 haben besonders schöne Ausblicke auf den Genfersee; die Westzimmer-Nummern 49, 67 und 70 blicken über das Dorf von Glion auf das Lavaux und den Lac Léman. Eine stimmige Eck-Juniorsuite ist die Nummer 47.

Die Küche 9/10

Die lang gestreckte Restaurantterrasse zählt zu den schönsten am Genfersee und zieht auch viele lokale Besucher an. Aufgetischt wird eine fein zubereitete französisch-schweizerische Marktküche. Manche Hauptgänge – etwa der pochierte Omble chevalier aus dem Léman oder das Sisteron-Lammkarree mit Ratatouille – werden traditionell in zwei Gängen serviert. Leckermäuler freuen sich über den reich befrachteten Dessertwagen, Weinkenner über erschwingliche Trouvaillen aus dem Wallis und aus Frankreich.

Die Extras 2/10

Freibad, Sauna, Tennisplatz.

Freizeiterlebnisse

Wenige Schritte unterhalb des Hotels hält die Zahnradbahn auf den Aussichtsberg Rochers-de-Naye. Oben auf 2042 Meter Höhe locken Panoramawege und grenzenlose Ausblicke, ein Alpengarten und ein Murmeltierpark. Auch kann man hier viele Gleitschirmflieger beim Start beobachten. www.goldenpass.ch

Eine weitere Standseilbahn führt von Glion nach Territet an der Seepromenade von Montreux – von dort kann man gemütlich zum Schloss Chillon spazieren oder eine Bootsfahrt unternehmen, etwa eine Rundtour mit einem der nostalgischen Raddampfer im oberen Seebecken. Ebenfalls attraktiv: Von Chillon führt der topfebene Wander- und Veloweg ins Naturschutzgebiet Les Grangettes im Mündungsgebiet der Rhone zwischen Villeneuve und Le Bouveret. In der urwaldähnlichen Grünzone leben Hunderte von teilweise seltenen Vogel- und Amphibienarten. www.chillon.ch + www.cgn.ch + www.pronatura-grangettes.ch

Wandertipp

Am Bahnhof Glion beginnt und endet der 4,7 Kilometer lange Narzissen-Rundweg durch Wiesen, Wälder und Schluchten. Gehzeit: 1¼ Stunden. Der Weg ist durch grüne Wegweiser mit einer Narzisse markiert. Wer mehr Zeit und Ausdauer mitbringt, wandert von Glion über Caux und die Alp Les Gresaleys nach Les Avants. Gehzeit: 4 Stunden. Diese Route ist ein Klassiker, deshalb ist man bei gutem Wetter auch nie allein.

Regentag-Alternative

In Sichtweite von Glion lockt Chaplin's World in Corsier-sur-Vevey. Dort, wo Charles Chaplin seine letzten 25 Jahre verbracht hatte, ist ein Filmmuseum mit hollywoodartiger Inszenierung, aufwendigen Studio-Nachbauten und berührenden Einblicken in das Familienleben des grossen Schauspielers entstanden. Berühmte Filmszenen aus „The Kid", „Moderne Zeiten" oder „Lichter der Grossstadt" lassen nicht nur Kinderherzen höher schlagen, und der original belassene Wohnbereich der 40-Zimmer-Villa wirkt ein bisschen, als wäre Chaplin nur mal rasch nach draussen gegangen. www.chaplinsworld.com

Besonders geeignet für...

erholungsuchende Genussmenschen, die gerne in die Zeit der vorletzten Jahrhundertwende eintauchen und sich ein paar Tage vor der gewöhnlichen Welt verschanzen wollen.

Wenn doch nur...

der Aussenpool an frischen Frühlings- oder Spätsommertagen beheizt wäre.

VILLA KRUGER BOUTIQUE B&B CLARENS-MONTREUX

390 mü.M.

Villas Dubochet 17,
1815 Clarens-Montreux
Telefon +41 78 707 00 70
www.villa-kruger.com
info@villa-kruger.com
Ganzjährig geöffnet

Die Lage 9 10

In einem hübschen Garten mit Brunnen und versteckten Plätzchen am westlichen Ende der Fussgänger-Uferpromenade von Clarens, mit Panoramablick auf See und Berge. Zum Ortszentrum von Montreux sind es 15 Gehminuten dem See entlang, zur nächsten Badewiese zwei Gehminuten.

Die Atmosphäre 9 10

Gegenüber dem kleinen Hafen von Clarens und der vorgelagerten Île de Salagnon verstecken sich hinter hohen Hecken und alten Bäumen zwanzig mehr oder weniger mysteriöse Villen aus dem späten 19. Jahrhundert: die sogenannten Villas Dubochet. Berühmte Persönlichkeiten haben hier gelebt, prominente Zeitgenossen leben immer noch hier. In Nummer 17, der Villa Kruger, verbrachte Paul Kruger, der letzte Präsident der burischen Südafrikanischen Republik (nach dem auch das älteste Tierreservat Südafrikas benannt ist), sein letztes Jahr im Exil bis zu seinem Tod 1904. Krugers Zimmer kann täglich von 14 bis 17 Uhr besichtigt werden.

VILLA KRUGER BOUTIQUE B&B
CLARENS-MONTREUX

Bereits in den 1990er-Jahren als Edel-Guesthouse geführt, steht die leicht exzentrische, 1874 erbaute Villa neuerdings wieder als „Boutique B&B" für übernachtende Besucher offen. Wer hier ankommt und eines der vier Gästezimmer bezieht, fühlt sich, wie sich frühere Hausbesitzer gefühlt haben mögen – darf man doch als Gast alle Salons, Terrassen und den Garten mitbenutzen. Gastgeber Philip Bommer inszeniert hier, was er „the art of gracious living" nennt, die Kunst, stilvoll zu leben. Nichts entspricht hier dem typischen Hotelstandard, und im ganzen Haus sorgen unzählige Kleinigkeiten dafür, dass man gerne wiederkommt.

Die Zimmer

2 charmante, wohnliche Suiten, 1 Doppelzimmer und 1 Einzelzimmer. **Zimmer-Flüstertipps:** Am schönsten ist die „Blue Suite" mit Seeblick und Balkon. Auch das Doppelzimmer verfügt über einen Balkon und blickt auf den See, doch befindet sich das Badezimmer zur exklusiven Nutzung auf der anderen Seite des Korridors. Die „Green Suite" mit Gartenblick wird meistens mit dem Einzelzimmer zusammen vermietet (für Gäste, die gerne in getrennten Schlafzimmern mit zwei Bädern übernachten).

Die Küche

Kein Restaurant im Haus. Gutes Frühstück, an warmen Tagen auf der Terrasse serviert.

Freizeiterlebnisse

Kein Motor, kein Lärm, keine Verkehrsampeln: Wer dem Alltag davonschweben und das obere Genferseebecken im Vogelflug erkunden will, lässt sich von einem erfahrenen Pilot des Gleitschirm-Unternehmens Fly Riviera in die Lüfte entführen. Dieser übernimmt alle Schlüsselfunktionen des Sprungablaufs – Vorkenntnisse sind keine erforderlich. Die Preise bewegen sich zwischen 170 Franken (von Sonchaux nach Villeneuve) und 300 Franken (vom Rochers de Naye nach Villeneuve). Der Tandem-Flug dauert insgesamt anderthalb respektive zweieinhalb Stunden und ist genau das richtige für Augenmenschen, die Lust auf neue Erlebnisse haben und viel Luft unter dem Hintern lieben. www.flyriviera.ch

Wenn Dampfwolken stieben, ein schriller Pfiff ertönt und sich die historische Zugskomposition in Bewegung setzt, lebt der einstige Charme des Reisens auf. Die Museumsbahn Blonay-Chamby haucht alten Dampflokomotiven und Elektrotriebwagen wieder Leben ein. Die steigungs- und kurvenreiche Strecke ab Blonay ist ein Fest für die Augen mit schönen Ausblicken auf den Genfersee. Im Museumsdepot am Ende der Strecke lassen sich rund 60 faszinierende, zwischen 1870 und 1940 in Meterspur gebaute Eisenbahnwagen und die Werkstatt besichtigen. www.blonay-chamby.ch

Wandertipp

Direkt vor dem Haus beginnt die 7 km lange, blumen- und pflanzengesäumte Uferpromenade von Montreux – ein Traum für Spaziergänger, Rollerblader und Velofahrer.

Regentag-Alternative

Siehe „Au Fil de l'Eau", „Hôtel de Trois Couronnes", „Le Baron Tavernier" und „Victoria" auf Seiten 116, 122, 126, 134.

Besonders geeignet für...

Individualisten, die einmalige Wohnerlebnisse statt offenkundigen Luxus suchen.

Wenn doch nur...

die Villa Kruger nicht Opfer des eigenen Erfolgs wäre und man für ein Sommerwochenende, insbesondere während dem Jazz Festival Montreux im Juli, nicht lange im Voraus reservieren müsste.

WEITERE TOP GELEGENE HOTELS IN DER WESTSCHWEIZ

HOTELNAME	ORT	WEBSEITE
Angleterre & Résidence	Lausanne	www.angleterre-residence.ch
Beau-Rivage Neuchâtel	Neuchâtel	www.beau-rivage-hotel.ch
Beau-Rivage Palace	Lausanne	www.brp.ch
Bel-Air	Praz-Vully	www.bel-air-lac.ch
Château d'Ouchy	Lausanne	www.chateaudouchy.ch
Eden Palace au Lac	Montreux	www.edenpalace.ch
Fairmont Le Montreux Palace	Montreux	www.fairmont.com/montreux/
Grand Hôtel du Lac	Vevey	www.hoteldulac-vevey.ch
Grand Hôtel Suisse Majestic	Montreux	www.suisse-majestic.com
Hostellerie Bon Rivage	La Tour-de-Peilz	www.bon-rivage.ch
Hôtel de la Chaux-d'Abel	La Ferrière	www.hotellachauxdabel.ch
Hôtel du Chasseron	Les Rasses	www.chasseron.ch
Klosterhotel St. Petersinsel	Erlach	www.st-petersinsel.ch
La Barcarolle	Prangins	www.labarcarolle.ch
Le Rivage	Lutry	www.hotelrivagelutry.ch
Major Davel	Cully	www.hotelaumajordavel.ch
Préalpina	Chexbres	www.prealpina.ch
Romantik Hôtel Mont-Blanc au Lac	Morges	www.hotel-mont-blanc.ch
Royal Plaza	Montreux	www.royalplaza.ch

WEITERE TOP GELEGENE HOTELS
IN DER WESTSCHWEIZ

© Eden Palace au Lac, Montreux

© Fairmont Le Montreux Palace, Montreux

© Grand Hôtel du Lac, Vevey

© Grand Hôtel Suisse Majestic, Montreux

© Hostellerie Bon Rivage, La Tour-de-Peilz

© Hôtel de la Chaux-d'Abel, La Ferrière

© Hôtel du Chasseron, Les Rasses

© Klosterhotel St. Petersinsel, Erlach

© La Barcarolle, Prangins

© Major Davel, Cully

© Préalpina, Chexbres

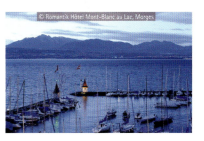
© Romantik Hôtel Mont-Blanc au Lac, Morges

© Royal Plaza, Montreux

TOP GELEGENE HOTELS
IM WALLIS

3100 KULMHOTEL GORNERGRAT ZERMATT

3100 m ü.M.

3920 Zermatt,
Gornergrat 3100m
Telefon +41 27 966 64 00
www.gornergrat-kulm.ch
gornergrat.kulm@zermatt.ch
Mitte Dezember bis Ende Oktober geöffnet
(keine Frühjahrspause)

Die Lage 10/10

Das höchstgelegene Hotel der Schweiz hat den Bahnanschluss vor der Tür: Bergstation Gornergrat, 3100 Meter über Meer. Diese ist in vierzig Fahrminuten mit der Gornergratbahn von Zermatt aus zu erreichen.

Wolkenfetzen fliegen an den Fenstern vorbei. Eis, Schnee und Wolken verschmelzen zu einer einheitlichen Kulisse aus Weiss und Kristall. Schwarzer Fels ist der letzte Fixpunkt zur Orientierung. Ein kleines blaues Loch in den Wolken reisst auf. Keine zwei Minuten später ist der Himmel strahlend blau. Das erlebt man nur auf 3100 Metern. Normalerweise eine Höhe für Forscher, Bergsteiger und Piloten. Im Kulmhotel Gornergrat checkt man auf dieser Höhe erst mal komfortabel ein. Die Bergwelt ist hier mehr als eine Ansammlung weisser Gipfel vor blauem Himmel neben einem Sessellift. Auf dem Gornergrat spürt man den Himmel und erlebt hautnah die monumentale Kraft der Berge. Es gibt wenige Orte auf der Welt, wo ein Selfie so angebracht ist wie hier. Und die Nächte sind im Idealfall so unvergleichlich sternenklar, dass die beiden aluminiumsilbernen Rundtürme auf dem Dach des trutzigen Gebäudes Sternwarten einer hochalpinen Forschungsstation beherbergen (allerdings ist nur die von vorne gesehen rechte Kuppel technisch auf dem aktuellsten Stand und wird regelmässig von Astronomen betreut).

3100 KULMHOTEL GORNERGRAT
ZERMATT

Die Atmosphäre 4/10

Nachdem die letzten Tagestouristen den Gornergrat verlassen haben, breitet sich Ruhe aus. Dann gehört der Berg wieder den Steinböcken, Dohlen, Murmeltieren, Schneehasen, Gämsen und Adlern – und den wenigen Gästen, die hier oben ein Zimmer reserviert haben. Zermatts brummende Tourismusmaschinerie ist weit weg. Fast senkrecht unter dem Zimmerfenster der Gletscher. Und rundherum 29 Gipfel, die mindestens 4000 Meter hoch sind. Ein unprätentiöser Traumort, um sich von der Magie des Matterhorns und der Welt der Bergriesen verzaubern zu lassen – auch in punkto Service unter dem langjährigen Gastgeberpaar Thomas und Nicole Marbach, der durchwegs freundlich und hilfsbereit agiert und oftmals auch „Walliserdiitsch" spricht. Dass Übernachtungen nur mit Halbpension angeboten werden, ist logisch. Wo sollte man sich abends sonst verpflegen?

Freizeiterlebnisse

Vor dem Frühstück einen Abstecher auf die Aussichtsterrasse gleich hinter dem Hotel. Nach dem kurzen Anstieg fühlt man sich, als ob man auf eigenen Beinen einen Viertausender erklommen hätte. Nicht nur wegen der dünnen Luft, vor allem wegen des umwerfenden Panoramas. Wer einmal den Sonnenaufgang hier oben erlebt hat, vergisst diesen Augenblick nie.

Vom Kulmhotel Gornergrat aus gibt es einen Schneeschuh-Trail, der auch ohne Bergführer leicht zu schaffen ist. Ab Gornergrat wandert man immer links von der Bahnlinie bis zur Station Rotenboden hinab – die knapp einstündige Route ist im Abstand von ca. 100 Metern mit pinkfarbigen Stangen markiert. Wer den Rückweg mit 274 Höhenmetern scheut, fährt mit der Gornergratbahn zurück zum Ausgangspunkt Gornergrat.

Wandertipp

Vom Gornergrat (3089 m) mit der Bahn zur Riffelalp (2211 m) hinunterfahren, dann via Riffelberg (2582 m) und Riffelsee zurück zum Gornergrat hinaufwandern. Für die 6,3 km sind drei Stunden einzuplanen, es sind immerhin 868 Höhenmeter zurückzulegen. Umgekehrt geht es natürlich bedeutend schneller.

Beschaulicher ist der Weg der Stille vom Gornergrat hinunter durch ein stilles, vergessenes Tal über Kelle nach Grünsee (2300 m). Die 5 km sind in gut anderthalb Stunden zu schaffen – dabei geht es 783 Höhenmeter nach unten. Von Grünsee führt ein recht einfacher, knapp anderthalbstündiger Wanderweg zur Bahnstation Riffelalp, wo die Gornergratbahn Halt macht.

Regentag-Alternative

Siehe Beitrag „Riffelhaus 1853" auf Seite 156.

Die Zimmer 3/10

Die 22 Zimmer (15 Quadratmeter) und 2 Juniorsuiten (31 und 34 Quadratmeter) sind funktionell modern eingerichtet und jeweils nach einem der umliegenden Viertausender benannt. Die Nummern – etwa 4357, 4436 oder 4634 – entsprechen der Höhe des namensgebenden Bergs, den man aus dem Zimmerfenster sieht. **Zimmer-Flüstertipps:** Die Zimmer auf der Westseite haben freie Sicht aufs Matterhorn. Von den Zimmern auf der Südseite blickt man aufs Monte-Rosa-Massiv. Am speziellsten ist das Zimmer „Zinalrothorn" sowie die Juniorsuite „Monte Rosa" mit abgerundeten Fensterfronten und Wänden im Turm.

Die Küche 3/10

Tagsüber modernes Selbstbedienungslokal mit Panoramaterrasse. Hotelgästen wird abends ein solides Viergang-Auswahlmenü in der gemütlichen Holzstube „Vis-à-vis" serviert. Die Küche setzt auf regionale und internationale Klassiker – von Holzhackerrösti mit Kalbsbratwurst über Käsefondue bis Rindsentrecôte mit Pilzrahmsauce und Pommes frites.

Die Extras 1/10

Obwohl das Observatorium und Stellarium als Forschungsstation der Universität Bern nicht öffentlich zugänglich sind, machen die Experten für Hotelgäste an bestimmten Daten und bei passenden Wetterbedingungen gerne eine Ausnahme.

Besonders geeignet für...

Himmelstürmer, die der Berg ruft. Das Observatorium Gornergrat vereint zudem Experten mit Wissensdrang und Sternegucker aus Neugier.

Wenn doch nur...

so mancher Besucher auf 3100 Meter Höhe nicht mit Schlaflosigkeit und Kopfschmerzen zu kämpfen hätte. Tipp 1: Wegen der extrem trockenen Luft einen Luftbefeuchter ins Zimmer stellen lassen (was das Kulmhotel auf Anfrage gerne tut). Tipp 2: Viel Wasser und wenig Alkohol trinken. Tipp 3: Vor dem Aufenthalt ein, zwei Nächte im 1500 Meter tiefer gelegenen Zermatt akklimatisieren.

BETTMERHOF
BETTMERALP

1950 mü.M.

3992 Bettmeralp
Telefon +41 27 928 62 10
www.bettmerhof.ch
hotel@bettmerhof.ch
Mitte Dezember bis Anfang April und
Ende Juni bis Anfang Oktober geöffnet

Die Lage 9/10

Am Ortsrand bei der Talstation der Schönbiel-Sesselbahn, mit Panorama ohne Ende. Die Terrasse, die im Winter direkt am Pistenrand liegt, ist von früh bis spät von der Sonne verwöhnt. An warmen Sommertagen wird hier das Frühstück serviert.

Das Hochplateau der Bettmeralp ist autofrei und in 6 Minuten mit der Luftseilbahn von der Bahnstation/Talstation Betten aus zu erreichen. Auf der Bettmeralp angelangt, wartet der hauseigene Taxidienst zum Hotel (im Winter mit Pistenraupen oder Motorschlitten).

Die Atmosphäre 7/10

Genauso stellt man sich ein familiengeführtes Berghotel im Wallis vor: gemütliches Alpinambiente mit hellem Holz, der Duft eines Cheminées und ein natürlich strahlendes Team, dem kein Aufwand zu gross ist, um die Gäste zu verwöhnen. Christian Eyholzer ist ein Gastgeber, der seinen Beruf sichtlich liebt und als Einheimischer selbst das abgelegenste und schmalste Wanderweglein kennt. Gerne gibt er individuell passende Insidertipps je nach Saison. Die modern-alpinen Zimmer sind mit natürlichen Materialien wie Eichenparkett, Fichten-Altholz, Naturstein und Leinenstoffen ausgestattet. Von denjenigen zur Südseite kann man zuschauen, wie der Sonnenuntergang die Alpen rot anlaufen lässt und später ins kuschelige Bett fallen.

BETTMERHOF
BETTMERALP

Freizeiterlebnisse

Im Sommer: 9-Loch-Golfplatz Riederalp, 100 km Mountainbike-Routen, Seilpark Baschweri mit 6 Parcours und 200 Meter langer Tyrolienne, geführte Klettertouren, Pedalofahrten auf dem Bettmersee (Mutige springen im Hochsommer ins 18 Grad kalte Quellwasser), Trottinett-Abfahrten von der Bettmeralp hinunter nach Betten Dorf (zurück auf die Bettmeralp geht es bequem mit der Luftseilbahn; Mindestalter 10 Jahre), Gleitschirm-Tandemflüge.

Im Winter: 104 km zusammenhängende Skipisten in der Aletsch-Arena (Bettmeralp sowie Rieder- und Fiescheralp), 14 km Schneeschuh-Trails, Schlittelweg von der Bergstation der Gletscherbahn Moosfluh zur Bettmeralp, Abfahrten mit dickrädrigen Fatbikes auf der 13 km langen Schlittelpiste von der Fiescheralp hinunter nach Lax, Natureisbahn, Gleitschirm-Tandemflüge.

Wandertipp

In Richtung Westen erreicht man auf einem halbstündigen Spaziergang die Riederalp.

Anstrengender ist die beliebte, rund vierstündige „Mäjelenseewanderung". Diese führt von der Bergstation der Gondelbahn Bettmerhorn (2647 m) entlang des Gletschers Richtung Märjelensee (2348 m) rund um das Eggishorn und auf der Südseite des Rhonetals zur Bettmeralp (1950 m) zurück.

Für trittsichere und schwindelfreie Wanderer, die einen gewissen Nervenkitzel suchen, ist der dreistündige „Unesco-Höhenweg" zwischen dem Bettmerhorn (2647 m) und dem Eggishorn (2869 m) hoch über dem Aletschgletscher ein unvergessliches Erlebnis. Das Eggishorn gilt als der schönste Aussichtspunkt der Region. Ausgangspunkt der Wanderung ist die Bergstation der Gondelbahn Bettmerhorn. Vom Eggishorn führt eine Luftseilbahn zur Fiescheralp (2212 m) hinunter und von dort ein leichter Wanderweg zurück zur Bettmeralp.

Mit einem Bergführer und Gleichgesinnten besteigt man den Aletschgletscher (6 Stunden Marschzeit vom Hotel aus) oder wandert über die Hängebrücke am Gletschertour durch das Naturschutzgebiet Aletschwald zurück zur Bettmeralp (5 Stunden Marschzeit).

Regentag-Alternative

Sportzentrum Bachtla auf Bettmeralp mit frisch renoviertem Hallenbad und multifunktionaler Sporthalle.

Die Zimmer

9 geradlinig gestaltete, holzgeprägte Zimmer und 9 Juniorsuiten. **Zimmer-Flüstertipps:** Die Zimmer auf der Südseite, also die Nummern 20, 25, 30, 35, 36, 40, 41, 42 und 43 haben alle einen Traumblick auf Weisshorn, Matterhorn, Mischabel und Fletschhorn. Die Zimmer 42 und 43 können zusammen als „Suite Adlerhorst" (mit vier Betten und zwei Badezimmern) gebucht werden.

Die Küche

Solide zubereitete regionale und mediterrane Gerichte sowie leckere Pizza-Variationen aus dem Holzofen. Herausragende Walliser Weine zu bemerkenswert vernünftigen Preisen – so kostet eine Flasche des roten Top-Cuvées „Madame Rosmarie" von Adrian & Diego Mathier 55 Franken und der „Château Lichten" von Rouvinez 58 Franken.

Die Extras

Sauna und Dampfbad von 16 bis 19 Uhr.

Besonders geeignet für...
wanderfreudige Familien und unkomplizierte Naturliebhaber.

Wenn doch nur...
die Talstation der Schönbiel-Sesselbahn nicht so unmittelbar beim Hotel stünde.

CABANE DU MONT-FORT
VERBIER

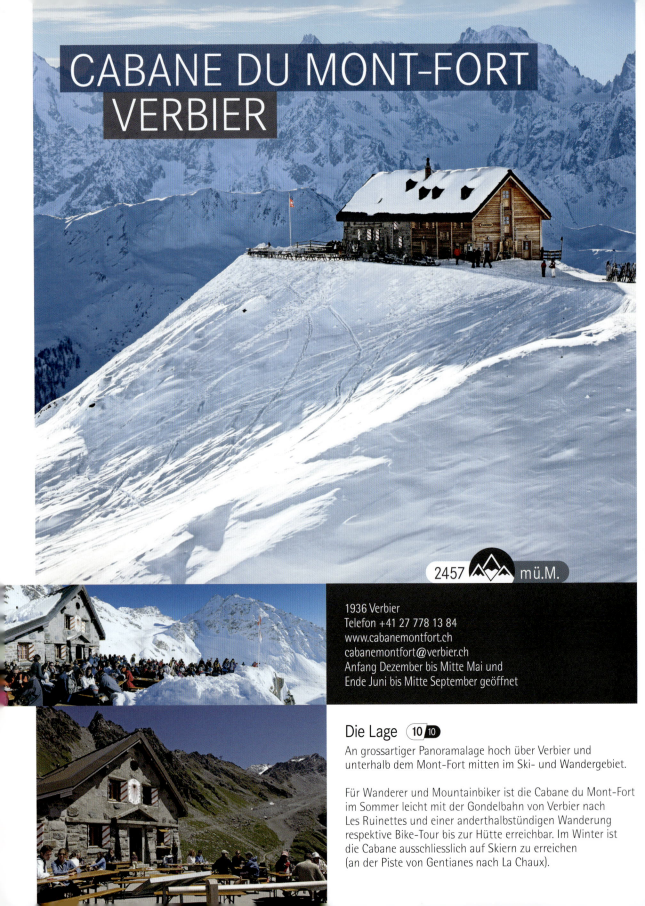

2457 mü.M.

1936 Verbier
Telefon +41 27 778 13 84
www.cabanemontfort.ch
cabanemontfort@verbier.ch
Anfang Dezember bis Mitte Mai und
Ende Juni bis Mitte September geöffnet

Die Lage 10/10

An grossartiger Panoramalage hoch über Verbier und unterhalb dem Mont-Fort mitten im Ski- und Wandergebiet.

Für Wanderer und Mountainbiker ist die Cabane du Mont-Fort im Sommer leicht mit der Gondelbahn von Verbier nach Les Ruinettes und einer anderthalbstündigen Wanderung respektive Bike-Tour bis zur Hütte erreichbar. Im Winter ist die Cabane ausschliesslich auf Skiern zu erreichen (an der Piste von Gentianes nach La Chaux).

CABANE DU MONT-FORT
VERBIER

Die Atmosphäre 5 /10

Die hochalpine und fast hundertjährige SAC-Hütte zu Füssen des Mont Fort wird seit 1983 vom Bergführer Daniel Bruchez und seiner Frau Frances geführt. Sie ist zur einen Seite aus Stein, zur anderen aus Holz gebaut und überblickt die Bergwelt wie von einem Adlerhorst aus. Auf der Aussichtsterrasse und im rustikalen Innern kommt man rasch mit anderen Gästen ins Gespräch – ob man es will oder nicht. Man mag sich wundern, ob dieses einfache Hüttenerlebnis im schicken Skiort Verbier auch zum Übernachten Anklang findet. Doch das tut es. So mancher Gast will anstatt im Luxushotel oder Edelchalet zwischendurch mal mit tausend Sternen vor dem Fenster schlafen und dabei das echte Hüttengefühl erleben. Denn wenn die Gondelbahnen und Sessellifte stillstehen und die letzten Skifahrer Richtung Tal verschwunden sind, wenn nur noch der kalte Wind ums Haus bläst und es hinter Grand Combin und Mont Blanc einnachtet – dann wird die Cabane du Mont-Fort zu dem, was eine Berghütte im Idealfall ist: ein kleiner Ort der Geborgenheit zwischen Gipfelwelt und Sternenhimmel. Wer hier oben übernachtet, erlebt bei schönem Wetter grandiose Sonnenunter- und Sonnenaufgänge – und zählt morgens zu den Ersten auf der Piste.

Die Zimmer 2 /10

Es stehen 58 Betten in 15 Zimmern mit Etagenbad zur Verfügung. Zwei Minuten Duschen kostet 5 Franken extra.

Die Küche 3 /10

Währschafte, solide zubereitete regionale Gerichte (darunter auch ein leckeres Käsefondue) und gute Walliser Weine.

Freizeiterlebnisse

Im Winter ist die Cabane du Mont-Fort idealer Ausgangsort für Skitouren (sie ist auch Etappenhalt des Skitouren-Höhenwegs Chamonix-Zermatt), im Sommer für Hochgebirgswanderungen.

Wandertipp

Der mittelschwere „Sentier des chamois" (deutsch: „Pfad der Gämse") beginnt unterhalb der Cabane du Mont-Fort in La Chaux (2264 m) und führt ins wildromantische Naturschutzgebiet des Haut Val de Bagnes. Hier durchquert man die saftigen Weiden der Eringerkühe und steigt dann durch ein steileres, von Gämsen, Steinböcken und Murmeltieren bevölkertes Gebiet zum Col Termin (2642 m) auf. Dahinter wechselt die Szenerie: Das vergletscherte Bergmassiv des Grand Combin dominiert das Landschaftsbild. Weiter unten gelangt man zum Louvie-See (2230 m), wo die Cabane de Louvie zum Einkehren einlädt. Auf der letzten Etappe der 11 km langen, knapp fünfstündigen Tour steigt man zum Dorf Fionnay (1490 m) ab.

Mittelschwere Bergtour von Verbier (1490 m) auf den markanten Felsspitz Pierre Avoi (2473 m). Letzterer gehört in das Tourenprogramm jedes Wanderers, der auf aussergewöhnliche Ziele aus ist. Die Route führt zunächst über die Kirche St. Christophe (1583 m) und entlang dem alten Bewässerungskanal „Bisse du Levron" bis zur Geländekante „Chute de Bisse" (1910 m) mit Tiefblick in den Felsenkessel bei Levron. Weiter geht es durch den Wald steil aufwärts an der kleinen Ebene von Comba Plane (2305) vorbei und durch offenes Felstrümmergelände zum schroffen, fast unbesteigbar wirkenden Gipfel. Doch erleichtern auf den letzten 50 Metern gut gesicherte Leitern, Ketten, Geländer und in den Fels gehauene Stufen den Weg zur Spitze. Die Aussicht auf das 2000 Meter tiefer liegende Rhonetal ist phänomenal. Für den Abstieg gibt es unzählige Wege, beispielsweise über den Col de la Marlene, die Seilbahn-Bergstation Savoleyres (2354 m) und den Sattel Croix de Coeur nach Les Ruinettes (2192 m). Von hier schwebt man mit der Seilbahn hinunter nach Verbier.
Marschzeit: 5 Stunden.

Besonders geeignet für...

Wanderer und Skifahrer, die gerne 2000 Meter über dem Alltag logieren und das Flair von authentischen Berghütten des Schweizer Alpen-Clubs lieben.

Wenn doch nur...

die Restaurantterrasse an Schönwettertagen im Winter nicht so überlaufen wäre.

CHANDOLIN BOUTIQUE HOTEL CHANDOLIN

2000 mü.M.

3961 Chandolin, Route des Plampras 10
Telefon +41 27 564 44 44
www.chandolinboutiquehotel.ch
info@chandolinboutiquehotel.ch
Mitte Juni bis Mitte Oktober und
Anfang Dezember bis Anfang April geöffnet

Die Atmosphäre 9/10

Das im Frühjahr 2017 eröffnete Haus im alpin-modernen Chaletstil gehört zu jenen stimmigen Kleinhotels, die bewusst unter dem Radar fliegen und nicht besser sein wollen als sie tatsächlich sind. Hier gelingt es Jean-Marc und Charlotte Boutilly, ihrem Team ein gewisses Ethos von gelebter, ungekünstelter Gastlichkeit zu vermitteln, so dass man sich nicht wie in einem Hotel, sondern zu Gast in einem gemütlichen Landhaus fühlt.

Andere neue Vorzeigehotels im Alpenraum mögen ihre Gäste mit der Empfehlung eines unentdeckten Süssweins beeindrucken, dessen „Geschmacksprofil" die Aromen im Schokoladendessert perfekt ergänzt, doch eigentlich geht es bei solchen Allüren vor allem darum, zu zeigen, wie smart der Sommelier ist. Die Mitarbeiter von Jean-Marc und Charlotte Boutilly wollen nicht imponieren. Sie wollen einfach, dass ihre Gäste eine glückliche Zeit haben. Natürlich geht es auch im Chandolin Boutique Hotel ums Geschäft. Aber es fühlt sich hier nicht so an. Das ist das Schlüsselerlebnis, das heute Eindruck macht.

Die Lage 9/10

In einem der höchstgelegenen Dörfer Europas, mit weitem Panoramablick auf das Rhonetal und die stolzen Felskathedralen Weisshorn, Zinalrothorn, Obergabelhorn, Matterhorn und Dent Blanche. Entweder man ist atemlos vor Staunen, oder der Puls schlägt in Slow Motion.

CHANDOLIN BOUTIQUE HOTEL
CHANDOLIN

Freizeiterlebnisse
Im Winter: Skifahren, Skitouren, Langlaufen, Schneeschuhtouren, Winterwanderungen, Schlitteln, Gleitschirmfliegen.

Im Sommer: Wandern, Mountainbiken, Downhill-Abfahrten, Klettern, Gleitschirmfliegen. Direkt gegenüber dem Chandolin Boutique Hotel befindet sich das Tourismusbüro.

Wandertipp
Bergwanderung von Chandolin (2000 m) über den Illgraben hinauf zum Illhorn (2717 m) mit schönen Ausblicken ins Val d'Anniviers und auf die umliegenden Berggipfel. Vom Illhorn geht die Tour zur Bergstation Tsapé (2400 m) und von dort bequem mit dem Sessellift nach Chandolin zurück. Distanz: 8 km, Marschzeit: 3½ Stunden.

Regentag-Alternative
Wer die heilende Kraft des Walliser Thermalwassers erleben will, ist in der Alpentherme in Leukerbad an der Quelle: Das grosse Aussenbad (36°C) und die beiden Innenbäder (36°C und 40°C) sind anregend von Kopf bis Fuss. Im Römisch-Irischen Bad, dem Herzstück der Anlage, lebt die alte Badekultur mit unterschiedlich temperierten Thermal-, Dampf- und Heissluftbädern wieder auf. Während dem zweistündigen Parcours wird an elf Stationen der Körper erwärmt, abgekühlt und gereinigt. Eine Seifenbürstenmassage gehört ebenso dazu wie das abschliessende Entspannen, eingewickelt in wohlig-warmen Tüchern.
Allerdings: Leukerbad liegt auf der gegenüberliegenden Seite des Rhonetals und die enge Bergstrasse zwischen Chandolin und Sierre (rund 30 Minuten) mag speziell an Schlechtwettertagen nicht jedermanns Sache sein. www.alpentherme.ch

Die Zimmer
29 schlicht-schöne Zimmer mit unbehandeltem Holz, rustikalen Stoffen, liebevollen Details und zeitgemäss alpinem Flair. **Zimmer-Flüstertipps:** Die nach Süden ausgerichteten und über einen Balkon verfügenden „Deluxe-Zimmer" sowie die drei Suiten „Galaxy", „Milkyway" und „Constellation" (jeweils mit Bettsofa für 2 weitere Personen im Wohnzimmer).

Die Küche
Ausserordentlich gemütliches Restaurant mit breit gefächerten Gaumenfreuden von Osso Bucco bis Jakobsmuscheln. Es schmeckt im besten Sinne bodenständig und zugleich raffiniert. Dazu passen Weine aus dem ganzen Alpenraum, darunter Spezialitäten und Raritäten aus dem Wallis. Zwar wird hier weder Fondue noch Raclette serviert (gibt es in der Region an jeder Ecke), doch für den kleinen Hunger lockt eine gute Käseauswahl in der Weinbar. Bemerkenswert: Das schön angerichtete und qualitativ hochstehende Frühstücksbuffet.

Die Extras
Sauna und Dampfbad. Fabelhafte Massagen. Verleih von Mountainbikes und E-Bikes.

Besonders geeignet für...
alle, die Ruhe und Natur suchen und dabei ausgezeichnet essen wollen.

Wenn doch nur...
die Standardzimmer etwas geräumiger wären. Zwei Personen mit Winterausrüstung müssen sich gut organisieren, um Platz für ihre Siebensachen zu finden.

CHETZERON
CRANS-MONTANA

2112 mü.M.

3963 Crans-Montana
Chemin de Cry d'Er 9
Telefon +41 27 485 08 00
www.chetzeron.ch
hotel@chetzeron.ch
Anfang Juni bis Mitte Oktober und
Anfang Dezember bis Mitte April geöffnet

Die Lage 8/10

Inmitten des Ski- und Wandergebiets hoch über Crans. Man kann sich kaum sattsehen an der Gipfelparade vom Dom über Weisshorn und Matterhorn bis zum Mont-Blanc-Massiv. Im Winter befindet sich die Talstation des Skilifts Chetzeron-Cry d'Er beim Hotel.

Anreise: Auto im Parkhaus Crans-Cry d'Er abstellen (reservierte Parkplätze für Hotelgäste). Von dort steht den Gästen ein Shuttle-Service nach Fahrplan zur Verfügung – im Sommer mit dem Geländewagen, im Winter mit dem Pistenfahrzeug. Aus Sicherheitsgründen ist es dem Hotel verboten, während der Pistenöffnungszeiten im Skigebiet zu zirkulieren. Wer mit der Seilbahn Cry d'Er anreist, gelangt jedoch zu jeder Jahreszeit ab der Bergstation Cry d'Er auf einem leichten Fussweg in 20 Gehminuten zum Hotel. Im Winter kommt man in wenigen Schwüngen auf Skis von der Bergstation Cry d'Er zum Hotel Chetzeron (das Gepäck wird vom Hotel transportiert).

Die Atmosphäre 8/10

Crans-Montana polarisiert die Bergfreunde. Die einen loben die lebendige Angebotsvielfalt und das kolossale Panorama. Die andern sehen vor allem viel Beton. Sicher ist, dass man auf dem sonnenreichen Hochplateau hoch über dem Rhonetal wunderbar skifahren und wandern kann. Und seit im Jahr 2015 die einstige Seilbahnstation Chetzeron in das schmucke Boutiquehotel umgewandelt wurde, kommen vermehrt auch Lifestyle-bewusste Reisende in den Walliser Ferienort – respektive 600 Meter darüber. Der steinerne Bau bietet im Innern puristisches Design und zugleich eine Aura alpiner Behaglichkeit. Den Betreibern liegt viel an der lokalen Identität und der Naturverbundenheit ihres modernen Bergrefugiums. Das spiegelt sich in den Bau- und Einrichtungsmaterialien ebenso wie in den Produkten, die in der Küche verarbeitet werden. Die Ausblicke aus den 16 Zimmern sind zudem ein Augenschmaus für Landschaftsanbeter – egal in welche Richtung man schaut, kommt man aus dem Staunen kaum heraus. Ebenfalls beeindruckend: Das Restaurant und die Hotel-Lounge in der ehemaligen Eingangsrampe der Gondelstation mit riesigen Panoramafenster.

CHETZERON
CRANS-MONTANA

Die Zimmer 8/10

16 schlicht elegante Zimmer (30 bis 38 Quadratmeter) und Juniorsuiten (50 Quadratmeter) in einer gelungenen Symbiose aus Holz und Stein. Alle Zimmer verfügen über grosse Fenster und bequeme Fenstersitze.
Zimmer-Flüstertipps: Die drei „Eckzimmer Deluxe" an der südöstlichen Ecke des Hotels blicken sowohl auf die Alpenszenerie als auch aufs Rhonetal. Die Junior-Ecksuiten an der südwestlichen Ecke können auf Wunsch mit Sofabett für zwei Kinder eingebettet werden und blicken auf die südlichen Alpen und das Plateau von Crans-Montana.

Die Küche 6/10

Küchenchefin Lucia Cordonier sorgt für eine solide zubereitete Marktküche für jeden Geschmack und jede Gemütslage: Lauch-Tarte, Käse- und Trockenfleischplatten, diverse Salate, Kürbissuppe, Randenrisotto mit frischem Ziegenkäse, Kalbfleisch-Burger, Pot-au-feu mit Gemüse, Maispouletbrust mit Dörrfrüchten und Getreide mit grünen Sprossen, Wolfsbarsch mit Gemüsepüree, Fondue mit Champagner und Trüffel. Sublime Auswahl an Walliser Weinen zu gastfreundlichen Preisen.

Die Extras 3/10

Kleines Schwimmbad auf dem Dach, Sauna und Dampfbad, diverse Massagen. Wer morgens in die Sauna möchte, dem wird ohne Aufhebens eigens aufgeheizt.

Freizeiterlebnisse

Direkt vor dem Hotel kann man mit dem Gleitschirm zum Tandemflug über das Rhonetal starten. Rund um Crans-Montana gibt es Kletterwände und -gärten, Badeseen mit Standup-Paddles, Kanus und Tretbooten sowie die Möglichkeit, Ausritte mit Pferden in den Wäldern zu unternehmen.

Abenteuer in den Bäumen für die ganze Familie verspricht der Erlebnispark Fun Forest im Süden des Lac de la Moubra in Crans-Montana. Auf verschiedenen Seilparcours sehr unterschiedlicher Schwierigkeitsgrade, darunter vier Parcours für fünf- bis zehnjährige Kinder sowie einer Tyrolienne-Drahtseilrutsche für den ultimativen Adrenalinkick, lernt man Selbstbeherrschung und testet sein Mutpotential aus. Bevor es losgeht, werden die Besucher ausführlich über die Sicherheitsregeln und den Gebrauch der zur Verfügung gestellten Ausrüstung instruiert. Weitere Freizeitabenteuer für Gross und Klein, wie zum Beispiel Monster-Trottinett-Abfahrten, Wasserfall-Überquerungen oder Gleitschirmflüge, bietet der lokale Abenteuer- und Sportveranstalter Adrenatur. www.adrenatur.ch

Wandertipp

Von Chetzeron (2112 m) führt ein aussichtsreicher Wanderweg, zunächst ohne nennenswerten Höhenunterschied, über Cry d'Er (2265 m) zum Bergrestaurant Cabane des Violettes (2230 m). Der Rückweg geht über den Col du Pochet nach Bella Lui (2545 m) und über Cry d'Er - eventuell mit einem kleinen Abstecher zum Mont Lachaux (2230 m) – nach Chetzeron hinunter. Für diese Wanderung sollte man gut 3½ Stunden einplanen.

Regentag-Alternative

Spezielle wetterunabhängige Ausflugsziele sind der Lac Souterrain St. Léonard, der grösste unterirdische See Europas, sowie das Kunstzentrum Fondation Pierre Arnaud in Lens. www.lac-souterrain.com + www.fondationpierrearnaud.ch

Besonders geeignet für...

Liebhaber von grosser Weite und architektonischer Coolness. Auch Skifans sind hier im siebten Himmel und morgens als Erste auf der Piste.

Wenn doch nur...

an schönen Wintertagen der Grossandrang auf die Panoramaterrasse und die Outdoor-Lounge nicht wäre.

LE CHALET D'ADRIEN
VERBIER

1500 mü.M.

1936 Verbier, Chemin des Creux
Telefon +41 27 771 62 00
www.chalet-adrien.com
info@chalet-adrien.com
Mitte Juni bis Mitte September und
Ende November bis Mitte April geöffnet

Die Lage 8/10
An herrlicher Aussichtslage am oberen Dorfende und am Fuss der Skipisten neben der Savoleyres-Talstation.

Die Atmosphäre 9/10
Im Salon knistert ein Feuer und durch das viele Holz aussen und innen kommen Wärme und Behaglichkeit auf. Das savoyisch geprägte Interieur mit munteren Stoffen und gut platzierter Kunst, Hirschgeweihen und Kuhglocken, Antiquitäten und originellen Wohnaccessoires sorgt für eine heiter-elegante Ferienatmosphäre. Brigitte de Turckheim-Cachart und Eric Cachard, das geschäftsführende Besitzerpaar, passt sich individuell dem Pulsschlag der Gäste an und legt Wert auf engagierte Mitarbeiter. Von der Rezeptionistin über die Masseurin bis zum Barkeeper ist das ganze Team bestens auf die besondere Servicekultur im Le Chalet d'Adrien sensibilisiert, entsprechend oft ist das Hotel im Winter ausgebucht.

LE CHALET D'ADRIEN
VERBIER

Die Zimmer 8/10

19 wohnliche, holzgeprägte Zimmer und 9 Suiten.
Zimmer-Flüstertipps: Die schönsten Ausblicke auf die Walliser und Savoyer Alpen haben die „Chambres Combins" mit Südbalkon sowie die Suiten und im Speziellen die „Suite Prestige".

Die Küche 10/10

Innovative Gourmetküche im Restaurant La Table d'Adrien, schmackhaft zubereitete alpine und mediterrane Gerichte sowie Raclette- und Fondue-Variationen im rustikalen Le Grenier. Auf der Panoramaterrasse werden Barbecue-Spezialitäten und Salate, Kaffee und Kuchen serviert. Sonntagsbrunch von 12 bis 15 Uhr.

Die Extras 3/10

Kleines Hallenbad, Whirlpool, Sauna, Dampfbad, Massagen und Beauty-Behandlungen, Fitnessraum.

Freizeiterlebnisse

Verbiers Trumpf ist das Skigebiet. Im Verbund mit den 4 Vallées (Verbier, Nendaz, Veysonnaz, Thyon) gibt es von beschaulichen Abfahrten bis zu furchterregenden Steilhängen und knochenbrecherischen Tiefschneefeldern alles, was Pistenfahrers Herz begehrt. Auch an mehreren Skitagen hintereinander kann man immer wieder neue Abfahrten erleben, und selbst eine ganze Ferienwoche reicht kaum aus, alle 400 Pistenkilometer und Varianten zwischen 820 und 3330 Meter Höhe kennen zu lernen. Weisser Wahnsinn, einfach gigantisch und alles makellos präpariert, wie es der ambitionierte Freizeitwedler eben so braucht.

Im Sommer können sich Bewegungshungrige im neuen Seilpark Médran in Verbier durch die Bäume schwingen. Diverse Parcours warten darauf, erklommen zu werden. Geschicklichkeit und Koordination sind gefragt.

Wandertipp

Mit der Gondelbahn von Verbier (1490 m) zur Bergstation Les Ruinettes (2195 m). Von dort geht die leichte Rundwanderung zunächst entlang dem Bewässerungskanal „Bisse du Levron" entgegen dessen Fliessrichtung. Es lohnt sich, nicht nur den Ausblick auf Grand Combin und Mont Blanc zu geniessen, sondern auch an den Hinweistafeln zu verweilen, denn spannend liest sich die Geschichte der über fünfhundertjährigen Suonen, welche das Wasser aus dem archaischen Mont-Fort-Gebiet nach Levron leiteten. Die Route führt über die Hochebene von La Chaux, wo sich der Bach in vielen Kehren durch die Wiesen schlängelt. Darüber thront auf einem Felssporn das Etappenziel, die Cabane du Mont-Fort (2457 m). Nach einer Einkehr in der hochalpinen SAC-Hütte (siehe auch Seite 144) gelangt man auf demselben Weg zurück nach Les Ruinettes. Distanz: 8,2 km, Marschzeit: 3 Stunden.

Auf der Strecke von Les Ruinettes nach Verbier hinunter kann man übrigens Trottinettes mieten.

Regentag-Alternative

Wechselnde Kunstausstellungen von Weltrang gibt es in der Fondation Gianadda in Martigny, interessante Einblicke in die Geschichte und Zucht der Bernhardinerhunde im „Barryland – Musée et chiens du Saint-Bernard" in Martigny, ein faszinierendes Naturschauspiel im grössten schiffbaren unterirdischen See Europas im Lac Souterrain de Saint-Léonard zwischen Sion und Sierre.
www.gianadda.ch + www.fondation-barry.ch + www.lac-souterrain.com

Besonders geeignet für...

wander- und skibegeisterte Familien und Paare mit kulinarischen Ansprüchen.

Wenn doch nur...

die Raclette- und Fondue-Esser in einem separaten Restaurantteil verköstigt würden. Auch sind die Weine aus dem unbestritten gelungen zusammengestellten Keller mit einem saftigen Höhenzuschlag kalkuliert.

LE CRANS
CRANS-MONTANA

1650 m ü.M.

3963 Crans-Montana,
Chemin du Mont-Blanc 1
Telefon +41 27 486 60 60
www.lecrans.com
info@lecrans.com
Anfang Juni bis Mitte April geöffnet

Die Lage 10/10

Ach, die verwöhnten Walliser! Jeder ihrer Berge ist ein Schmuckstück der Alpen, und das sonnige Hochplateau von Crans-Montana ein Premiumplatz mit Breitwandpanorama auf Weisshorn, Dent Blanche, Mont Blanc und weitere Viertausender. Die ultimative Lage im Ort, nämlich zuoberst im Edelchalet-Viertel Plans Mayens, hat das Le Crans. Zu den Skipisten kann man leicht ein paar hundert Meter durch den Wald traversieren. Auf Abruf steht jederzeit ein kostenloser Shuttle ins Ortszentrum bereit.

Die Atmosphäre 10/10

Crans-Montana kann ganz leise sein. Im Ortsteil Plans Mayens sind die Grundstücke gross und die Nachbarn spärlich. Die Strasse schlängelt sich an wenigen, diskret prunkvollen Anwesen vorbei. Ganz oben und an herrlicher Aussichtslage am Waldrand, ist das Le Crans ein selbstgenügsamer Ort, um die Reserven wieder aufzuladen. Das Hotel mit dem Flair eines opulent eingerichteten Luxus-Chalets hat nur 15 Zimmer, aber dank der engagierten Gastgeberin Paola Masciulli einen Service wie die Grossen. Im kleinen, aber feinen Spa ist man in besten Händen, wenn man lustvoll zu neuer Vitalität finden will, und im dampfenden Aussenpool schwimmt man direkt auf die berauschende Alpenkulisse zu. Dass am Ende des Aufenthalts das frisch gewaschene Auto vorgefahren und ein persönlicher Abschiedsgruss im Wagen deponiert wird, setzt dem Ganzen die Krone auf. Paola Masciulli weiss: „Nur die Stille kann Sie bei uns stören."

LE CRANS
CRANS-MONTANA

Die Zimmer

Die 15 sehr unterschiedlichen, durchwegs geschmackvoll mit hochwertigen Naturmaterialien eingerichteten Zimmer und Suiten sind szenografische Universen, inspiriert von den höchsten Gebirgen der Welt: Everest, Ural, Anapurna, Kilimandscharo, Dolomiten, Rocky Mountains, Alpen, Anatolien, Sierra Nevada und Atlas standen Pate bei der individuellen Gestaltung. Alle Zimmer verfügen über einen Balkon oder eine Terrasse, einige über ein Cheminée.

Freizeiterlebnisse

Zwei der aussichtsreichsten und spielerisch anspruchsvollsten Golfplätze der Schweiz, der Parcours Severiano Ballesteros (18 Loch) und der Parcours Jack Nicklaus (9 Loch), begeistern seit hundert Jahren die Schlagfertigen dieser Welt mit gepflegten Fairways und Greens. Gäste ohne „Handicap" finden in der zugehörigen Golf Academy den Einstieg in eine vielleicht lebenslange Herausforderung. www.golfcrans.ch

Wandertipp

Für die Walliser Bergbauern spielten in früheren Zeiten die Suonen eine bedeutende Rolle. Ohne das ausgeklügelte und teilweise waghalsig entlang steiler Felswände angelegte Netz aus kleinen Wasserkanälen wären viele Felder in der Sommersonne gnadenlos verdorrt. Eine der spektakulärsten Suonen ist die „Bisse du Rô", die zwar seit einigen Jahrzehnten stillgelegt ist, doch entlang des ehemaligen Suonenverlaufs führt heute ein nicht weniger abenteuerlicher Wanderweg, der Schwindelfreiheit und Trittsicherheit erfordert. Die eindrückliche Route beginnt in Plans Mayens (beim Hotel), führt über die Alp Er de Chermignon und endet beim Lac de Tseuzier (Bushaltestelle „Rawil, barrage", 1777 m), wo es auch ein Bergrestaurant gibt. Die reine Laufzeit beträgt gut drei Stunden. Zurück nach Crans-Montana kommt man mit dem Postauto mit Umsteigen in „Ayent, Le Creux".

Natürlich geht es auch gemächlicher: Vor der Hoteltür beginnen zahlreiche Sommer- und Winterwanderwege, etwa auf dem Chemin d'Arnouva nach Arnouva und je nach Lust und Laune weiter über Vermala und Plumachit nach Aminona.

Regentag-Alternative
Siehe Beitrag „Chetzeron" auf Seite 148.

Die Küche

Küchenchef Pierre Crepaud begeistert im Gourmetrestaurant „Le Mont Blanc" durch grosse Aromensensibilität und feinfühlig komponierte Menüs aus besten Produkten. Einfachere Gerichte werden an den Hochtischen in der angegliederten Vinothek serviert. Die High-Tech-Vinothek ermöglicht den Offenausschank von 48 Weinen, darunter zahlreiche Spitzenweine aus der Region und der ganzen Welt. Für rustikale kulinarische Bedürfnisse lockt das Walliser Restaurant La Dent-Blanche, das fünf Gehminuten unterhalb des Hotels liegt.

Die Extras

Wellnessbereich mit Hallenbad, kleinem Aussenbad (34°C), Whirlpool, Sauna und Dampfbad, Fitnessraum sowie herausragende Beauty-Behandlungen und fernöstliche, orientalische und klassisch westliche Massagen.

Besonders geeignet für...
kosmopolitische Individualisten und anspruchsvolle Bonvivants, die eine Auszeit von ihren hektischen Traumjobs brauchen.

Wenn doch nur...
manche Zimmer und Suiten nicht so düster beleuchtet wären.

RIFFELALP RESORT 2222M ZERMATT

2222 mü.M.

3920 Zermatt, Riffelalp
Telefon +41 27 966 05 55
www.riffelalp.com
reservation@riffelalp.com
Mitte Juni bis Mitte September und
Mitte Dezember bis Mitte April geöffnet

Die Lage 10/10

Anreisende tuckern von Zermatt zwanzig Minuten mit der Gornergratbahn hinauf bis zur Station Riffelalp, dann ein kurzer Waldspazierweg und – wamm! Das Matterhorn steht so gewaltig vor einem, dass man verwirrt blinzelt: Ist das echt? Das Alpenresort ist für manchen Hotelliebhaber die Quintessenz eines stimmigen Bergdomizils – dramatisch hochalpin gelegen, aber gerade noch schützend von den letzten Arvenbäumen umgeben, mit rustikaler Atmosphäre, aber doch so luxuriös, dass man nach dem Wandern oder Skifahren im wohlig warmen Aussenpool direkt auf den Berg der Berge zuschwimmen kann.

Das „Riffelhaus 1853" (2500 m) und das „3100 Kulmhotel Gornergrat" (3100 m) – siehe Seiten 156 und 140 – mögen noch atemberaubender liegen, doch bieten diese Hotels ein deutlich raueres Gesamterlebnis und können zur Herausforderung für Flachländer mit Höhensorgen werden.

Im Winter liegt das Riffelalp Resort inmitten des Skigebiets Gornergrat. Im Sommer fährt das höchstgelegene Tram Europas von der Bahnstation Gornergrat bis zum Hotel – dies als bequeme Alternative zum zehnminütigen, komplett ebenen Waldspazierweg.

Die Atmosphäre 10/10

Wenn man einem vielgereisten Genussmensch aus Übersee ein Ferienhotel empfehlen müsste, das zeitgemässe Swissness und alpine Authentizität verkörpert und zugleich der globalen Fünfsterneperfektion entspricht, gibt es keinen besseren Ort als diesen. Selbst landschaftsverwöhnte Schweizer atmen erst einmal tief durch, wenn sie auf 2222 Meter Höhe ankommen und eines der verblüffendsten Alpenpanoramen auf sich wirken lassen. Der Luxus in den Zimmern, im Spa, in den öffentlichen Bereichen kommt so unaufdringlich daher, dass er so selbstverständlich wirkt wie die gelebte Gastfreundschaft des langjährigen Direktionspaars Hans-Jörg und Claudia Walther. Aufdringlich ist hier oben nur – und das zur Freude aller Gäste – der erhabene Blick aufs Matterhorn und die umliegenden Viertausender.

RIFFELALP RESORT 2222M
ZERMATT

Freizeiterlebnisse

„Ski-in/Ski-out" – die magischen Worte für Skifans gehen im Riffelalp Resort vor der Haustür in Erfüllung. Im Resort steht zudem einer der angenehmsten Skiräume der Alpen mit angeschlossener Ski- und Snowboard-Vermietung bereit.

Im Sommer besteht die Möglichkeit, Mountainbikes mit Helm sowie jegliches Klettermaterial im Sportshop im Haus zu mieten. Im Zermatter Berggebiet stehen 100 km signalisierte Mountainbike-Touren zur Verfügung. Der Bike-Transport auf Sunnegga, Gornergrat und Schwarzsee verschafft einen schnellen Zugang zu den Trails.

Über 8000 Fluggäste pro Jahr lassen sich von Air Zermatt zu einem Rundflug ums Matterhorn und über die zerklüfteten Gletscher entführen (ab 220 Franken pro Person für den zwanzigminütigen Standardflug). Im Winter ist Heliskiing angesagt: Innert wenigen Minuten werden sportliche Geniesser vom Dorf zum 4200 Meter hohen Monte-Rosa-Massiv befördert (190 Franken pro Person, obligatorischer Bergführer nicht inbegriffen). www.airzermatt.ch

Wandertipp

Von der Riffelalp (2222 m) führt im Sommer und im Winter ein idyllischer, 4 km langer Wanderweg über „Chämi Hitta", Ritti und Winkelmatten nach Zermatt (1650 m). Die Gornergratbahn bringt einen dann vom Dorf zurück zur Bahnstation Riffelalp. In umgekehrter Richtung ist die Wanderung mit 600 Höhenmetern recht schweisstreibend.

Regentag-Alternative

Gastgeber Hans-Jörg Walther empfiehlt einen „Spa- und Hotelgeniessertag" und verweist auf den Vorteil der Alpensüdseite: „Mehr als zwei Tage am Stück regnet es hier nicht."

Die Zimmer

65 wohnliche, hochwertig ausgestattete und im Sommer 2016 komplett renovierte Zimmer und 5 Suiten mit modernem alpinem Flair und gestalterischen Anleihen aus den Rocky Mountains. **Zimmer-Flüstertipps:** Nostalgiezimmer 22 (im ursprünglichen Gebäude des Berghotels, mit frontalem Matterhornblick), Chalet-Standardzimmer 305 (mit Giebeldach und frontalem Matterhornblick), Juniorsuite 209 (Eckzimmer am Pistenrand), Suite 2222 (mit Giebeldach).

Die Küche

Die Küchencrew muss mit diesem Ausblick konkurrieren, doch gelingt ihr das scheinbar mühelos: Im Hauptrestaurant Alexandre stehen Klassiker der französisch-internationalen Küche im Mittelpunkt, im „Del Bosco" mit grosser Sonnenterrasse sorgfältig zubereitete italienische Spezialitäten, und im Walliser Keller machen Fondue, Raclette und Fleisch auf dem Speckstein gute Laune. An schönen Wintertagen lockt zudem die gepflegte „Mark Twain Lounge" mit drei Tapas-Menüs („Terra", „Acqua", „Vegetarisch") unter freiem Himmel. Piano-Kaminbar.

Die Extras

Wellnessbereich mit Hallenbad (30°C), kleinem Aussenpool (35°C), Whirlpool, Saunalandschaft, Mini-Fitnessraum, diversen Massagen. Billardzimmer, Bowling-Bahn, Tischtennis und -fussball. Im Sommer geführte Wanderungen und Tagestouren an drei Tagen der Woche, im Winter Schneeschuhwanderungen und begleitete Skiausflüge an vier Tagen der Woche. Im Winter betreuter Kindergarten von Sonntag bis Freitag von 15 bis 22.30 Uhr für „windelfreie" Kinder zwischen 2 und 8 Jahren. Im Sommer Kinderspielplatz mit Trampolin usw.

Besonders geeignet für...
alle, die luxuriöses Understatement in grandioser Natur suchen.

Wenn doch nur...
nicht jede Einzelfahrt ins Dorf 21 Franken pro Person kosten würde. Die Fahrt von der Riffelalp auf den Gornergrat schlägt sogar (je nach Saison) mit 33 bis 38 Franken zu Buche, mit Halbtax die Hälfte. Abgesehen von der An- und Rückreise sind alle Fahrten mit der Gornergratbahn für die Hotelgäste kostenpflichtig. Im Winter fällt dies jedoch weniger ins Gewicht, weil die meisten Gäste einen Skipass für die Dauer ihres Aufenthalts kaufen.

RIFFELHAUS 1853 ZERMATT

2500 mü.M.

3920 Zermatt, Riffelberg 2500m
Telefon +41 27 966 65 00
www.riffelhaus.ch
riffelhaus@zermatt.net
Mitte Juni bis Mitte September und
Mitte Dezember bis Mitte April geöffnet

Die Lage 10/10

Spektakulärer geht's fast nicht. Inmitten des Skigebiets von Zermatt auf 2500 Meter Höhe gelegen, zeigt sich vom Riffelhaus das Matterhorn von seiner schönsten Seite. Für Skifahrer heisst es hier: Aufwachen, aufstehen und hinein ins weisse Vergnügen – selbst Morgenmuffel sind so rechtzeitig auf der Piste.

Das Hotel ist ausschliesslich mit der Gornergratbahn von Zermatt aus zu erreichen (die Talstation befindet sich direkt gegenüber dem Bahnhof) und liegt einige Schritte unterhalb der Station Riffelberg. Wer sein Gepäck nicht selber tragen will, kündigt seine genaue Ankunftszeit an und ein Hotelmitarbeiter hilft beim Gepäcktransport.

RIFFELHAUS 1853
ZERMATT

Die Atmosphäre

1853 im goldenen Zeitalter des Alpinismus erbaut und 2014 durchgängig renoviert, ist das Riffelhaus heute ein komfortables Bergrefugium, das an exponierter Traumlage inmitten von zig Viertausendern (Monte Rosa, Zinalrothorn, Weisshorn, Breithorn und vielen mehr) thront. Von dieser Lage lebt das Hotel und so sind hier im Sommer vor allem Wanderer und Bergsteiger anzutreffen, im Winter fast ausschliesslich Skifahrer und Snowboarder, welche für eine sportliche Stimmung sorgen. Das aufmerksame Team um „Hüttenwart" Raymond Kronig wirkt unaufgeregt und heiter, so dass viele Gäste gerne wiederkommen.

Die Zimmer

21 holzgeprägte, angenehm schlicht gestaltete und tadellos saubere Zimmer und 4 Juniorsuiten zwischen 23 und 29,5 Quadratmeter. Manche Zimmer, die „mit Matterhorn-Blick" angeboten werden, haben diesen lediglich vom Balkon aus. **Zimmer-Flüstertipps:** Die Doppelzimmer 101 und 201 sowie die beiden Juniorsuiten 102 und 202 haben den optimalen Ausblick.

Die Küche

Bodenständige Schweizer Spezialitäten, allen voran Fondue, Käseschnitte und Rösti, in Symbiose mit deutscher, französischer und italienischer Küche. Hotelgästen wird abends ein schmackhaftes Viergang-Auswahlmenü serviert. Attraktives Frühstücksbuffet.

Die Extras

Aussen-Whirlpool und Sauna mit Matterhornblick. Dampfbad.

Besonders geeignet für...

Outdoor-Enthusiasten und Schneesportler, die es schätzen, vor der Haustür die Skis anschnallen zu können.

Wenn doch nur...

die winterlichen Heerscharen von Skifahrern und Snowboardern nicht wären, die im riesigen Selbstbedienungsrestaurant mit ebenso grosser Sonnenterrasse tagsüber einkehren. Doch löst sich der ganze Rummel rund ums Hotel beim Eindunkeln auf, und sowohl die himmlische Ruhe als auch die atemberaubende Alpenszenerie und die knackig frische Bergluft entschädigen für das Ungemach.

Freizeiterlebnisse

Zermatt ist mehr als ein weltbekannter Wintersportort. Es ist ein Versprechen. Auf das pure Skierlebnis zu Füssen der höchsten Viertausender der Alpen. Dazu gehören 360 km makellos präparierte Pisten, konstant erneuerte Bergbahnen und eine unvergleichliche Hüttenkultur. Mehr noch: Mehrmals am Tag kann man die Perspektive auf die Matterhorn-Szenerie wechseln – den talübergreifenden Verbindungen zu den italienischen Nachbarn sei Dank. In Zermatt steht das Skifahren im Mittelpunkt, entsprechend sind die Freizeitalternativen für Nichtskifahrer und für Schlechtwettertage dürftig, doch wird dieser Makel durch das charmante Flair des authentisch gebliebenen Alpendorfs wettgemacht. Auch dominiert hier ein aktives Publikum, das eine lässige und kommunikative Atmosphäre vermittelt. Zudem bietet Zermatt eine grosse Bandbreite an Restaurants für jeden Anspruch und ein stimmiges Nachtleben, das nicht zu primitiv und nicht zu abgehoben ist.

Für Adrenalin-Kicks sorgt der Hochseilgarten Forest Fun Park mit fünf Parcours für Erwachsene sowie dem grössten Kids-Trail der Schweiz. www.zermatt-fun.ch

Wandertipp

Für Instagram-Jünger ist ein Besuch des Riffelsees bei Sonnenaufgang oder -untergang ein Must (Juli bis Oktober). Im hochalpinen See inmitten urtümlicher Berglandschaft spiegelt sich das Matterhorn bilderbuchschön. Das Riffelhaus ist der beste Ausgangspunkt dazu – die Wanderzeit ist eine gute Stunde hin und zurück.

Auch sehr aussichtsreich und nicht anstrengend: Der 2,5 km lange, rund dreiviertelstündige Mark Twain Weg vom Riffelberg (2582 m) zur Riffelalp (2211 m). Nach einer eventuellen Einkehr im Bergrestaurant Al Bosco beim Riffelalp Resort kann man bequem mit der Gornergratbahn zurück zum Riffelberg fahren.

Wen es in die Höhe zieht, fährt zunächst vom Riffelberg (2582 m) mit der Gornergratbahn bis zur Endstation Gornergrat (3089 m). Von dort führt der Sonnenweg auf 3,2 km in einer gemütlichen Wanderstunde 500 Höhenmeter hinunter zum Riffelberg.

Regentag-Alternative

Alles zur Entstehung von Zermatt gibt es auf interessante Weise im Matterhorn-Museum Zermatlantis zu sehen. Im Kino Vernissage in den spektakulär inszenierten Kellergeschossen des Backstage Hotels werden täglich Filme gezeigt. Das Kino dient auch als Konzert- und Clublokal. www.zermatt.ch/museum + www.backstagehotel.ch

VILLA CASSEL
PRO NATURA ZENTRUM ALETSCH
RIEDERALP

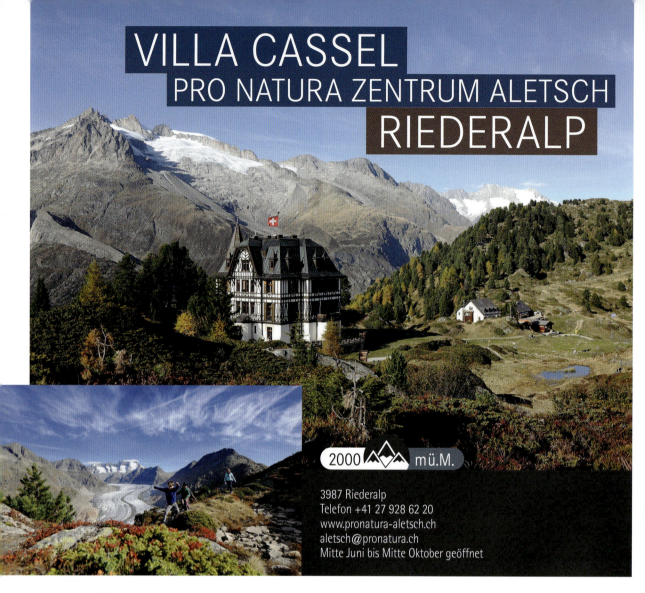

2000 m ü.M.

3987 Riederalp
Telefon +41 27 928 62 20
www.pronatura-aletsch.ch
aletsch@pronatura.ch
Mitte Juni bis Mitte Oktober geöffnet

Die Lage 10/10

Imposante Bergketten, urige Täler, das grösste zusammenhängende vergletscherte Gebiet der Alpen – für die Unesco war klar: Dies ist ein Welterbe von universalem Wert. Buchstäblich am Tor zu diesem Naturwunder, auf der Riederfurka am Fusse des Riederhorns, liegt auf 2000 Meter Höhe die Villa Cassel.

Die Villa, die von fast überall her sichtbar zu einer Art Wahrzeichen der Ferienregion geworden ist, erreicht man ausschliesslich zu Fuss in einer halben Stunde vom Bergort Riederalp aus. Der einfache Weg (rund 100 Höhenmeter) ist gut beschildert. Es steht kein Gepäcktransport zur Verfügung.

Das Auto bleibt sowieso unten im Tal: Die Riederalp ist nur per Luftseilbahn ab Mörel zu erreichen. Nach Mörel bestehen Zugverbindungen ab Brig, Göschenen oder Disentis.

Die Atmosphäre 6/10

Die Villa Cassel, die 1902 als mondäne Sommerresidenz des britisch-deutschen Bankiers Sir Ernest Cassel im viktorianischen Stil erbaut wurde, beherbergt seit 1976 das Naturschutzzentrum mit Alpengarten (mehr als 300 Pflanzenarten), Teesalon, Restaurant und schlichten Gästezimmern für maximal 60 Gäste. Hier erfährt man alles über die Entstehung der einzigartigen Gebirgslandschaft rund um den grossen Aletschgletscher und den Aletschwald mit den ältesten Bäumen der Schweiz. Das märchenhaft anmutende Fachwerk-Schlösschen hat sich voll und ganz dem vor der Haustür liegenden Unesco-Welterbe „Swiss Alps Jungfrau-Aletsch" verschrieben und weckt innen wie aussen nostalgische Gefühle.

VILLA CASSEL / PRO NATURA ZENTRUM ALETSCH
RIEDERALP

Die Zimmer 2 10
Sehr einfache Doppel-, Dreier-, Vierer- und Sechserzimmer im grossmütterlichen Stil von anno dazumal. Die Toiletten und Duschen befinden sich auf der Etage oder zumindest im Haus.

Die Küche 2 10
Bodenständige Regionalküche aus vorwiegend Bioprodukten. Abends um 18.30 Uhr wird ein saisonales Einheitsmenüs serviert (Suppe, Salat, Hauptgang und Dessert), jeden zweiten Abend wird durchwegs vegetarisch gekocht. Tee und Kaffee gibt es den ganzen Tag im Salon oder bei schönem Wetter auf der Terrasse.

Die Extras 2 10
Jeden Montag um 15 Uhr: Hausführung durch die historischen Räume der Villa Cassel. Jeden Dienstag um 6.30 bis 9 Uhr morgens: Wildbeobachtung. Jeden Mittwoch 15 bis 16 Uhr: Rundgang „Essbare Wildpflanzen und Heilkräuter im Alpengarten". Jeden Donnerstag 9 bis 12 Uhr: Führung durch den Aletschwald. Regelmässig finden auch weitere saisonale Exkursionen statt (z.B. „Bergvogel-Wochenende" und „Hirschbrunft-Wochenende") sowie Erkundungen für Kinder (z.B. „Expedition Ameise" oder Murmeltier-Pirsch). Gelegentlich mehrtägige Kurse und Workshops (z.B. Yoga oder Naturfotografie).

Freizeiterlebnisse
Mit 23 km ist der Aletschgletscher der längste Eisstrom der Alpen – und der zugänglichste. Dessen einmalige Ästhetik inmitten von 32 Viertausendern lässt sich gefahrlos auf einer geführten Wanderung erleben, am einfachsten von der Villa Cassel aus. Schon die kürzeste Tour vermittelt in zwei Stunden die ganze Faszination der Eiswelt. Wer sich nicht aufs Glatteis führen lassen will: Freie Sicht auf das Unesco-Welterbe bietet auch die Wanderung durch den lichten Aletschwald, in dem achthundertjährige Arven wachsen.

Wandertipp
Der 4 km lange, praktisch ebene Cassel-Weg gewährt mittels diversen Informationstafeln Einblick in das Leben von Ernest Cassel und erzählt Anekdoten aus der Zeit, als die Mitglieder der englischen Upperclass ihre Sommerurlaube auf der Riederfurka verbrachten. Ausgangspunkt und Zielort des Rundwanderwegs, auf dem man in knapp einer Stunde rund um das Riederhorn wandert, ist die Villa Cassel.

Eine mittelschwere, knapp anderthalbstündige Wanderung führt von der Villa Cassel (2000 m) über die Hohfluh dem Bergkamm entlang zur Moosfluh (2333 m). Zur einen Seite den Aletschgletscher zu Füssen zu haben und zur anderen die Walliser Viertausender im Blick, ist ein gewaltiges Erlebnis. Zurück geht es über denselben Weg oder von der Moosfluh in sieben Minuten mit der Gondelbahn nach Riederalp hinunter und von dort eine halbe Stunde gemächlich zur Villa Cassel auf der Riederfurka wandern.

Besonders geeignet für...
naturliebende Familien und Paare, die patinaschwere Gasthäuser modernen Hotels vorziehen.

Wenn doch nur...
die hellhörigen Zimmer nicht dafür sorgen würden, dass man gezwungenermassen zum Frühaufsteher wird. Das Spektakel eines Sonnenaufgangs in der spektakulären Berglandschaft macht diesen Makel jedoch wieder wett.

WEISSHORN
SAINT-LUC

2337 m ü.M.

3961 Saint-Luc
Telefon +41 27 475 11 06
www.weisshorn.ch
info@weisshorn.ch
Mitte Juni bis Mitte Oktober und
Weihnachten bis Mitte April geöffnet

Die Lage 10/10

Total alleinstehend und 700 Höhenmeter über dem Ferienort Saint-Luc, mit Blick ins Val d'Anniviers und ins Rhonetal sowie auf Dent Blanche, Grand Cornier, Bella Tola, Montagne de Nava und weitere Bergriesen.

Das Hotel Weisshorn ist für Gäste nur zu Fuss erreichbar. Ab Saint-Luc ist Endstation für Auto und Postauto. Der schnellste Weg zum Hotel führt von Saint-Luc mit der Standseilbahn zur Bergstation Tignousa, dann eine gute Stunde dem Planetenweg („sentier des planètes") bis zum Hotel folgen. Der Weg ist auch im Winter mit schneetauglichen Schuhen einfach begehbar, doch sind dann eher anderthalb Stunden einzuplanen.

Im Winter bietet das Hotel auf telefonische Voranmeldung einen Abholdienst mit dem Raupenfahrzeug an und holt die Gäste um 16 Uhr am Rand der Piste „Pas-de-Boeuf–Prilett" beim Chalet Blanc du Tounot ab. Ebenfalls nur im Winter und auf Voranmeldung organisiert das Hotel einen Gepäcktransport. Das Gepäck muss bis spätestens 13.30 Uhr an der Talstation der Standseilbahn Saint-Luc–Tignousa deponiert werden.

Vom Hotel kann man mit den Skiern zu den Pisten von Saint-Luc/Chandolin traversieren oder auch ins Dorf Saint-Luc hinunterfahren. Von den Pisten zurück zum Weisshorn können Gäste am Nachmittag den Pistenfahrzeug-Shuttle des Hotels in Anspruch nehmen.

WEISSHORN
SAINT-LUC

Die Atmosphäre

Das liebenswert altmodische, 1882 für die ersten englischen Alpinisten erbaute Berggasthaus ist eines der höchstgelegenen historischen Hotels der Schweiz und wirkt, als sei es aus der Zeit gefallen. Auf der windgeschützten Sonnenterrasse bleibt so mancher Gast einen ganzen Nachmittag lang sitzen und macht nichts anderes, als einfach nur das Panorama zu bestaunen. Der Salon mit Kamin und das Fumoir stammen noch aus dem vorletzten „fin de siècle", ebenso das alte Klavier, das damals von sechs starken Männern in zwei Tagen von Saint-Luc aus hochgetragen wurde. Hier muss man einmal im Leben wenigstens eine Nacht verbringen, Komfort hin oder her (Zimmer mit Etagenbad). Man fühlt sich eins mit der Natur, mit sich und mit der Welt. Schon bei der Anreise stellt die landschaftliche Szenerie klar, dass an diesem Ort urbane Hektik tabu ist. Sie vollends zu vertreiben ist die Spezialität des netten Teams um Oliver und Sophea Stadelmann, die mit viel Herzblut dafür sorgen, dass jeder Aufenthalt in ihrem charismatischen Haus zum unvergesslichen Erlebnis wird.

Die Zimmer

27 zweckmässige, mit heimischem Tannen- und Fichtenholz ausgekleidete Doppelzimmer, davon vier geräumigere Eckzimmer auf der Südwestseite des Hotels, sowie 3 winzige Einzelzimmer. Die Duschen und Toiletten aller Zimmer befinden sich auf den Etagen. **Zimmer-Flüstertipps:** Die Nummern 18, 28 und 30 haben einen besonders schönen Ausblick.

Die Küche

Schmackhaft zubereitete Bergküche mit Walliser Spezialitäten, vorwiegend mit Produkten aus der Region. Hausspezialität ist der „Gâteau aux myrtilles" (Heidelbeerkuchen). Jeden Donnerstagabend steht Raclette auf dem Menüplan. Gute Auswahl an Walliser Weinen.

Die Extras

Der Alpengarten, der ursprünglich 1885 errichtet und nach langem Dornröschenschlaf 2015 wieder hergestellt wurde.

Freizeiterlebnisse

In nächster Umgebung finden sich einige Mountainbike-Routen in verschiedenen Schwierigkeitsgraden sowie eine Downhill-Strecke. Man kann zu jeder Jahreszeit auch Roggenbrot backen im historischen Backhaus von Saint-Luc oder das All unter die Lupe nehmen in der Sternwarte François-Xavier Begnoud nahe der Bergstation der Standseilbahn von Saint-Luc. www.ofxb.ch

Im Winter führen verschiedene Schneeschuhpfade beim Hotel vorbei, und das Weisshorn ist Etappenort der Skitouren-Route „La Haute Route Impériale".

Wandertipp

Hausherr und Küchenchef Oliver Stadelmann empfiehlt folgende Wanderungen vom Hotel Weisshorn aus: Zum Bergsee Lac du Toûno (1½ bis 2 Stunden pro Wegstrecke); um die Pointes de Nava (3½ bis 4 Stunden); auf den Bella Tola (3½ bis 4 Stunden) sowie den Höhenweg nach Zinal (rund 4 Stunden).

Besonders geeignet für...

alpine Nostalgiker, die sich gerne zu den Ursprüngen des Bergtourismus zurückkatapultieren lassen. Wenn Wände sprechen könnten, hier würden sie zweifellos die abenteuerlichsten Geschichten erzählen.

Wenn doch nur...

nicht jedes kleinste Geräusch aus den Nebenzimmern und den Zimmerkorridoren zu hören wäre.

WHITEPOD LES GIETTES

1400 m ü.M.

1871 Les Giettes,
Route des Cerniers
Telefon +41 24 471 38 38
www.whitepod.com
reservations@whitepod.com
Mitte Dezember bis Mitte April und
Mitte Mai bis Mitte Oktober geöffnet

Die Lage 7/10

In urtümlicher Natur an einem Hang oberhalb von Monthey im Rhonetal, mit Blick auf die Gipfel der Diablerets-Gebirgsgruppe, die Dent de Morcles, den Miroir d'Argentine und den Genfersee.

Die Atmosphäre 10/10

Eskimos in den Walliser Alpen? Nein: Über einen Hang am Fuss der Dents du Midi verteilen sich 18 sogenannte „Pods", die im Winter wie Iglus aussehen und aus einem stabilen Stahlgerippe mit einem wasser- und feuerfesten Spezialstoffüberzug bestehen. Im Sommer wechseln die Halbkugelzelte von Weiss zu Grün, um das Landschaftsbild nicht zu stören. Im Innern bieten sie mit 40 Quadratmetern Fläche überraschend viel Platz und sind wohnlich mit Retro-Möbeln und hübschen alpinen Accessoires eingerichtet. Geheizt wird mit einem Pelletofen, im Bad fliesst Quellwasser, durch die grosse Fensterfront blickt man auf die Bergriesen und den Genfersee. Eine private Terrasse mit Sonnenliegen lädt zum Entspannen ein. Zwischen den Pods und dem zentralen Pod-House mit Rezeption, Restaurant und Sauna liegen bis zu 15 Minuten Fussmarsch – dieser lüftet nach dem Abendessen und vor dem Frühstück herrlich den Kopf. 390 bis 1250 Franken kostet das extravagante Naturerlebnis, das sich ebenso für ein romantisches Wochenende zu zweit als auch für Familien mit Kindern eignet.

WHITEPOD
LES GIETTES

Die Zimmer

18 kuschelige Pod-Zelte in vier Kategorien: „Cosy" (ideal für ein Paar oder eine Familie mit einem Kind; ab ca. 390 Franken), „Family" (ideal für eine Familie mit zwei Kindern; ab ca. 450 Franken), „Deluxe" (ideal für ein Paar oder eine Familie mit einem Kind; ausgestattet mit Apple-TV, WiFi-Empfang, Nespresso-Maschine und Minibar mit kostenlosen Getränken; ab ca. 490 Franken) sowie „Suite Experience" (drei Pods mit jeweils einzigartiger Inneneinrichtung, darunter ein Pod zum Thema „007"; ab ca. 950 Franken). Jedes Pod wird nach ökologischen Richtlinien betrieben und verfügt über gute Betten, ein komfortables Badezimmer mit Dusche und WC sowie eine grosse Terrasse. Die Heizung erfolgt über einen mit Pellets automatisch befeuerten Schwedenofen (im Bad über einen Elektroheizer). Das ist für eine Nacht romantisch, kann einem jedoch den Schlaf rauben, weil jedesmal, wenn der Ofen nachts geräuschvoll angeht, der Pod durch die Flammen hell erleuchtet wird. **Zimmer-Flüstertipp:** Pod Nummer 10 hat den besten Blick auf den Genfersee.

Die Küche

Saisonale Marktküche mit regionalen Akzenten. Im Sommer auch Grillgerichte auf der Restaurantterrasse. Die kleine Weinkarte fokussiert sich fast ausschliesslich auf Walliser Gewächse. Für Wanderer besteht die Möglichkeit, verschieden gefüllte Picknickkörbe zu bestellen.

Die Extras

Sauna, Massagen. Zwei eigene, nur für Whitepod-Gäste zugängliche Skilifte mit 7 km privaten Skipisten. Geführte Wanderungen. Kostenloser Verleih von Schneeschuhen, Hiking-Sticks, Ski- und Snowboard-Ausrüstung, Schlitten und Snowscoots (Mischung aus Radfahren und Snowboarden). Tischtennis, diverse Outdoor-Spiele für Kinder.

Freizeiterlebnisse

Sommeraktivitäten: Wander- und Bike-Wege am Fuss der Dents du Midi, Einführung ins Pferdereiten und geführte Ausritte, Pony-Spaziergänge für Kinder, Hunde-Trottinette, Sommer-Hundeschlittenfahrten, Gleitschirm-Tandemflüge.

Winteraktivitäten: Winterwandern, Skifahren und Schneeschuhlaufen, Hundeschlittenfahrten, Gleitschirm-Tandemflüge.

Wandertipp

Ein Highlight für jeden ausdauernden und erfahrenen Wanderer ist die 42 km lange „Tour des Dents-du-Midi". Sie dauert zwischen drei und vier Tagen mit Übernachtungen in Hütten und führt in Höhenlagen zwischen 1040 und 2500 Metern um die sieben Gipfel des Bergmassivs der Dents-du-Midi. Vom Whitepod aus sind auch Teilstrecken machbar. www.dentsdumidi.ch

Regentag-Alternative

Hat das Wetter schlechte Laune, hilft ein Wellness-Intermezzo im Walliser Bäderparadies Les Bains de Saillon. Es verfügt unter anderem über drei Thermalbäder zwischen 32°C und 34°C, einen 120 Meter langen Thermenfluss, das Sauna- und Hamam-Dorf „Les Mayens du Bien-être" sowie den etwas exklusiveren, zuschlagspflichtigen Bereich „Carpe Diem Spa" nur für Erwachsene. Eintritt fürs Thermalbad: je nach Wochentag 24 bis 28 Franken, Kinder bis 15 Jahre: 13 Franken. www.bainsdesaillon.ch
Ebenfalls zu empfehlen: das noch näher beim Whitepod gelegene Thermalbad Les Bains de Lavey bei Saint-Maurice. www.bains-lavey.ch

Besonders geeignet für...

Zivilisationsmüde, die mit Stil bewusst und nachhaltig leben und ein gänzlich unkonventionelles Glamping-Erlebnis abseits vom touristischen Trubel suchen.

Wenn doch nur...

kein Aufpreis von 50 Franken für den Gepäcktransport vom Parkplatz zum Pod-Zelt verrechnet würde (vom Parkplatz geht es rund 15 Gehminuten recht steil hinauf, und man kann nicht mit dem Auto bis zum Pod fahren. Kenner fahren jedoch das Strässchen bis zum Ende hoch und sparen sich so zumindest die halbe Wegstrecke zum Gepäckschleppen). Weiterer Wermutstropfen: Die Pods stehen auf einer abfallenden Alpwiese mit rund zehn Meter Abstand recht dicht beieinander und je nachdem hört man Nachbars Treiben mit.

WEITERE TOP GELEGENE HOTELS IM WALLIS

© Crans Ambassador, Crans-Montana

© Belalp Hotel, Belalp

© Bella Lui / Jugendherberge Crans-Montana, Crans-Montana

© Bella Vista, Zermatt

© Cabane de Moiry, Grimentz-Moiry

© Cabane des Violettes, Crans-Montana

HOTELNAME	ORT	WEBSEITE
Belalp Hotel	Blatten Belalp	www.hotel-belalp.ch
Bella Lui/ Jugendherberge Crans-Montana	Crans-Montana	www.bellalui.com
Bella Vista	Zermatt	www.bellavista-zermatt.ch
Cabane de Moiry	Grimentz-Moiry	www.cabane-moiry.ch
Cabane des Violettes	Crans-Montana	www.cabanedesviolettes.ch
Castel de Daval Chambres d'hôtes	Sierre	www.collinededaval.ch
Cervo	Zermatt	www.cervo.ch
Chalet Hotel Schönegg	Zermatt	www.schonegg.ch
Coeur des Alpes	Zermatt	www.coeurdesalpes.ch
Crans Ambassador	Crans-Montana	www.cransambassador.ch
Fafleralp	Fafleralp/Lötschental	www.fafleralp.ch
Guarda Golf Hotel	Crans-Montana	www.hotelguardagolf.com
Hamilton Lodge	Belalp	www.hamiltonlodge.ch
Monte-Rosa-Hütte	Zermatt	www.zermatt.ch/Media/Attraktionen/SAC-Huette-Monte-Rosa
Riederfurka Berghotel	Riederalp	www.artfurrer.ch/de/berghotel-riederfurka/
Sonnmatten	Zermatt	www.sonnmatten.ch
The Omnia Mountain Lodge	Zermatt	www.the-omnia.com

WEITERE TOP GELEGENE HOTELS
IM WALLIS

© Castel de Daval Chambres d'hôtes, Sierre

© Hamilton Lodge, Belalp

© The Omnia Mountain Lodge, Zermatt

© Chalet Hotel Schönegg, Zermatt

© Monte-Rosa-Hütte, Zermatt

© Waldhaus, Bettmeralp

© Coeur des Alpes, Zermatt

© Riederfurka Berghotel, Riederalp

© Waldhotel Fletschhorn, Saas-Fee

© Crans Ambassador, Crans-Montana

© Sonnmatten, Zermatt

© Guarda Golf Hotel, Crans-Montana

TOP GELEGENE HOTELS
IM TESSIN

COLIBRÌ
ALDESAGO-LUGANO

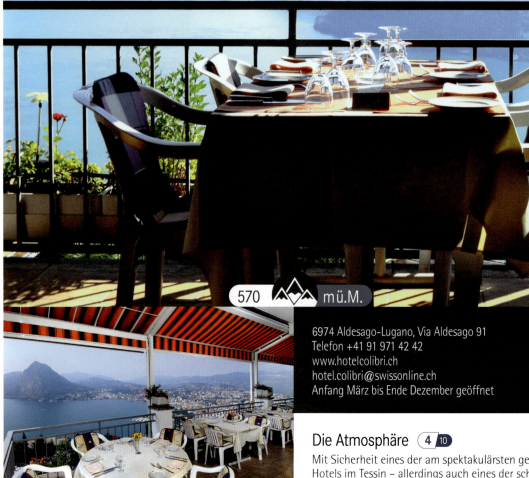

570 mü.M.

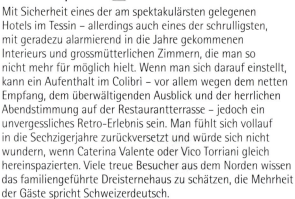

6974 Aldesago-Lugano, Via Aldesago 91
Telefon +41 91 971 42 42
www.hotelcolibri.ch
hotel.colibri@swissonline.ch
Anfang März bis Ende Dezember geöffnet

Die Lage 10 10

Auf dem Monte Brè, 300 kurvenreiche Höhenmeter über Lugano, zwischen Ruvigliana und Brè Paese. Am Panorama über die Stadt, auf den Luganersee und bei klarer Sicht bis zum Alpenhauptkamm mit Matterhorn und Monte Rosa kann man sich kaum satt sehen.

Wer mit öffentlichen Verkehrsmitteln anreist, nimmt Bus 12 ab Lugano-Centro bis Station Aldesago-Paese.

Die Atmosphäre 4 10

Mit Sicherheit eines der am spektakulärsten gelegenen Hotels im Tessin – allerdings auch eines der schrulligsten, mit geradezu alarmierend in die Jahre gekommenen Interieurs und grossmütterlichen Zimmern, die man so nicht mehr für möglich hielt. Wenn man sich darauf einstellt, kann ein Aufenthalt im Colibrì – vor allem wegen dem netten Empfang, dem überwältigenden Ausblick und der herrlichen Abendstimmung auf der Restaurantterrasse – jedoch ein unvergessliches Retro-Erlebnis sein. Man fühlt sich vollauf in die Sechzigerjahre zurückversetzt und würde sich nicht wundern, wenn Caterina Valente oder Vico Torriani gleich hereinspazierten. Viele treue Besucher aus dem Norden wissen das familiengeführte Dreisternehaus zu schätzen, die Mehrheit der Gäste spricht Schweizerdeutsch.

COLIBRÌ
ALDESAGO-LUGANO

Freizeiterlebnisse
Für Bewegungshungrige lockt der Monte Tamaro Erlebnispark: Mit der Gondelbahn schwebt man bequem von Rivera am Monte Ceneri auf die Alpe Foppa (1530 m ü. M.) am Fusse des Monte Tamaro. Hier beeindrucken zunächst der weite Ausblick und die moderne Kirche Santa Maria degli Angeli des Architekten Mario Botta. Und hier ist der Ausgangspunkt für attraktive Panoramawanderungen im Herzen des Tessins. Spass für die ganze Familie garantiert der Erlebnispark mit vielerlei Attraktionen: von der Sommerrodelbahn mit 360-Grad-Kurven über den Hochseilpark (mit zwei speziellen Parcours für Kinder ab vier und sieben Jahren) und der Tyrolienne-Drahtseilrutsche bis zur Gleitschirmschule und der Mountainbike Downhill- und Freeride-Strecke.
www.montetamaro.ch

Wandertipp
Vom Hotel (570 m) auf den Gipfel des Monte Brè (925 m), dann über das Dorf Brè durch den Kastanienwald nach Gandria (273 m) hinunter und dem „Sasso di Gandria" am Seeufer entlang nach Castagnola. Von dort mit dem Bus 2 zum Hotel zurück (die Station Aldesago-Paese liegt gleich beim Colibrì). Distanz: 7 km, Marschzeit: 2¾ Stunden.

Regentag-Alternative
Das Schweizer Zollmuseum in Cantine di Gandria dokumentiert, wie fantasievoll Generationen von Schmugglern vorgegangen sind, um illegal Waren über die Grenze zu bringen: Benzintanks mit doppelten Wänden, hohle Schuhabsätze und Bücher bis hin zum raffinierten kleinen Tret-Unterseeboot; ein waghalsiger Schmuggler, der seinen Kopf knapp über Wasser hielt, steuerte das mit einer Tonne Salami beladene U-Boot so lange über den See, bis er im Gefängnis und das Boot im Zollmuseum landete. Dieses befindet sich im ehemaligen Grenzwächterhaus gegenüber dem Tessiner Grenzort Gandria und ist per Kursschiff ab Lugano oder Gandria erreichbar.
www.zollmuseum.ch

Zimmer 3/10
30 einfache Zimmer und Juniorsuiten mit altem Mobiliar und wuchtigen Teppichen, die schon viele Generationen von Füssen ertragen haben müssen. Die meisten Zimmer haben Balkon und Seeblick. **Zimmer-Flüstertipp:** Es lohnt sich, eine der Juniorsuiten zu buchen, die geräumiger als die normalen Seeblick-Zimmer sind und nur wenig mehr kosten.

Die Küche 4/10
Traditionelle Hotelküche mit dem ganzen klassischen Repertoire von Spaghetti Bolognese über Seezungenfilets und Rahmschnitzel bis zum Coupe Dänemark. Am Tisch zubereitet, respektive flambiert, werden das Rindstatar, das Chateaubriand und die Crêpes Suzette.

Die Extras 1/10
Freibad.

Besonders geeignet für...
Tessin-Romantiker, die Platz zum Durchatmen und eine gewisse Distanz zum touristischen Trubel unten am See brauchen.

Wenn doch nur...
die Weinzusammenstellung auch nur eine Spur von Sachverstand zeigen würde. Die Angaben der Flaschenweine sind auf der Karte lediglich mit Regionenbezeichnungen und Preis versehen, beispielsweise „Merlot del Ticino, 35 Franken" oder „St. Emilion, 66 Franken", Für Weinliebhaber der absolute Tiefpunkt. Auch sind die Zimmer sehr ringhörig, so dass man einfach alles hört, was auf dem Gang oder dem Zimmer nebenan passiert.

COLLINETTA
ASCONA-MOSCIA

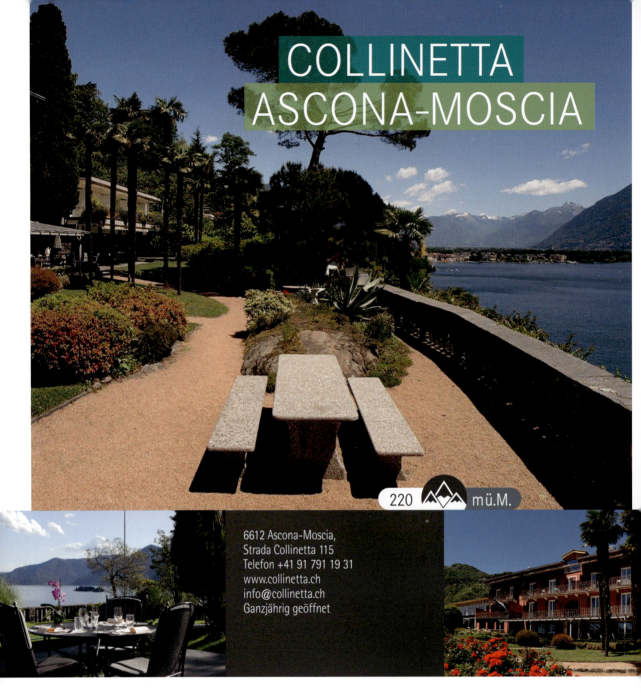

220 m ü.M.

6612 Ascona-Moscia,
Strada Collinetta 115
Telefon +41 91 791 19 31
www.collinetta.ch
info@collinetta.ch
Ganzjährig geöffnet

Die Lage 10/10

In einer Parkanlage am Hang über Ascona, mit berauschendem Ausblick auf den Lago Maggiore und die Brissago-Inseln, die abends über der Wasseroberfläche zu schweben scheinen. 20 Gehminuten von der Piazza in Ascona entfernt.

Die Atmosphäre 7/10

Zwischen Palmen und Lorbeersträuchern, Kamelien und Zitronenbäumen finden sich zahlreiche stille Plätzchen für faule Liegestuhltage. Und wenn auch die Innenarchitektur dieses gepflegten Dreisternehotels teilweise etwas banal ist – in der Idylle des Collinetta halten es Menschen, die unprätentiös zu leben verstehen, gern etwas länger aus. Drei Gäste-Generationen fühlen sich hier wohl, und Gastgeber Luca Foster feilt mit grossem persönlichen Einsatz an der ständigen Optimierung seines Hauses, bezieht die Stammgäste gezielt in den Entwicklungsprozess ein und vergisst dabei nie, auch an deren teilweise beschränkte Reisebudgets zu denken.

COLLINETTA
ASCONA-MOSCIA

Freizeiterlebnisse

Sehenswürdigkeiten in der Region: Brissago-Inseln, Borromäische Inseln, Maggiatal, Verzascatal, Centovalli, Aussichtsberg Cardada, Bosco Gurin, Monte Tamaro.

25 Gehminuten vom Hotel entfernt liegt der Monte Verità. Dieser Hügel über Ascona wurde zur vorletzten Jahrhundertwende zum mystischen Mittelpunkt Europas erklärt. Esoteriker, Anarchisten und experimentierfreudige Künstler erprobten hier neue Lebensformen und schufen eine skurrile Eigenwelt. Den subtropischen Park und einige der legendären Holzpavillons gibt es heute noch – die „Casa Anatta" beherbergt die wiederbelebte Ausstellung „Le mammelle della verità" („Die Brüste der Wahrheit") von Harald Szeemann über die Geschichte des Monte Verità und seiner Kolonie. Anschliessend lockt eine Erfrischung auf der Terrasse des Hotel Monte Verità, das 1929 im geometrisch-rationalen Bauhausstil errichtet wurde.
www.monteverita.org/de/32/museumskomplex.aspx

Wandertipp

Ein wunderbarer, 5 km langer Spazierweg führt von Ascona (196 m) über den Monte Verità nach Ronco sopra Ascona (353 m). Unterwegs finden sich zahlreiche Aussichtsplätze mit Bänken, die zum stillen Geniessen des einzigartigen Panoramas locken, an dem man sich kaum sattsehen kann.

Wem es eher nach einer richtigen Bergwanderung ist, fährt ab Locarno mit der Centovalli-Bahn nach Verdasio und von dort mit der kleinen Seilbahn nach Rasa (898 m). In diesem pittoresken Bergdörfchen beginnt die fünfeinhalbstündige, 13 km lange Wanderung via Monti, Termine, Pizzo Leone /1659 m), Alpe di Naccio (1402 m), Casone, Carona di Pinz und Porera nach Ronco sopra Ascona (353 m). Atemberaubende Ausblicke auf das Centovalli und den Lago Maggiore warten!

Regentag-Alternative

Gewöhnlich fristet der Schirm ein trostloses Dasein und wird nur in regnerischen Zeiten aus der Ecke geholt. In Gignese hat man ihm dagegen gleich ein ganzes Museum gewidmet. In dem kleinen Dorf im südwestlichen (italienischen) Teil des Lago Maggiore werden seit Jahrhunderten Schirme hergestellt. Im leicht kuriosen Schirmmuseum wird anhand von 700 Exponaten die Geschichte dieses nützlichen Begleiters im Laufe der Jahrhunderte aufgezeigt. www.gignese.it/museo/

Für Familien mit Kindern: Lido Locarno oder Wassererlebnispark Splash & Spa Tamaro in Rivera.
www.lidolocarno.ch + www.splashespa.ch

Die Zimmer

44 angenehme Zimmer, Juniorsuiten und Suiten, die meisten mit Balkon zur Seeseite. **Zimmer-Flüstertipps:** Die Superior-Doppelzimmer und Juniorsuiten bieten nicht nur schöne Ausblicke, sondern wurden unlängst auch in einem modernen Stil renoviert.

Die Küche

Solide zubereitete Tessiner und mediterrane Spezialitäten.

Die Extras

Hallenbad, kleiner Fitnessraum, kleiner privater Badestrand, Kinderspielplatz.

Besonders geeignet für...

Faulenzer und Familien, die eine rundum entspannte Ferienatmosphäre mögen.

Wenn doch nur...

das spektakulär gelegene, doch altbackene Hallenbad bald einmal erneuert würde.

EDEN ROC
ASCONA

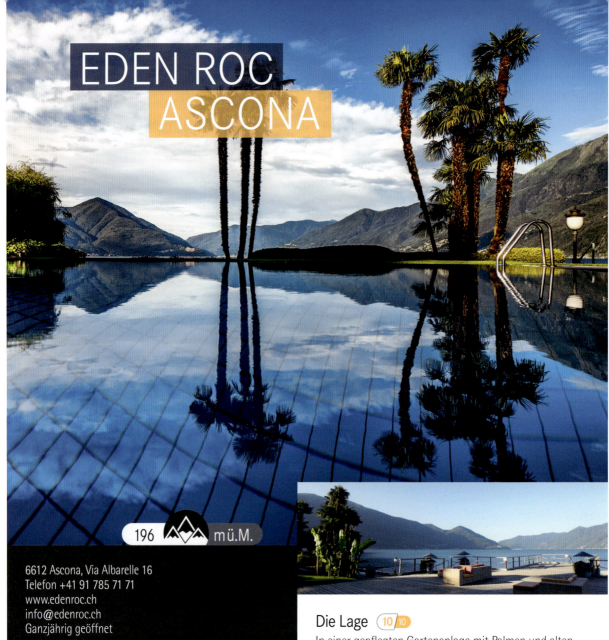

196 mü.M.

6612 Ascona, Via Albarelle 16
Telefon +41 91 785 71 71
www.edenroc.ch
info@edenroc.ch
Ganzjährig geöffnet

Die Lage 10/10

In einer gepflegten Gartenanlage mit Palmen und alten Bäumen direkt am Ufer des Lago Maggiore. Zur Uferpromenade von Ascona sind es wenige Schritte vom Hotel.

Die Atmosphäre 9/10

Das Gebäude-Ensemble könnte genauso gut in Miami oder Dubai stehen – die herrliche Naturkulisse und das mediterrane Ambiente machen diesen Eindruck aber mehr als wett. Wo immer man sich im Eden Roc aufhält – vor einem leuchtet der Lago Maggiore.

Das flamboyante Innendesign mag nicht jedermanns Geschmack treffen, doch sind die vier Restaurants sowie das Spa- und Wassersportangebot top. Zudem werden Spezialwünsche nie als Belästigung, sondern als Herausforderung betrachtet.

EDEN ROC
ASCONA

Die Zimmer
95 komfortable Zimmer und Suiten, verteilt auf drei miteinander verbundene Gebäude.

Die Küche
Kreative mediterrane Sonnenküche im „La Brezza", französisch-italienische Klassiker im Hauptrestaurant Eden Roc, fein zubereitete Grillspezialitäten auf der „Casetta"-Terrasse, schmackhafte Pasta-Variationen und Fleisch- und Fischgerichte vom Grill im „Marina". Alle vier Lokale mit herrlichen Sommerterrassen. In allen Lokalen wird auf Vegi-Wünsche und Unverträglichkeiten unkompliziert eingegangen. Schöne Bar mit Aussenbereich und oftmals Live-Musik. Lukullisches Frühstücksbuffet mit einer grossen Auswahl an regionalen Frischprodukten.

Die Extras
Spa mit grossem Freibad, Indoor-/Outdoor-Pool, warmem Hydro-Entspannungsbecken, Sauna und Dampfbad. Sehr gute Massagen und Gesichtspflegebehandlungen. Fitnessraum, Verleih von Velos und Elektrobikes. Für Wasserratten lockt der kleine Privatstrand, und in Zusammenarbeit mit Asconautica gibt es zahlreiche Wassersportaktivitäten: Kostenlos verfügbar sind Kajaks und Stand-up-Paddles; kostenpflichtig sind Wasserski und Wakeboard, der Verleih von Segel- und Motorbooten sowie die Segelschule.

Besonders geeignet für...
verwöhnte Reisende mit hohen Ansprüchen an Gastronomie, Service und Wellness.

Wenn doch nur...
die unvorteilhafte Architektur nicht wäre, die an ein Luxuskrankenhaus erinnert. Doch dieser Nachteil ist schnell vergessen, sobald man den Garten oder sein Zimmer betritt und auf die Traumkulisse mit See und Bergen blickt.

Freizeiterlebnisse
Ein Streifzug durch den Botanischen Garten der Isole Grande, der grösseren der beiden Brissago-Inseln, kommt einem vor allem an Frühlingstagen wie ein Ausflug ins Paradies vor. Man stösst Schritt für Schritt auf Überraschungen: Hier die Blütenpracht der Rhododendren im Schatten mediterraner Bäume, dort die bizarren Luftwurzeln der Sumpfzypressen; fleischfressende Pflanzen am kleinen Lotosteich gesellen sich zu üppigen Daturabüschen und Savannengräsern. Ein sinnbetörendes Sammelsurium aus 1700 Pflanzenarten, dem man sich am besten möglichst früh am Morgen widmet, um den Touristenrummel zu umgehen. Wer die Insel ganz im Stillen erleben will, reist am frühen Abend an und reserviert eines der zehn Gästezimmer in der neoklassizistischen Villa (siehe Isole di Brissago Hotel auf Seit 172). www.isoledibrissago.ch

„007-Bungee-Jump": Millionen von Kinobesuchern stockte der Atem, als sich im James-Bond-Film „Goldeneye" der Geheimagent 007 im Dienste ihrer Majestät von einer Staumauer stürzte und nur ein Gummiband den freien Fall aufhielt. Diese berühmte Filmszene spielte sich an der Verzasca-Staumauer ab, die 220 Meter hoch ist. Für einmal sei Nachahmen empfohlen: Jeder, der mindestens 10 Jahre alt und 45 Kilo schwer ist, kann an dieser höchsten Bungee-Jumping-Anlage Europas an einem Seil befestigt Kopf voran in die Tiefe springen. Mit jedem Teilnehmer wird vor dem Sprung ein kurzes Training durchgeführt, bei dem der ganze Sprungablauf genau erklärt wird. Die Kosten: 255 Franken, Jugendliche (bis 19 Jahre) bezahlen 60 Franken weniger. www.trekking.ch

Wandertipp
Tipp 1: Von Ascona über das Lido Ascona und das Maggiadelta via Locarno und Minusio am Ufer des Lago Maggiore entlang nach Tenero. Distanz: 14 km, Dauer: 3¼ Stunden. Retour mit der Bahn von Tenero nach Locarno, von dort mit dem Bus nach Ascona.

Tipp 2: Mit der Stand- und Luftseilbahn von Locarno über Orselina auf Locarnos Hausberg Cardada. Von dort einfache Wanderung über die Alpe Cardada (1486 m) und entlang der Berghänge der Cima della Trosa via Monti di Lego (1107 m) ins urtümliche Val Resa, wo das Grotto „Al Grott Cafe" zu unverfälschter Cucina nostrana an langen Holz- und Steintischen zwischen Wald und rauschendem Wildbach einlädt. Nach dem Grotto-Besuch noch 50 Minuten nach Brione sopra Minusio weiterwandern. Distanz: 9,5 km, Marschzeit: 3 Stunden. www.algrottcafe.ch

Regentag-Alternative
Die sublimen Therapeutinnen und Therapeuten im Spa des Eden Roc sorgen dafür, die Zeit zwischen den Sonnenstrahlen tiefenentspannt zu überbrücken.

KURHAUS CADEMARIO
CADEMARIO

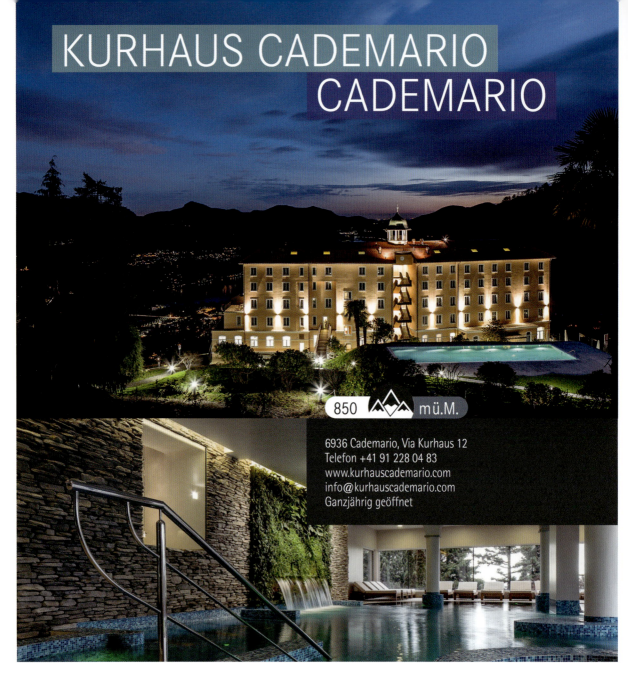

850 m ü.M.

6936 Cademario, Via Kurhaus 12
Telefon +41 91 228 04 83
www.kurhauscademario.com
info@kurhauscademario.com
Ganzjährig geöffnet

Die Lage 9/10

Sonnig an beeindruckender Aussichtslage hoch über dem Malcantone. Man blickt hinunter auf den Luganersee, die bewaldeten Hügel, die Schiffe, die Autos, die freitags auf der A2 Richtung Süden und sonntags Richtung Norden drängen, die Eisenbahn, die Flugzeuge, die auf dem Flughafen Agno starten und landen – es ist ein bisschen wie Swiss Miniature, mit dem Unterschied, dass alles echt ist. Wanderwege und Velorouten beginnen vor der Haustür. Lugano liegt 12 km entfernt (kurvige Anfahrt ab Bioggio).

Die Atmosphäre 6/10

Seit 1914 schon ein aussergewöhnliches Haus, hat das Kurhaus Cademario nach einer umfassenden Modernisierung im Jahr 2012 atmosphärisch ordentlich zugelegt, ist aber kein eigentliches „Kurhaus" mit entsprechenden Kuren und medizinisch motivierten Gästen mehr. Dafür kann man nun den Alltag in den Saunen wegschwitzen, sich in einem der Pools treiben lassen und allerlei für seine Schönheit oder Gesundheit tun. Die Zimmer und öffentlichen Räume präsentieren sich in schlichter Eleganz und dezenten Farben, die italienisch geprägte Küche zeigt neuerdings Ambitionen, und Direktor Gilles Toffoletto sorgt mit Herz und Verstand dafür, dass das Hotel genau die Gelassenheit atmet, die der heutige Gast ersehnt.

KURHAUS CADEMARIO
CADEMARIO

Die Zimmer 7/10
82 komfortable, mit natürlichen Materialien eingerichtete Zimmer und Suiten, alle mit Holzböden. Die Zimmer zum See verfügen jeweils über einen Balkon. **Zimmer-Flüstertipps:** Die „Panorama-Juniorsuiten" sind 45 Quadratmeter gross und befinden sich in den Hausecken mit Fenstern zu zwei Seiten.

Die Küche 5/10
Zeitgemässe Cucina italiana und ticinese. Snacks und Drinks in der Hotelbar. Reichhaltiges Frühstück. Gastfreundlich kalkulierte Weinkarte mit einer schönen Auswahl fabelhafter Tessiner Merlots.

Die Extras 4/10
Spa mit warmem Indoor-/Outdoorpool, kleinem Solebad, Aussen-Sportschwimmbad (20 Meter Länge), Saunawelt, Dampfbad, Fitnessraum, Gymnastik- und Entspannungslektionen, Massagen und Schönheitsbehandlungen. Fitness-Wiese.

Besonders geeignet für...
alle, die ihre Lebensgeister wiederbeleben und den Blick auf die Welt weiten wollen. Wo das Panorama so offen und frei ist wie hier, überträgt sich dies auch auf das Denken.

Wenn doch nur...
dem umliegenden Park etwas mehr Pflege angedeihen würde.

Freizeiterlebnisse
Ein Park-Denkmal von besonderem Reiz ist der Parco Scherrer in Morcote: Inmitten üppiger subtropischer Vegetation legte hier der vermögende Tuchhändler und leidenschaftliche Reisende Arthur Scherrer ab dem Jahr 1930 eine zauberhafte Fantasiewelt mit steinernen Kunstgegenständen aus exotischen Ländern an. Auf seinen Reisen sammelte er allerlei Originalwerke und Reproduktionen, vom griechischen Erechtheion zum siamesischen Teehaus, vom spanischen Sonnentempel zum indischen Frauengemach. Heute ist der Park ein etwas skurriles, doch unbedingt sehenswertes Freilichtmuseum mit schönem Blick auf die Südbucht des Luganersees.
www.museums.ch/org/de/Parco-Scherrer

Wandertipp
Spaziergang „Giro Monte Caslano" rund um den Halbinselberg Monte Caslano. Fast der ganze Weg führt in Uhrzeigerrichtung entlang dem Wasser. Ausgangspunkt ist die Schiffländi in Caslano. Man braucht keine Wanderkarte, es gibt nur einen Uferweg. Wer es etwas anspruchsvoller mag, besteigt zusätzlich den Gipfel, der knapp 250 Höhenmeter über den Seespiegel ragt und auf dem Rundwanderweg „Sentiero panoramico" (teilweise auch als "Sentiero didattico" markiert) erreichbar ist. Distanz „Giro Monte Caslano": 3,5 km (weitere 4 km für den Gipfel-Rundwanderweg), Marschzeit: 3/4 Stunde (weitere 2 Stunden für den Gipfel-Rundwanderweg). Einkehrtipp: Grotto Sassalto im Wald ob Caslano. www.gabrielerusca.ch

Regentag-Alternative
In Lugano sind das MASI (Museum für moderne Kunst, das regelmässig mit spannenden Wechselausstellungen im Kulturzentrum LAC und im Palazzo Reali von sich reden macht) und die Villa Ciani (historisches Museum in beeindruckender Villa) einen Besuch wert und lassen sich gut mit einem Altstadtbummel verbinden. Von kantonsübergreifender Ausstrahlung ist das Museo delle Culture in Castagnola. Die ethnologische Sammlung, die in einem neoklassizistischen Gebäude am Seeufer untergebracht ist, ist eine Fundgrube mit rund 600 Objekten und Skulpturen aussereuropäischer Stammeskulturen.
www.lugano.ch/cultura + www.masilugano.ch + www.mcl.lugano.ch

RONCO HOTEL
RONCO SOPRA ASCONA

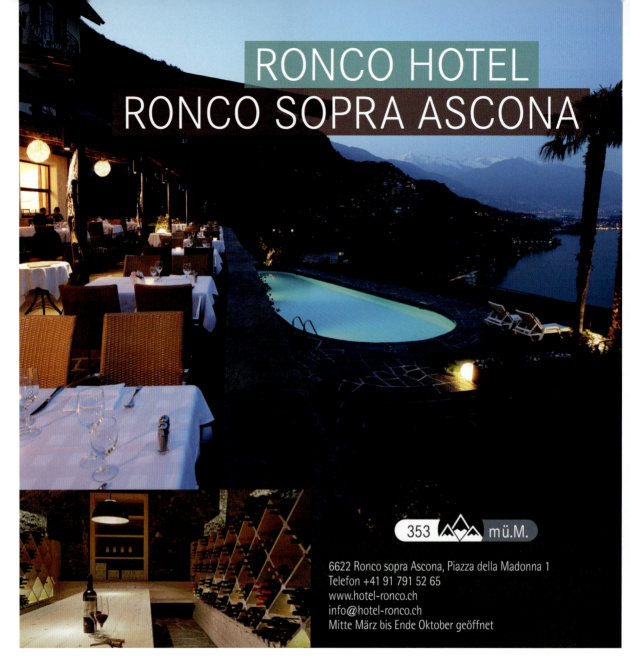

353 mü.M.

6622 Ronco sopra Ascona, Piazza della Madonna 1
Telefon +41 91 791 52 65
www.hotel-ronco.ch
info@hotel-ronco.ch
Mitte März bis Ende Oktober geöffnet

Die Lage 10/10

Mitten im malerischen Dorf neben der Barockkapelle Marie delle Grazie und zugleich logenplatzartig zwischen See und Himmel.

Den Campanile der ebenfalls benachbarten Kirche San Martino muss man als ein Stück Italianità zu schätzen wissen, denn die Glockenschläge setzen auch in der Nacht nicht aus.

Das Parkieren auf einem der öffentlichen Parkplätze kostet 8 Franken pro Tag – mit etwas Glück findet sich ein Platz bei der Kapelle neben dem Hoteleingang. Der Dorfpolizist ist übertüchtig und hat insbesondere ein Auge auf improvisiert geparkte Autos.

Die Atmosphäre 6/10

Es ist nicht allein der Postkartenblick auf den Lago Maggiore und die Brissago-Inseln, der in diesem familiären, einst als Kloster erbauten Dreisternehotel zufrieden stimmt. Es ist das angenehm entspannte Ambiente, die schöne Restaurantterrasse mit Lounge-Bereich und die unkompliziert zuvorkommende Art, in der das Hotelteam auf individuelle Gästewünsche eingeht. Am zweiten Tag ist zum Frühstück der Cappuccino bereits in Produktion, wenn man die Treppe herunterkommt. Abends fällt ein unbeschreiblicher Zauber über den See, und wenn der Sonnenuntergang die Szenerie in rotes Licht taucht, verschlägt es einem glatt die Sprache – ob deutsch oder italienisch.

RONCO HOTEL
RONCO SOPRA ASCONA

Freizeiterlebnisse

Sehenswert: Ascona, die Brissago-Inseln, der Monte Verità, die Täler Valle Maggia, Valle Verzasca und Centovalli.

Wer schon immer mal Fallschirmspringen wollte, kann sich diesen Traum in der Magadinoebene erfüllen und auf einem Tandemflug von 4000 Meter Höhe zu Boden segeln. Ein erfahrener Passagierpilot des Para Centro Locarno übernimmt alle Schlüsselfunktionen des Sprungablaufs. Nach einem Sporttest (ein 500-Meter-Lauf) und einer Vorbereitungszeit von nur zwanzig Minuten ist man bereit, seinen ersten Freifall aus einem Kleinflugzeug zu erleben. Dieser Freifall dauert etwa 50 Sekunden, bevor sich der Schirm auf rund 1500 Metern über der Magadinoebene öffnet. Kosten: 425 Franken pro Tandemsprung. Wer alleine springen will, muss eine siebentägige Ausbildung absolvieren. www.paracentro.ch

Wandertipp

Tipp 1: Von Ronco sopra Ascona zum Weiler Fontana Martina und auf dem Fussweg hinunter nach Crodolo am Seeufer. Beim Lido Porto Ronco Beach lockt ein Sprung ins erfrischende Wasser. Von Porto Ronco geht es über einen steilen Treppenweg – die sogenannte Himmelsleiter mit rund 800 Steinstufen – zurück nach Ronco sopra Ascona. Im Mittelalter sollen die Menschen geglaubt haben, dass sie am oberen Ende dieser Leiter der liebe Gott höchstpersönlich erwarte. Deshalb errichteten sie ihm zu Ehren im 15. Jahrhundert an privilegierter Lage die Kirche San Martino.

Tipp 2: Von Someo im Maggiatal über die beeindruckene Hängebrücke zum Westufer der Maggia. Weiter dann mehr oder weniger dem Fluss entlang durch Wälder und Dörfer nach Süden. Bei der Passerella bei Avegno wieder aufs östliche Ufer wechseln und entlang der Kantonsstrasse respektive meist auf kleinen zu ihr parallelen Wegen nach Ponte Brolla. Hier, am Eingang des Maggiatals, locken zahlreiche Grotti, darunter das Grotto America. Im Schatten riesiger Kastanienbäume und mit Blick auf die Maggia lassen sich hier an den grobgehauenen Steintischen genüssliche Momente verbringen. Distanz: 17 km, Marschzeit: 3½ Stunden. www.grottoamerica.ch

Regentag-Alternative

Siehe „Collinetta" auf Seite 168.

Die Zimmer 3/10

20 funktionelle, in die Jahre gekommene, doch tadellos saubere Zimmer, die meisten mit Balkon und Seeblick. Selbst die grössten sogenannten „Comfort Zimmer" mit „separatem Wohnbereich" sind recht klein.

Die Küche 5/10

Schmackhaft mediterran: Gemüselasagne, Taglierini mit gebratenem Zanderfilet und Safransauce, Kalbscarpaccio mit Tomaten und Oliven, Vitello tonnato, grillierte Gamberoni (Riesencrevetten) mit Butterreis, Ossobuco mit Risotto, Rindsfilet in Rotweinsauce mit Gemüse und Rosmarinkartoffeln, Schweinsfilet-Piccata mit Tomatenspaghetti, zum Dessert eine Panna cotta mit Früchtecoulis oder ein Semifreddo alle fragole (Erdbeerparfait). Äusserst gastfreundlich kalkuliert ist die Weinkarte mit zahlreichen sehr guten Flaschen aus Italien und dem Tessin zwischen 50 und 77 Franken. Selbst italienische Spitzenweine wie der Il Pino di Biserno oder der Bricco dell'Uccellone kosten vergleichsweise tiefe 81 respektive 95 Franken.

Die Extras 1/10

Kleines Freibad mit Liegewiese.

Besonders geeignet für...
unkomplizierte Aussichtsbegeisterte.

Wenn doch nur...
die Badezimmer nicht so beklemmend winzig und ältlich wären und mehr Ablageflächen bieten würden – es fehlt selbst der Platz für zwei Necessaires.

SERPIANO HOTEL SERPIANO

650 mü.M.

6867 Serpiano,
Via Serpiano
Telefon +41 91 986 20 00
www.serpiano.ch
info@serpiano.ch
Anfang April bis Ende Oktober geöffnet

Die Lage 10/10

Freistehend auf der „Beletage" des Monte San Giorgio – dort, wo sich Hase und Fuchs gute Nacht sagen. Das kurvige, mehrheitlich einspurige und rund 12 km lange Zufahrtssträsschen ab Meride ist ziemlich abenteuerlich. Das Hotel verfügt über eine kleine private Seilbahn, die von der Bergstation (1 km vom Hotel entfernt) ins Dorf Brusino Arsizio hinunterführt. Die Talstation liegt nur wenige Schritte von der Schiffshaltestelle der Kursschiffe entfernt. Die Seilbahn, die maximal zehn Personen respektive drei Personen mit Fahrrädern befördert, ist von Mittwoch bis Sonntag zwischen 9.15 Uhr und 17.45 Uhr in Betrieb.

Die Atmosphäre 5/10

Wem es in Lugano an Sommertagen zu heiss oder zu hektisch wird, dem gewährt Serpiano eine gewisse Abkühlung 367 Meter über dem Seespiegel, eine Vogelschau auf den südlichen Luganersee und herrliche Wandermöglichkeiten an den Hängen des Monte San Giorgio im südlichsten Zipfel der Schweiz. Hier liegt das Dreisternehotel Serpiano, das mit seiner Siebzigerjahre-Architektur zwar keinen Schönheitspreis gewinnen mag und auch das Flair eines Sanatoriums verströmt (was es früher mal war), doch überzeugt das Haus mit unprätentiöser Gastlichkeit, kleinem Wellnessbereich und soliden Zimmern zu überschaubaren Preisen. Das nette Team sorgt dafür, dass die Erwartungen an einen zwanglosen Rückzugsort zum Verweilen und Kraftschöpfen weitgehend erfüllt werden – auch wenn es schön wäre, wenn der eine oder andere Mitarbeiter auch Deutsch, Englisch oder Französisch sprechen würde. „Solo in italiano" scheint hier die Standardantwort auf fast jede Frage zu sein.

SERPIANO HOTEL
SERPIANO

Freizeiterlebnisse

Schifffahrten auf dem Luganersee, Swissminiatur in Melide, Parco Scherrer in Morcote, aussichtsreicher botanischer Garten Parco San Grato auf dem Hügelzug von Carona. www.lakelugano.ch + www.swissminiatur.ch + www.museums.ch/org/de/Parco-Scherrer +www.parcosangrato.ch

Wandertipp

Rundwanderung vom Hotel Serpiano (650 m) durch den Wald über die Alpe di Brusino und Pozzo auf den Gipfel des Monte San Giorgio (1097 m). Hat man die Aussicht zur Genüge genossen, folgt der Abstieg via Cassina zurück zum Hotel. Distanz: 10,5 km, Marschzeit: 4½ Stunden.

Anstrengender ist die Wanderung rund um den Monte Generoso. Diese beginnt in Rovio (497 m, erreichbar mit dem Postauto ab Maroggia) und führt über Roncaccio, die Alpe di Melano und die Bergbahnstation Bellavista zum Gipfel des Monte Generoso (1701 m). Hinunter geht es in Richtung des Muggiatals über die Alpe di Sella nach Scudellate. Von hier – oder von Muggio, Caneggio oder Castel San Pietro aus – fährt das Postauto hinunter nach Mendrisio. Distanz: 11,7 km, Marschzeit: 6 Stunden.

Auf der Hotel-Website sind drei attraktive Bike-Touren beschrieben, so die ganztägige „San Giorgio Tour extended" (40 km), der halbtägige „Serpiano Flow Ride" (20 km) und die ganztägige „Tour della Montagna" am Fusse des Monte San Giorgio (34 km).

Regentag-Alternative

Die versteinerten Tiere und Pflanzen des Monte San Giorgio zählen zum Unesco-Welterbe. Einige Fundstücke sind im reizvollen, vom Architekten Mario Botta umgebauten und erweiterten Fossilienmuseum im Dorfzentrum von Meride ausgestellt. Besonders interessant ist die lebensechte Nachbildung des Landsauriers „Tichinosuchus" – er lebte vor rund 240 Millionen Jahren im Mendrisotto, das damals am Rand eines subtropischen Meeres lag. Von Letzterem zeugen die Fossilien vieler anderer, ans Wasserleben angepassten Meeressaurier und Fische. Illustrationen und Modelle machen den Besuchern diese längst ausgestorbene Welt und die erdgeschichtlichen Zusammenhänge verständlich.
www.montesangiorgio.org

Die Zimmer 4/10

84 zweckmässig eingerichtete Einzel-, Doppel- und Familienzimmer mit sehr kleinen Bädern. Alle Zimmer mit Balkon oder Gartensitzplatz. **Zimmer-Flüstertipps:** Die Zimmer mit Seeblick sind zwar etwas kleiner als diejenigen ins Grüne, haben dafür eine Aussicht, die zu den schönsten im Tessin gehört. Sehr zu empfehlen sind die Nummern 319 und 320.

Die Küche 4/10

Tessiner Regionalküche mit mediterranen Einflüssen. Wunderbare Restaurantterrasse mit „fliegenden" Weinflaschen in scheinbar fliegenden Bilderrahmen. Reichhaltiges Frühstücksbuffet mit guten Frischprodukten.

Die Extras 3/10

Hallenbad, Whirlpool, Sauna und Dampfbad, Fitnessraum, Massagen und Gesichtsbehandlungen. Jeden Mittwoch von 17 bis 21 Uhr ist der Wellnessbereich für Frauen reserviert. Kinder dürfen nur sonntags das Schwimmbad benutzen.

Besonders geeignet für...

Wanderer und Mountainbiker auf der Suche nach absoluter Ruhe. Das lauteste Geräusch bei offenen Fenstern ist morgens das Vogelgezwitscher und nachts vielleicht mal ein röhrender Hirsch. Auch Gäste mit Hund fühlen sich hier willkommen.

Wenn doch nur...

zu manchen Zeiten nicht grössere Reisegruppen das Hotel in Beschlag nehmen würden.

THE VIEW LUGANO

290 m ü.M.

6900 Lugano,
Via Guidino 29
Telefon +41 91 210 00 00
www.theviewlugano.com
info@theviewlugano.com
Ganzjährig geöffnet

Die Lage
Am Hang des Monte San Salvatore oberhalb Lugano-Paradiso mit entsprechend fabelhafter Aussicht auf den Luganersee und den gegenüberliegenden Monte Brè.

Die Atmosphäre 8/10
Man fühlt sich ein bisschen wie auf einer hypermodernen Luxusjacht, was ein bisschen mit dem vielen Weiss und dem grossflächig eingesetzten Teakholz zu tun hat, welches für den Bau von Jachten verwendet wird. Das betont cool gestylte, auf vier Ebenen gegliederte Hotel, das Teil einer grösseren Überbauung ist, verzichtet bewusst auf jede Art von Lokalkolorit. Die Crew gibt sich urbaner, als die Stadt zu Füssen des Glas- und Beton-Gebäudes jemals sein wird. Nach den üblichen Anlaufschwierigkeiten toppt „The View" in puncto Servicestandards heute jedes andere Luxushotel in Lugano, und Direktor Sandro Pecorelli ist sehr um jeden Gast bemüht. Wunderbar ist die teilweise gedeckte und bei kühleren Aussentemperaturen angenehm beheizte Terrasse, gewöhnungsbedürftig die unterirdische Hotelzufahrt.

Die Zimmer
16 luxuriöse Juniorsuiten (50 Quadratmeter) und 2 Suiten (105 Quadratmeter), alle mit Seeblick und Terrasse.

Die Küche
Kreative Marktküche, die spürbar für Glückserlebnisse auf den Tellern sorgen will, doch vor lauter kulinarischen Pirouetten gelegentlich übers Ziel hinausschiesst.

Die Extras
Spa mit Hallenbad, Hydrotherapie-Sprudelbecken, Sauna, Dampfbad, Salzgrotte, Fitnessraum, Massagen und Gesichtsbehandlungen. Speziell: Um die Umgebung zu erkunden, stehen kostenlos E-Smarts zur Verfügung.

THE VIEW
LUGANO

Freizeiterlebnisse

Landschaftlich atemberaubend auf dem Hügelzug von Carona zwischen Monte San Salvatore und Monte Arbostora auf rund 690 Meter Höhe gelegen, locken im weitläufigen Parco San Grato fünf thematische Routen: Der „Botanik"-Weg beschreibt die Besonderheiten der hier üppig wachsenden Azaleen, Rhododendren und Nadelbäume, auf dem „Relax"-Pfad lässt es sich entspannt flanieren, vom „Panorama" geniesst man die schönste Aussicht, der „Kunst"-Weg wird von Skulpturen gesäumt, und das „Azaleenmärchen" lässt Kinderherzen höher schlagen. Ein Panoramarestaurant und ein Kinderspielplatz runden das botanische Erlebnis ab.
www.parcosangrato.ch

Im Swissminiatur in Melide können sich Kinder – Erwachsene erst recht – wie Gulliver im Reich Liliput fühlen, in einer heilen Miniaturschweiz im Massstab 1:25. Sie besteht aus mehr als 120 handgefertigten Modellen der bekanntesten Gebäude und Sehenswürdigkeiten im Land sowie einem 3560 Meter langen Gleisnetz, auf dem Modelleisenbahnzüge summend ihre Runden drehen. Die Schiffe kreuzen auf den Seen, Luft- und Standseilbahnen schweben und fahren die Berge hoch und runter. Aus den ländlichen Gegenden erklingt Volksmusik ab Band, und aus den Domkirchen Orgelrauschen. Kinder lieben das Swissminiatur, die meisten Eltern auch, und diese „Landeskunde" am heiteren Luganersee ist allweil amüsanter als die meisten Schulbücher. Am schönsten ist die Anfahrt per Schiff ab Lugano. www.swissminiatur.ch

Wandertipp

Die leichte Tour: Von Carona über den Parco San Grato und den breiten Spazierweg „Sentée Dal Alp Vicania" zur Alpe Vicania. Nach der Einkehr im Ristorante Vicania weiter über Vico Morcote hinunter nach Morcote. Distanz: 10,5 km, Marschzeit: 1½ Stunden. www.ristorantevicania.ch

Der Klassiker unter den Tessiner Höhenwanderungen führt vom Monte Lema zum Monte Tamaro. Die Bergtour beginnt mit einer Gondelbahnfahrt von Miglieglia zum Gipfel des Monte Lema (1621 m). Von hier aus verläuft die familientaugliche Wanderung während viereinhalb Stunden fast ausschliesslich auf dem Grat und bietet entsprechend beste Aussichten: Auf der einen Seite glitzert weit unten der Luganersee, auf der anderen der Lago Maggiore, beide eingebettet in die Berge des Südtessins. Die Route hält nur zwei grössere Aufstiege bereit: jenen auf den Monte Gradiccioli und gegen Ende jenen auf den Monte Tamaro (1962 m). Wem der Sinn nicht nach Gipfelstürmen steht, kann beide Herausforderungen locker umgehen und direkt die Alpe Foppa (1530 m) anpeilen, von wo die Gondelbahn hinunter nach Rivera fährt.
www.montelema.ch + www.montetamaro.ch

Regentag-Alternative

In ungezählten Tessiner Dorfmuseen wird fleissig gewoben, gesponnen und getöpfert. Wer im Sottoceneri ein besonderes Museum sucht, dem sei das Museo della Pesca (Fischereimuseum) empfohlen. In der schmucken alten Villa wird daran erinnert, dass es im Luganersee von (essbaren) Fischen früher nur so wimmelte und die Fischerei für viele Familien einst die wichtigste Einnahmequelle war. Heute gibt es im Tessin nur noch wenige Berufsfischer. Das Museum dokumentiert dieses einst lebenswichtige Gewerbe von der Steinzeit bis heute und zeigt alles Wissenswerte zu Fangtechniken, Ausrüstungen, Bootsbau, Fischhandel oder zur Herstellung von Fischernetzen auf. www.museodellapesca.ch

---

Besonders geeignet für...
Designfans, die das Gegenteil von Tessiner Grotto-Romantik suchen.

Wenn doch nur...
beim Studium der Weinkarte nicht das Gefühl aufkäme, dass man hier für jede Flasche (wie auch für jede andere Dienstleistung) einige Franken zu viel bezahlt.

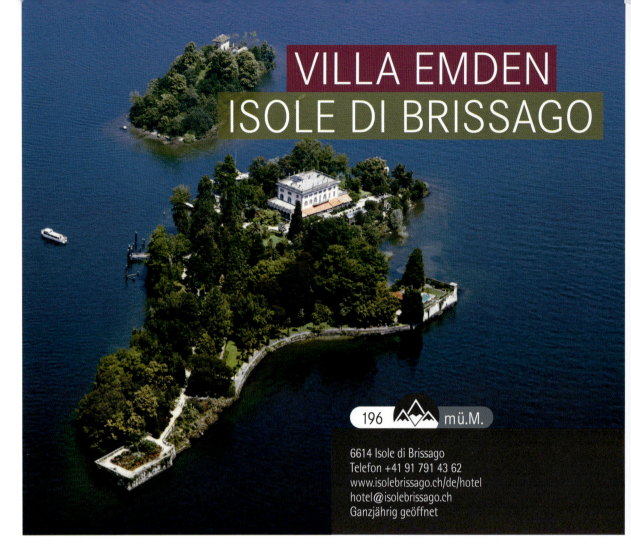

VILLA EMDEN
ISOLE DI BRISSAGO

196 mü.M.

6614 Isole di Brissago
Telefon +41 91 791 43 62
www.isolebrissago.ch/de/hotel
hotel@isolebrissago.ch
Ganzjährig geöffnet

Die Lage

Inmitten des Botanischen Gartens auf der Isola Grande. Erreichbar mit dem Kursschiff ab Brissago, Porto Ronco, Ascona oder Locarno.

Die Atmosphäre

Die Isola Grande, die grössere der beiden Brissago-Inseln, verzeichnet dank ihrem exotischen Garten mit 1700 Pflanzenarten jährlich so viele Besucher wie keine andere Sehenswürdigkeit im Tessin. Im Jahr 1885 schon verwandelte die damalige Besitzerin das karge Eiland mit viel Geld und Schiffsladungen guter Erde in einen blühenden Wunderpark. In den 1920er-Jahren verkaufte sie die Insel infolge erdrückender Schulden an den deutschen Kaufhaus-Tycoon Max Emden, der sich hier neben einem Lustgarten mit Römischem Bad einen italienischen Palazzo bauen liess, wie ihn die Gegend bislang noch nicht gesehen hatte – ein neoklassizistischer Traum mit Marmorfussböden, rotseiden bespannten Wänden und nackten Steindamen auf dem Dach. Über der Bootsanlegestelle prangt noch heute der Sinnspruch „Auch Leben ist eine Kunst". Nach dem Tod des Besitzers gingen die Brissago-Inseln in öffentlichen Besitz über und sind seit 1950 der Botanische Garten des Kantons Tessins. Die Villa Emden beherbergt heute das Restaurant mit reizvoller Terrasse und zehn Gästezimmer. Steigt man in einem dieser Zimmer ab, fühlt man sich nach Abfahrt des letzten Schiffes ein bisschen, wie sich wohl die früheren Inselbesitzer gefühlt haben mögen.

VILLA EMDEN
ISOLE DI BRISSAGO

Freizeiterlebnisse

Wer seinen Tessin-Aufenthalt nicht auf Dolcefarniente beschränken will, kann sich in Intragna bei diversen Outdoor-Abenteuern mit sich selbst und mit der Natur messen. Ein sportliches Highlight ist die Canyoning-Tour in der archaischen Landschaft am Eingang des Centovalli. Sie wird vom Veranstalter Trekking-Team organisiert und eignet sich sowohl für Einsteiger als auch für Könner. Um Angst zu kriegen, bleibt nicht viel Zeit. Nach einer kurzen Einführung werden Schluchten begangen und Hindernisse kletternd, abseilend, springend, rutschend oder schwimmend überwunden. Die spritzige Halbtagestour kostet 150 Franken pro Person inklusive Ausrüstung und Transport. Mindestalter: 10 Jahre. www.trekking.ch

Der 65 km lange Lago Maggiore bietet nicht nur gute Winde, sondern auch grenzenlos schöne Landschaften. Ideal für einen Segeltörn, der hier auch ohne Segelkenntnisse Wirklichkeit werden kann: Die Wassersportschule Asconautica in Ascona bietet Fahrten ins Blaue in Begleitung erfahrener Skipper an, auf kleinen oder grossen Segeljachten für 2 bis 12 Personen. Preis: 600 bis 900 Franken pro Jacht und Tag.
www.asconautica.ch

Wandertipp

Tipp 1: Vom Locarneser Hausberg Cardada nach Mergoscia. Ausgangspunkt dieser leichten, aussichtsreichen Wanderung ist die Seilbahn-Bergstation Cardada, erreichbar mit der Stand- und Luftseilbahn von Locarno über Orselina). Von Cardada (1340 m) geht es via Alpe Cardada (1486 m), Capanna Lo Stallone, Monti di Lego (1107 m), Al Passo zum Ziel Mergoscia (735 m). Distanz: 10 km, Dauer: 2¾ Stunden. Retour mit dem Postauto nach Tenero und mit der Bahn nach Locarno.

Tipp 2: Einer der grossen Tessiner Wanderklassiker ist der „Sentierone" von Sonogno nach Gordola. Der gut ausgeschilderte, meist eben verlaufende Talweg, der über 25 km durch das ganze Verzascatal führt, ist im zügigen Schritt in 7 bis 8 Stunden zu schaffen. Für die Reise zum Ausgangspunkt Sonogno empfiehlt sich das Postauto ab Locarno oder Tenero.

Regentag-Alternative

In der ersten Hälfte des letzten Jahrhunderts verkehrten viele Künstler in Ascona, die vor dem Schrecken des Grossen Krieges geflüchtet waren. Einige liessen sich hier auch nieder und schenkten dem neu entstehenden gemeindeeigenen Museum Kunstwerke, gedacht als Grundstock für eine Sammlung, für die später das Museo Comunale d'Arte Moderna eingerichtet wurde. Darunter befinden sich einige grosse Namen der Avantgarde. Unter anderem sind Werke von Marianne Werefkin, Paul Klee, Alexej Jawlenskj, Richard Seewald, Hans Richter, Cuno Amiet, Ignaz Epper zu sehen. www.museoascona.ch

Die Zimmer 5 | 10
10 freundliche Zimmer.

Die Küche 5 | 10
Schmackhafte, angebotsmässig breit gefächerte Marktküche: Rucolasalat mit Parmesan, Safranrisotto mit Steinpilzen, Tintenfischsalat mit Kartoffeln, Thunfisch-Carpaccio mit mediterranen Bruschetta, Randenravioli, Risotto mit Jakobsmuscheln, Rindsfilet mit Rosmarinkartoffeln und Saisongemüse, Zanderfilet mit Kartoffelgnocchi, zum Dessert ein Amaretto-Semifreddo oder eine Kaffee-Crème-brûlée mit Cantucci.

Die Extras 3 | 10
Botanischer Garten, Bademöglichkeiten.

Besonders geeignet für...
Inselromantiker und Gartenliebhaber, die eine exzentrische Villa einem konventionellen Hotel vorziehen.

Wenn doch nur...
an schönen Tagen nicht Hundertschaften von Touristen die idyllische Insel erstürmen würden. Zauberhaft wird es jedoch, wenn man abends und frühmorgens als Hotelgast (fast) alleine im Botanischen Garten wandeln kann..

WEITERE TOP GELEGENE HOTELS IM TESSIN

HOTELNAME	ORT	WEBSEITE
Albergo della Posta	Morcote	www.hotelmorcote.com
Bauhaus-Hotel Monte Verità	Ascona	www.monteverita.org
Bellavista	Vira Gambarogno	www.hotelbellavista.ch
Boutiquehotel Albergo Brione	Brione sopra Minusio	www.albergobrione.ch
Belvedere	Locarno	www.belvedere-locarno.com
Carcani	Ascona	www.carcani.ch
Casa Berno	Ascona	www.casaberno.ch
Dellago	Melide	www.hotel-dellago.ch
Elvezia al Lago	Castagnola	www.elvezialago.ch
Giardino Lago	Minusio-Locarno	www.giardino-lago.ch
Grand Hotel Villa Castagnola	Lugano	www.villacastagnola.com
La Meridiana	Ascona	www.meridiana.ch
La Rocca	Porto Ronco	www.la-rocca.ch
Swiss Diamond Hotel	Morcote	www.swissdiamondhotel.com
Villa Orselina	Orselina-Locarno	www.villaorselina.ch
Villa Principe Leopoldo	Lugano	www.leopoldohotel.com
Yachtsport Resort	Brissago	www.yachtsport-resort.com

WEITERE TOP GELEGENE HOTELS
IM TESSIN

TOP GELEGENE HOTELS ▶
IN SÜDTIROL

ADLER MOUNTAIN LODGE SEISER ALM

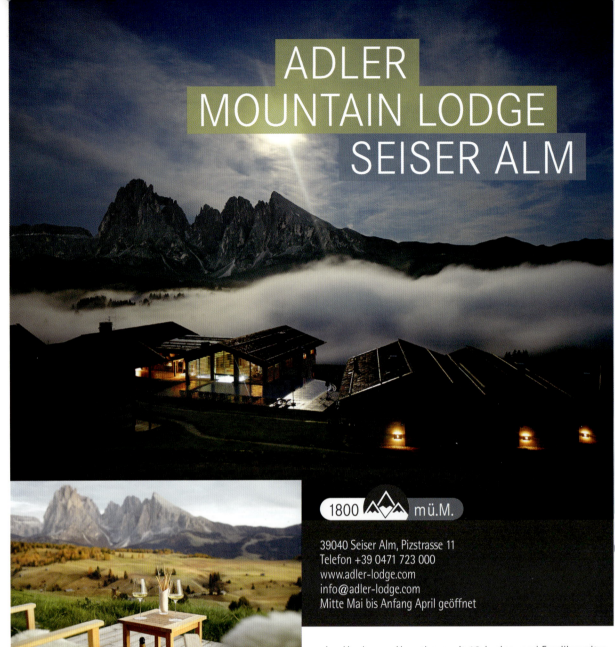

1800 m ü.M.

39040 Seiser Alm, Pizstrasse 11
Telefon +39 0471 723 000
www.adler-lodge.com
info@adler-lodge.com
Mitte Mai bis Anfang April geöffnet

Die Lage 10/10

Alleinstehend auf dem Hochplateau der Seiser Alm, mit „Wahnsinnsblick" auf Langkofel und Plattkofel und die Dolomitengipfel.

Die Atmosphäre 10/10

Die im Sommer 2014 eröffnete, aus heimischem Lärchen- und Fichtenholz erbaute Anlage bietet entspannten Luxus von jener Klasse, die kein Blendwerk nötig hat. Zwölf doppelstöckige Chalets, die als private Hoteleinheiten für zwei bis vier Personen konzipiert sind und jeweils über eine eigene Sauna und einen verglasten Kamin verfügen, gruppieren sich wie eine Herde ums Haupthaus mit 18 Junior- und Familiensuiten. Die fliessenden Übergänge zwischen drinnen und draussen, den Mix aus alpiner Geborgenheit und lichter Architektur gibt es auch anderswo, doch nirgends so stimmig zusammengefügt und in solch einzigartiger Dolomiten-Szenerie wie hier.

Von der Wohnhalle bis zum Wellnessbereich ist alles von einer Aura heiterer Gelassenheit geprägt. Unverbesserlich geglaubte Hektiker beugen sich spätestens am zweiten Tag dem gemächlichen Rhythmus der Lodge, und selbst schwierige Gäste, die sich in prestigeträchtigeren Hotels unmöglich benehmen, jagen hier ihre „König Kunde"-Arroganz zum Teufel und verhalten sich wieder wie normale Menschen. Dank dem entwaffnend charmanten Team fühlt man sich, als wäre man Teil einer unkomplizierten Familie, die es extrem gut mit einem meint, aber nie mit servilem Getue nervt.

ADLER MOUNTAIN LODGE
SEISER ALM

Das gefällt sowohl jungen Paaren als auch Wirtschaftsbossen, die es schätzen, in Ruhe gelassen zu werden und einfach sich selber sein zu können. Im Restaurant merkt man nicht, ob die Gäste reich sind oder sich den Urlaub lange erspart haben, ob sie zum Dinner den kultigen Südtiroler Blauburgunder Barthenau bestellen oder vom „all inclusive"-Angebot mit einer soliden Auswahl einfacherer regionaler Gewächse profitieren.

Die Zimmer

12 doppelstöckige Chalets mit Sauna, 18 Junior- und Familiensuiten im Haupthaus. Alle Zimmer öffnen sich mit bodentiefen Fensterfronten dem Panorama. Stoffe in satten Rot- und Erdtönen, warmes Licht, Schaffelle auf den Terrassensesseln und das heimische Lärchen- und Fichtenholz erzeugen alpine Geborgenheit.

Freizeiterlebnisse

Im Sommer sind die Möglichkeiten zum Wandern, Bergsteigen und Mountainbiken fast unbegrenzt. Tipp: Früh aufstehen lohnt sich, weil man dann von den Aussichtsbergen mit Sicherheit die weiteste Sicht hat, ohne sich die Freude mit Hunderten anderer Naturfreunde teilen zu müssen.

Im Winter kann man vor der Haustür die Skis anschnallen und von der Seiser Alm nahtlos ins Skigebiet Gröden mit insgesamt 175 zusammenhängenden Pistenkilometern ausschwärmen – etwa nach St. Ulrich, wo das Adler Dolomiti liegt, das Stammhaus der Besitzerfamilie Sanoner.

Wandertipp

Mittelschwere, landschaftlich äusserst reizvolle Höhenwanderung ohne grössere Steigungen rund um Plattkofel und Langkofel: Der Weg beginnt an der Bergstation des Florianlifts (2100 m) und führt zunächst über eine ziemlich steile Schotterstrasse zur Plattkofel-Hütte (2297 m). Von hier geht es über die südseitigen Hänge unter den eindrucksvollen Wänden der Langkofelgruppe zur Friedrich-August-Hütte und weiter zum Sellajoch (2218 m). Die Wanderung setzt sich über das mystische Felslabyrinth der „Steinernen Stadt" und die Comici-Hütte in Richtung Langkofel fort bis auf den Rücken des Piz da Uridl (2101 m). Von dort geht es zurück zum Ausgangspunkt.
Distanz: 17,6 km, Gehzeit: 6¼ Stunden.

Regentag-Alternative

Der schöne Wellnessbereich tröstet über schlechtes Wetter hinweg. Die Ingredienzen für die Spa-Behandlungen liefert die heimische Natur: Edelweiss, Arnika, Zirbelkiefer, Bergsalz, Almheu und Hagebutte.

Die Küche

Hervorragend umgesetztes „all inclusive"-Konzept mit gastronomisch hochstehender Verpflegung zu jeder Tageszeit. Selbst eine Auswahl solider Südtiroler Weine ist im Zimmerpreis inbegriffen. Abends wird ein Fünfgang-Auswahlmenü serviert, das so mediterran leicht ist wie das Wolfsbarschfilet mit knackigem Frühlingsgemüse oder so schnörkellos aromatisch wie Radicchio Trevisano mit gegrilltem Tominokäse.

Die Extras

Warmer Aussenpool, Panorama-Sauna, Panorama-Fitnessraum, diverse Massagen, Gesichts- und Körperpflegebehandlungen. Zum Wellnesskonzept gehört das Versprechen auf ein Naturerlebnis: Fast täglich findet eine geführte Aktivität mit dem Sportcoach oder Bergführer des Hauses statt. Im Sommer stehen Wanderungen, Rad- und E-Bike-Touren zur Wahl, im Winter Skisafaris, Schneeschuhwanderungen und Rodelabfahrten. Wer jedoch einfach einmal ohne schlechtes Gewissen nichts tun möchte, ist hier oben genauso richtig – und findet mit Adler-Blick zu seiner inneren Balance und zu neuer Gelassenheit.

Besonders geeignet für...
stilbewusste Familien und Paare, die alpine Gemütlichkeit mit zeitgemässem Touch mögen.

Wenn doch nur...
das Hotel nicht Opfer des eigenen Erfolgs wäre und deshalb häufig ausgebucht ist.

CASTEL FRAGSBURG MERAN

750 m ü.M.

39012 Meran, Fragsburg 3
Telefon +39 0473 244 071
www.fragsburg.com
info@fragsburg.com
Ende April bis Anfang November geöffnet

Die Atmosphäre 10/10

Ein schmales Strässchen von fünf Kilometern Länge führt von Meran zunächst durch Rebhänge und Apfelplantagen, dann durch den Meraner Wald hinauf zum kleinsten Fünfsternehotel in Südtirol. Das anmutige Gebäude wurde im Jahr 1624 als Lustschlösschen für adelige Jagdgesellschaften der nahen Burg errichtet. Auch heute noch bietet es viel Atmosphäre und lädt mit seinem dezent aufgefrischten nostalgischen Interieur zum Bleiben ein. Der umgebende Naturpark weist einen uralten subtropischen Baumbestand auf. Hier kann man sich aktiv betätigen oder sich im Halbschatten einer Zeder mit einem Buch in den Tag hineinträumen, die Sonne geht abends heimlich weg (und zwar sehr viel später als unten im Tal), die frisch gemähte Wiese duftet still, irgendwo bellt ein Hund. Alexander Ortner, der Schlossherr in dritter Generation, beseelt das Anwesen mit Charme und Charakter, engagiert sich kontinuierlich für feinsinnige Erneuerungen in allen Hotelbereichen und gibt seinen Gästen in jedem Moment das Gefühl, umsorgt und willkommen zu sein.

Die Lage 10/10

Auf einem Felsvorsprung 425 Höhenmeter über der Stadt Meran, mit weitem Blick auf die Texelgruppe und das Vigiljoch bis ins Ultental.

CASTEL FRAGSBURG
MERAN

Die Zimmer 7/10
20 sehr unterschiedlich gestaltete, durchwegs behagliche Zimmer, Juniorsuiten und Suiten.

Die Küche 8/10
In der lichtdurchfluteten Jugendstilveranda und auf der spektakulären Restaurantterrasse wird eine stilsichere kulinarische Fusion aus Alpinem und Mediterranem geboten. Wer einfach Lust auf hausgemachte Pasta-Gerichte hat, bekommt auch diese in bester Qualität. Die eigenen Bienen liefern Honig für das Frühstücksbuffet, das such sonst mit einer Vielzahl an hausgemachten Delikatessen glänzt.

Die Extras 4/10
Freibad, kleiner Wellnessbereich mit Sauna und Dampfbad, Massagen und Beauty-Behandlungen, Yoga- und Meditationslektionen. Kinderspielplatz.
Kostenloser Verleih von Mountainbikes und E-Bikes.

Besonders geeignet für...
genussorientierte Romantiker mit Sinn für traditionelles Südtiroler Lebensgefühl.

Wenn doch nur...
Raucher nicht so bevormundet würden: Rauchen ist im ganzen Haus, auf der Terrasse und den Zimmerbalkonen verboten. Raucherzonen sind die beiden Hollywoodschaukeln auf dem Hof und die überdachte Bank vor dem Eingangsportal sowie der Rosengarten mit der Gartenlaube.

Freizeiterlebnisse
Mild ist das Klima, reich die Vegetation in der Gartenstadt Meran. Am östlichen Stadtrand bezaubern die Gärten von Schloss Trauttmansdorff mit 80 verschiedenen Gartenlandschaften aus aller Welt. Diese sind in vier Themenbereiche gegliedert: Die „Waldgärten" zeigen Miniaturwälder aus Amerika und Asien, die „Sonnengärten" setzen auf den Landschaftsbilder des Mittelmeerraums, die „Wasser- und Terrassengärten" sprechen für sich präsentieren gestaltete Gartenräume mit Treppen- und Wasserläufen, die „Landschaften Südtirols" gewähren Einblicke in die ursprüngliche heimische Pflanzenwelt. Über allem thront das Schloss, wo schon Kaiserin Sissi zur Kur weilte, und das heute von zwei Jahrhunderten alpiner Tourismusgeschichte erzählt. www.trauttmansdorff.it

Dank des milden Klimas und der guten Bodenbeschaffenheit ist der Talkessel von Meran eine grossartige Weinregion. Fast alle Winzerbetriebe öffnen ihre Tore für Verkostungen. Grosser Beliebtheit erfreut sich die Kellerei Meran Burggräfler in Marling, die 360 kleine Weinproduzenten der Umgebung vereint. Für Familien mit Kindern zu empfehlen: das Weingut Kränzelhof in Tscherms, dessen Reben neben einem Labyrinthgarten wachsen. www.kellereimeran.it + www.kraenzelhof.it

Wandertipp
Ein zehnminütiger Waldspaziergang führt vom Hotel zum Fragsburger Wasserfall. Hier donnert das Wasser 135 Meter in die Tiefe. Auf der anderen Seite des Tals, an den Hängen der Texelgruppe, bietet der Partschinser Wasserfall einen ähnlich imposanten Anblick.

Entlang der sogenannten Waale, die in dieser regenarmen Alpenregion einst als künstlich angelegte Bewässerungssystem dienten, zieht sich ein langes Wegenetz. An den bedächtig fliessenden Wasserrinnen lässt es sich gemütlich spazieren, da es keine nennenswerten Steigungen gibt. Speziell zu empfehlen ist der „Schenner Waalweg", der von Verdins bei Schenna durch Mischwälder und Obstwiesen ins Naiftal führt und immer wieder schöne Aussichten freigibt. Am Ende des gut markierten Pfads (an der Talstation der Ifinger-Seilbahn) kann man auf dem Weg Nr. 15 nach Schenna zurückwandern oder den Bus zum Ausgangspunkt nehmen. Distanz: 6,5 km, Dauer: 1½ Stunden.

Regentag-Alternative
Siehe „Vigilius Mountain Resort" auf Seite 198.

GASTHOF BAD DREIKIRCHEN
BARBIAN IM EISACKTAL

1120 m ü.M.

Die Lage 9/10

Ein Logenplatz hoch über dem Eisacktal, zwischen Brixen und Bozen und inmitten von Wiesen und Wäldern. Der Blick geht von Klausen über das Kloster Säben auf die gegenüberliegenden Dörfer und zu den Dolomiten mit dem Sellastock, dem Langkofel und den Geislerspitzen.

Der Gasthof ist ausschliesslich zu Fuss (25 Minuten ab dem Parkplatz Unterbalwitterhof in Barbian) oder mit dem Taxi-Jeep auf einem für den öffentlichen Verkehr gesperrten Forstweg zu erreichen. Zugreisende nehmen ab der Bahnstation Waidbruck oder Brixen den Taxi-Jeep.

39040 Barbian im Eisacktal, Dreikirchen 12
Telefon +39 0471 650 055
www.baddreikirchen.it
info@baddreikirchen.it
Anfang Mai bis Ende Oktober geöffnet

Die Atmosphäre 8/10

Man logiert mitten in einer Südtiroler Postkartenidylle, nichts stört das Auge und die himmlische Ruhe. Das hatte bereits vor zweihundert Jahren und vor hundert Jahren seinen Reiz – und daran hat sich nichts geändert. Der Gasthof, an dem schon Christian Morgenstern und Sigmund Freud ihre Sommerfrische verbrachten, ist ein Ort, an dem die Zeit still zu stehen scheint. Seit vielen Generationen schaut hier die Familie Wodenegg zum Rechten und sorgt mit Liebe zum Detail und Gespür für die einfachen Dinge dafür, dass das Haus wie anno dazumal glänzt. So mancher Gast wird nach seinem ersten Besuch auch gleich zum Stammgast. Das sollte man bedenken, wenn man im Hochsommer kurzfristig ein Zimmer buchen möchte.

GASTHOF BAD DREIKIRCHEN
BARBIAN IM EISACKTAL

Freizeiterlebnisse
Wandern, Relaxen, Mountainbiken, Bergtouren. Hochseilgarten Villnöss, Mountaincarts auf der Plose, Messner Mountain Museum Firmian bei Bozen.

Wandertipp
Einfache Rundwanderung von Bad Dreikirchen zu den Barbianer Wasserfällen, die sich tosend ins Tal stürzen und ein herrliches Naturschauspiel bieten. Gehzeit: 2½ Stunden (200 Höhenmeter).

Anspruchsvoller ist die Wanderung von Bad Dreikirchen (1120 m) auf das Rittner Horn (2260 m). Der „Hausberg" von Barbian hat einen wunderbaren 360-Grad-Blick auf die Dolomiten, die Schweiz sowie die Ötztaler und Zillertaler Alpen. Gehzeit: 6½ Stunden (1000 Höhenmeter, Einkehrmöglichkeit im Schutzhaus Rittner Horn).

Eine mittelschwere, landschaftlich besonders schöne Tour führt von Oberbozen nach Bad Dreikirchen. Ab Oberbozen (1221 m, von Bad Dreikirchen am besten mit dem Taxi zu erreichen) geht der Weg Nr. 6 über die Tann (1488 m, mit Gasthaus) und dann der blau-weissen Markierung 27 folgend zum Hochmoor des Loden (1645 m) weiter auf Steig 27 hinauf zum bewaldeten Höhenrücken des Saubacher Kofels (1770 m). Unverändert der Markierung 27 entlang geht es in den Graben des Ganderbachs und weiter nach Briol (1310 m, mit Gasthaus). Von dort Abstieg nach Bad Dreikirchen (1120 m). Gehzeit: 5¼ Stunden.

Für Hotel-Geheimtipp-Jäger ohne grosse Wanderambitionen empfiehlt sich ein Spaziergang von Bad Dreikirchen zur Pension Briol, die etwas oberhalb von Dreikirchen liegt und im Jahr 1928 als Dépendance zum Gasthof Bad Dreikirchen erbaut wurde. Das für die Gegend total untypische Gebäude im reduzierten Bauhaus-Stil sieht noch ziemlich genauso aus, wie es der damalige Besitzer, der wohlhabende, in Architektur vernarrte Bozener Porzellan- und Seidenhändler Heinrich Settari vor 90 Jahren errichten liess. Heute gehört das Haus seiner Urenkelin Johanna von Klebelsberg, die um einen unkompliziert freundlichem Empfang von Hotel- und Restaurantgästen besorgt ist. www.briol.it

Regentag-Alternative
Altstadtbummel durch Bozen oder Brixen (30 km respektive 27 km vom Hotel entfernt).

Die Zimmer
30 rustikale, sehr unterschiedliche Zimmer mit knarrenden Holzböden und schlichten Bauernmöbeln. Auf Fernseher, Telefon und Minibar wird verzichtet. **Zimmer-Flüstertipps:** Die schönsten Ausblicke haben die Nummern 19, 26 und 29.

Die Küche
Ehrliche Regionalküche. Herzhaftes Frühstück.

Die Extras
Freibad.

Besonders geeignet für...
Wander- und Naturfreunde, die sich gerne an die Schönheit des Einfachen erinnern lassen.

Wenn doch nur...
die drei unmittelbar benachbarten gotischen Kirchen nicht schon frühmorgens bimmeln würden.

GASTHOF KOHLERN
BOZEN-KOHLERN

1130 mü.M.

39100 Bozen-Kohlern, Kohlern 11
Telefon +39 0471 329 978
www.kohlern.com
info@hotelkohlern.com
Ende April bis Mitte November und
Mitte Dezember bis Anfang Januar geöffnet

Die Lage 10 10

900 Höhenmeter über der Südtiroler Landeshauptstadt gelegen, mit Panoramablick auf Bozen, Etschtal und Dolomitengipfel, ist der Weiler Kohlern mit seinen Jugendstilvillen seit der zweiten Hälfte des 19. Jahrhunderts ein Sommerfrischeparadies für hitzegeplagte Bozener.

Zu erreichen ist das sonnige Hochplateau entweder über eine kurvenreiche Bergstrasse oder mit der ältesten Personen-Schwebeseilbahn der Welt (der Gasthof Kohlern liegt 3 Gehminuten von der Bergstation entfernt).

Die Atmosphäre 8 10

Das 1870 im alpinen Jugendstil erbaute Herrenhaus wurde subtil in die heutige Zeit manövriert, so dass sowohl nostalgische Gefühle als auch zeitgemässe Wohlfühlatmosphäre aufkommen. Die Gastgeberfamilie Schrott hat einen Blick für das Wesentliche und eine freundlich lächelnde Zurückhaltung, die dem Gast auch bei Vollbelegung jene Ruhe beschert, die das friedliche Haus verdient. Der Journalist Helmuth Luther von der Wiener Tageszeitung „Der Standard" hat das Hotel so beschrieben: „Die Stille und der Luxus des Zeithabens – zwei Hauptingredienzen, aus denen sich die gemächlichen Tage in Kohlern zusammensetzen. Man muss das nicht mögen, der Durchschnittsgeschmack hat andere Aufstiegshilfen. Den eingefleischten Stammgästen aber scheint dieses überschaubare Leben gerade am besten zu gefallen."

GASTHOF KOHLERN
BOZEN-KOHLERN

Die Zimmer 5 | 10

18 holzgeprägte, mit viel Liebe fürs Authentische eingerichtete Zimmer. Auf Fernseher wird bewusst verzichtet – auf Wunsch bekommt man aber einen. **Zimmer-Flüstertipps:** Die beiden „Kuhfell"-Panoramazimmer 12 und 15 im Dachgeschoss (mit Dachloggia und -terrasse), die „Giebel"-Panoramazimmer 11 und 16 im Zwerchhaus (mit Blick auf Bozen auch vom Bett aus) sowie die beiden „Loggia"-Panoramazimmer in der ersten Etage (mit Balkon) sowie die „Nostalgie"-Zimmer 2, 6, 7, 19 und 20 (mit Talblick und Balkon).

Die Küche 6 | 10

Fein zubereitete Südtiroler „Schmankerln", serviert in der schönen Stube mit Kachelofen oder auf der lichtdurchfluteten Veranda mit fulminantem Weitblick – an warmen Sommertagen auf der Terrasse. Sehr gutes Weinangebot. Jeden Mittwoch findet im Weinkeller des Gasthofs eine Weinverkostung mit dem Winzer des Monats statt.

Die Extras 4 | 10

Kleiner Wellnessbereich mit spektakulärem Infinity-Aussenpool, Whirlpool, Panorama-Sauna, Massagen und Beauty-Behandlungen. Verleih von Mountainbikes für Touren am Kohlernberg. City-Bikes an der Talstation der Seilbahn.

Freizeiterlebnisse

Vor der Haustür beginnen Radwege von familientauglich bis Ausdauer erfordernd. Bozen ist aufgrund der steilen Berghänge und drei ganzjährig betriebenen Seilbahnen in unmittelbarer Stadtnähe auch ein Eldorado für Downhill-Biker – toll ist der Trail am Ritten von Oberbozen nach Bozen hinunter, noch mehr Nervenkitzel bietet der Kohlern-Trail, der an der Bergstation der Seilbahn Kohlern beginnt.

In Südtirol dreht sich viel rund um den Wein. Allein am Kohlernberg gibt es so manchen interessanten Jungwinzer, allen voran Martin Gojer vom Weinhof Pranzegg in Kampenn. In Bozen selbst macht die Klosterkellerei Muri Gries von sich reden, aber nicht nur... Josef Schrott, Hausherr im Gasthof Kohlern, gibt gerne sein Wissen über die Weinszene preis und organisiert auf Wunsch spezielle, individuelle Momente mit einzelnen herausragenden Winzern.

Wandertipp

Wandern ist hier oben die wichtigste Outdoor-Aktivität, und beim Gasthof Kohlern beginnen diverse wunderbare Touren, die auf einer eigens für die Gäste zusammengestellten Wanderkarte detailliert beschrieben sind. Stellvertretend sei hier die Rundwanderung um den Titschen genannt: Diese führt vom Hotel (1130 m) zum Aussichtspunkt Titschenwarte (1510 m), auf dem Panoramaweg Nr. 5 weiter zum Wegkreuz „Auf'n Schatz" (1550 m), dann auf dem Weg Nr. 1 abwärts zum Gasthof Schneiderwiesen und zurück zum Hotel. Dauer: 3 Stunden.

Regentag-Alternative

Die Seilbahn (für Hotelgäste kostenlos) führt in fünf Minuten von Kohlern nach Bozen mit seiner bezaubernden Altstadt und vielen Cafés und Restaurants, Geschäften und Boutiquen in schmalen Gassen. Acht Bozner Museen vermitteln Wissen oder Kunst und laden zum Verweilen ein – so hat Ötzi im Südtiroler Archäologiemuseum seine letzte Ruhestätte gefunden. Südlich von Bozen lohnt zudem ein Besuch des Messner Mountain Museum Firmian im Schloss Sigmundskron. Im Mittelpunkt steht das Verhältnis von Mensch und Berg. www.messner-mountain-museum.it

Besonders geeignet für...
Aussichtsbegeisterte, die eine entspannte Reise in die vorletzte Jahrhundertwende machen wollen.

Wenn doch nur...
die kleineren Zimmer (Kategorien „Bergzimmer Economy" und „Petitzimmer") nicht gar so klein wären. Dies wird jedoch vom Hotel klar kommuniziert.

GITSCHBERG MERANSEN IM PUSTERTAL

 1400 mü.M.

39037 Meransen im Pustertal, Endereckerstrasse 2
Telefon +39 0472 520 170
www.gitschberg.it
info@gitschberg.it
Mitte Mai bis Mitte Oktober und
Mitte Dezember bis Ende März geöffnet

Die Lage 9/10

Wie auf einem Logenplatz fügt sich das Gitschberg am Fusse des gleichnamigen Bergs in die Wald- und Wiesenlandschaft am Rand des Dörfchens Meransen am Scheitelpunkt zwischen dem Südtiroler Pustertals und Eisacktal ein. Vis-à-vis grüssen die Dolomiten, und die Talstation der Gitschberg-Gondelbahn liegt 300 Meter nah.

Die Atmosphäre 6/10

Natürlichkeit, unkomplizierter Genuss, Gastfreundschaft. Auf diesen drei Eckpfeilern basiert das Besondere dieses familiären Berghotels, das auf nachhaltige Bauweise und Bewirtschaftung Wert legt und nicht vorgibt, mehr zu sein, als es ist (was in der Südtiroler Ferienhotellerie öfter mal vorkommt). Kontinuierlich wird erneuert und verbessert, stilistisch dominiert heute modern-alpines Wohlfühldesign. Die Besitzer- und Gastgeberfamilie Peintner ist ein Beispiel dafür, dass Arbeit auch Freude ist und ohne Freude kein gutes Ergebnis entsteht. Der Gast spürt, dass man an ihn denkt und sich bemüht, ihn stets aufs Neue zu überraschen. Zu verhältnismässig moderaten Preisen kann man im Gitschberg angenehme Tage in herrlicher Natur verbringen.

GITSCHBERG
MERANSEN IM PUSTERTAL

Freizeiterlebnisse

Im Sommer: Bike-Touren zu Bergseen und ins ursprüngliche Altfasstal, Tandem-Gleitschirmflug vom Gitschberg talwärts nach Vintl, Kutschenfahrt, Riverrafting auf der Rienz (von St. Sigmund aus), Hochseilgarten in Kiens.

Im Winter: Das familienfreundliche Skigebiet Gitschberg Jochtal liegt vor der Haustür. Vom Gitschberg führt ein Schlittelweg ins Tal sowie ein Schneeschuh-Trail zur Kleinen Gitsch.

Ein Highlight für Skifahrer ist die „Sellaronda"-Skirundtour um den Sellastock. Die einzigartige, 40 km lange Runde inmitten der bizarren Dolomiten-Bergwelt führt über vier Pässe und an den fünf Bergdörfern Arabba, Canazei, Wolkenstein, Corvara und Colfosco in Alta Badia vorbei. Wichtig ist, dass man schon vor 10 Uhr morgens aufbricht, damit man rechtzeitig wieder am Ausgangspunkt ankommt, bevor die Liftanlagen schliessen. Für die gesamte Sellaronda muss man etwas 6 Stunden einplanen. www.sellaronda.info

Wandertipp

Empfehlung 1: Mit der Gondelbahn hinauf zur Gitschberg-Bergstation (2107 m, kostenlose Fahrt für Hotelgäste) und von dort auf dem einfachen Almhütten-Rundweg bergauf zur Gitschhütte, zur Zasslerhütte, zur Moserhütte und über den Kleinen Gitsch mit Aussichtsplattform (2261 m) zur Bacherhütte. Dann durch Wald und Wiesen bergab zur Bacherhütte, weiter zur Kiener Alm, wieder hinauf zur Pichlerhütte und schliesslich zurück zur Gitschberg-Bergstation. Entlang des Rundwegs, der an diversen bewirtschafteten Bergbeizen vorbeiführt, öffnen sich immer wieder weite Ausblicke über das Pustertal und die Pfunderer Berge. Distanz: 11,3 km, Dauer: 4 Stunden.

Regentag-Alternative

Nach Brixen oder Bruneck mit ihren schönen Altstädten und Laubengassen sind es 19 respektive 33 Kilometer vom Hotel aus. Auf dem Weg nach Brixen lohnt zudem ein Stopp im Kloster Neustift mit namhafter Klosterkellerei. www.kloster-neustift.it

In der Festung Franzensfeste, der grössten historischen Anlage Südtirols und nahe Brixen gelegen, finden regelmässig hochkarätige Sonderausstellungen statt. In der Lodenwelt in Vintl wird der Produktionsweg des Lodenstoffs vom Schaf zum fertigen Kleidungsstück aufgezeigt. www.festung-franzensfeste.it + www.museen-suedtirol.it

Das Messner Mountain Museum Ripa auf Schloss Bruneck thematisiert die verschiedenen Bergvölker aus aller Welt sowie ihre jeweilige Kultur und Religion. Im MMM Corones im einzigartigen Museumsbau von Architektin Zaha Hadid auf dem Gipfelplateau des Kronplatzes (2275 m) geht es um den traditionellen Alpinismus, der und den Reinhold Messner entscheidend geprägt hat.
www.messner-mountain-museum.it

Die Zimmer

38 Zimmer und Suiten, davon haben 36 schönsten Südblick auf die Dolomiten. Die beiden neuen „Gassla Spa Suiten" (Nummern 214 und 215) sind nach Norden gerichtet, verfügen aber über eine private Spa-Loggia mit eigener Sauna.
Zimmer-Flüstertipps: Besonders aussichtsreich sind die „Kofla"-Zimmer im dritten Stock mit Bett zu den Dolomiten hin (z.B. die Nummer 310), die „Felda"-Zimmer mit Panoramabett und Panoramadusche (z.B. die Nummer 309) sowie die Panormasuite „Milla" im dritten Stock (Nummer 301).

Die Küche

Solide Bergküche aus Produkten regionaler Bauernbetriebe. Ausgezeichnetes Frühstück, stimmige Kamin-Lounge.

Die Extras

Wellnessbereich mit Hallenbad und vier Saunen, Massagen und Naturkosmetik. Fitnessraum, geführte Wanderungen und Schneeschuhtouren. Verleih von Mountainbikes und E-Bikes. Kinderspielzimmer und Kinderspielplatz.

Besonders geeignet für...

unternehmungslustige Familien und alle, die in bodenständig behaglicher Atmosphäre eine Drehzahl niedriger schalten wollen.

Wenn doch nur...

die alten Zimmer der Kategorie „Kaafan" bald einmal renoviert würden und somit die grossen Unterschiede zu den frisch strahlenden neuen Zimmern ausgeräumt wären.

ICARO VITALPINO HOTEL
SEISER ALM

1910 mü.M.

39040 Seiser Alm, Piz 18/1
Telefon +39 0471 729 900
www.hotelicaro.com
info@hotelicaro.com
Anfang Juni bis Ende Oktober und
Mitte Dezember bis Anfang April geöffnet

Die Lage 10 10

Alleinstehend in phänomenaler Natur auf dem weiten Hochplateau der Seiser Alm, mit 360-Grad-Dolomitenpanorama auf Lang- und Plattkofel, Molignon, Rosszähne, Schlern, Ortlergruppe, Puflatsch, Geisslerspitzen, Cirspitzen und Sellagruppe.

Die Seiser Alm ist verkehrsberuhigt, das heisst für den Individualverkehr täglich von 9 bis 17 Uhr gesperrt, jedoch für Hotelgäste zugänglich. Die Fahrgenehmigung wird vor der Anreise zugestellt.

Die Atmosphäre 6 10

Icaro, Ikarus – der Name ist Programm in diesem zeitgemäss alpinen, geschmackvoll renovierten Familienbetrieb. Die markante Bergszenerie der Dolomiten (Unesco-Welterbe!), von überall im Hotel aus sichtbar, überwältigt. Man kann sich kaum sattsehen. Die in mehreren Generationen vertretene Besitzerfamilie Sattler kümmert sich um das Wohlergehen der Gäste, wann immer diese es wünschen, und lässt sie teilhaben an ihrer Liebe zu dieser wunderbaren Landschaft und zu den Sehenswürdigkeiten, welche die Gegend zu bieten hat. Geduldig erklärt Seniorchef Walter Sattler die besten Wander- und Mountainbike-Routen und weist auf Kraftorte und Eigenheiten der Natur hin; vier bis fünf Mal wöchentlich führt er die Hotelgäste persönlich zu den schönsten Plätzen. Und wenn man nach einem aktiven Tag an der frischen Luft ins Hotel zurückkommt, macht eine Massage oder ein Saunagang müde Glieder wieder munter.

ICARO VITALPINO HOTEL
SEISER ALM

Die Zimmer

22 gemütliche Zimmer und Suiten in dezenten Farben und natürlichen Materialien. Alle Zimmer verfügen über Balkon oder Terrasse. **Zimmer-Flüstertipps:** Die Suite 101 mit Süd- und Westbalkon hat den ganzen Tag Sonne, bis sie untergeht. Suite 111 und Zimmer 207 haben direkten Blick auf den Lang- und Plattkofel, die „Dolomiti"- und „Dolomiti Superior"-Zimmer haben direkten Dolomiten-Blick.

Die Küche

Bodenständig alpin und doch – wie es sich für Südtirol gehört – mit mediterranem Touch. Ausgezeichnetes Frühstück. Apfelstrudel und Sachertorte zum Nachmittagskaffee werden traditionsgemäss noch von der Oma des Hauses selbst gebacken.

Die Extras 4 /10

Kleiner Wellnessbereich mit Hallenbad, Aussen-Whirlpool, Blockhaus-Sauna im Freien, Dampfbad, Infrarot-Kabine, Massagen und Beauty-Behandlungen. Geführte Ski- und Schneeschuhtouren im Winter, Bergwanderungen und Blumensafaris im Sommer.

Freizeiterlebnisse

Im Sommer: Das „Icaro" ist ein perfekter Ausgangs- und vor allem Zielpunkt für abwechslungsreiche Wanderungen und Bergtouren sowie erlebnisreiche Mountainbike-Ausflüge. Auch Kletterer sind hier im siebten Himmel.

Im Winter: Das Hotel liegt an der Skipiste. Auch für Winter- und Schneeschuhwanderer geht es – mit Icaros Empfehlungen – direkt vor der Haustür los. Für Langläufer startet das Loipennetz zehn Minuten vom Hotel entfernt. Gemächliche Geniesser können hier oben einfach die landschaftlichen Wow-Momente auf sich wirken lassen oder eine Pferdekutschenfahrt unternehmen.

Wandertipp

Kleine Puflatsch-Runde: Mit dem Linienbus fährt man nach Compatsch und mit der Umlaufbahn auf den Puflatsch, wo die Wanderung beginnt. Es geht über das Fillner Kreuz mit herrlicher Aussicht ins Grödnertal, weiter zu den „Hexenbänken" (Steinformationen in Form von Sesseln) und zum Goller Spitz, dann über die Schutzhütte Dibaita zurück nach Compatsch. Mit dem Linienbus fährt man zur Haltestelle Ritsch und wandert zurück zum Hotel. Distanz: 6,8 km, Gehzeit: 2 Stunden.

Anspruchsvolle Wanderung auf den Schlern: Vom Hotel geht es zunächst zur Saltner Hütte und zum Frötschbach in Tschapit. Weiter über den Touristensteig bis an den Rand des grossen Schlern-Plateaus und zum Schlernhaus (2457 m). Nach einer Einkehr führt der Steig Nr. 4 zur Tierser-Alpl-Hütte und über die Rosszahnscharte zurück zum Hotel. Distanz: 22 km, Gehzeit: 7 bis 8 Stunden.

Regentag-Alternative

Shopping-Bummel in Bozen (35 km vom Hotel entfernt). Auf dem Weg nach Bozen lohnt ein Abstecher im Künstleratelier von Hubert Kostner in Kastelruth.
www.hubertkostner.info

Besonders geeignet für...

Wanderer, Mountainbiker, Skisportler und Berg-Enthusiasten.

Wenn doch nur...

die vielen Tagesgäste (im Sommer Wanderer, im Winter Skifahrer) nicht wären, die auf ein Bier oder eine Vesperplatte vorbeikommen. Haben diese jedoch am späten Nachmittag den Heimweg angetreten, ist hier oben nur noch das Geläut der Kuhglocken, das Trällern der Vögel oder das Rauschen des Windes zu hören.

MIRAMONTI BOUTIQUE HOTEL HAFLING

1230 mü.M.

39010 Hafling, St.-Kathrein-Strasse 14
Telefon +39 0473 279 335
www.hotel-miramonti.com
info@hotel-miramonti.com
Ganzjährig geöffnet ausser drei Wochen im November und drei Wochen im März/April

Die Lage 10/10

Wie von einem Adlerhorst blickt man vom „Miramonti" auf die Niederungen des Meraner Talkessels hinunter und zu den Berggipfeln von Vigiljoch, Hochwart, Ortler- und Texelgruppe und Roteck hinüber. Kurvt man von Meran den Tschöggelberg hinauf, fällt mit jedem der 800 Höhenmeter ein Stück Alltagshektik ab.

Die Atmosphäre 9/10

„Schwer zu finden, schwer zu vergessen", beschreiben Carmen und Klaus Alber ihr alpines Versteck, und wenn eine solche Lage auf solch passionierte Gastgeber trifft, ist der Glücksfall perfekt. Vor sechs Jahren haben die beiden den dreigiebligen 80er-Jahre-Bau übernommen und diesen zunächst um einen kleinen Wellnessbereich erweitert. Eine geradlinige Architektursprache hielt Einzug, die sich am besten in der Waldsauna manifestiert, ein scheinbar über der Hotelanlage schwebender Kubus aus Holz und Glas. Ob beim finnischen Schwitzen, beim Baden im Infinity-Aussenpool oder beim Entspannen im Ruhehaus – nie wird man vom Hammerpanorama verschont.

Spätestens nach dem Abendessen in einem der drei Restaurants hat man vergessen, woher man angereist ist. Und der anschliessende Grappa Lagrein an der Bar hilft zu verdrängen, dass man wieder abreisen muss. Mit Design und Spitzenküche allein ist das allein nicht zu schaffen. Es braucht dafür ein Serviceverständnis, das weit über das Bedienen hinausgeht und wie es nur Hotels zustande bringen, denen es um etwas Persönlicheres geht als nur ums Geldverdienen.

„Selbst wenn manche unserer Gäste einen anderen ästhetischen Massstab haben, sollte das Miramonti sie irgendwie berühren und ihnen das Gefühl geben, hier jemanden treffen zu können, der ihnen sympathisch wäre", sagt Carmen, während sie beiläufig ein Tischtuch zurechtzupft. So ganz nebenbei pflegt die Hausherrin nämlich, was man in grossen Hotels heute nicht mehr findet: Die Gäste treffen sich nachmittags bei Apfelstrudel und frischem Eisenkrauttee im Wohnzimmer mit offenem Kamin oder beim Apéro auf der Sonnenterrasse, tauschen hier und da ein Wort unter Gleichgesinnten aus und erzählen sich einen Schwank aus dem Leben. Eine kleine Gemeinschaft mit offenem Herzen und wachem Geist, die eines ganz besonders verbindet: Sie ist stets auf der Suche nach aussergewöhnlichen Orten, an denen man sich abseits vom touristischen Trubel vor der Welt verstecken kann.

MIRAMONTI BOUTIQUE HOTEL
HAFLING

Die Zimmer

Den 36 Zimmern und Suiten wurde ein nordisch-schlichtes Interieur verpasst, in dem Weisstannenholz, handgewebte Leinenstoffe und gegerbtes Leder dominieren, ergänzt durch einzelne Designstücke. 2016 kam das „Owner's House" mit weiteren neun Wohneinheiten hinzu, welche noch mehr Platz und Privatsphäre bieten und durch die rahmenlosen Fensterfronten die Natur nach innen holen. **Zimmer-Flüstertipp:** In der „007 Loft" blickt man sogar beim Duschen auf die Stadt Meran.

Die Küche

Mediterrane Gourmetküche mit Südtiroler Einflüssen im Panorama-Restaurant. Auch im klassischen Hauptrestaurant mit täglichen Auswahlmenüs wird verlässlich gut gekocht, und die getäferte Bauernstube von 1887 bietet einen stimmigen Rahmen für authentische Südtiroler Spezialitäten.

Die Extras

Das kleine, feine Spa bietet unter anderem einen 32 Grad warmen Salzwasser-Infinity-Pool, eine Waldsauna mit Bergsicht und diverse Körper- und Schönheitsbehandlungen. Die Bibliothek mit Werken zu Südtirol, Alpenraum und Architektur inspiriert zu neuen Gedanken. Für Bewegungshungrige stehen Mountain- und Elektrobikes parat. Ausserdem werden geführte Waldspaziergänge und Nordic-Walking-Touren sowie im Winter ein regelmässiger Shuttle zum 4 km entfernten Skigebiet Meran 2000 angeboten.

Freizeiterlebnisse

Ein Abstecher nach Meran lohnt sich immer – sei es für einen Spaziergang auf dem aussichtsreichen Tappeinerweg (führt vom Stadtzentrum aus dem Hang des Küchelbergs entlang), für einen Bummel durch die hübsche Altstadt, einen Besuch der Gärten von Schloss Trauttmansdorff oder einer Weindegustation in der Kellerei Meran Burggräfler in Marling. www.merano-suedtirol.it + www.trauttmansdorff.it + www.kellereimeran.it

Wandertipp

Eine halbstündige Morgenrunde, am besten noch vor dem Frühstück, führt zum Naturschutzgebiet Sulfner Weiher und wieder zurück. Etwas weiter sind die Touren zum Aussichtspunkt Knottnkino oder zur Gampenalm. Besonders schön ist die Tageswanderung ins Sarntal zu den sagenumwobenen Stoanernen Mandln: Kleine Steinplatten, die in der Steinzeit zu Figuren aufgeschichtet worden sein sollen.

Auch E-Biken ist herrlich hier: Eine leichte Fahrt führt zur Almwirtin Ulli auf die Wurzeralm (ca. eine Stunde hin und retour, ohne Einkehr), herausfordernder ist die dreistündige Drei-Almen-Tour mit Leadneralm, Vöraneralm, Kreuzjöchl und Falzeben zurück ins „Miramonti".

Regentag-Alternative

Das Messner Mountain Museum (kurz „MMM") des Extrembergsteigers Reinhold Messner verteilt sich auf sechs Standorte im Südtirol. Das Herzstück ist das MMM Firmian auf Schloss Sigmundskron bei Bozen und thematisiert die Auseinandersetzung Mensch-Berg. www.messner-mountain-museum.it

Besonders geeignet für...
designbewusste Naturfreunde, die alles hinter sich lassen wollen.

Wenn doch nur...
beim Frühstück auf die Platzierung der Gäste nach Zimmerkategorie (mit entsprechend besseren und schlechteren Tischen) verzichtet würde.

VIGILIUS MOUNTAIN RESORT
LANA-VIGILJOCH

1500 mü.M.

39011 Lana-Vigiljoch
Telefon +39 0473 556 600
www.vigilius.it
info@vigilius.it
Mitte April bis Anfang November und
Ende November bis Mitte März geöffnet

Die Lage 10/10

Auf dem Bergrücken des Vigiljoch an herrlicher Aussichtslage am Waldrand, 1200 Seilbahnhöhenmeter über dem Talboden. Autos sind nicht zugelassen und müssen in der Tiefgarage bei der Talstation parkiert werden.

Die Atmosphäre 10/10

Keine Strasse führt hierher, kein Geräusch der Zivilisation dringt aus dem Tal herauf, kein Partyzelt dröhnt nebenan. Das „Vigilius" ist ausschliesslich mit der Seilbahn ab Lana bei Meran zu erreichen. Sieben Minuten dauert die Fahrt zwischen den Welten. An der Bergstation wird man freundlich empfangen. Zum Hotel sind es nur wenige Schritte. Man staunt. Die eigenwillige, aus Holzlamellen und Glasfronten gezimmerte Fassade wirkt wie von einer anderen Galaxie, fügt sich aber geschmeidig in den Lärchenwald ein.

Matteo Thun, der kreative Maestro hinter dem smarten Öko-Bergresort, setzte auf saubere Linien, natürliche Baustoffe, Glasflächen und fliessende Übergänge zwischen drinnen und draussen. Viel Licht und Luft prägen die schlichte Innenarchitektur, die sich auch in den Zimmern und Suiten fortsetzt. Die Betten sind direkt gegenüber den raumhohen Fenstern platziert, die halboffenen Bäder gehören zum Raumerlebnis. „Unverstellte Räume bedeuten unverstellte Sichtweisen – die Konzentration auf das Wesentliche bringt innere Stabilität und

VIGILIUS MOUNTAIN RESORT
LANA-VIGILJOCH

Harmonie", sagt Thun. In der grossen Kamin-Lounge, im Spa oder in der Hausbibliothek sind die Voraussetzungen für diese innere Harmonie ebenfalls optimal. Ruhe und Entspannung, Klarheit und Reinheit sind so zentrale Werte des „Vigilius", dass es bereits als modernes Kloster für stilbewusste Reisende bezeichnet wurde. Die Marketingverantwortlichen vor Ort sprechen hingegen von einer „Insel auf dem Berg", wo man über dem Rest der Welt schwebt und alles Alltägliche mit einem befreienden Lachen über Bord werfen kann.

Die Zimmer 7/10

35 geräumige Zimmer (36 Quadratmeter) und 6 Suiten (72 Quadratmeter) in ultimativer Schlichtheit und in warmen Farben. Ein Fernseher gehört bewusst nicht zur Zimmerausstattung, kann auf expliziten Wunsch jedoch eingerichtet werden.

Die Küche 8/10

Kreative Marktküche im „Restaurant 1500" unter spektakulär inszeniertem Lärchenholzgebälk. Bodenständige Speisen in der „Ida Stube".

Die Extras 5/10

Hallenbad, Aussen-Warmwasserbecken, Sauna und Dampfbad, Massagen, Gesichts- und Körperpflegebehandlungen. Täglich diverse Gymnastik- und Entspannungslektionen in der Gruppe (Yoga, Rückentraining, Faszien-Pilates, Die Fünf Tibeter usw.). Regelmässig geführte (Barfuss-)Wanderungen, im Winter Schneeschuhtouren. Das kostenlose Sportprogramm umfasst auch spezielle Angebote wie Bogenschiessen.

Freizeiterlebnisse

800 Burgen und Schlösser sind in ganz Südtirol verteilt, und eine nicht unbedeutende Zahl davon ist in Meran und Umgebung zu finden. Eines der eindrücklichsten ist das Schloss Tirol in Dorf Tirol – hier ist das Südtiroler Landesmuseum für Kultur- und Landesgeschichte untergebracht. Ebenfalls interessant: das im 14. Jahrhundert erbaute Schloss Schenna inmitten des gleichnamigen Orts. www.schlosstirol.it + www.schloss-schenna.com

Mystisch ist es am Reschensee, wo ein einsamer Kirchturm als Wahrzeichen des Vinschgau aus dem Wasser ragt.

Im Winter erfreut das „Vigilius" mit Langlaufloipen und Schneeschuh-Trails vor der Haustür, zudem gibt es ein Mini-Skigebiet mit einem nostalgischen Sessellift und zwei kleinen Schleppliften (ideal für Kleinkinder).

Wandertipp

Vom Hotel aus lässt sich eine schöne und einfache Rundwanderung mit Panoramablicken auf das Etschtal und den Meraner Talkessel unternehmen. Diese führt zunächst zum Vigiljoch, dann über den Weg Nr. 9 zum Bergsee Schwarze Lacke (mit Berggasthaus) und den Weg Nr. 7 zurück zum Hotel. Gehzeit: 2½ Stunden.

Regentag-Alternative

Ausflug nach Meran (10 km ab Lana) oder Bozen (24 km). In Meran kann man nach einem Altstadtbummel durch die regengeschützten Lauben in die Therme Meran mit 25 Pools und weitläufigem Spa- und Saunabereich eintauchen. Die Therme wurde wie das „Vigilius" vom Architekten Matteo Thun gestaltet. www.termemerano.it

Besonders geeignet für...

ruhesuchende Individualisten und Designfans. Statt durch Autolärm wird man nachts höchstens durch knarrendes Lärchenholz sanft aus dem Schlaf geweckt. Um auch tagsüber nachhaltige Erholung im Resort zu garantieren, werden nie mehr als sechs Kinder gleichzeitig willkommen geheissen.

Wenn doch nur...

die Serviceleistungen nicht so wechselhaft wären. Das Hotelteam ist immer für Überraschungen gut, im Positiven wie im Negativen. Weiterer Wermutstropfen, an dem sich jedoch nicht jeder Gast stört: Die architektonisch originelle Holzstruktur der Fassade bringt „vergitterte" Ausblicke von den Zimmern und Zimmerbalkonen mit sich.

ZIRMERHOF RADEIN

1560 m ü.M.

39040 Radein, Via Oberradein 59
Telefon +39 0471 887 215
www.zirmerhof.com
info@zirmerhof.com
Anfang Mai bis Anfang November und
zum Jahreswechsel vom 26. Dezember bis 6. Januar geöffnet

Die Lage 9/10

Hoch über dem Etschtal in Südtirols Süden, auf der Radeiner Sonnenterrasse, mit WOW-Blick zu den vergletscherten Gipfeln des Ortlergebirges und über hundert weiteren Spitzen von Brenta, Presanella, Adamello bis zu den Ötztaler- und Stubaier Alpen.

Die Atmosphäre 9/10

Fern vom Massentourismus hat die Region um Radein ihre ursprüngliche Schönheit bewahrt. Hier ist die Einfachheit das Besondere, die Weite der Luxus und die Stille am Berg der wahre Reichtum. In kürzester Zeit stellt sich Tiefenentspannung ein. Als sich der Zirmerhof im Jahr 1890 den Reisenden öffnete, da waren es zuerst die Aristokraten und Wissenschaftler aus Wien und Berlin, welche die heilsame Wirkung der alpinen Landschaft und den Charme des authentischen Gutshofs entdeckten. Inzwischen hat eine

ZIRMERHOF
RADEIN

breit gefächerte Gästeschaft diesen Ort des Rückzugs für sich entdeckt und das Zusammenspiel von Hotelbetrieb, Bauernhof und Natur schätzen gelernt. Der Komfort ist in jüngster Zeit kontinuierlich gewachsen, die Tradition aber darum nicht geschmälert worden. Unübersehbar stecken einige hundert Jahre bäuerlicher Geschichte in Gebälk und Gewölben, in der originalen Tiroler Stube von 1600, in der gemütlichen Bibliothek und in weiteren getäfelten Räumen mit Kachelöfen oder offenen Kaminen. Auch in den neu hinzugekommenen Gebäudeteilen ist alles echt und aus hochwertigen Naturmaterialien, und der Besitzerfamilie Perwanger scheint Gastfreundschaft in die Wiege gelegt: Selbst als Zirmerhof-Neuling wird man wie ein Freund des Hauses empfangen.

Die Zimmer

35 herrlich altmodische, liebevoll gepflegte, sehr unterschiedliche Zimmer und Suiten (viele mit Balkon oder Loggia) sowie 3 urchige Berghütten. Auf Fernseher in den Zimmern wird bewusst verzichtet. **Zimmer-Flüstertipps:** Die „Nobelpreiszimmer Superior" haben besonders schönen Weitblick. Sehr romantisch ist die komplett renovierte „Sommerstall"-Hütte für maximal vier Personen (5 Gehminuten vom Zirmerhof entfernt am Waldrand gelegen).

Die Küche

Sorgfältig zubereitete österreichische und italienische Spezialitäten. Die Küche vereint Naturverbundenheit mit Freude am Geniessen – verlässlichste Lieferanten sind der hauseigene Gemüse- und Kräutergarten, die Hochlandrinderzucht sowie das eigene Wein- und Obstgut unten im Tal. Ausgezeichnetes Frühstück, prima Weinangebot.

Die Extras

Infinity-Aussenpool vor bunten Bergwiesen, Sauna, Dampfbad, Massagen, Naturkosmetik. Geführte Bergtouren, Verleih von Mountainbikes. Weinverkostungen und önologische Lehrgänge. Hauskonzerte.

Besonders geeignet für...
gestresste Seelen und Familien mit Kindern, die sich selbst beschäftigen können.

Wenn doch nur...
das Schwimmbad wärmer beheizt würde. Die Wassertemperatur beträgt im Sommer frische 22 Grad, im Frühjahr und Herbst 27 Grad, im Winter 30 Grad. Weiteres B-Moll im Zirmerhof: In manchen der kleineren Zimmer ist jedes Geräusch und jeder Schritt aus Nachbarzimmern und Korridoren hörbar – das ist nervig für Langschläfer.

Freizeiterlebnisse

Im Sommer: Wandern und Mountainbiken, Klettergarten im Naturpark Trudner Horn, Schwimmen und Wassersport im 30 km entfernten Kalterer See (mit einer Wassertemperatur von bis zu 28 Grad im Sommer der wärmste Badesee der Alpen). Entlang der Südtiroler Weinstrasse laden Weingüter und Kellereien zur Besichtigung und Verkostung ein. *www.suedtiroler-weinstrasse.it*

Im Winter: Wandern, Schneeschuh- und Schlittschuhlaufen, Schlitteln, Eisstockschiessen. Kostenloser Hotelshuttle zum Familienskigebiet Jochgrimm mit Langlaufloipen (10 Fahrminuten).

Wandertipp

Mittelschwerer Rundweg vom Zirmerhof zum Geoparc Bletterbach: Über den Weg Nr. 3 (geologischer Lehrpfad) ins Taubenleck, dann nach rechts zum Jägersteig nahe des Wasserfalls (Versteinerungen), hinauf zum Gorzsteig und nach links zum Besucherzentrum des Geoparc Bletterbach. Gehzeit 2½ Stunden.

Mittelschwere Rundwanderung vom Zirmerhof aufs Weisshorn: Über den Zirmersteig (Markierung Nr. 12) zuerst über die Kalkbrücke des Bletterbachs, dann entlang des oberen Randes der Lahnerwiesen zum Weisshorn (2317 m) mit tollem Rundblick. Rückweg in südlicher Richtung via Jochgrimm zurück zum Zirmerhof. Gehzeit: 5 Stunden (770 Höhenmeter).

Für einen Szenenwechsel empfiehlt sich der topfebene Seerundwanderweg Kalterer See, mit Ausgangs- und Zielpunkt bei den Strandbädern in St. Josef am See (gebührenpflichtige Parkmöglichkeit).
Distanz: 8,6 km, Gehzeit: 2 Stunden.

Regentag-Alternative

Die Altstädte von Bozen (45 km) und Trient (61 km) laden zum Bummeln und Verweilen ein. Kunstliebhaber besuchen das international renommierte „Mart", Museum für moderne und zeitgenössische Kunst von Trient und Rovereto. Es ist an drei verschiedenen Standorten vertreten: am Hauptsitz des Museums (Architekt: Mario Botta) und in der „Casa d'Arte Futuriste Depero", beide in Rovereto, sowie in der Stadtgalerie „Galleria Civica" in Trient. *www.mart.tn.it*

WEITERE TOP GELEGENE HOTELS IN SÜDTIROL

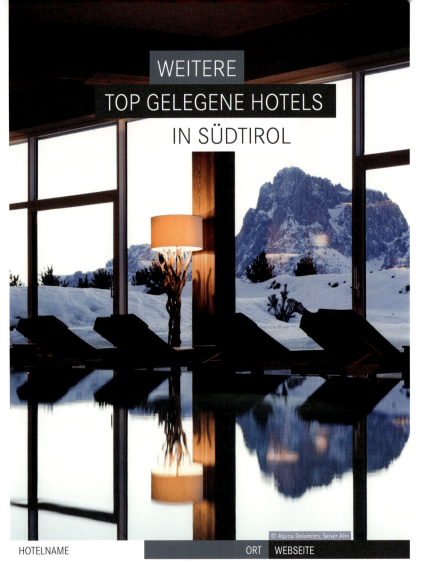

HOTELNAME	ORT	WEBSEITE
Alpina Dolomites	Seiser Alm	www.alpinadolomites.it
Armentarola	San Cassiano	www.armentarola.com
Auener Hof	Sarntal	www.auenerhof.it
Berghotel Sexten	Sexten/Dolomiten	www.berghotel.com
Berghotel Zirm	Olang	www.berghotel-zirm.com
Castel	Dorf Tirol ob Meran	www.hotel-castel.com
Der Küglerhof	Dorf Tirol ob Meran	www.kueglerhof.it
Erika	Dorf Tirol ob Meran	www.erika.it
Hohenwart	Schenna bei Meran	www.hohenwart.com
Panorama Alpenhotel	Seiser Alm	www.alpenhotelpanorama.it
Parkhotel Holzner	Oberbozen	www.parkhotel-holzner.com
Pension Briol	Barbian-Dreikirchen	www.briol.it
Piz Seteur	Val Gardena	www.pizseteur.com
San Luis	Hafling	www.sanluis-hotel.com

WEITERE TOP GELEGENE HOTELS
IN SÜDTIROL

© Castel, Dorf Tirol ob Meran

© Der Küglerhof, Dorf Tirol ob Meran

© Erika, Dorf Tirol ob Meran

© Hohenwart, Schenna bei Meran

© Parkhotel Holzner, Oberbozen

© Pension Briol, Barbian-Dreikirchen

© Piz Seteur, Val Gardena

© San Luis, Hafling

TOP GELEGENE HOTELS
IN DER LOMBARDEI UND IM PIEMONT

ALBERGO VERBANO ISOLA DEI PESCATORI/ STRESA

200 m.ü.M.

28838 Isola dei Pescatori/Stresa,
Via Ugo Ara 2
Telefon +39 032 330 408
www.hotelverbano.it
hotelverbano@hotelverbano.it
Mitte März bis Mitte Oktober geöffnet

Die Lage 10/10

Am Rand der kleinen Fischerinsel, direkt am Wasser und mit Blick auf die Borromäischen Inseln.

Anreise: Im Hafen von Stresa oder Baveno das Auto abstellen und per Schiff zur Isola Pescatori (regelmässig Kurse von 8 bis 19 Uhr). Ausserdem stellt das Hotel auf Voranmeldung täglich um 19 Uhr kostenlos ein hauseigenes Motorboot zur Überfahrt bereit.
Für Ausflüge auf die berühmteren, nahe beieinander liegenden Borromäischen Inseln Isola Bella und Isola Madre lohnt sich ein Taxiboot.

Die Atmosphäre 6/10

Reif für die Insel, aber nur zwei, drei Tage Zeit? Dann liegt die Isola Pescatori nah. Das autofreie Eiland ist 350 Meter lang, maximal 100 Meter breit und die einzige Insel im Lago Maggiore, die seit dem 14. Jahrhundert bis heute dauerhaft bewohnt ist. Sie zählt zum Archipel der Borromäischen Inseln, gehört jedoch nicht (wie die direkt benachbarte Isola Bella) den reichen Borromei, sondern den Bewohnern, Fischern zumeist. Hier schlägt das wahre Herz Italiens: Wäsche spannt sich über enge Gassen, im kleinen Hafen treffen sich gewöhnlich ein paar der sechzig Inselbewohner zum abendlichen Tratsch, und zwischen den bunt ineinander geschachtelten Häusern mit pflanzenumrankten Balkonen fühlt man sich in den tiefen Süden versetzt. Den Logenplatz der Isola

ALBERGO VERBANO
ISOLA DEI PESCATORI/STRESA

Pescatori am südöstlichen Inselende nimmt das Albergo Verbano ein: Der Blick auf die nur 400 Meter entfernte Isola Bella ist betörend. Das Hotel ist ein typischer italienischer Familienbetrieb, bei dem das Restaurant den grösseren Stellenwert geniesst als die Gästezimmer. Letztere sind jedoch durchwegs gepflegt und mit Holzböden ausgestattet, die meisten verfügen über einen Mini-Balkon oder direkten Zugang zu einer grossen Gemeinschaftsterrasse. Der Luxus im „Verbano" besteht vor allem darin, beim gleichmässigen Plätschern der Wellen am Seeufer einzuschlafen – und morgens mit diesem Traumpanorama von See und Bergen aufzuwachen. Am Ende des Aufenthalts kehrt man schaukelnd und zufrieden mit dem Boot zurück in die hektische Welt.

Die Zimmer

12 kleine, wohnliche Zimmer.

Die Küche

Das Restaurant verteilt sich im Sommer auf diverse Terrassen direkt am Wasser – mit der einmaligen Abendstimmung einer wahren „isola". Bei schlechtem Wetter werden die Sinne auch drinnen gut bedient. „Pesce secondo l'umore del lago" – Fisch je nach Laune des Sees – verspricht die Speisekarte und wird mit solidem Küchenhandwerk ganz ohne Schnickschnack umgesetzt.

Die Extras

Hauseigene Boote.

Freizeiterlebnisse

Trotz touristischem Trubel sehenswert: die beiden Borromäischen Inseln Isola Bella und Isola Madre. Erstere beherbergt eine monumentale barocke Palastanlage mit zehnstöckigem Terrassengarten und verwinkeltem Dörflein voller Gelati-Bars und Souvenirstände. Die etwas weniger geschäftige Isola Madre spricht botanisch Interessierte wegen dem als einmalig geltenden Landschaftsgarten im englischen Stil an – eine Oase mit üppiger suptropischer und exotischer Vegetation inklusive Pagageien und Pfauen.
www.borromeoturismo.it

Der erhöht über Stresa gelegene Golfplatz Des Iles Borromées hat alles, was des Golfers Herz begehrt. Schatten spendende Birken säumen den Course, und der Ausblick auf den See und die Borromäischen Inseln lassen ein schlechtes Spiel schnell vergessen.
www.golfdesilesborromees.it

Die Natur vom bühnenbildnerischen Standpunkt aus: Die ausgeklügelte Schönheit und Blütenpracht der 20'000 exotischen Pflanzen aus allen Erdteilen im Parco Villa Taranto hat schon manchen Besucher verzaubert. Zu verdanken ist der 16 Hektar grosse botanische Garten einem schottischen Edelmann, der die aus dem 19. Jahrhundert stammende Villa samt Gelände 1931 erworben und die typisch italienischen Terrassen mit der englischen Gartenbaukunst harmonisch vereint hat.
www.villataranto.it

Regentag-Alternative

Gewöhnlich fristet er ein trostloses Dasein und wird nur in regnerischen Zeiten aus der Ecke geholt. In Gignese hat man dem Schirm dagegen gleich ein ganzes Museum gewidmet, das Museo dell'ombrello. In dem kleinen Dorf südwestlich von Stresa werden seit Jahrhunderten Schirme hergestellt. Im leicht kuriosen Museum wird anhand von 700 Exponaten die Geschichte dieses nützlichen Begleiters im Laufe der Jahrhunderte aufgezeigt. www.gignese.it/museo/

Besonders geeignet für...

unkomplizierte Geniesser, für die weniger mehr ist. Während die blühenden Wunderinseln Isola Bella und Isola Madre mit üppigen Parkanlagen und Palästen gesegnet (und mit entsprechend vielen Besuchern bevölkert) sind, lässt sich auf der Isola dei Pescatori authentische Italianità erleben.

Wenn doch nur...

das Frühstücksangebot nicht so belanglos wäre.

GRAND HOTEL A VILLA FELTRINELLI
GARGNANO

66 mü.M.

25084 Gargnano,
Via Rimembranza 38-40
Telefon +39 0365 79 8000
www.villafeltrinelli.com
grandhotel@villafeltrinelli.com
Mitte April bis Anfang Oktober geöffnet

Die Lage 10/10

In einem 8 Hektar grossen Park mit alten Orangerien, Magnolien, Zypressen, Olivenhainen und 300 Meter privatem Gardasee-Ufer. Am Rand des Dörfchens Gargnano.

Die Atmosphäre 10/10

Jede Leserin und jeder Leser dieses Führers kennt die leise Enttäuschung bei der Ankunft in einem Luxushotel, dessen Mythos und Internetauftritt mehr erwarten liessen. Bei der „Villa Feltrinelli" ist es umgekehrt: Passiert man das unauffällige Eingangstor, an dem nur ein winziges Namensschild auf das Hotel hinweist, und kurvt durch den Privatpark ans Seeufer hinunter, hebt man wie auf einem fliegenden Teppich ab. In dramatischer Landschaftskulisse steht da ein Luftschloss wie aus Tausendundeiner Nacht.

1892 als Sommersitz der Papier-Magnatenfamilie Feltrinelli erbaut und in der Endphase des Zweiten Weltkriegs von Benito Mussolini unter Hausarrest bewohnt, wurde das Anwesen am Rand des Dörfchens Gargnano dem Verfall preisgegeben, bis es 1997 der amerikanische Hotelunternehmer Bob Burns entdeckte und in einen magischen Ort verwandelte, der die Ära der Luxusreisen im frühen 20. Jahrhundert aufleben lässt.

Deckengemälde wurden restauriert, Bäder mit wasserfallartigen Regenduschen und Zimmer mit Antiquitäten wie aus dem Victoria & Albert Museum ausgestattet, Betten mit ägyptischer Baumwolle bezogen, das Schwimmbad mit balinesischen Steinen geplättelt. Die Lust an der Inszenierung hat der Hausherr bis in den letzten Winkel ausgelebt, selbst wenn er den venezianischen Liberty-Stil neu erfinden musste: Die Bibliothek, die Salons und Treppenhäuser sind heute mit Sicherheit eleganter und schwereloser, als die ursprünglichen Räume es je waren. Kommt man abends in sein Zimmer zurück, wird man von Kerzenlicht und leisen Chopin-Klängen begrüsst. Wem es eher nach Jazz, Oper oder Rock ist, braucht nur eine Taste auf dem hölzernen Musikwahlschalter zu drücken.

Gabriele d'Annunzio, Agatha Christie oder der Grosse Gatsby würden perfekt hierher passen – man würde sie jedoch gar nicht bemerken, weil sich die maximal vierzig Gäste so gut in der weitläufigen Anlage verteilen, dass jeder genug Raum für sich und vor allem sein individuelles Lieblingsplätzchen findet.

GRAND HOTEL A VILLA FELTRINELLI
GARGNANO

LOMBARDEI

Hüter des Juwels ist der Schweizer Hotelier Markus Odermatt. Zusammen mit neunzig unaufdringlich gastbewussten Mitarbeitern gelingt ihm das Kunststück, dass man sich nicht wie ein gewöhnlicher Tourist im Luxushotel fühlt, sondern wie ein Reisender zu Gast bei einem exzentrischen Freund, der für alles gesorgt hat, sich aber gerade entschuldigen lässt. Egal, ob man mittags am Bootssteg frühstücken oder mitternachts im Pool schwimmen will – alles scheint so selbstverständlich wie der prompte Wäscheservice: Bei der Ankunft wird man freundlich gefragt, ob die Hausdame etwas waschen oder aufbügeln könne, und am nächsten Morgen wird alles frisch in Seidenpapier verpackt aufs Zimmer gebracht – kostenlos. Auch Minibar und Chauffeurdienste (in umliegende Orte) sind im Zimmerpreis eingeschlossen.

Es sei nicht verschwiegen, dass hier die Gesetze von Preis und Leistung ausser Kraft gesetzt sind. Ein Zimmer mit Frühstück ist nicht unter 1300 Euro zu haben, doch für ganz besondere Momente, die keine Kompromisse dulden, ist das Gesamterlebnis der „Villa Feltrinelli" kaum zu schlagen.

Die Zimmer 9/10

20 detailverliebte, wohnliche Juniorsuiten und Suiten, verteilt auf die Villa und vier kleine Nebengebäude im Hotelpark.
Zimmer-Flüstertipps: Das „Boat House" direkt am Wasser ist an Romantik kaum zu übertreffen. Auch sind die Juniorsuite „Al Lago" in der Villa (mit prachtvollem Balkon und Seeblick), die Juniorsuite „Muslone" in der Villa (mit Blick auf Pool und Park) und die Juniorsuite „Cacciatore" (mit Seeblick) in der Casa Rustica besonders zu empfehlen.

Die Küche 10/10

Innovative italienische Marktküche. Der Salat aus 100 verschiedenen Kräutern und Blüten (die meisten aus dem eigenen Garten) ist so lecker, dass man den Koch umarmen möchte.

Die Extras 3/10

Freibad, Privatstrand, Massagen und Gesichtsbehandlungen.

Freizeiterlebnisse
5 km vom Hotel entfernt liegt der landschaftlich herrliche Golfplatz Bogliaco mit Golfschule.
www.golfbogliaco.com

Für stilvolle Ausflüge auf dem Gardasee steht das hoteleigene Riva-Motorboot bereit.

Wandertipp
Eine kleine, äusserst lohnenswerte Wanderung führt vom Bergdorf Sasso (546 m) oberhalb von Gargnano zur 400-jährigen, weiss gekalkten Pestkapelle San Valentino, die sich auf 772 Meter Höhe in eine überhängende Felswand schmiegt und einen spektakulären Ausblick auf den Gardasee hat. Dauer: 1¼ Stunden hin und zurück.

Regentag-Alternative
Der exzentrische Dichter, Kriegsheld und Faschistenfreund Gabriele D'Annunzio erwarb im Jahr 1921 eine für die Gegend typische Villa am Hügel ob Gardone Riviera. Nur siebzehn Jahre später hinterliess der grössenwahnsinnige Mann den skurrilen Gebäudekomplex Vittoriale degli italiani (deutsch etwa: „Siegerdenkmal der Italiener"), der sich im Innern als einzigartiges, zum Nationaldenkmal erklärtes Kuriositätenkabinett präsentiert und öffentlich als sehenswertes Museum dekadenter Tollheit zugänglich ist. www.vittoriale.it

Besonders geeignet für...
globale Traveller, die der Hektik der modernen Welt entfliehen möchten und mehr Geld als Zeit haben.

Wenn doch nur...
die Zimmer in der Villa nicht so hellhörig wären. Wer einen leichten Schlaf hat, ist morgens schon früh wach.

GRAND HOTEL TREMEZZO
TREMEZZO

200 m ü.M.

22016 Tremezzo, Via Regina 8
Telefon +39 034 442 491
www.grandhoteltremezzo.com
info@grandhoteltremezzo.com
Mitte März bis Anfang November geöffnet

Die Lage 9/10
In einer terrassierten Gartenanlage direkt oberhalb der Uferstrasse, mit überwältigendem Panorama auf den Comersee, die Gipfel der Grigna-Gebirgsgruppe und die direkt gegenüberliegende Spitze der Halbinsel Bellagio, welche den See in zwei Arme teilt.

Die Atmosphäre 9/10
Mit dem Comersee ist es wie mit der grossen Liebe: Egal, wie oft man sich sieht, das Gefühl, jemand ganz Besonderen vor sich zu haben, bleibt. Wenn die Sonne hier langsam untergeht, schaut man ihr am besten von einer der Terrassen im Grand Hotel Tremezzo aus zu. Und man kann auch hinter die Kulissen dieses mehr als hundertjährigen Hotelpalasts blicken: Die opulenten Interieurs mit hohen Hallen, prachtvollen Mosaikböden und Kronleuchtern wurden sorgfältig renoviert, der Komfort ist ganz von heute und das Lebensgefühl dank den heiteren Farben überraschend schwerelos. Auch versucht das nette Hotelteam stets, das Unmögliche doch noch möglich zu machen – und trägt so dazu bei, dass man vielleicht öfter wieder kommt. Hier ein Sommerwochenende zu verbringen, ist ein Fest für die Augen... und für die Seele. Und jedes Landschaftsfoto ein Treffer!

Die Zimmer 9/10
90 elegante Zimmer, Juniorsuiten und Suiten, fast alle mit Balkon. **Zimmer-Flüstertipps:** Unbedingt eines der „Lake View"-Zimmer buchen. Auch die Kategorie „Rooftop Juniorsuite" ist ein sicherer Wert.

Die Küche 8/10
Moderne Cucina italiana im „La Terrazza" mit Terrasse, regionale Gerichte und Fondues sowie 350 lombardische Weine in der „Escale Trattoria & Wine Bar", sommerliche Grillspezialitäten im „T Beach" am Strand, Pizza-Variationen im „T Pizza" beim Gartenpool. Drinks, Cocktails und kleine Häppchen in der Hotelbar.

Die Extras 7/10
Privatstrand mit flossartigem Schwimmbad im See, Freibad im Garten, Panorama-Hallenbad. Spa mit Panorama-Sauna und Dampfbad, Massagen und Beauty-Behandlungen. Yoga-Lektionen, Tennisplatz, diverse Wassersportmöglichkeiten sowie Verleih von kleinen und grösseren Motorbooten.

GRAND HOTEL TREMEZZO
TREMEZZO

Freizeiterlebnisse

Wenige Schritte neben dem Hotel liegt die Villa Carlotta. Kein Aufenthalt am Comersee ohne Besuch dieser Sehenswürdigkeit – so steht es in allen Reiseführern. Der Massenauflauf im Park und in der Sommerresidenz aus dem 18. Jahrhundert spricht für sich, auch wenn die berühmteste Villa am Comersee sicher nicht die schönste ist – etwas zu klobig erhebt sie sich auf einer Anhöhe über der Strasse, und etwas zu protzig sind die öffentlich zugänglichen Innenräume. Wer über die zahlreich vertretenen Zeitgenossen der Gattung „Homo fotograficus" hinwegsehen kann, für den lohnt sich jedoch ein Abstecher in den exotischen Park. www.villacarlotta.it

Für Tagesausflüge mit dem Auto: Die Mitte des Comersees ist bestens mit Fähren erschlossen. Diese verkehren regelmässig von 7 bis 20 Uhr zwischen Menaggio, Varenna, Bellagio und Cadenabbia.

Entlang der „Antica Via Regina", dem historischen Verkehrsweg am westlichen Comerseeufer – insbesondere in den Dörfern Moltrasio und Carate Urio zwischen Cernobbio und Laglio (wo George Clooney eine Villa besitzt) – taucht man in ein Openair-Museum ein, wo sich zahllose Villen an verblichenem aristokratischem Glanz und verschwenderischer Dekadenz überbieten.

Vor Ossuccio ragt die einzige Insel des Comersees dicht bewaldet aus dem Wasser – die verwunschene Isola Comacina. Wie Kulissen schieben sich die Berge vor- und hintereinander und geben den majestätischen Rahmen für das legendäre Inselrestaurant. Der Wirt ist stolz darauf, dass in der „Locanda dell'Isola Comacina" seit sechzig Jahren dasselbe fünfgängige Einheitsmenü serviert wird. Es ist authentisch und gut und kostet 73 Euro pro Person inklusive Hauswein, Wasser und Kaffee. Die Anfahrt erfolgt per Kursschiff oder Taxiboot ab dem Ort Sala Comacina (spezielles Parking „Isola Comacina" oberhalb der Seestrasse). www.comacina.it

Wandertipp

Vom Grand Hotel Tremezzo nach Griante und dort ins historische Viertel am Hang wandern. Von weither erblickt man bereits das kühn in den Fels gebaute und unerreichbar scheinende Wanderziel, die Wallfahrtskirche San Martino. Doch führt der gut markierte, familientaugliche Pfad ab dem alten Dorfkern Griante über zahlreichen Stufen in 45 Gehminuten hinauf zu diesem Logenplatz mit atemberaubendem Panorama auf alle drei Arme des Y-förmigen Comersees.

Regentag-Alternative

Es regnet? Kein Problem im Hotel-Spa mit seinen entspannenden und vitalisierenden Behandlungen! Wer dennoch an die frische Luft will: Eine Schiffsfahrt nach Bellagio (ab Cadenabbia), mit Afternoon-Tea im Grand Hotel Villa Serbelloni, kann zum stimmigen Erlebnis werden.

Besonders geeignet für...
stilbewusste Nostalgiker, die es sich für ein paar Tage ein bisschen leichter machen wollen.

Wenn doch nur...
die viel befahrene Seestrasse vor dem Hotel nicht wäre (welche auf der Website nicht zu sehen ist).

LA VILLA HOTEL MOMBARUZZO

260 m ü.M.

14046 Mombaruzzo Via Torino 7
Telefon +39 0141 739 890
www.lavillahotel.net
info@lavillahotel.net
Anfang April bis Ende November geöffnet

Die Lage 9/10
Sehr ruhig und etwas ausserhalb des Orts Mombaruzzo inmitten den Rebhängen des Montferrato, die seit 2014 zum Unesco-Welterbe gehören. An klaren Tagen blickt man vom Hotel bis zur Alpenkette.

Die Atmosphäre 8/10
Als „Cheap-chic Palazzo" hat ein englisches Magazin dieses kleine, diskret moderne Landhotel bezeichnet, das eigentlich gar kein Hotel sein will, sondern eher ein unkompliziert elegantes Basislager für Entdeckungstouren im Piemont. Bei der umsichtigen Renovation des vierhundertjährigen Gebäudes blieben alte Steinböden und Deckenbalken erhalten, doch strahlt die Einrichtung eine zeitgemässe Leichtigkeit aus. Chris und Nicola Norton, dem jederzeit hilfsbereiten Besitzer- und Gastgeberpaar, liegt ein entspanntes Ambiente am Herzen – die Gäste der „Villa" sollen sich wie unter Freunden fühlen. Kinder werden ab zehn Jahren willkommen geheissen.

Die Zimmer 6/10
14 angenehme Zimmer und Suiten in unterschiedlichen Stilen von rustikal italienisch über klassisch französisch bis verspielt marokkanisch. **Zimmer-Flüstertipps:** Die besten Ausblicke haben die „Penthouse Suite", die „Stable Suite", die „Terrace Suite" und der „Moroccan Room".

Die Küche 6/10
Fein zubereitete Regionalküche. Abends wird ein fixes Menü serviert (der Koch geht auf jede Art von Intoleranzen ein, bittet jedoch darum, diese kurz zuvor zu erfahren). An Mittwochabenden steht jeweils eine Auswahl italienischer Tapas auf dem kulinarischen Programm. Die Weinkarte ist fair kalkuliert und überrascht auch jene, die glauben, bereits alle piemontesischen Weine zu kennen.

Die Extras 2/10
Aussenpool, Fitnessraum. Weindegustationen, Kochkurse, Trüffeljagden.

LA VILLA HOTEL
MOMBARUZZO

Freizeiterlebnisse

Wein und Essen sind die beiden allgegenwärtigen Themen dieser Region: Besuche bei den Produzenten von Barolo, Barbaresco, Barbera, Gavi und Asti Spumanti sind fast ein „must". Chris Norton, Hausherr in der „Villa", gibt sein breites Wissen über die Weinszene gerne an die Gäste weiter und öffnet Türen bei renommierten Winzern.

Das Piemont hat die höchste Konzentration an guten Restaurants in ganz Italien. Im Hotel bekommt man prima Empfehlungen für Lokale, auf die man als Nicht-Kenner kaum stossen würde. Ein Leuchtturm für feinschmeckende Trendsetter ist das Ristorante Piazza Duomo in der Altstadt von Alba (46 km vom Hotel entfernt). Die mit drei Michelin-Sternen ausgezeichnete Grande Cucina von Enrico Crippa stützt sich zu grossen Teilen auf den eigenen Kräuter-, Gemüse- und Obstgarten. Die gerade erntereifen Produkte bestimmen die Speisekarte. Ein Degustationsmenü kostet zwischen 200 und 240 Euro. *www.piazzaduomoalba.it*

Wandertipp

Direkt vom Hotel aus gibt es einen attraktiven, 6 km langen Rundweg durch die Weinberge. Weitere Wandermöglichkeiten finden sich beispielsweise in der Riserva Naturale Val Sarmassa und auf dem Strässchen zwischen Rocchetta Palafea und Montabone (Distanz: 4,6 km, Gehzeit 1 Stunde). Beide Ausgangspunkte liegen 15 Autominuten vom Hotel entfernt.

Regentag-Alternative

Stadtbummel durch Asti (32 km entfernt) oder Turin (93 km). Oder Shopping im „Serravalle Designer Outlet Village" in Serravalle Scrivia (55 km) – es ist mit 180 Geschäften das grösste Outlet-Center Italiens.

Besonders geeignet für...
Weinliebhaber, die im Einklang mit der berauschenden Rebenlandschaft logieren möchten.

Wenn doch nur...
der Pool beheizt wäre, sodass er auch im Frühling oder Herbst zum Schwimmen einladen würde.

LEFAY RESORT GARGNANO

470 ▲ mü.M.

25084 Gargnano, Via Angelo Feltrinelli 136
Telefon +39 0365 241 800
www.lefayresorts.com
res.garda@lefayresorts.com
Ganzjährig geöffnet

Die Lage 10/10

Ja!!!! Die atemberaubende Lage dieses Wellnessresorts hoch über dem nördlichen Westufer des Gardasees sorgt für strahlende Gesichter. Nichts stört das Auge, und das lauteste Geräusch ist das Vogelgezwitscher am frühen Morgen.

Die Atmosphäre 8/10

Manchmal muss man in die Höhe, um ganz tief zu entspannen. Sich in spektakulärer Natur verlieren, um sich wieder zu finden. Im Lefay Resort, in sicherer Entfernung vom Touristentrubel unten an der „Riviera dei Limone" gelegen, klappt das garantiert. Man braucht nur noch einzuchecken, und von der ersten Minute an fühlt man sich wie auf einer luxuriösen Insel, wo man dem Alltag und der Welt stilvoll den Rücken kehren kann. Die Hotelanlage ist harmonisch in die Natur integriert, scheint fast aus ihr herauszuwachsen, und erfüllt strenge Richtlinien in nachhaltig sinnvoller Bewirtschaftung. Lediglich bei der Innenarchitektur wird das Resort dem eigenen Anspruch an einigen Stellen nicht gerecht – hier zeigt sich ein Stilmix, dem man auch in weniger guten Hotels begegnet. Doch ist die Grösse und Ausstattung der Zimmer ausgezeichnet, der Service besonders aufmerksam, der Erholungswert der Anlage enorm und das Ganze auf jeden Fall den eher hohen Preis wert.

Die Zimmer 8/10

93 helle, geräumige und zeitgemäss elegant eingerichtete Zimmer und Suiten. Diejenigen im Erdgeschoss führen direkt auf den Garten hinaus.

Die Küche 7/10

Vitale mediterrane Küche im Hauptrestaurant, norditalienische Spezialitäten in der Trattoria La Vigna. Snacks und Drinks in der Poolbar und in der Lounge-Bar mit Sommerterrasse. Exzellentes Frühstücksbuffet, das für jeden Ernährungsstil volle Auswahl und frische biologische Produkte bietet.

Die Extras 6/10

Spa mit warmem Indoor-/Outdoor-Salzwasserpool, Aussen-Sportschwimmbad, Hydromassagebecken, Saunawelt, diversen Massagen und Beauty-Behandlungen. Fitnessraum, täglich Gymnastik- und Entspannungslektionen, eigene Fitness- und Joggingpfade.

LEFAY RESORT
GARGNANO

Freizeiterlebnisse
Das Westufer des Gardasees ist gesäumt von sehenswerten Orten – allen voran Limone, Gargnano, Gardone Riviera und Salo. In Gardone lockt ein Abstecher in den Heller Garden, der zu Beginn des letzten Jahrhunderts vom Naturforscher Arthur Hruska angelegt und seit 1988 vom österreichischen Multimediakünstler André Heller weiterfantasiert wird. www.hellergarden.com

Auch lohnen Ausflüge mit dem Schiff, etwa eine Fahrt von Riva nach Toscolano-Maderno, von Salò nach Garda oder von Salò nach Sirmione – jeweils mit diversen Aussteigoptionen und der Möglichkeit, wieder an den Ausgangsort zurückzufahren. Zwischen Toscolano-Maderno und Torri del Benaco verkehrt zudem regelmässig eine Autofähre, welche das Westufer mit dem Ostufer in 20 Minuten verbindet.

Wandertipp
Eine landschaftlich beeindruckende, mittelschwere Panorama-Kurztour führt vom Rifugio Gargnano (985 m, mit dem Auto erreichbar) auf schmalen, aber gut begehbaren Bergpfaden auf die beiden Aussichtsgipfel Monte Denervo (1459 m) und Cima Comer (1281 m). Dabei passiert man diverse Felsabbrüche und geniesst wunderschöne Blicke auf den Gardasee. Dauer: 2½ Stunden.

Regentag-Alternative
Im grossen Wellnessbereich des Hotels kann man alles tun oder sich antun lassen, um einen Regentag genüsslich zu überbrücken.

Besonders geeignet für...
Erholungssuchende, die lustvoll zu neuer Vitalität und Balance finden wollen.

Wenn doch nur...
nicht so viele (vorwiegend italienische) Gäste den ganzen Tag im Bademantel durchs Hotel wandeln würden – auch zum Frühstück und zum Mittagessen in den Restaurants. Weiterer Wermutstropfen für Klimaanlagen-Fans: Aufgrund der ökologischen Ausrichtung des Resorts können die Zimmer im Hochsommer nicht richtig gekühlt werden.

RELAIS SAN MAURIZIO SANTO STEFANO BELBO

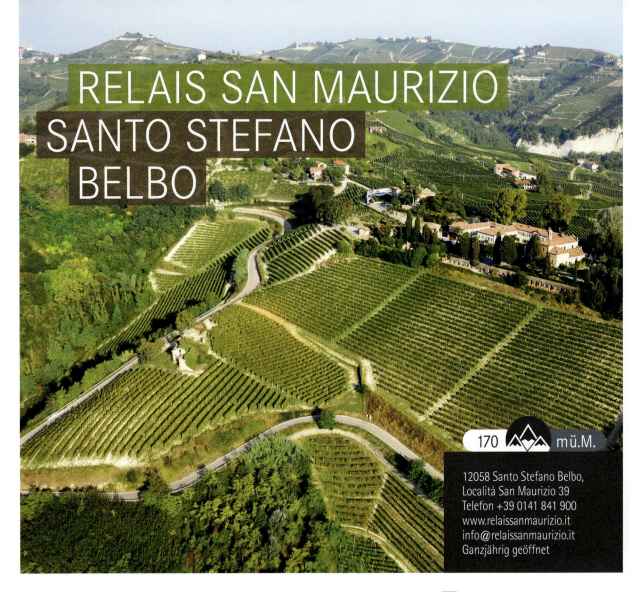

170 mü.M.

12058 Santo Stefano Belbo, Località San Maurizio 39
Telefon +39 0141 841 900
www.relaissanmaurizio.it
info@relaissanmaurizio.it
Ganzjährig geöffnet

Die Lage 10/10

In einer Gartenanlage auf der Spitze eines Weinhügels der Langhe (Unesco-Welterbe). 3 km ausserhalb des Städtchens Santo Stefano Belbo, mit wunderbarem Panorama über die Rebberge bis zu den Alpen. Man wähnt sich mitten in einer Ansichtskarte.

Die Atmosphäre 10/10

Die Mönche waren zweieinhalb Jahrhunderte lang die einzigen, die den paradiesischen Ausblick genossen, der sich von dem ehemaligen Zisterzienserkloster über die hügelige Weinlandschaft der Langhe bietet. 1862 wurde es in eine private Residenz umgewandelt, 2002 dann in das heutige Luxushotel, das eine enorme Ruhe ausstrahlt und für manchen Kenner die schönste Unterkunft im Piemont ist. Hier stimmt einfach alles, vom herzlichen Empfang über den unkompliziert hilfsbereiten Concierge (der sich auch kurzfristig und ohne Aufhebens um die Organisation von Verkostungen in renommierten Weingütern kümmert) bis zum gut geschulten Servicepersonal in den beiden Restaurants. Für italienische Verhältnisse bemerkenswert ist auch, dass in den Zimmern alles bis ins kleinste Detail funktioniert. Die Nespresso-Kaffeemaschine ist dann nur noch ein Tüpfelchen auf dem „i". Insgesamt ist das Relais San Maurizio ein idealer Ausgangspunkt zur Erkundung des Piemonts, selbst wenn man dieses schöne Hotel manchmal gar nicht verlassen möchte.

RELAIS SAN MAURIZIO
SANTO STEFANO BELBO

Die Zimmer (8/10)

20 elegante, sehr unterschiedliche Zimmer und 16 Suiten, verteilt auf diverse Gebäude und Trakte des Anwesens. Die genaue Lokalität und Ausstattung der einzelnen Zimmer ist auf der Hotel-Website beschrieben.
Zimmer-Flüstertipps: Besonders charmant sind das Zimmer 118 mit Balkon und Blick nach Süden auf die Moscato-Rebhänge, das Attika-Zimmer 119 unter dem Glockenturm der alten Kirche sowie die Suite 301 in den alten Stallungen mit privatem Garten und Blick auf die Langhe.

Die Küche (10/10)

Stimmungsvolles, mit einem Michelin-Stern ausgezeichnetes „Ristorante Guido da Costigliole" in den antiken Gewölbekellern. Luca Zecchin gibt der piemontesischen Küche eine unverwechselbare kreative Note, die Weinkarte umfasst 2500 Provenienzen. Unbedingt probieren: das Vitello tonnato und das Tiramisù! Zum Mittagessen steht das einfachere Zweitrestaurant „Truffle Bistrot" offen.

Die Extras (5/10)

Hallenbad, Aussenpool, Spa mit Sauna, zwei Salz-Entspannungsbecken (in denen man wie im Toten Meer schwebt), ausgezeichneten Massagen und Beauty-Behandlungen, Vinotherapie und Thalassotherapie. Fitnessraum, Yoga-Lektionen, Verleih von Mountainbikes.

Besonders geeignet für...
feinsinnige und -schmeckende Piemont-Fans.

Wenn doch nur...
dem Frühstück dieselbe Aufmerksamkeit zuteil würde wie der restlichen Kulinarik am Mittag und Abend.

Freizeiterlebnisse

Auf seinen über 700 Hektar Rebland produziert der Winzerort La Morra rund 35 Prozent der gesamten Barolo-Produktion. Der erste Weg des Weinliebhabers führt auf die Piazza Castello, die einen herrlichen Blick über die Langhe gewährt. Der zweite Weg führt in die „Cantina Comunale", die im Palazzo der Marchesi von Barolo untergebracht ist. Hier können – inmitten von antiken Gemälden – die wichtigsten Weine der Umgebung degustiert und gekauft werden. Der dritte Weg führt in die „Osteria Veglio", die mit zeitgemäss zubereiteten piemontesischen Spezialitäten und schöner Terrasse erfreut. Ursprünglich kam der Barolo übrigens als Medizin auf den Markt. Er galt als Mittel gegen Cholera, wurde heiss bei Erkältungen getrunken und in Apotheken verkauft. *www.osteriaveglio.it*

Wandertipp

„Mönchspfad" durch den hauseigenen Garten, den nahen Wald und die Moscato-Weinberge. Dieser Weg verband die Mönche im 17. Jahrhundert mit der Aussenwelt. Gehzeit: 1 Stunde hin und zurück.

Eine herrliche, mittelschwere Wanderung führt entlang den berühmten Crus des Barbaresco von Alba über Barbaresco und Gaia nach Neve. Letzteres gilt als eines der schönsten Dörfer Italiens. Von dort geht es mit dem Bus nach Alba zurück. Distanz: 16 km, Gehzeit: 3 bis 4 Stunden.

Regentag-Alternative

Es gibt zwei Dinge, die Piemont im Überfluss hat: Schlösser und guten Wein. Beides zusammen kann man im imposanten Castello Grinzane Cavour aus dem 12. Jahrhundert geniessen (31 km vom Hotel entfernt). Es beherbergt neben einem Wein- und Trüffelmuseum und dem ausgezeichneten Restaurant „Al Castello di Grinzane" eine der führenden Önotheken der Region und versteht sich als Schaufenster der besten Weine des Piemonts, allen voran der Barolo und der Barbaresco. Jeweils im Herbst findet im Schloss eine vielbeachtete Versteigerung des hochwertigen weissen Trüffels statt. *www.castellogrinzane.com*

Ebenfalls interessant: das Weinmuseum im Castello di Barolo im gleichnamigen Ort (35 km). *www.barolofoundation.it*

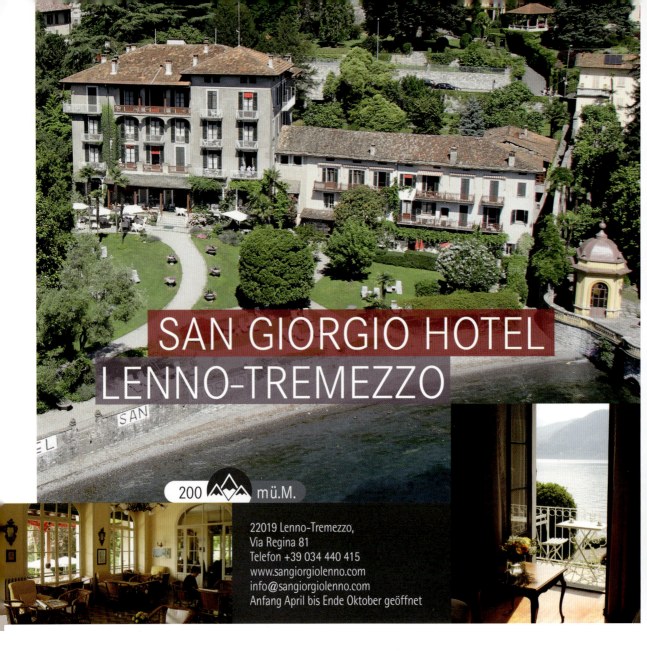

SAN GIORGIO HOTEL LENNO-TREMEZZO

200 mü.M.

22019 Lenno-Tremezzo,
Via Regina 81
Telefon +39 034 440 415
www.sangiorgiolenno.com
info@sangiorgiolenno.com
Anfang April bis Ende Oktober geöffnet

Die Lage

Dort, wo der Comersee sich weit öffnet und als Meisterwerk der Natur präsentiert, am Westufer gegenüber der Halbinsel von Bellagio, versteckt sich in einer schönen Gartenanlage mit alten Bäumen und direktem Seeanstoss dieses Hotel.

Eine Schiffsanlegestelle der Kursschiffe liegt wenige Schritte vom Hotel entfernt.

Die Atmosphäre

Morgens aufwachen, das Fenster öffnen und den Blick über die Bucht von Tremezzina auf den Comersee geniessen: Ein schöner gelegeneres Dreisternehotel als das San Giorgio lässt sich in der Region kaum finden. Vier Generationen lang hat der Familienbetrieb Cappelletti allen Wechselfällen des Schicksals standgehalten und jeden Gewinn unter der Matratze versteckt – statt in zweifelhafte Modernisierungen und Wellnessanlagen zu investieren, wie dies andere Hoteliers in der Region taten.

Die beiden miteinander verbundenen Hotelgebäude präsentieren sich nach aussen rührend unzeitgemäss. Auch die Wohnsalons, das Restaurant, die überdachte Veranda und die schrullig altmodischen Gästezimmer umfangen den Gast mit dem Gefühl, sich in das Dolce Vita der 20er-Jahre zurückträumen zu können. Die Uhren scheinen im San Giorgio definitiv langsamer zu laufen, und das Leben folgt dem Rhythmus nostalgischer Italianità.

SAN GIORGIO HOTEL
LENNO-TREMEZZO

Die Zimmer

33 kleine, einfach ausgestattete, aber gepflegte Zimmer, davon 18 Zimmer mit Seeblick und 3 Zimmer im Erdgeschoss mit Blick in den Hotelgarten zur Seeseite. Die Zimmer verfügen über keine Klimaanlagen. **Zimmer-Flüstertipp: Nummer 8.**

Die Küche

Lombardische Marktküche aus vorwiegend regionalen Produkten, im Sommer auf der herrlichen Terrasse serviert. Das Restaurant steht ausschliesslich Hotelgästen zur Verfügung.

Die Extras

Privatstrand, Tennisplatz, Kinderspielplatz.

Freizeiterlebnisse

Eine Schiffsfahrt auf dem Comersee ist ein Muss, weil man nur vom Wasser aus die prachtvollen privaten Villen und Gärten zu sehen bekommt.

Fabelhafte Gärten gibt es am Comersee wie Sand am Meer. Das Nonplusultra für manchen Kenner ist der Parco Villa Serbelloni in Bellagio – nicht zu verwechseln mit dem gleichnamigen Grandhotel unten an der Seepromenade. Der Park erstreckt sich nahezu über die ganze Spitze des Dreiecks von Bellagio und ist im Rahmen einer geführten Tour öffentlich zugänglich. Zu bestaunen ist nicht nur die terrassierte, durch fast 18 Kilometer Pfade erschlossene Parkanlage mit Azaleen, Glyzinien, Olivenbäumen, Zypressen und Pinien, sondern auch ein herrliches Panorama auf alle drei Seearme, welche ein englischer Dichter einmal als „die drei schönsten Schenkel der Welt" bezeichnete. www.bellagiolakecomo.com

Wen es in die Höhe zieht: Von Cernobbio schraubt sich ein kurviges Strässchen nach Rovenna und weiter den Hang hinauf bis fast zur Bergspitze des Monte Bisbino (1325 m) an der Grenze zwischen Italien und dem Südtessin. Oben wird man mit weiten Blicken belohnt, angeblich sieht man an klaren Tagen bis zum Apennin. Beim Rückweg zum See hinunter lohnt sich die Einkehr im Ristorante Gatto Nero in Rovenna. Pasta, Brasato und Branzino kommen in opulenten Portionen auf die Teller und beflügeln die Lebenslust. www.ristorantegattonero.it

Wandertipp

Halbstündiger Spazierweg vom Hotel zur Halbinsel Lavedo am südlichen Ende der Bucht von Tremezzina. An der Spitze der Halbinsel steht die gartenumgebene, 1787 errichtete Villa del Balbianello, die schon mehrfach als Filmkulisse diente (unter anderem für den James-Bond-Film „Casino Royale") und im Rahmen einer Führung zu besichtigen ist. Wichtig zu wissen: Dieser Weg ist nur samstags, sonntags und dienstags geöffnet. Donnerstags und freitags kann man die Villa nur mit dem Motorboot erreichen, das halbstündlich zwischen der Seepromenade in der Nähe des Lidos von Lenno und der Villa pendelt. Montags und mittwochs sind Weg und Villa geschlossen. www.visitfai.it/villadelbalbianello/

Etwas anstrengender ist die Wanderung von Lenno zum Wallfahrtsort Sacro Monte di Ossuccio mit seinen 14 Kapellen und der Kirche Santuario della Madonna del Soccorso (Unesco-Welterbe). Trainierte Berggänger wandern weiter hinauf zum romanischen Kloster San Benedetto auf 800 Meter Höhe im Val Perlana. Kunst, Kultur und alte Legenden begegnen einem auf dem Weg – und dabei hat man über weite Strecken den See vor Augen.

Regentag-Alternative

In der Fussgängerzone von Como kann man wunderbar durch die Gassen flanieren, in appetitanregenden Delikatessenläden und verlockenden Boutiquen schmökern, Espresso trinken oder fein essen gehen.

Como produziert täglich etwa 250 Kilometer Seidentuch und verarbeitet zusammen mit dem Umland etwa ein Viertel der Weltproduktion. Das Seidenmuseum Museo della Seta präsentiert mit seiner Sammlung von funktionsfähigen historischen Maschinen alles Wissenswerte rund um den feinen Faden und dokumentiert den gesamten Ablauf der Seidenfabrikation: von der Zucht der Raupen bis zur Veredelung der Stoffe durch Zwirnen, Weben, Färben und Drucken. www.museosetacomo.com

Besonders geeignet für...

Comersee-Reisende, die ihr Portemonnaie schonen und dennoch stilvoll logieren möchten. Auch Familien mit Kindern fühlen sich im San Giorgio willkommen.

Wenn doch nur...

die Zimmer nach hinten nicht von der Hauptstrasse beschallt wären. Auch ist das Frühstück – wie in vielen italienischen Hotels – schlicht läppisch, und ein Drei-Minuten-Ei wird extra verrechnet.

VILLA SOSTAGA BOUTIQUE HOTEL NAVAZZO DI GARGNANO

500 m ü.M.

25084 Navazzo di Gargnano, Via Sostaga 19
Telefon +39 0365 791 218
www.villasostaga.it
info@villasostaga.it
Ganzjährig geöffnet

Die Atmosphäre

Die ehemalige Jagd- und Sommerresidenz der Grafen Feltrinelli besticht nicht nur mit der atemberaubenden Lage, sondern auch mit dem bis heute spürbaren Lebensgefühl einer Privatvilla der vorletzten Jahrhundertwende. Als Gast des 2005 eröffneten, bis ins beglückende Detail gepflegten Boutiquehotels ist man hier nicht einfach eine Nummer, sondern ein herzlich willkommener Gast des Besitzer- und Direktorenpaars Gabriele und Gabriella Seresina. Die beiden könnten das Anwesen in kaufmännischer Hinsicht sicher stringenter führen, doch ist ihnen die Individualität und die Servicekultur wichtiger als ein optimierter Gewinn. Jedenfalls scheint die Villa Sostaga wie geschaffen, um Zeit zu finden, die innere Uhr zu richten, oder ganz einfach, um sich abseits von Hektik und Nervosität für ein paar Tage aus dem Alltag auszublenden.

Die Lage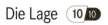

Ruhig, ruhig, ruhig in einem bewaldeten Park am Hang hoch über Gargnano, mit grandiosem Ausblick auf Gardasee und Berge. 7,5 km von Gargnano und der Seestrasse entfernt.

VILLA SOSTAGA BOUTIQUE HOTEL
NAVAZZO DI GARGNANO

Die Zimmer
19 wohnliche, in warmen Farben eingerichtete, teilweise etwas hellhörige Zimmer und Juniorsuiten, verteilt auf das Haupthaus und die benachbarte (25 Meter entfernte) Dépendance. **Zimmer-Flüstertipps:** Doppelzimmer mit Seeblick sind die Nummern 102 (mit Balkon), 302, 303, 401, 402, 403. Juniorsuiten mit Seeblick sind die Nummern 101 (mit Terrasse), 102 (mit Balkon), 103 (mit Balkon), 104, 206, 207 (in der Dachschräge), 301 und 404.

Die Küche
Solide zubereitete lombardische Gerichte aus heimischen Produkten – alles zu vernünftigen Preisen. Die Restaurantterrasse ist morgens, mittags und abends ein Traum.

Die Extras
Freibad, ayurvedische Behandlungen, Verleih von E-Bikes. Gelegentlich stehen klassische Konzerte auf dem Programm.

Freizeiterlebnisse
Zu den Golfplätzen Bogliaco und „Il Colombaro" bei Salò sind es 10 respektive 18 Kilometer vom Hotel.

Am Seeufer locken diverse kostenlos zugängliche Badestrände, beispielsweise in Gargnano im Parco Le Fontanelle, in Gardone Riviera im Parco Rimbalzello, in Toscolano-Maderno bei der Pfarrkirche und in Richtung Zeltplatz in Toscolano, in Maderno im Lido azzurro, in San Felice del Benaco in den Badebuchten bei Porto San Felice, Porto Portese und der Landzunge San Fermo, in Manerba an der Spiaggia Porto Torchio und auf der vorgelagerten Zypresseninsel Isola di San Biagio.

Wandertipp
Viel Panorama bei wenig Anstrengung bietet der Spaziergang zur Wallfahrtskirche Madonna di Monte Castello auf der Hochebene von Tignale zwischen Gargnano und Limone. Die Kirche liegt etwas ausserhalb von Gardola an der Strasse Richtung Tremosine. Eine äusserst steile Strasse führt bis hinauf zur Kirche. Schöner ist es aber, wenn man das Auto unten am Parkplatz stehen lässt und zu Fuss hinaufgeht. Es lohnt sich zudem, den Weg zum Gipfel des Monte Castello anzuschliessen (Beschilderung „alle croce" folgen). Bis zum Gipfelkreuz sind es 20 Gehminuten. Hinunter folgt man dem Weg weiter um den Berg herum und läuft einen grossen Bogen durch einen herrlichen Kastanien- und Buchenwald zum Parkplatz zurück.

Regentag-Alternative
Stehen die Wettergötter nicht auf Ihrer Seite, kann eine Ayurveda-Behandlung im Hotel ein Sonnenstrahl fürs Gemüt sein. Nur reservieren sollte man, bevor es Bindfäden regnet und auch andere auf die Idee kommen.

Besonders geeignet für...
für frisch Verliebte und andere romantische Herzen, die ein historisches Ambiente mit italienischem Flair zu schätzen wissen.

Wenn doch nur...
die rückwärtigen Zimmer in der Dépendance etwas grösser und auch etwas komfortabler ausgestattet wären. Auch ist der Pool recht klein – wird dieser von zwei, drei Kindern belegt, ist an Schwimmen nicht mehr zu denken.

WEITERE TOP GELEGENE HOTELS IN DER LOMBARDEI UND IM PIEMONT

HOTELNAME	ORT	WEBSEITE
Albergo Milano	Varenna (Lombardei)	www.varenna.net
Bella Riva	Gardone Riviera (Lombardei)	www.bellarivagardone.it
Bricco dei Cogni	Rivalta/La Morra (Piemont)	www.briccodeicogni.it
Cascina Sondrea	Sinio (Piemont)	www.sondrea.ch
Dimora Bolsone	Gardone Riviera (Lombardei)	www.dimorabolsone.it
Grand Hotel des Iles Borromées	Stresa (Piemont)	www.borromees.com
Grand Hotel Fasano e Villa Principe	Gardone Riviera (Lombardei)	www.ghf.it
Grand Hotel Villa Serbelloni	Bellagio (Lombardei)	www.villaserbelloni.com
I Due Roccoli	Colline di Iseo (Lombardei)	www.idueroccoli.com
La Casa in Collina	Canelli (Piemont)	www.casaincollina.com
Locanda San Vigilio	Punta San Vigilio/Garda (Lombardei)	www.locanda-sanvigilio.it
Palas Cerequio – Barolo Cru Resort	La Morra (Piemont)	www.palascerequio.it
Real Castello di Verduno	Verduno (Piemont)	www.realcastello.com
Villa Arcadio	Salò (Lombardei)	www.hotelvillaarcadio.it
Villa Beccaris	Monforte d'Alba (Piemont)	www.villabeccaris.it
Villa Cipressi	Varenna (Lombardei)	www.hotelvillacipressi.it
Villa Cortine Palace Hotel	Sirmione (Lombardei)	www.palacehotelvillacortine.com
Villa d'Amelia	Benevello (Piemont)	www.villadamelia.com
Villa del Sogno	Gardone Riviera (Lombardei)	www.villadelsogno.it
Villa Fiordaliso	Gardone Riviera (Lombardei)	www.villafiordaliso.it
Villa Giulia	Gargnano (Lombardei)	www.villagiulia.it
Villa La Collina	Cadenabbia (Lombardei)	www.kas.de/villalacollina/
Villa Tiboldi	Canale (Piemont)	www.villatiboldi.it

WEITERE TOP GELEGENE HOTELS
IN DER LOMBARDEI UND IM PIEMONT

TOP GELEGENE HOTELS
IN SAVOYEN, IM BURGUND UND IM ELSASS

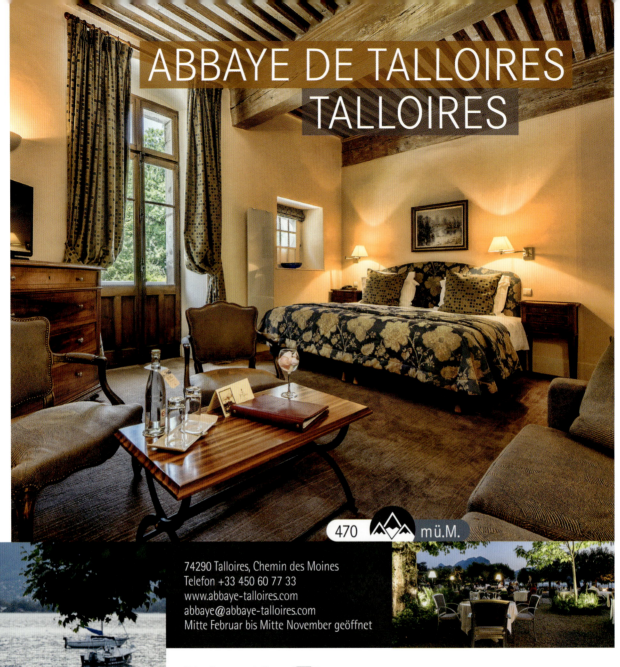

ABBAYE DE TALLOIRES
TALLOIRES

470 mü.M.

74290 Talloires, Chemin des Moines
Telefon +33 450 60 77 33
www.abbaye-talloires.com
abbaye@abbaye-talloires.com
Mitte Februar bis Mitte November geöffnet

Die Atmosphäre 9 10

„Leider konnte ich nicht einige Jahre bleiben, um mich gründlich zu erholen." Diesen Kommentar schrieb der amerikanische Schriftsteller Mark Twain über seinen Aufenthalt im Jahr 1891. Der französische Maler Paul Cézanne verbrachte immerhin den ganzen Sommer 1896 hier und liess sich von der anmutigen Szenerie zu einer Serie von Bildern inspirieren. Am Ende des vorletzten Jahrhunderts waren die Mönche des einstigen Benediktinerkloster längst ausgezogen respektive als Folge der Französischen Revolution vertrieben worden, doch konnte sich das Abbaye de Talloires erfolgreich zum Hotelbetrieb umwandeln. Bis heute ist vieles geblieben, was an die klösterlichen Zeiten erinnert. Die Atmosphäre ist ruhig und unaufgeregt, die grösstenteils recht kleinen Zimmer in den ehemaligen Mönchszellen gruppieren sich auf zwei Stockwerken um eine beeindruckende Galerie aus Eichenholz. Wer hier absteigt, spürt die Magie dieser aussergewöhnlichen Anlage, die auf eine tausendjährige Geschichte zurückblicken kann. Und das liebenswert effiziente Team um Hoteldirektorin Dunja Kirchner vermittelt jedem Gast das Gefühl, willkommen und umsorgt zu sein.

Die Lage 9 10

Pittoresk in einer Gartenanlage mit uralten Bäumen an der Uferpromenade von Talloires, dem schönsten Ort am Lac d'Annecy.

ABBAYE DE TALLOIRES
TALLOIRES

Freizeiterlebnisse

Wandern, Bergsteigen, Klettern, Relaxen, Schwimmen im See, Gleitschirmfliegen (am spektakulärsten vom Col de la Forclaz), Golfen (zwei Plätze in 1,5 und 12 km Entfernung vom Hotel). Abenteuer- und Seilpark Acro'Aventures Talloires.
www.talloires.acro-aventures.com

Wandertipp

Die ganze Gegend ist ein Wanderparadies, und das Hotelteam gibt sein Wissen zu den schönsten Touren gerne an die Gäste weiter. Zwei landschaftlich wunderbare Empfehlungen:

Leichte Rundwanderung von Talloires um das bewaldete Hügelmassiv und Naturschutzgebiet „Roc de Chère", welches zwischen Talloires und Menthon-Saint-Bernard liegt. Distanz: 5,4 km, Gehzeit: 2 Stunden.

Mittelschwere Rundwanderung von Talloires zum 60 Meter in die Tiefe tosenden Wasserfall „Cascade d'Angon". Distanz: 6 km, Gehzeit: 2½ Stunden.

Regentag-Alternative

Im Nachbarort Menthon-Saint-Bernard lohnt ein Besuch des mittelalterlichen Château de Menthon-Saint-Bernard. Mitglieder der adligen Besitzerfamilie de Menthon, in 23. Generation im Schloss wohnhaft, führen durch eindrückliche historische Salons und lassen auch hinter die Kulissen blicken.
Für die unregelmässigen Öffnungstage und Zeiten der Führungen unbedingt zuvor die Website konsultieren.
www.chateau-de-menthon.com

13 Kilometer vom Hotel entfernt liegt „Le vieil Annecy", nicht zu verwechseln mit dem nicht sehenswerten Ortsteil „Annecy-le-Vieux". Die Altstadt von Annecy kann auf eine tausendjährige Geschichte zurückblicken, genoss im 16. Jahrhundert eine grössere Bedeutung als Genf. Die historischen Viertel erstrecken sich malerisch dem Fluss entlang und sind durch zahlreiche kleine Brücken verbunden.
Auf der Insel im Fluss Thion liegt der Palais de l'Isle (ehemals Gefängnis), in dem das stadtgeschichtliche Museum untergebracht ist. Über der Altstadt thront das Château d'Annecy, das heute historische und moderne Kunstsammlungen beherbergt und vielfältige Wechselausstellungen zeigt.
www.musees.agglo-annecy.fr

Die Zimmer

36 behagliche, durchwegs renovierte Zimmer und Suiten. Einige blicken auf den See (frontal oder seitlich), andere auf die Gärten und die Berge. **Zimmer-Flüstertipps:** Das unter Denkmalschutz stehende, frisch renovierte „Chambre du Prieur" („Abt-Zimmer", Nummer 31) mit originaler Holztäfelung und Parkett aus dem Jahr 1681. Die „Suite Jean Reno" (Nummer 25) – ein Eckzimmer mit zwei Balkonen zum Garten und Blick sowohl zum See als auch zum Garten (benannt nach dem französischen Schauspieler, der auch Aktionär des Hotels ist). Das Gartenblick-Superior-Doppelzimmer 21 mit alten Deckenbalken, modernem Badezimmer sowie Balkon mit seitlichem Seeblick.

Die Küche

Moderne französische Gourmetküche im „Jardin des Délices", herzhafte regionale Gerichte in der Brasserie. Exzellente Weinauswahl mit Schwerpunkt auf savoyischen Spezialitäten zu annehmbaren Preisen.

Die Extras

Sauna, Whirlpool, Massagen und Beauty-Behandlungen. Gelegentlich stehen klassische Konzerte auf dem Programm. Das Wassersportzentrum gleich vor dem Hotel bietet alles für sommerliche Seevergnügen an – von Stand-up-Paddles über Kajaks bis Wasserski.

Besonders geeignet für…

Liebhaber des Geheimnisvollen und Geschichtsträchtigen. Die Vergangenheit liegt hier in der Luft und kann förmlich eingeatmet werden. Trotzdem ist in den Zimmern alles tadellos gepflegt und an heutige Komfortstandards angepasst.

Wenn doch nur…

an Sommerwochenenden auch kurzfristig ein Zimmer zu ergattern wäre.

ALTAPURA VAL THORENS

2300 m ü.M.

73440 Val Thorens, Rue du Bouchet
Telefon +33 480 36 80 36
www.altapura.fr
contact@altapura.fr
Ende November bis Mitte April geöffnet

Die Lage 9 10
Direkt an der Piste des höchstgelegenen Skiorts der Alpen (mit fast garantierter Schneesicherheit), im Herzen des Wintersportgebiets Les Trois Vallées, mit Blick auf den Gipfel der Cime de Caron.

ALTAPURA
VAL THORENS

Die Atmosphäre 8/10

Zur Hotelsammlung von Jocelyne und Jean-Louis Sibuet zählen drei romantische Mountain-Lodges in Megève und zwei provenzalische Hideaways im südlichen Landhausstil. Mit dem Neustart des Siebzigerjahre-Schneepalasts Altapura im November 2012 ist dem erfolgreichen Familienunternehmen ein Quantensprung in eine radikal moderne Designwelt gelungen. Die skandinavisch inspirierte Innengestaltung hat Sohn Nicolas übernommen, für verlässliche Hotelstandards in puncto Service, Küche und Spa sorgen seine Schwester Marie und die Eltern Sibuet. Dazu gesellt sich eine sportlich orientierte Gästeschaft, die für eine gepflegte Lebendigkeit sorgt. Das dürfte reichen für einen angenehmen Aufenthalt.

Die Zimmer 8/10

61 komfortable, cool gestaltete Zimmer und 27 Suiten.

Die Küche 7/10

Hauptrestaurant „2mille3" mit offener Showküche, schmackhaften Crossover-Gerichten und abwechslungsreichen Buffets, schickes Bistro „Les Enfants terribles", Fondue-Lokal „La Laiterie". Beachtliches Frühstücksbuffet. Die vielseitig aufgestellte Weinkarte startet bei 35 Euro für eine Flasche, nach oben hin gibt es keine Grenze.

Die Extras 5/10

Spa mit kleinem Indoor-/Outdoorpool, Sauna und Dampfbad sowie diversen Körper- und Gesichtspflegebehandlungen. Fitnessraum. Skishop mit Skivermietung. Kostenlose Kinderbetreuung täglich ausser samstags von 12.30 bis 20.30 Uhr.

Freizeiterlebnisse

Die Skiregion Les Trois Vallées wartet mit superlativem Winterspass auf. 600 Kilometer lang ist das zusammenhängende Pistennetz im grössten Skigebiet der Welt. Die Abfahrten erstecken sich über die Täler von Saint Martin de Belleville (zu dem auch die Skiorte Les Menuires und Val Thorens gehören), Méribel und Courchevel. Wer morgens vergisst, den Pistenplan einzustecken, der verliert schnell mal die Orientierung. www.les3vallees.com

Alternativen zum Skifahren und Snowboarden: Schneeschuh-Touren, Gleitschirm-Tandemflug, Schlittelbahn vom Péclet-Gletscher nach Val Thorens (6 km), Eiskarting auf der 300 m langen und 5 m breiten Eisbahn, Mountainbike-Downhill vom Péclet-Gletscher nach Val Thorens auf der blauen Piste „Tête Ronde" (jeweils am Mittwoch-, Donnerstag- und Freitagabend), Fahrten mit dem Schnee-Scooter. Autofreaks testen ihr Können auf der höchstgelegenen Eis-Rennstrecke Europas – die Fahrschule von Val Thorens bietet Erstfahrten an. www.valthorens.com

Regentag-Alternative

Die Spa-Behandlungen sind konstant top, sei es eine Massage zur Pflege des abfahrtsbedingten Muskelkaters vom Vortag oder eine Beauty-Anwendung zur Milderung des Sonnenbrands. Hier kommt die hauseigene, von der Hotelbesitzerin Jocelyne Sibuet kreierte Pflegelinie „Pure Altitude" zum Einsatz.

Besonders geeignet für...

sportliche Geniesser und trendbewusste Familien mit Kindern.

Wenn doch nur...

das Gebäude von aussen nicht so bunkerhaft hässlich wäre. Auch sind die Zimmerpreise in der winterlichen Hochsaison recht unbescheiden. Doch gibt es ausserhalb der Hauptferienzeiten oftmals interessante Angebote – dann ist das Altapura weniger voll und das Gesamterlebnis jeden Euro wert.

CHÂTEAU DE BAGNOLS
BAGNOLS

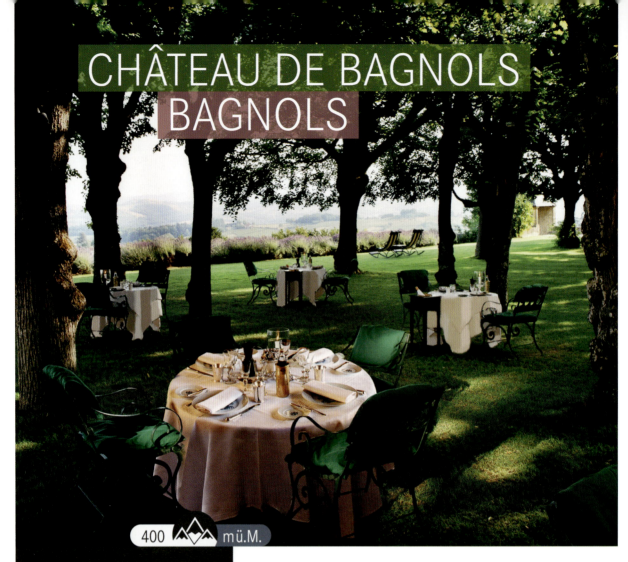

400 mü.M.

69620 Bagnols
Telefon +33 474 71 40 00
www.chateaudebagnols.com
info@chateaudebagnols.fr
Mitte März bis Anfang Januar geöffnet

Die Lage 10/10

In einer Parkanlage mitten im Weingebiet des Beaujolais thronend.

Die Atmosphäre 10/10

Mitglieder des Rats der Französischen Revolution waren in den Jahren um 1789 die letzten, die in den prachtvollen Sälen des fünftürmigen Schlosses tagten und sich vor den riesigen Kaminen wärmten. Danach stand das mittelalterliche Sandsteingemäuer zweihundert Jahre leer. Anfang der 1990er-Jahre kaufte das britische Verlegerpaar Helen und Paul Hamlyn das Château de Bagnols und erweckte es mit grossen finanziellen Mitteln zu neuem Leben. Die frankophilen Engländer wollten kein Museum, wo die Leute nach einer Stunde wieder rauslaufen, sondern wünschten sich Räume zum Verweilen, Plätze zum Essen und Träumen. Sie schufen ein Hotel-Gesamtkunstwerk, wie man es nicht noch einmal findet auf der Welt. Die Zimmer und Suiten sind alle komplett verschieden und mehrheitlich mit antiken Möbeln und Gemälden sowie extravaganten Bädern ausgestattet. In den öffentlichen Räumen und im Schlosspark sieht alles aus wie in einem Traum der Gebrüder Grimm. Und an allen Ecken und Enden sind Fresken aus der Renaissance und dem 18. Jahrhundert zu bewundern. Wer einmal hier war, wird seinen Aufenthalt ein Leben lang nicht mehr vergessen.

CHÂTEAU DE BAGNOLS
BAGNOLS

Die Zimmer

Der Gast bezieht hier keine eigentlichen Hotelzimmer, sondern eines von 27 Privatgemächern, die jeweils nach einem früheren Besitzer oder berühmten Besucher benannt sind, zum Beispiel nach Madame de Sévigné. Die Pariser Autorin machte in der Nacht vom 10. auf den 11. Oktober 1673 Zwischenstation in Bagnols. Die durchwegs stilvollen, teilweise jedoch recht düsteren Zimmer verteilen sich auf das Schloss (Kategorie „Château") und die Nebengebäude (Kategorie „Jardin"). Unlängst neu hinzugekommen sind ein paar dezent moderne Zimmer in ehemaligen Lagerräumen (Kategorie „Chai"). **Zimmer-Flüstertipp:** Die zweistöckige „Suite Jardin Lady Hamlyn" mit privater Terrasse und Ausblick auf den Garten und die Beaujolais-Hügel.

Die Küche

Moderne französische Gourmetküche im „1217", serviert im gotischen Speisesaal mit monumentalem Kamin oder auf der Terrasse.

Die Extras

Freibad, kleines Hallenbad, kleines Spa mit Massagen und Beauty-Behandlungen. Fitnessraum. Gelegentlich Hauskonzerte.

Besonders geeignet für...
Weekend-Prinzessinnen und Temporär-Fürsten, die einen ganz speziellen Moment in einem verschwenderisch schönen Schlosshotel erleben wollen.

Wenn doch nur...
das Reinigungspersonal den Job etwas ernster nehmen würde. So kann es durchaus vorkommen, dass sich das Papierchen unter dem Bett, das einem bereits bei der Anreise aufgefallen war, am Abreisetag immer noch an der gleichen Stelle zu finden ist.

Freizeiterlebnisse

Die Route des Vins du Beaujolais durchquert die Weinregion auf 140 Kilometern von Saint-Amour im Norden bis Lozanne im Süden. Degustieren kann man die regionalen Crus beispielsweise im Bio-Weingut Domaine Saint Cyr in Anse. Und das Wein-Erlebniszentrum Hameau Duboeuf ist auch für vinophile Greenhorns und Familien mit Kindern spannend.
www.beaujolais.com + www.beaujolais-saintcyr.com + www.hameauduvin.com

Wem es eher nach körperlicher Bewegung ist, schlägt auf dem 18-Loch-Platz Golf Club du Beaujolais in Lucenay ab, schwingt sich im Seilpark Au Fil des Arbres bei Blace durch die Bäume oder taucht in den Lac des Sapins in Cublize ein.
www.golfdubeaujolais.com + www.aufildesarbres.fr + www.lacdessapins.fr

Kulturell Interessierte steuern die vor 1100 Jahren gegründete Abbaye de Cluny an (74 km nördlich von Bagnols). Die Abtei war eines der einflussreichsten Klöster des Mittelalters und galt neben Rom als wichtigstes spirituelles Zentrum des Abendlandes. Zwar sind vom einstigen romanischen Bauwerk nur noch kleine Teile übrig, doch lässt sich die architektonische Faszination der Anlage noch erkennen, und virtuelle Hightech-Animationen lassen die Vergangenheit wieder lebendig werden. *www.cluny-abbaye.fr*

Wandertipp

Die Region bietet herrliche Wandermöglichkeiten, die auf der Website *www.tourismepierresdorees.com* ausführlich beschrieben sind, so zum Beispiel die 13,5 km lange Wanderung von Bagnols über Charnay nach Lozanne.

Regentag-Alternative

Lyon liegt 34 km nah. Wer nicht durch die Altstadt oder das revitalisierte Viertel Croix-Rousse (das Pendant zum Pariser Montmartre) flanieren will, besucht das Wissenschaftsmuseums Musée des Confluences. Das futuristische Luftschloss des Wiener Architekturbüros Coop Himmelb(l)au liegt prominent am Zusammenfluss von Saône und Rhône an der Südspitze der zentralen Halbinsel und lohnt den Abstecher.

Ebenfalls besuchenswert: das Musée Lumière an der Rue du Premier Film. Der Strassenname sagt schon alles: Hier erfanden die Brüder Lumière 1895 den „Cinématographe" und drehten ihren ersten 50-Sekunden Film. In der Jugendstilvilla von Auguste und Louis wird der Forscherdrang und Geschäftssinn der beiden Zelluloid-Pioniere multimedial dokumentiert. *www.museedesconfluences.fr + www.institut-lumiere.org*

CHÂTEAU D'ISENBOURG
ROUFFACH

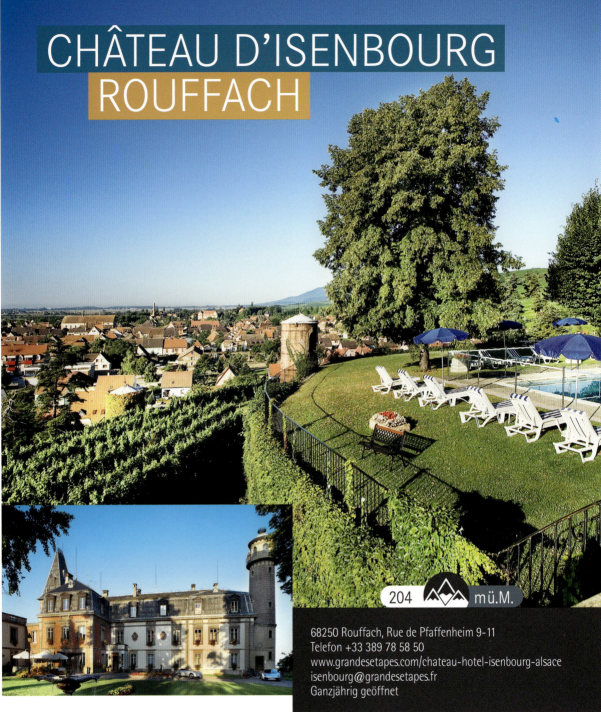

 204 mü.M.

68250 Rouffach, Rue de Pfaffenheim 9-11
Telefon +33 389 78 58 50
www.grandesetapes.com/chateau-hotel-isenbourg-alsace
isenbourg@grandesetapes.fr
Ganzjährig geöffnet

Die Lage 8/10
Eingebettet in Rebhänge über dem Städtchen Rouffach, mit Blick auf die Rheinebene.

Die Atmosphäre 6/10
Wäre das Wasser in den beiden Pools nur ein paar Grad wärmer, gäbe es nur zwei oder drei Personen mehr Personal in den beiden Speisesälen, wäre das Frühstück nur etwas besser organisiert und würden die ältesten Zimmer und Badezimmer endlich renoviert: Dieses schlossartige Gebäude aus dem 18. Jahrhundert würde nicht nur gute Aussichten bieten, sondern hätte selber beste Aussichten, ein romantisches Bijou zu werden. Ein Besuch lohnt sich trotzdem, und bei einem Glas Riesling auf der herrlichen Restaurantterrasse schaut man über die kleinen und grösseren Unzulänglichkeiten dieses eindrücklichen Anwesens hinweg. Auf dem Schlossturm nisten Störche. Wer einen Kinderwunsch hegt, der bisher nicht in Erfüllung gegangen ist, kann es ja hier mal versuchen...

CHÂTEAU D'ISENBOURG
ROUFFACH

Die Zimmer

41 Zimmer und Suiten im sehr klassischen französischen Stil, verteilt auf das Schlossgebäude und den benachbarten Pavillon Nantilde (50 m entfernt).

Die Küche

Moderne französische Küche. Wer lieber auswärts isst, braucht nur wenige Schritte zu gehen: Das Restaurant Philippe Borer in der „Hostellerie à la Ville de Lyon" zu Füssen des Schlosshotels in der Altstadt von Rouffach ist ein sicherer Wert für regionale Haute Cuisine.

Die Extras

Kleiner Wellnessbereich mit Hallenbad, Freibad, Whirlpool, winziger Sauna, Dampfbad, Massagen und Beauty-Behandlungen. Tennisplatz. Verleih von Mountainbikes.

Besonders geeignet für...
Elsass-Fans mit Flair für historische Mauern.

Wenn doch nur...
die Zimmer nicht so ringhörig wären. Auch ist deren Einrichtungsstil recht überladen: Es dominiert ein französischer Historizismus, wie man ihn in den 1970er- und 1980er-Jahren cool fand.

Freizeiterlebnisse

Am Hotel führt die Elsässische Weinstrasse vorbei, die sich auf insgesamt 170 Kilometern Länge von Thann im Süden bis Marlenheim im Norden erstreckt und durch die ein bis fünf Kilometer breite Weinbauregion zwischen Vogesen und Rheinebene schlängelt. Ein stark ausgeprägter Stolz der Einheimischen auf das lokale, sorgsam gepflegte Erbe hat zu strengen baulichen Reglementierungen geführt – und zu einer Art stillem Wettstreit darüber, welche Ortschaft mit der grössten Portion Charme auf kleinem Raum betört. Obernai, Ottrott, Barr, Andlau und Itterswiler sind solche Orte, die ihren Besuchern sagen: Warum sollen wir hier Neues bauen, wo sich das Alte doch so grossartig bewährt!
www.elsass-weinstrasse.com

Für Bewegungshungrige besteht die Möglichkeit, bei einer der vielen Stationen ein E-Bike zu mieten und die Weinstrasse naturnah entlang der Véloroute du Vignoble zu entdecken
www.movelo.com

19 km südlich von Rouffach gibt das Ecomusée d'Alsace interessante Einblicke, wie in den letzten Jahrhunderten gewohnt, gelebt und gearbeitet wurde. Es ist das elsässische Pendant zum Schweizer Freilichtmuseum Ballenberg und zum Schwarzwälder Freilichtmuseum Vogtsbauernhof und zeigt 74 traditionelle Gebäude, die an ihren Ursprungsorten vom Abbruch bedroht waren und hier originalgetreu wieder aufgebaut wurden. Im Museumsdorf mit aktiv betriebenen Handwerkerstätten leben auch zahlreiche Tiere. Zur Fütterungszeit schweben die Störche ein. www.ecomusee.alsace/de/

Wandertipp

Vor allem ein Besuch des Grand Ballon (Grosser Belchen), dem höchsten Gipfel der Vogesen (1424 m) sollte bei der Reiseplanung berücksichtigt werden. Auch wenn der Aufstieg einige Mühe kostet, bleibt doch der Ausblick ins benachbarte Lothringen und über die Rheinebene unvergesslich. Routen gibt es viele, eine schöne Rundwanderung beginnt und endet in Guebwiller (Distanz: 23 km, Dauer, 7 Stunden).

Regentag-Alternative

Ein guter Ort, wenn ein geplanter Naturausflug wegen schlechtem Wetter „ins Wasser fällt", ist Mulhouse (30 km vom Hotel entfernt) mit seinen zahlreichen Museen. Zu einer Reise durch die Geschichte der Eisenbahn lädt die Cité du Train ein. Im gut inszenierten Stoffdruckmuseum („Musée de l'Impression sur Etoffe") dreht sich alles um Druckverfahren und Stoffdruckmuster aus drei Jahrhunderten: Palmen und Drachen auf Tapeten, Demoiselles auf Foulards, Rosenblüten auf Tischwäsche. Das Museum ist weltweit einzigartig, und dessen Archiv mit sechs Millionen Textilmustern ein Pilgerort von Modedesignern und -studenten. Autobegeisterte fahren auf die Cité de l'Automobile ab. Das grösste Automobilmuseum der Welt umfasst 400 fahrtüchtige Sport- und Luxuswagen, darunter ein paar Dutzend glänzende und glitzernde Bugatti-Modelle. www.citedutrain.com + www.musee-impression.com + www.citedelautomobile.com

LE CLOS SAINT VINCENT
RIBEAUVILLÉ

260 m ü.M.

68150 Ribeauvillé, Osterbergweg
Telefon +33 389 73 67 65
www.leclossaintvincent.com
reception@leclossaintvincent.com
Ende März bis Mitte Dezember geöffnet

Die Lage 9 10

Ein schöner gelegenes Hotel im Elsass gibt es kaum. Le Clos Saint Vincent thront ein paar Kurven über dem Städtchen Ribeauvillé inmitten der Rebhänge – das Panorama über die elsässische Rheinebene, auf den Schwarzwald und den Gebirgskamm der Vogesen (sowie an klaren Tagen bis zu den Alpen) ist einzigartig. Zu Fuss sind es 12 Gehminuten bis ins Ortszentrum.

Die Atmosphäre 6 10

Die Gastgeberfamilie Chapotin macht kaum Konzessionen an irgendwelche Moden und verspürt nicht die geringste Lust, durch trendige Kreativität Aufsehen zu erregen. Nicht im innenarchitektonischen Bereich und auch nicht in der Kulinarik. Die Gästezimmer wie das Restaurant profitieren vom Ausblick und sind auf klassische Art gemütlich.
Die Atmosphäre des in den letzten Jahrzehnten mehrfach erweiterten Landhauses ist entspannt, und wer für ein Wochenende im Elsass nicht gerade sein Konto plündern möchte, sondern in absoluter Ruhe angenehm übernachten und abends traditionell französisch zubereitete Menüs zu akzeptablen Preisen auf dem Teller haben will, wird hier glücklich. Schön, dass ein kluger Kopf das Hinweisschild an der Hauptstrasse unten im Dorf so dezent angebracht hat, dass es kaum wahrgenommen wird. So bleibt der geballte Ausflugsverkehr unten. So weit unten, dass man ihn hier oben beinahe vergisst.

LE CLOS SAINT VINCENT
RIBEAUVILLÉ

Freizeiterlebnisse

Zahlreiche Winzerdörfer und Fachwerkstädtchen entlang der Weinstrasse führen den Besucher mit voller Wucht ins Elsässische ein: Grün, rot, gelb, lila leuchten die adretten Häuser mit ihren Erkern, auf fast jedem Fenstersims stehen Geranien – man schlendert geradewegs in ein Realität gewordenes Kalenderbild hinein.

Allerdings rät das Reisemagazin Merian zu Recht: „Das authentische Elsass liegt im Ort nebenan – immer dort, wo es nicht gross angepriesen wird." Stille Geniesser, die nicht mitten in den Rummel der Touristenmagnete hineingeraten wollen, lassen Ziele wie Gueberschwihr, Eguisheim, Turckheim, Kaysersberg, Riquewihr, Ribeauvillé oder Obernai besser beiseite – zumindest an Wochenenden und an deutschen Feiertagen. Zahlreiche andere Orte lohnen den Besuch ebenso – Haguenau, Wissembourg und Saverne im Norden etwa, die Städtchen Sélestat und Guebwiller oder die Winzerdörfer Barr, Boersch, Kientzheim, Itterswiller und Ammerschwihr.

Ebenfalls interessant: die barocke, achteckig angelegte Festungsstadt Neuf-Brisach, die zum Unesco-Welterbe zählt.

Im mittleren Teil der Elsässer Weinstrasse oftmals im Blick: die Haut-Koenigsbourg bei Orschwiller (14 km vom Hotel entfernt). Die prachtvollste aller elsässischen Ritterburgen liegt strategisch günstig auf 720 Meter Höhe auf einem östlichen Ausläufer der Vogesen und war stets eine Demonstration der wechselnden Machtverhältnisse – zuletzt vom preussischen Kaiser Wilhelm II, der sich das Elsass am Ende des vorletzten Jahrhunderts einverleibte und mit dem spektakulären Wiederaufbau der damals heruntergekommenen Hohkönigsburg ein bis heute vielbewundertes Denkmal setzte.
www.haut-koenigsbourg.fr

Wandertipp

Eine leichte Rundtour ab Ribeauvillé (240 m) führt zu den drei Burgruinen des Orts: Château St. Ulrich (510 m), Château de Girsberg (528 m) und Château de Haut-Ribeaupierre (653 m). Bevor es wieder nach Ribeauvillé zurück geht, passiert der Weg noch die Wallfahrtskirche Notre-Dame de Dusenbach.
Distanz: 8,6 km, Dauer: 3¼ Stunden.

Regentag-Alternative

Bei einem Stadtbummel durch Colmar (17 km) oder Strasbourg (63 km) lässt sich die Zeit zwischen den Sonnenstrahlen leicht überbrücken.

Die Zimmer

23 Zimmer, Juniorsuiten und Suiten, alle mit Balkon oder Terrasse. **Zimmer-Flüstertipps:** Die schönste Aussicht hat man von den Nummern 1 und 3, den Zugang zum Garten von den Zimmern 4 bis 9.

Die Küche

Klassische französische Küche und rustikale Elsässer Gerichte. Sehr schöne Restaurantterrasse.

Die Extras

Kleiner Wellnessbereich mit Hallenbad, Sauna, Whirlpool und Fitnessraum. Massagen.

Besonders geeignet für...

Aussichtsbegeisterte, die ein zentral gelegenes Basislager für ihre Elsass-Erkundungen suchen.

Wenn doch nur...

die WiFi-Verbindung zuverlässiger funktionieren würde. Auch hinterliessen Besuche in jüngster Zeit den Eindruck, dass das Hotelteam an Persönlichkeit und Herzlichkeit verliert und es wegen oftmals ausgebuchtem Haus schlicht nicht mehr als notwendig erachtet, die Gäste stets von Neuem zu begeistern. Zwar setzt die Familie Chapotin auf eine aufgesetzte Verbindlichkeit, folgt aber nicht mehr dem inneren Wunsch, dem einzelnen Gast wirklich einen besonderen Aufenthalt zu ermöglichen.

LES ALISIERS LAPOUTROIE

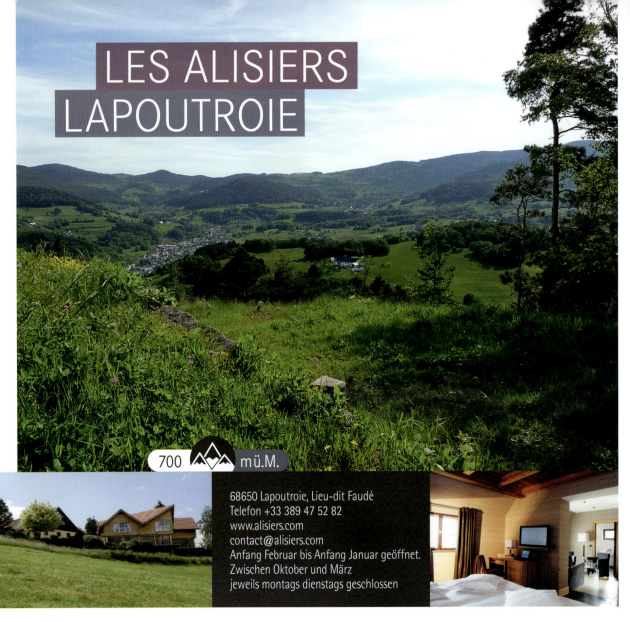

700 ␣m ü.M.

68650 Lapoutroie, Lieu-dit Faudé
Telefon +33 389 47 52 82
www.alisiers.com
contact@alisiers.com
Anfang Februar bis Anfang Januar geöffnet.
Zwischen Oktober und März
jeweils montags dienstags geschlossen

Die Lage 9 / 10

Allein für sich in der Hügellandschaft oberhalb dem Dorf Lapoutroie, mit Weitblick über das Weisstal westlich von Kaysersberg und auf die Vogesen.

In Lapoutroie ist es nicht mehr so mild wie unten im elsässischen Weinland, aber auch noch nicht so rau wie in den Hochvogesen. Tiefgrünen Wiesen entwachsen wuchtige Kirschbäume, die Lieferanten für den beliebten Elsässer Kirschbrand. Weiter oben an den Hängen stehen Mehlbeerbäume, im Herbst voll von roten Beeren, aus denen der „Alisier" gebrannt wird.

Die Atmosphäre 5 / 10

Ein bisschen wie in Grimms Märchen ist einem zumute, wenn man sich dem „Canton vert", dem grünen Bergland im Weisstal oberhalb von Kaysersberg nähert. Man fährt durch eine Landschaft, wie sie Modelleisenbahner lieben: Bauernhöfe, wie zufällig hingewürfelt, hier ein Wäldchen, dort ein Bach. Nach einigen Kurven und dem Gedanken, man habe sich verfahren, kommt im Dorf Lapoutroie bei der Kirche das Hinweisschild „Les Alisiers".
Die Strasse wird immer schmaler, und nach drei Kilometern steht man vor dem Dreisternehotel, das sich in den letzten drei Jahrzehnten aus einem alten Bauernhof heraus entwickelt hat. Komfort und Infrastruktur sind bescheiden, doch der wahre Luxus, der diesem „Wochenendversteck" innewohnt, ist die aussichtsreiche Umgebung, die unaufgeregte Atmosphäre und das unmittelbare Naturerlebnis fern dem elsässischen Folklore-Klimbim. Kommt man nachmittags von einer Wanderung ins Hotel zurück, wird man von Ginger, dem Haushund, freudig empfangen. Trotz kleinen Makeln und nicht ganz lupenreiner Innenarchitektur ist das „Alisiers" eine dieser Adressen, die man am liebsten nur unter Freunden weiterreichen möchte.

LES ALISIERS
LAPOUTROIE

Die Zimmer 5/10
12 unterschiedliche Zimmer,
teilweise im modernen Chalet-Stil.

Die Küche 5/10
Solide Marktküche aus ausschliesslich regionalen
Produkten zu vernünftigen Preisen.

Die Extras 1/10
Kinderspielplatz.

Besonders geeignet für…
Naturfreunde, die sich einige Kilometer abseits der
touristischen Trampelpfade nicht verloren fühlen.

Wenn doch nur…
das Frühstück etwas länger als bis 10 Uhr morgens
serviert würde. Auch ist das Restaurant in Nebensaison-
perioden montags und dienstags geschlossen, so dass
man dann gezwungen ist, auswärts zu essen.

Freizeiterlebnisse
Nicht nur für Cabrio-, Motorrad- und Radfahrer ein landschaftlicher Hochgenuss: eine Fahrt entlang der Route des Crêtes. Die 80 km lange Vogesen-Kammstrasse durchquert den Naturpark Ballons des Vosges und verläuft von Sainte-Marie-aux-Mines im Norden über den Col du Bonhomme, den Col de la Schlucht, das Hohneck-Massiv, den Markstein, den Grand Ballon und den Vieil Armand bis nach Uffholtz bei Cernay im Süden. Höchster Punkt ist der 1343 hohe Pass beim Grand Ballon (Grosser Belchen). Heute könnte man meinen, für die Streckenführung seien vor allem die Aussichtspunkte ausschlaggebend gewesen, tatsächlich aber wurde die Strasse im Ersten Weltkrieg als Militärstrasse angelegt.

Damit unternehmungslustige Naturen entlang der Route des Crêtes nicht verhungern mussten, haben die Elsässer die „Fermes-Auberges" erfunden. Das sind Bauerngasthöfe zwischen Kuhweide und Baumgrenze. So wie die „Ferme Auberge du Forlet" am Lac du Forlet bei Soultzeren. Natürlich ist man nicht der einzige Gast, der hier Zwiebelkuchen oder Fleischpastete isst, denn die Hütte und die zahlreichen Wanderwege vor der Haustür wissen auch andere zu schätzen. Ist spontan kein Platz mehr frei, empfehlen sich entlang der Kammstrasse auch die „Auberge Huss" bei Kruth, die „Ferme Auberge du Molkenrain" bei Wattwiler und die „Ferme-Auberge du Hahnenbrunnen" bei Le Markstein.
www.fermeaubergealsace.fr + www.ferme-molkenrain.com + www.fermeauberge-hahnenbrunnen.fr

Wandertipp
Vor der Haustür beginnen Wanderwege von familien-tauglich bis Ausdauer erfordernd. Ein schöner Spaziergang führt zur Tour du Fondé mit weitem 360-Grad-Blick (4,4 km hin und zurück).

Regentag-Alternative
In der Nähe: Besuch der Distillerie Miclo in Lapoutroie mit anschliessender Degustation der produzierten Edelbrände (wochentags um 16.30 Uhr von April bis Oktober), Musée des métiers du Bois in Labaroche.
www.distillerie-miclo.com + www.musee-bois-labaroche.com

Kunst- und Architekturfreunde besuchen das unlängst vom Basler Architekturbüro Herzog & de Meuron renovierte Musée Unterlinden in Colmar. Einst ein Dominikanerinnenkloster, ist es heute eines der meist-besuchten französischen Museen ausserhalb von Paris. Im Zentrum der Aufmerksamkeit steht das Kunst-Heilig-tum des Isenheimer Altars. Wem die Kreuzigungsmotive des spätmittelalterlichen Malers Matthias Grünewald zu düster sind, findet im erweiterten Museumsteil eine erlesene Kunstsammlung von der Renaissance bis zur klassischen Moderne. www.musee-unterlinden.com

ROYAL
EVIAN-LES-BAINS

500 mü.M.

74500 Evian-les-Bains, Avenue des Mateirons 13
Telefon +33 450 26 85 00
www.evianresort.com
reservation@evianresort.com
Ganzjährig geöffnet

Die Lage

In einer 19 Hektar grossen Parkanlage hoch über dem einst mondänen, heute jedoch etwas trostlosen Kurort Evian-les-Bains, jedem bekannt durch das hier quellende Mineralwasser ohne Kohlensäure.

Man mag auf der Schweizer Seeseite gewarnt werden, dass die Aussicht von der französischen Seite auf den Genfersee weit weniger schön sei als umgekehrt – die Berge würden fehlen. Und dann steht man im Hotelpark des Royal und staunt. So hat man die Schweiz noch nie gesehen, so weit, so offen. Das Panorama erstreckt sich vom Jura bis zum Diablerets-Massiv, dazwischen die weichen Formen der Weinberge, davor der See.

Die Atmosphäre

Hotels sind die Luftschlösser der heutigen Zeit. Immer sind sie greifbar, doch schon wieder fort, sind flüchtig und beständig zugleich, wie eine Fata Morgana flimmern sie am Horizont. Auch Evian hat sein Luftschloss, es thront spektakulär über dem Ort und dem Genfersee. Im Jahr 1907 wurde der Bau des Royal eigens für den englischen König Eduard VII. begonnen, der zu einer Feier nach Evian kommen sollte und sich „ein Hotel wie kein anderes" wünschte. Doch bevor der Bettenpalast seine ersten Gäste begrüssen konnte, starb der Monarch in London. Evian, ab 1909 auch gerüstet mit einem Casino, zog dafür andere „very important" Evian-Drinkers wie Igor Strawinsky, Greta Garbo oder Aga Khan an. Wechselvolle Jahrzehnte folgten, bis 2015 sämtliche Zimmer und Suiten im neuzeitlich interpretierten Retro-Stil der 1930er-Jahre renoviert wurden. Noch immer fühlt man sich in glorreiche Zeiten zurückversetzt, und unverändert schwebt das Flair der vorletzten Jahrhundertwende durch die eleganten Salons, weht durch die riesigen alten Bäume im Park. Allein der weite Ausblick hat eine erholsame Wirkung auf den Gast. Wem das nicht zum Entspannen genügt, ist im Spa mit zahlreichen Angeboten für Körper und Beauty an der richtigen Quelle.

ROYAL
EVIAN-LES-BAINS

Freizeiterlebnisse

Zum Resort gehört ein terrassenartig angelegter, spielerisch anspruchsvoller 18-Loch-Golfplatz mit Driving-Range und Golfakademie (zwei Shuttle-Minuten vom Hotel entfernt).

Der Jardin des Cinq Sens im pittoresken mittelalterlichen Dorf Yvoire (28 km vom Royal entfernt) zählt zu den schönsten Gartenanlagen am Genfersee – ein Mikrokosmos der fünf Sinne mit berauschender Blumen- und Pflanzenfülle. www.jardin5sens.net

Wandertipp

Ein Feiertag für die Augen, ein Arbeitstag für Lungen und Knie: Wer den Grammont (2171 m) erwandern will, kann dies auf einer anstrengenden Ganztagestour von Saint-Gingolph (390 m) aus tun. Auf dem Gipfel wird man durch eine herrliche Aussicht über weite Teile des Genfersees, auf das Rhonetal und markante Gipfel von Mont-Blanc bis Dents-du-Midi belohnt. Die 24 km lange Route nimmt rund 11 Stunden in Anspruch und führt von Saint-Gingolph über Novel, Le Déley, Col de la Croix, Chalets de Lovenex, Lac de Lovenex, den Grammont-Gipfel, Voyis, Col des Crosses, Crosses, Taney, Peney, Chalavornaire nach Le Bouveret. Etwas einfacher ist es, den Berg vom kleinen Ort Miex/Le Flon (1049 m) oberhalb von Le Bouveret zu begehen (erreichbar mit dem Postauto ab Le Bouveret); es ist jedoch immer noch mit fast 6 Stunden Marschzeit hin und zurück zu rechnen.

Regentag-Alternative

Im Wellnessbereich des Hotels kann man alles tun oder sich antun lassen, um einen Regentag genüsslich zu überbrücken. Wem es eher nach einem Shopping-Bummel zumute ist, überquert den See in 35 Minuten mit dem Schiff von Evian nach Lausanne.

Die Zimmer

118 komfortable, wohnliche Zimmer und 32 Suiten. Sämtliche Zimmer und Suiten wurden unlängst in einem gelungenen Retro-Stil renoviert, der in dieser Art nirgendwo anders zu finden ist.

Die Küche

Moderne französische Marktküche im freskengeschmückten Speisesaal „Les Fresques", internationale Gerichte und leichte Snacks im Hotelrestaurant „La Véranda". Bei schönem Sommerwetter Buffet im Poolrestaurant „L'Oliveraie". Klassische Hotelbar.

Die Extras

Spa mit Hallenbad, Aussenpool, warmem Entspannungsbecken, Sauna und Dampfbad, Fitnessraum, diversen Massagen und Beauty-Behandlungen. Aussen-Tennisplätze.

Besonders geeignet für…

traditionsbewusste Geniesser, die von einem Hotel eine Prise Extravaganz erwarten. Das Royal verspricht Erholung wie vor hundert Jahren, dennoch ist nichts angestaubt, im Gegenteil: Hier wurde der Grandhotelzauber für die Gegenwart aufdatiert.

Wenn doch nur…

die genussfeindliche Preispolitik der Weinkalkulation nicht wäre, dass nämlich die Umsätze der Restaurants über die Weine reingeholt werden müssen mit gefühlten 400 Prozent Aufschlag zum Einkaufspreis.

TERMINAL NEIGE – REFUGE DU MONTENVERS CHAMONIX

1913 mü.M.

74400 Chamonix, Le Montenvers
Telefon +33 450 53 87 70
http://montenvers.terminal-neige.com
contact@tn-refuge.com
Ganzjährige geöffnet
ausser drei Wochen im Oktober

Die Lage 10/10

Auf einem Felssporn über dem Gletscher „Mer de glace" zu Füssen des Mont-Blanc-Massivs. Das Berghotel ist nur mit der Montenvers-Zahnradbahn ab Chamonix erreichbar (20 Fahrminuten) und liegt 150 Meter unterhalb der Bergstation. Kosten für die Retourfahrt: 31.50 Euro.

Das mit jedem Jahr raschere Zurückschmelzen des 7 km langen Gletschers und die Auswirkungen des Klimawandels werden einem schockierend bewusst, wenn man von der Bergstation die Moränenflanke hinabsteigt oder -fährt (siehe „Wandertipp") und die Höhenmarkierungen der Jahre 1985, 2001, 2015 betrachtet.

Die Atmosphäre 10/10

Der grösste Gletscher Frankreichs faszinierte schon im 18. und 19. Jahrhundert Besucher aus ganz Europa – vor allem Adlige, Schriftsteller und Maler, darunter Lord Byron, Goethe, Alexandre Dumas und George Sand. 1880 wurde das Berghotel errichtet, 1909 eröffnete die Zahnradbahn. Zu diesen Zeiten war der Gletscher noch über hundert Meter dicker und mehr als doppelt so lang wie heute. 2017 hat sich die savoyische Hotelierfamilie Sibuet, welche auch das „Altapura" in Val Thorens betreibt (siehe Seite 224), dem „Refuge du Montenvers" angenommen und es mit einer Kernsanierung aus dem Dornröschenschlaf geweckt.

Hat man sich nach der Ankunft vom spektakulären Ausblick erholt, fällt auf, wie nett der Service ist, und mit wie viel Fingerspitzengefühl der alpine Retro-Stil im Innern des trutzigen Steingebäudes umgesetzt wurde. Einrichtung und Atmosphäre lassen die mythische Bergsteigergeschichte des Mont Blanc aufleben. Vor allem in den Zimmern entfaltet sich der Geist der Berghotel-Nostalgie aufs Vortrefflichste. Wenn die letzte Bahn mit den Tagestouristen am späten Nachmittag talwärts fährt und die Sonne hinter den schneebedeckten Gipfeln untergeht, kehrt hier oben eine erhabene Ruhe ein, die zu Tränen rührt und es einem schwer macht, am nächsten Tag weiterzuziehen.

TERMINAL NEIGE - REFUGE DU MONTENVERS
CHAMONIX

Freizeiterlebnisse

Wer Nervenkitzel am Berg mag, fährt von Chamonix mit der Seilbahn in zwei Etappen auf die Aiguille du Midi und wagt sich oben auf 3842 Meter Höhe in einem verglasten Kasten auf den „Skywalk": 1000 Meter Leere tun sich unter den Füssen auf! www.chamonix.com

Im Winter bietet die Aiguille du Midi ein weiteres Highlight: Tiefschneefahrer wedeln dann auf der 17 Kilometer langen Freeride-Abfahrt „Vallée Blanche" nach Montenvers hinunter.

Wandertipp

Von der Bergstation Montenvers führt ein gesicherter Steig über hunderte von Treppenstufen steil die Moränenflanke hinab zur Gletscherzunge des „Mer de Glace" (Stand 2017: 440 Treppenstufen). Da der Gletscher im Bereich Montenvers jährlich einige Meter verliert, muss das Treppenbauwerk ständig angepasst und um weitere Treppen ergänzt werden. Wer nicht absolut schwindelfrei und trittsicher ist, absolviert die Strecke besser mit der kurzen Seilbahn.

Montenvers dient Bergsteigern als Ausgangspunkt für Hochtouren zu den Hütten von Charpoua, Talefre, Leschaux, Requin und Envers les Aiguilles, erschliesst also fast das gesamte Mont-Blanc-Massiv. Eine mittelschwere Tour durch die imposante Gletscherwelt führt in vier Stunden von Montenvers zur Envers-Hütte (2523 m). Auf dem 5 km langen Weg warten zwei Klettersteige und eine Gletscherüberquerung. Pickel, Steigeisen und Seil sowie Gurt und Klettersteigset sollten bei dieser Tour nicht fehlen.

Die Zimmer

17 holzgeprägte, recht kleine Zimmer und Suiten im ausserordentlich gelungenen Vintage-Look: Alte Kamine wurden in Büchergestelle umgewandelt, als Nachttische dienen historische Lederkoffer, und das Badezimmermobiliar orientiert sich am vorletzten Jahrhundert. Zusätzlich zu den „normalen" Zimmern und Suiten gibt es noch 2 cool gestaltete „Chambres Tribu" mit fünf respektive sieben Betten, konzipiert für Familien oder eine Gruppe von Freunden. Ausserdem steht unterm Dach – der Tradition des Berghauses gerecht werdend – ein Schlafsaal („Dortoir") für zehn Personen zur Verfügung. **Zimmer-Flüstertipps:** Die verhältnismässig geräumigen Suiten (30 Quadratmeter) sowie manche Zimmer der Kategorie „Chambre Refuge" (15 Quadratmeter) blicken auf den Gletscher und die spitzige Aiguilles des Drus.

Die Küche

Sorgfältig zubereitete savoyische Bergküche. In der modern gestalteten Kaffee-Bar werden ganztägig kleine Häppchen, Kuchen und Süssspeisen serviert. Ausgezeichnetes, für französische Verhältnisse überraschend vielfältiges Frühstück.

Besonders geeignet für...
Gipfelstürmer, die gerne in die Atmosphäre längst vergangener Zeiten eintauchen.

Wenn doch nur...
der Ort tagsüber nicht so touristisch wäre. 750'000 Besucher tuckern jährlich mit der Zahnradbahn zum Montenvers.

WEITERE TOP GELEGENE HOTELS IN SAVOYEN, IM BURGUND UND IM ELSASS:

HOTELNAME	ORT	WEBSEITE
Auberge du Bois Prin	Chamonix (Savoyen)	www.boisprin.com
Chalet Christine	Talloires (Savoyen)	www.chaletchristine.com
Chalet Hôtel Kaya	Saint-Martin-de-Belleville (Savoyen)	www.hotel-kaya.com
Château de Coudrée	Sciez-sur-Léman (Savoyen)	www.chateau-hotel-coudree.com
Four Seasons Hotel Megève	Megève (Savoyen)	www.fourseasons.com/megeve/
Hôtel du Bouton d'Or	Lapoutroie (Elsass)	www.leboutondor.com
Impérial Palace	Annecy (Savoyen)	www.hotel-imperial-palace.com
La Chaumine	Megève (Savoyen)	www.hotel-lachaumine-megeve.com
La Ferme du Chozal	Hauteluce (Savoyen)	www.lafermeduchozal.com
La Maison Bleue – Yoann Conte	Veyrier-du-Lac (Savoyen)	www.yoann-conte.com
La Montagne de Brancion	Martailly-lès-Brancion (Burgund)	www.brancion.com
Le K2 Altitude	Courchevel (Savoyen)	www.lek2altitude.com
Le Palace de Menthon	Menthon St-Bernard (Savoyen)	www.palacedementhon.com
Les Chalets de Philippe	Le Lavencher/ Chamonix (Savoyen)	www.chaletsphilippe.com

WEITERE TOP GELEGENE HOTELS
IN SAVOYEN, IM BURGUND UND IM ELSASS

239 SAVOYEN, BURGUND, ELSASS

© Four Seasons Hotel Megève, Megève

© La Ferme du Chozal, Hauteluce

© Le Palace de Menthon, Menthon St-Bernard

© Hôtel du Bouton d'Or, Lapoutroie

© La Maison Bleue – Yoann Conte, Veyrier-du-Lac

© Les Chalets de Philippe, Le Lavencher/Chamonix

© Impérial Palace, Annecy

© Le K2 Altitude, Courchevel

© La Chaumine, Megève

TOP GELEGENE HOTELS
IN SÜDDEUTSCHLAND

BERGKRISTALL OBERSTAUFEN-WILLIS

800 mü.M.

87534 Oberstaufen-Willis, Willis 8
Telefon +49 8386 9110
www.bergkristall.de
wellness@bergkristall.de
Ganzjährig geöffnet

Die Lage 9 10

Am sonnigsten Südhang Oberstaufens, mit weitem Panorama übers Weissachtal zum Hochgrat und in die Österreicher und Schweizer Berge.

Die Atmosphäre 8 10

Dieses aus einem einstigen Bauernhof herausgewachsene Viersternehotel strahlt eine Freundlichkeit, Heiterkeit und Gastlichkeit aus, die man im Allgäu überall zu entdecken hofft, aber in dieser Harmonie und Beständigkeit dann doch nur an wenigen Orten findet. Hier vereinen sich Draussen und Drinnen zu einem naturnahen und alltagsfernen Ferienerlebnis. Kontinuierlich und ohne Aufhebens verbessern Sabine und Hans-Jörg Lingg ihren familiären Betrieb, erweitern das Wellness- und Freizeitangebot, feilen an atmosphärischen und kulinarischen Details – das gepflegt ländliche Lebensgefühl und der hohe Entspannungsfaktor bleiben dabei unverändert.

BERGKRISTALL
OBERSTAUFEN-WILLIS

Freizeiterlebnisse

Im Sommer: Hotelgäste fahren gratis auf den Oberstaufener Bergbahnen und spielen gratis Golf auf 5 Plätzen. Nach Bregenz oder Lindau am Bodensee sind es 40 Autominuten.

Im Winter: Winterwandern, Skifahren in vier Oberstaufener Skigebieten (Gratis-Skipass für Hotelgäste), Langlaufen, Schneeschuhtouren.

Wandertipp

Attraktives, 250 km langes Wanderwegnetz im Naturpark Nagelfluhkette, der die Gemeinden aus dem südlichen Allgäu und dem vorderen Bregenzerwald grenzüberschreitend verbindet.

Ebenso aussichtsreich wie anspruchsvoll ist die Gratwanderung vom Hochgrat zum Rindalphorn, den beiden höchsten Gipfeln der Nagelfluhkette. Den Grossteil des steilen Aufstiegs zum Hochgratgipfel (1833 m) überwindet die Hochgratbahn. Nach der Überquerung des luftigen, ein gewisses Mass an Bergerfahrung erfordernden Grats zum Rindalphorn (1821 m) geht es teilweise steil über die Gündlesscharte, die bewirtschaftete Rindalpe und das Ehrenschwanger Tal zurück zur Talstation der Hochgratbahn (856 m). Distanz: 13,6 km, Gehzeit: 4½ Stunden.

Regentag-Alternative

In der historischen Altstadt von Ravensburg (52 km vom Hotel entfernt) lädt das Museum Ravensburger zu einem interaktiven Familienausflug zu Memory, Malefiz & Co. ein. Kinder bekommen Tiptois (orangefarbene Stifte aus dem audiodigitalen Lernsystem von Ravensburger), Erwachsene machen eine Audioguide-Tour durch die unterhaltsame Welt der Spiele, mit Einblicken in deren Entwicklung und Herstellung sowie auch einem Blick zurück in die Ursprünge des renommierten Spiele- und Puzzle-Unternehmens, das 1884 mit dem Spiel „Die Reise um die Erde" durchstartete. *www.ravensburger.net/ museum-ravensburger/start/index.html*

Die Zimmer 6 | 10

56 Zimmer und Suiten, teilweise im traditionellen Landhausstil, teilweise in moderner alpiner Architektur. Fast alle Zimmer verfügen über einen Balkon.
Zimmer-Flüstertipps: Am schönsten sind die beiden Dachsuiten „Adlerhorst" (78 Quadratmeter) und „Falken" (50 Quadratmeter) sowie das Doppelzimmer „Sterngucker" (40 Quadratmeter, mit grossem Dachfenster über dem Bett).

Die Küche 5 | 10

Solide Regionalküche und hochwertige Halbpensions-Auswahlmenüs. Fabelhafte Sommerterrasse, üppiges Frühstücksbuffet mit frisch zubereiteten Eierspeisen. Nachmittags Kuchenbuffet.

Die Extras 5 | 10

Hallenbad, Aussen-Infinity-Pool (30°C) mit Blick übers Tal und ins hauseigene Wildgehege mit Hirschen und Rehen, Saunawelt, Fitnessraum, Yoga-Plattform im Grünen, täglich Gymnastik- und Entspannungslektionen, geführte Wanderungen, Massagen, ayurvedische Treatments, diverse Gesichtsbehandlungen von Naturkosmetik bis Micro-Needling.

Besonders geeignet für...
alle, die Spa-Wohltaten und Naturerlebnisse verbinden möchten.

Wenn doch nur...
an Wochenenden keine zusätzlichen externen Gäste im hübschen, doch nicht sehr grossen Wellnessbereich empfangen würden. Auch sind die rückwärtigen, auf den Hotelparkplatz blickenden Zimmer teilweise recht düster und nicht zu empfehlen.

DAS RÜBEZAHL
SCHWANGAU

 796  mü.M.

87645 Schwangau, Am Ehberg 31
Telefon +49 8362 8888
www.hotelruebezahl.de
info@hotelruebezahl.de
Ganzjährig geöffnet

Die Lage 8/10

Im Ortsteil Horn zwischen Schwangau und Füssen, schön ruhig inmitten von Wiesen vor imposanter Bergkulisse und mit Traumblick auf die Schlösser Neuschwanstein und Hohenschwangau.

Die Atmosphäre 7/10

Ein Logenplatz zu Füssen von König Ludwigs Märchenschlösser – und ein gepflegtes Viersternehotel mit angenehmen Zimmern, üppigen Blumenarrangements und Gaststuben, in denen herzhaft gelacht werden darf. Hie und da wird etwas gar auf Kuschelromantik und Bling-Bling gemacht (hier zeigt sich das brasilianische Blut der Hausherrin Giselle Thurm), doch eine bessere Lage sucht man in der Region vergeblich, und das „Rübezahl" bietet zudem einen Wellnessbereich, in dem man sich nach einer Wanderung oder an einem verregneten Tag ausgiebig erholen kann. Ein einladendes Ganzes, nie hundertprozentig perfekt, aber stets sehr sympathisch.

DAS RÜBEZAHL
SCHWANGAU

Die Zimmer 6/10
54 komfortable Zimmer und Suiten von alpenländisch-rustikal bis elegant-modern.
Zimmer-Flüstertipps: Alle Zimmer auf der Südseite blicken auf die Königsschlösser.

Die Küche 4/10
Internationale Hotelküche mit bayerischer Note.

Die Extras 5/10
Wellnessbereich mit Aussenpool, Whirlpools, Saunawelt, diversen Körper- und Schönheitsbehandlungen. Aktivprogramm von Pilates über Nordic-Walking bis zu geführten Wanderungen mit Einkehr in der eigenen Berghütte auf 1320 Meter Höhe. Kostenloser Fahrradverleih im Sommer, Schneeschuhverleih im Winter.

Freizeiterlebnisse
Was den Südwesten Bayerns mit seinen Seen und Bergen so anziehend macht, ist seine Vielseitigkeit: Monarchen und Mönche haben ihre Spuren in Form von Schlössern und Klöstern, Villen und Barockkirchen hinterlassen. Spektakulärstes Zeugnis davon ist Schloss Neuschwanstein, das auf einem Felsen hoch über der Pöllatschlucht thront. Sieht man von den Busladungen an vielen Touristen und dem Souvenirrummel ab, der einem heute auf dem Weg hinauf zur 1869 erbauten, romantisch-trutzigen Burg begegnet, so lässt sich gut nachempfinden, warum Ludwig II. von diesem so malerischen, einst weltabgewandten Fleckchen Erde fasziniert war. Übrigens: Das auf einem gegenüberliegenden Fels gelegene und sehr viel ältere Schloss Hohenschwangau, einst eine Sommerresidenz der bayerischen Königsfamilie, lohnt genauso den Besuch.
www.neuschwanstein.de + www.hohenschwangau.de

Ebenfalls attraktiv in der Umgebung: Bootsfahrten oder Stand-up-Paddling auf dem Forggensee, Bike-Touren, Klettern, Geitschirm-Tandemflüge, Riverrafting. Im Winter Langlaufen und Schneeschuhwandern.

Wandertipp
Leichte, knapp einstündige Wanderung von der Talstation der Tegelbergbahn über den „Schutzengelweg" hinauf zur hoteleigenen Rohrkopfhütte (Höhenunterschied: 500 m). Oder – noch leichter – in 40 Minuten von der Bergstation der Tegelberbahn hinunter zur Rohrkopfhütte (Höhenunterschied: 560 m).

Wer richtig wandern will, geht von der Pöllatschlucht (Einstieg bei der Gipsmühle) über die Marienbrücke (als toller Aussichtspunkt für Schloss Neuschwanstein bekannt) auf den Tegelberg, gefolgt vom Abstieg zur Rohrkopfhütte und schliesslich zur Talstation der Tegelbergbahn. Gehzeit: 4 Stunden, Höhenunterschied: 900 m.

Für ausdauernde Berggänger empfiehlt sich der Aufstieg von Hohenschwangau auf Füssens Hausberg, den Säuling (2047 m). Der Abstieg erfolgt über das Säulinghaus und die Pilgerschrofen. Am Ende der Tour kann man einen lohnenswerten Abstecher zur Marienbrücke und zur Pöllatschlucht machen. Der Abstieg verlängert sich dadurch um 30 Minuten. Gehzeit hin und zurück: 6½ Stunden, Höhenunterschied: 1279 m.

Regentag-Alternative
Das 2011 eröffnete Museum der bayerischen Könige in Hohenschwangau vermittelt Einblicke in die Geschichte des hiesigen Herrschergeschlechts von den Anfängen bis zur Gegenwart. Im Mittelpunkt der als Rundgang konzipierten Dauerausstellung stehen die Biografien von Maximilian II. (1811-1864) und Ludwig II. (1845-1886) sowie die Zusammenhänge der beiden Schlösser Hohenschwangau und Neuschwanstein.
www.hohenschwangau.de

Besonders geeignet für...
alle, die dem Mythos des Märchenkönigs nachgehen und dabei die schöne Berglandschaft entdecken möchten.

Wenn doch nur...
die Küche immer halten würde, was die Speisekarte verführerisch verspricht. Jedenfalls sind keine „Gourmet-Erlebnisse auf Sterne-Niveau" (Eigenwerbung) zu erwarten.

DAS TEGERNSEE
TEGERNSEE

747 mü.M.

83684 Tegernsee, Neureuthstrasse 23
Telefon +49 8022 1820
www.dastegernsee.de
info@dastegernsee.de
Ganzjährig geöffnet

Die Lage 9/10

Unten der Tegernsee, vorne die Alpengipfel, rundherum Wiesen und Bäume: Oberbayern wie aus dem Bilderbuch.

Die Atmosphäre 8/10

Der weitläufige Hotelkomplex, der schon zahlreiche Eigentümer hatte und eine Menge Geschichten erzählen könnte, besteht aus dem historischen Sengerschloss (das Ende des 19. Jahrhunderts Gästeresidenz des deutschen Kaiserhauses war) und den drei ganz unterschiedlichen Gästehäusern „Quirin", „Tegernsee" und „Wallberg" sowie den angeschlossenen Alpenchalets und dem Spa. Das zentrale Haus „Tegernsee" fungiert mit der Lobby im modern-alpenländischen Stil als Haupthaus. Wer in einem der Alpenchalets absteigt, die teilweise mit eigener Sauna und kleiner Küche ausgestattet sind, muss lange Wege und mehrere Aufzüge in Kauf nehmen, um ins Restaurant oder Spa zu gelangen. Die aktuellen Besitzer haben ordentlich in die Hotelanlage investiert und viele Bereiche mit einer liebevollen Hinwendung zum Detail renoviert. Geblieben ist das entspannte Lebensgefühl und der zuvorkommende Service: Hier taucht man in eine Atmosphäre kultivierter Gelassenheit und stilvollen Wohlbehagens ein. Dies zu verhältnismässig hohen Preisen, aber angesichts des Gebotenen durchaus angemessen.

DAS TEGERNSEE
TEGERNSEE

Die Zimmer 8/10

74 komfortable Zimmer und Suiten in verschiedenen Wohnstilen, verteilt auf vier Häuser. Neu hinzugekommen sind die speziell für längere Aufenthalte konzipierten Alpenchalets mit 18 Zimmereinheiten.

Die Küche 7/10

Elegantes Restaurant Senger mit herrlicher Sonnenterrasse und mediterraner Küche. Lässige Alpenbrasserie mit regionalen Spezialitäten und vorgelagerter Kaminlounge. Biergarten mit typisch bayerischen Schmankerln. Reichhaltiges Frühstücksbuffet.

Die Extras 4/10

Wellnessbereich mit Indoor-/Outdoorpool, grosser Panoramasauna, Fitnessraum, Massagen und Beauty-Behandlungen. Unentschlossene Spa-Gäste haben die Möglichkeit, eine „Private Time" zu buchen und sich für den gewünschten Zeitraum ein individuell abgestimmtes Verwöhnprogramm zusammenstellen zu lassen (120 Euro für 60 Minuten, 220 Euro für 120 Minuten).

Besonders geeignet für...

Bonvivants, die ländliches Raffinement suchen und ihrem Körper und ihrer Seele wieder mal echte Aufmerksamkeit schenken wollen.

Wenn doch nur...

das Tagungszentrum nicht wäre. Dieses sucht zwar seinesgleichen in der Region, doch wenn bis zu 400 Teilnehmer hier tagen, ist es auch im baulich getrennten Hotelbereich vorbei mit Ruhe und Romantik. Ebenfalls unbefriedigend: An Regentagen, wenn das Spa ohnehin schon mit Hotelgästen überquillt, werden zusätzlich noch externe Tagesbesucher empfangen.

Freizeiterlebnisse

Ein ganz spezielles Erlebnis ist eine Ballonfahrt am Tegernsee. Um die anmutige Landschaft aus der Vogelperspektive zu bestaunen, getragen von warmer Luft und getrieben vom Wind, muss man etwa vier Stunden Zeit haben. So lange dauert das gemeinsame Aufrüsten, die Ballonfahrt und die Rückfahrt mit dem Verfolgerwagen zum Ausgangspunkt. Kosten: 215 Euro pro Person. Korb für zwei Personen ohne weitere Passgiere: 680 Euro. Gestartet wird zu allen Jahreszeiten bei entsprechenden Wetterbedingungen. www.ballooning-tegernsee.de

Weitere Aktivitäten: Seeschifffahrt, Kletterwald Tegernsee, Pferdekutschenfahrt, Mountainbike-Touren, Gleitschirm-Tandemflüge, Golfplätze Margarethenhof und Bad Wiessee.

Wandertipp

Der Panoramawanderweg rund um den Tegernsee, insgesamt 34 km lang und in 9 Stunden zu schaffen, führt direkt unterhalb des Hotels vorbei. Der Weg kann beliebig mit Schiff oder Bus abgekürzt oder in Etappen unterteilt werden. www.tegernsee.com

Lohnenswert ist auch die „Genusstraumtour Neureuth", die als Rundwanderung von Tegernsee über Sankt Quirin, Unterbuchberg, Oberbuchberg, Berger Alm zur Neureuth (1261 m) angelegt ist. Vom aussichtsreichen Gipfel geht es dann über die Gaststätte Neureuthhaus (1216 m) und den Lieberhof zurück nach Tegernsee. Distanz: 10,4 km, Gehzeit: 4 Stunden.

Regentag-Alternative

München mit seiner schönen Altstadt und seinen vielfältigen Museen (die alte, die neue und die Pinakothek der Moderne, das Lenbachhaus, das Deutsche Museum, das Museum Brandhorst, das Museum Fünf Kontinente, das Kindermuseum, das Valentin Karlstadt Musäum, die BMW-Welt usw.) liegt 53 km entfernt. www.museen-in-muenchen.de

DIE HALDE
OBERRIED-HOFSGRUND

1147 mü.M.

79254 Oberried-Hofsgrund
Telefon +49 7602 944 70
www.halde.com
info@halde.com
Ganzjährig geöffnet

Die Lage

An wunderbarer Aussichtslage auf dem Bergrücken des Schauinsland oberhalb von Freiburg. Trotz der nahen Passstrasse ist es hier sehr ruhig.

Die Atmosphäre 8/10

Das Gastgeberpaar Lucia und Martin Hegar hat einen klugen Blick für das Wesentliche: Das Altbewährte wird beibehalten, das Neue drängt sich nicht in die Vordergrund, auf modischen Schnickschnack wird verzichtet. In der schindelverkleideten „Halde" vereinen sich Genuss und ein ökologisches Gewissen auf vergnügliche Art. Die Natur und alles, was in ihr so nahe liegt, ist die Philosophie dieses behaglichen, seit 1880 bestehenden Schwarzwälder Rückzugsorts. Und das Wichtigste: Die Menschen, die hier arbeiten, scheinen sich wohlzufühlen und leisten ihre Arbeit mit Freude. Das überträgt sich auf die Gäste: Man fühlt sich rundum wohl.

Die Zimmer

39 wohnliche Zimmer und Juniorsuiten aus heimischen Hölzern und in frischen Farben. Für Familien mit zwei Kindern bietet das „Heustöckle" (76 Quadratmeter) und das „Kuckucksnest" (120 Quadratmeter) reichlich Platz. **Zimmer-Flüstertipps:** Besonders geräumig sind alle Zimmer in der Kategorie „Feldberg" mit entsprechender Aussicht in die Weite bis zum Feldberg.

Die Küche

Modern interpretierte Regionalküche, wahlweise serviert in historischen oder modernen Gaststuben. Ausgezeichnetes Frühstück.

Die Extras

Kleiner Wellnessbereich mit Hallenbad, Saunen, Massagen, Ayurveda- und Beauty-Behandlungen. Naturbadeteich. Fitnessraum. Entspannungs- und Gymnastiklektionen in der Gruppe. Gelegentlich geführte Wanderungen mit Hausherr Martin Hegar. Kostenloser Verleih von Schneeschuhen, Wander- und Walking-Stöcken. Kostenpflichtiger Verleih von Mountainbikes und E-Bikes.

DIE HALDE
OBERRIED-HOFSGRUND

Freizeiterlebnisse

Im Sommer: Wandern, Mountainbiken (Touren-Vorschläge auf der Hotel-Website), Klettern beim Stohren (gut auch für Familien mit Kindern geeignet), Trottinett-Abfahrt auf der Rollerstrecke Schauinsland (mit 8 km die längste Europas), Rollski-Kurs in der Nordic-Schule Notschrei.

Im Winter: Winterwandern und Langlaufen von der Haustür weg, Schneeschuhtouren rund um den Notschrei, Schlitteln, Skifahren in Todtnauberg oder auf dem Feldberg.

Wandertipp

Geniesserpfade, Themenwege, Fernwanderwege: Auf der Hotel-Website sind die schönsten Touren in der Umgebung ausführlich beschrieben – inklusive Einkehrtipps und Möglichkeiten zum Abkürzen.

Eine leichte Tour (Vorschlag 4) führt vom Hotel zu den Todtnauer Wasserfällen. Deutschlands höchster Naturwasserfall stürzt zwischen Todtnauberg und Aftersteg 97 Meter zu Tal. Die Strecke ist in 2½ Stunden zu schaffen, der Rückweg erfolgt mit dem Bus ab Aftersteg.

Mehr Ausdauer erfordert die mittelschwere, rund sechsstündige Tour (Vorschlag 2) von der „Halde" über die Höhen zwischen Münster-, Wiedener- und Muggenbrunnertal zur Bergspitze des Knöpflesbrunnen und wieder zurück.

Zum schönsten Wanderweg Deutschlands wurde unlängst der „Schauinsland Panoramaweg" gekürt. Distanz: 11 km, Gehzeit: 3½ Stunden.

Regentag-Alternative

Ausflug in die quirlige Universitätsstadt Freiburg, die von den Deutschen mit schöner Regelmässigkeit als ihre Wunschstadt Nummer eins gewählt wird (20 km vom Hotel entfernt). Auf dem Weg in die Schwarzwaldmetropole lohnt ein Abstecher ins wetterunabhängige Museums-Bergwerk Schauinsland – auf verschieden langen Führungen (45 Minuten, 90 Minuten oder 150 Minuten) wird die 800-jährige Bergbaugeschichte des grössten Silberbergwerks Süddeutschlands hautnah erlebbar. www.schauinsland.de

Besonders geeignet für...
Wanderer und Mountainbiker mit Schwarzwald-Flair.

Wenn doch nur...
an Wochenenden nicht ein Mindestaufenthalt von drei Übernachtungen erforderlich wäre (in den Wochen mit Feiertagen ist der Mindestaufenthalt sogar vier respektive fünf Übernachtungen). Ausserdem: Dass das Restaurant auch Tagesausflüglern offen steht, ist verständlich; warum dies jedoch bei stets vollem Haus auch für das Spa gilt, erscheint weniger plausibel.

RIVA KONSTANZ

405 ▲ m ü.M.

78464 Konstanz, Seestrasse 25
Telefon +49 7531 3630 90
www.hotel-riva.de
welcome@hotel-riva.de
Ganzjährig geöffnet

Die Lage 8/10
An der autofreien, von Platanen und Villen gesäumten Uferpromenade. An klaren Tagen mit Weitblick auf die Alpen.

Die Atmosphäre 9/10
Man fühlt sich ein bisschen wie an Bord eines modernen Luxusdampfers, der an der Seepromenade gestrandet ist. Das Riva, bestehend aus einer eleganten Jugendstilvilla und einem lichtdurchfluteten Neubau, betört mit schnörkelloser Ästhetik, kosmopolitischem Lifestyle und ausgeprägtem Servicebewusstsein. Der Gast wird mit ungekünstelter Freundlichkeit empfangen, mit spontaner Zuvorkommenheit bedient und überall mit Namen oder zumindest einem offenen Lächeln begrüsst. Fast alle öffentlichen Räume und Zimmer orientieren sich zum Wasser hin, so dass man den Bodensee nie aus den Augen verliert. Das Unternehmerpaar Birgit und Peter Kolb hat sich mit diesem Hotel einen persönlichen Traum erfüllt, den es mit seinen Gästen weiterträumen möchte. Diese Passion hinter dem Haus spürt man an allen Ecken und Enden – und zur Schöner-Leben-Stimmung passen die beiden einladenden Restaurants und die ausgeprägt stilbewussten Zimmer. Manche kritischen Konstanzer mussten sich noch Jahre nach der Eröffnung 2008 an das neue Aushängeschild der Bodensee-Hotellerie gewöhnen, doch nach langen Debatten mit den Anwohnern kann das Riva 2018 auf dem Grundstück an der Nordseite um zusätzliche Zimmer und Veranstaltungsräume sowie einen grösseren Wellness- und Fitnessbereich erweitert werden.

RIVA
KONSTANZ

Die Zimmer

46 geräumige, hochwertig ausgestattete und auf moderne Art wohnliche Zimmer und 5 Suiten in gedeckten Farben. Abgesehen von den Standardzimmern verfügen alle Zimmer über einen Balkon.
Zimmer-Flüstertipps: Die „Panorama-Suiten" (70 Quadratmeter) und die „Riva-Suite" (120 Quadratmeter) haben die schönsten Ausblicke auf den See.

Die Küche

Zeitgemässe Marktküche im Restaurant Riva mit wunderbarer Lounge-Terrasse. Die Aromenfeuerwerke von Dirk Hoberg im Gourmetrestaurant Ophelia – mit zwei Michelin-Sternen ausgezeichnet – kann man nur anders, aber nicht besser machen. Ausgezeichnetes Frühstück.

Die Extras

Freibad auf der begrünten Dachterrasse (auch abends bis ca. 22 Uhr geöffnet). Kleiner Wellnessbereich mit Sauna, Dampfbad und hochprofessionell durchgeführten Körper- und Beauty-Behandlungen. Verleih von Fahrrädern.

Besonders geeignet für...

Feinschmecker, die auch gerne etwas für ihre Gesundheit tun.

Wenn doch nur...

mehr Privatsphäre auf den direkt aneinander gereihten Balkonen wäre.

Freizeiterlebnisse

Die Niederburg, der älteste Stadtteil von Konstanz und 10 Gehminuten vom Hotel entfernt, lädt mit seinen schmalen Gassen, den speziellen kleinen Läden und Gasthäusern zum Flanieren und Einkehren ein. Wer richtig shoppen gehen will (was hier insbesondere viele Schweizer tun), ist hingegen in der Konstanzer Fussgängerzone rund um die Rosgartenstrasse südlich der Niederburg besser aufgehoben.

Zum Wollmatinger Ried, dem bedeutendsten Naturreservat am deutschen Bodenseeufer, mit artenreicher Pflanzen- und Tierwelt und ungezählten lauschigen Plätzchen, sind es 45 Gehminuten vom Hotel.
www.nabu-wollmatingerried.de

Beliebt ist das Inselhopping ab Konstanz: Mit dem Kursschiff zur Insel Mainau, anschliessend zur Insel Reichenau (Unesco-Welterbe), von dort mit der Solarfähre zur Halbinsel Mettnau und zur Liebesinsel. Oder von Konstanz zur Insel Reichenau, dann mit dem Schiff der Halbinsel Höri entlang nach Stein am Rhein und wieder zurück nach Konstanz. Oder von Konstanz mit dem Schiff nach Lindau und mit dem Bike wieder zurück.

Wandertipp

Die Seepromenade bietet eine Ferien-Kulisse, bei der die Leute gerne den Vergleich „fast wie in Italien" zitieren. Vom Hotel aus führen topfebene Spazier- und Radwege dem Ufer entlang stadtauswärts.

Der Wanderweg „SeeGang" verbindet Konstanz und Überlingen entlang den schönsten Aussichtspunkten des westlichen Bodensees auf acht Etappen und insgesamt 53 Kilometern miteinander.
www.premiumwanderweg-seegang.de

Regentag-Alternative

Die Bodensee-Therme mit warmen Innen- und Aussenbecken liegt 20 Gehminuten entfernt (wie das Hotel ebenfalls an der Konstanzer Uferpromenade). *www.therme-konstanz.de*

Wer auf den Spuren der Pfahlbauer am Bodensee wandeln will, besucht das Pfahlbaumuseum Unteruhldingen. Mit sechs rekonstruierten Dörfern auf Stelzen erzählt es vom Leben am Wasser vor rund 4000 Jahren. Das „Haus der Fragen" innerhalb des Museums gibt Antworten auf viele Rätsel: Warum bauten die Steinzeitmenschen ihre Behausungen auf Pfählen? Wie lange stand ein Haus? Wie sahen die Menschen überhaupt aus, waren sie gross, klein, dick oder dünn? Wie rasierten sich die Männer und welchen Schmuck trugen die Frauen? Wie war die Dorfgemeinschaft organisiert? Archäologische Funde und lebensecht nachgestellte Alltagsszenen rücken die versunkene Welt ganz nah in unsere Neuzeit. Anfahrt: Von Konstanz mit der Fähre nach Meersburg und dann 5 km dem See entlang nach Unteruhldingen. *www.pfahlbauten.de*

SCHLOSS ELMAU
ELMAU

1000 mü.M.

82493 Elmau
Telefon +49 8823 180
www.schloss-elmau.de
schloss@elmau.de
Ganzjährig geöffnet

Die Lage 10/10

Schloss Elmau wächst wie eine Opernkulisse aus der archaischen Topographie des ursprünglich gebliebenen Hochtals am Fuss des Wetterstein-Gebirges und bietet einen jener An- und Ausblicke, die auch im Vielreisenden einen wohligen Schauer hervorrufen.

Die Atmosphäre 10/10

Das 1916 erbaute Schloss wurde 2005 durch einen Grossbrand zerstört, 2007 in zeitgemässer Grandezza wiederaufgebaut und 2015 durch das benachbarte „Luxury Spa Retreat" ergänzt. Letzteres bietet für all diejenigen die bessere Alternative zum Schlosshotel, die innerhalb der weitläufigen Elmau-Ländereien ein Höchstmass an Ruhe und Privatsphäre suchen. Dietmar Müller-Elmau, der visionäre Hausherr, kreierte eine unvergleichliche Atmosphäre, die behaglich und extravagant zugleich ist und authentische Natürlichkeit mit gestalterischen Elementen aus aller Welt verbindet: Heimische Hölzer treffen auf indische Textilien mit Elefanten-Motiven, antike Alpengemälde koexistieren neben Buddha-Statuen – und alles ergibt ein stimmiges Ganzes, das mehr ist als die Summe seiner Teile.

SCHLOSS ELMAU
ELMAU

Vom Blumenschmuck über die Beleuchtung bis zur Background-Musik ist nichts, aber auch gar nichts Mittelmass – schon gar nicht die Service- und Unternehmenskultur: Hoteldirektor Nikolai Bloyd bringt nicht nur seinen Gästen, sondern auch seinen Mitarbeitern besondere Wertschätzung entgegen. Das alles fasziniert Designpuristen und Gemütlichkeitsfans, Supermodels und Grossfamilien, Müssiggänger und Sportsfreunde gleichermassen. Tatsächlich findet man in kaum einem anderen Hotel in den Alpen eine solche Bandbreite an verschiedenen Gästepersönlichkeiten versammelt wie auf Elmau.

Die Zimmer 10/10

162 wohnliche Zimmer und Suiten zwischen 25 und 210 Quadratmeter, verteilt auf das Schloss, den direkt angebauten „Wettersteinflügel" und das 150 Meter westlich vom Schloss liegende „Luxury Spa Retreat".

Die Küche 10/10

Sechs Restaurants sorgen für kulinarische Abwechslung: moderne Gourmetküche im „Luce d'Oro", High Thai Cuisine im „Fidelio", frische Buffets und Showküche im „La Salle", Fondues im „Kaminstüberl", gesunde Spa-Küche im „Ananda" (exklusiv für Erwachsene), Cucina Italiana & Steaks im „Summit".

Die Extras 10/10

Sechs verschiedene Spas mit getrennten Bereichen für Erwachsene und für Familien mit Kindern sowie zwei (von insgesamt sechs) rund um die Uhr geöffnete Pools. Sublime Körper- und Schönheitsbehandlungen von Shiatsu über ayurvedische Therapien bis zur Ultraschall-Gesichtsreinigung. Täglich Gymnastik- und Entspannungslektionen. Sehr schöner Yoga-Pavillon mit täglich zwei Kursen. Jährlich 15 fünftägige Yoga-Retreats. Fitness-Gym. 3 Tennis-Sandplätze, Bogenschiessen mit einem Champion, 2 Bocciabahnen. Täglich zwölf Stunden Kinderbetreuung. Abwechslungsreiches Sport- und Edutainment-Programm für Kinder und Jugendliche. Herausragendes Konzert- und Kulturprogramm. Verleih von Mountainbikes und E-Bikes.

Freizeiterlebnisse

Kein anderes Hotel auf der Welt bietet ein vergleichbar hochkarätiges, fast täglich stattfindendes Konzert- und Kulturprogramm. Hier treten einige der besten Musiker und Autoren unserer Zeit ohne Gage auf, nur um ein paar Tage auf Elmau zu sein.

In der Nähe: Schloss Herrenchiemsee, Schloss Neuschwanstein, Wieskirche, Schloss Linderhof, Münter-Haus in Murnau am Staffelsee, Franz Marc Museum in Kochel, Buchheim Museum am Starnberger See, Kloster Ettal, Aussichtsplattform AlpspiX ob Garmisch, Zugspitzbahn und Eibsee, Reiten im Gestüt Schmalensee, Canyoning im Karwendel- oder Wettersteingebirge, Kitesurfen oder Windsurfen auf dem Walchensee, Rafting auf dem Inn, Innsbruck, München.

Wandertipp

Das Königshaus am Schachen, König Ludwig II. liebstes Refugium und spektakulär auf 1800 Meter Höhe im Wettersteingebirge gelegen, ist von Schloss Elmau in 2½ Wanderstunden oder in einer knappen Stunde mit dem E-Mountainbike zu erreichen.

Vom Hotel aus lassen sich zahlreiche Wanderungen auf herrlichen Pfaden unternehmen, etwa zum Ferchensee (3,8 km pro Wegstrecke, mit der Möglichkeit zum Kajak- oder Ruderbootfahren), zur Partnachklamm (7 km) oder zur hoteleigenen Elmauer Alm mit rustikaler Berghütte (4 km).

Regentag-Alternative

Die sechs unterschiedlichen Spa-Bereiche mit separaten Familien- und Erwachsenenzonen bieten genügend Ruheräume selbst an Regentagen. Und vier der sechs Pools sind über 32° warm. Das „Oriental Hamam" ist laut Eigenwerbung das grösste Hamam westlich von Istanbul.

Besonders geeignet für...

Menschen, die intelligente Entspannung suchen und den einzigartigen Mix aus Natur, Kultur und Spa-Wohltaten schätzen. Schloss Elmau ist auch ideal für Familien, die ihren Kindern Bewegung und emotionalen Ausgleich bieten wollen.

Wenn doch nur...

ein Aufenthalt auf Schloss Elmau nicht so rasch aufs Portemonnaie schlagen würde. Unter 1200 Euro pro Wochenende für zwei Personen geht es kaum.

SCHLOSSGUT OBERAMBACH
MÜNSING
AM STARNBERGER SEE

666 mü.M.

82541 Münsing, Oberambach 1
Telefon +49 8177 9323
www.schlossgut.de
info@schlossgut.de
Ganzjährig geöffnet

Die Lage

Inmitten von Wald und Wiesen im Hotelpark hoch über dem Starnberger See, mit weitem Ausblick auf die bayerischen und österreichischen Alpen.

Die Atmosphäre

Trotz herrschaftlichem Anwesen aus dem Jahr 1869 und konsequent umweltbewussten Prinzipien des liebenswert „grünen" Hausherrn Andreas Schwabe ist die Atmosphäre des Schlossgutes entspannt, man fühlt sich sofort bestens aufgehoben. Das hat mit den hellen, „naturgesunden" Zimmern zu tun, mit der idyllischen Lage, mit den nachhaltig wirkenden Ayurveda-Behandlungen, und natürlich auch mit dem netten Hotelteam, das sich mit unaufdringlicher Zuvorkommenheit um das Wohl der Gäste kümmert. Übrigens: Die Liebe zur Natur liegt der Familie Schwabe im Blut. Der Urgrossvater des heutigen Besitzers, der Apotheker Dr. Willmar Schwabe, gründete 1866 in Leipzig die erste Homöopathiefirma der Welt. Bis heute steht der Schwabe-Konzern für naturheilkundliche Exzellenz.

Die Zimmer

40 behagliche, elektrosmogfreie, mit Vollholzmöbeln ausgestattete und nach baubiologischen Grundsätzen renovierte Zimmer und Suiten. **Zimmer-Flüstertipps:** Für Seeblick sind die „Kleine Hochzeits-Suite", die „Dach-Suite" mit riesigem Panoramafenster sowie die „Park-Suite" und die „Honeymoon-Suite" (die beiden Letzteren mit Südbalkon) zu empfehlen.

Die Küche

Aus 100 Prozent regionalen Bioprodukten, die teilweise aus dem eigenen Gemüsegarten stammen, zaubert der Küchenchef schmackhafte Gerichte mit und ohne Fleisch. Auch sämtliche Säfte und fast alle Weine stammen aus biologischem Anbau. Im Schlosscafé Rosengarten gibt es Pflaumenkuchen oder Schwarzwälder Kirschtorte der hauseigenen Konditorei.

Die Extras

Naturbadeteich, Sauna, Dampfbad, ayurvedische Therapien, Massagen, Naturkosmetik. Verleih von Fahrrädern. Volleyball, Badminton. Hoteleigener Seegrundstück am Ufer des Starnberger Sees (in 7 Gehminuten erreichbar).

SCHLOSSGUT OBERAMBACH
MÜNSING AM STARNBERGER SEE

Freizeiterlebnisse

Dampferfahrt auf dem Starnberger See. Ausflug zur Roseninsel mit ihren Garten- und Parkanlagen in der Feldafinger Bucht. Ausflug zum Kloster Andechs – zum Beispiel verbunden mit einem einstündigen Spaziergang von Herrsching am Ammersee durch das Kiental entlang des Kienbachs nach Andechs. 8 Golfplätze um den Starnberger See – am nächsten zum Hotel liegen die Golfplätze Gut Bergkramerhof (8 km) Sankt Eurach (14 km) und Iffeldorf (17 km).

Wandertipp

Das Schlossgut Oberambach ist eine von drei gastronomischen Stationen der „Gourmetwanderung", die von Holzhausen über Oberambach nach Ambach in den Landgasthof Huber am See führt und dann weiter dem Seeufer entlang nach Buchscharn. Nach der Einkehr im „Buchscharner Seewirt" geht es über Oberambach zurück nach Holzhausen.
Reine Gehzeit: 2½ Stunden.

In sechs bequem zu erwandernden Tagesetappen ist der insgesamt 123 km lange „König Ludwig Weg" angelegt. Auf den Spuren von Bayerns Märchenkönigs Ludwig II. führt dieser Fernwanderpfad von Berg am Starnberger See über das Kloster Andechs zum Marienmünster in Diessen am Ammersee und weiter zum Kloster Wessobrunn, über den Hohenpeissenberg und durch die Ammerschlucht nach Rottenbuch. Die Wieskirche, das Welfenmünster in Steingaden und die Königsschlösser Neu Schwanstein und Hohenschwangau bei Füssen bilden den Abschluss dieser landschaftlich eindrucksvollen und kulturell herausragenden Wanderung.
1. Etappe: Berg – Diessen (32,6 km, 8 Stunden)
2. Etappe: Diessen – Peterzell (17,2 km, 4¾ Stunden)
3. Etappe: Peterzell – Hohenpeissenberg (13 km, 3¾ Stunden)
4. Etappe: Hohenpeissenberg – Rottenbuch (13 km, 4 Stunden)
5. Etappe: Rottenbuch – Prem (22,4 km, 6 Stunden)
6. Etappe: Prem – Füssen (24,6 km, 6¾ Stunden)

Regentag-Alternative

Das Buchheim Museum in Bernried, das in einem grossen Park auf der Westseite des Starnberger Sees liegt (15 km vom Hotel entfernt), verbindet Natur, Architektur und Kunst auf ausserordentlich harmonische Art. Im Mittelpunkt steht die berühmte Expressionisten-Sammlung mit Werken der Maler Ernst Ludwig Kirchner, Erich Heckel, Max Pechstein, Emil Nolde und Otto Mueller. Auch für grössere Kinder lohnenswert. www.buchheimmuseum.de

Besonders geeignet für...
Ruhesuchende mit Flair zu gesunder und ganzheitlicher Lebensführung.

Wenn doch nur...
der Naturbadeteich nicht gar so „teichig" wäre mit viel Schilf, Algen und tierischen Bewohnern. Vor lauter Verpflichtung zur Nachhaltigkeit ist dieser zum Baden nur bedingt geeignet.

WEITERE TOP GELEGENE HOTELS IN SÜDDEUTSCHLAND

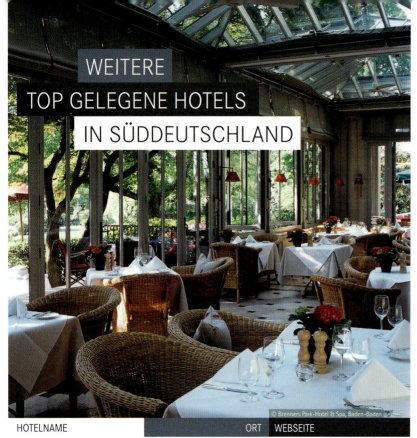

HOTELNAME	ORT	WEBSEITE
Allgäu Sonne	Oberstaufen	www.allgaeu-sonne.de
Brenners Park-Hotel & Spa	Baden-Baden	www.brenners.com
Das Burghotel Falkenstein	Pfronten im Allgäu	www.burghotel-falkenstein.de
Das Kranzbach	Krün bei Garmisch-Partenkirchen	www.daskranzbach.de
Dollenberg Schwarzwald Resort	Bad Peterstal-Griesbach	www.dollenberg.de
Eibsee-Hotel	Grainau bei Garmisch-Partenkirchen	www.eibsee-hotel.de
Haubers Alpenresort	Oberstaufen im Allgäu	www.haubers.de
Kempinski Hotel Berchtesgaden	Berchtesgaden	www.kempinski.com
La Villa am Starnberger See	Niederpöcking	www.lavilla.de
Leeberghof	Tegernsee	www.leeberghof.de
Pension am Bodensee	Kressbronn am Bodensee	www.pension-am-bodensee.de
Sonnenalp Resort	Ofterschwang-Sonthofen	www.sonnenalp.de
Treschers Schwarzwald Romantikhotel	Titisee	www.schwarzwaldhotel-trescher.de
Überfahrt Seehotel	Rottach-Egern	www.seehotel-ueberfahrt.com
Villa Barleben am See	Konstanz	www.hotel-barleben.de
Villa Seeschau	Meersburg	www.hotel-seeschau.de

WEITERE TOP GELEGENE HOTELS
IN SÜDDEUTSCHLAND

© Eibsee-Hotel, Grainau bei Garmisch-Partenkirchen

© La Villa am Starnberger See, Niederpöcking

© Überfahrt Seehotel, Rottach-Egern

© Haubers Alpenresort, Oberstaufen im Allgäu

© Sonnenalp Resort, Ofterschwang-Sonthofen

© Villa Barleben am See, Konstanz

© Kempinski Hotel Berchtesgaden, Berchtesgaden

© Treschers Schwarzwald Romantikhotel, Titisee

© Villa Seeschau, Meersburg

© Leeberghof, Tegernsee

© Pension am Bodensee, Kressbronn am Bodensee

TOP GELEGENE HOTELS
IN VORARLBERG, IN TIROL UND IM SALZBURGERLAND

BIOHOTEL GRAFENAST
PILL BEI SCHWAZ

1330 m ü.M.

6136 Pill bei Schwaz, Pillbergstrasse 205
Telefon +43 5242 63209
www.grafenast.at
sehnsucht@grafenast.at
Mitte Dezember bis Ende März und
Mitte Juni bis Ende Oktober geöffnet

Die Lage 10/10

Auf dem Pillberg in den Tuxer Alpen, mit weitem Ausblick aufs Inntal und hinüber zu den Zacken des Karwendels.

Die Atmosphäre 6/10

Ein Hotel wie dieses kann man nicht suchen, man muss es finden. Alles ist echt in dem sonnenverwöhnten, organisch gewachsenen Chalet-Gebäude von 1907 und auf positive Art altmodisch. Waltraud und Peter Unterlechner, die „Grafenast" in vierter Generation leiten, sind trotz allen Erfolgs bescheiden geblieben und werden das für selbstverständlich halten – wer aber auch die Hoteliers des neureichen Österreichs erlebt, freut sich von Herzen, wenn die PR-Glocken mal nicht dröhnen. Jedenfalls geniesst man die friedliche Ambiance und das unaufgeregte Sein im Kaminzimmer, in der Teestube oder im Garten, ernährt sich gesund, entspannt sich in der Waldsauna, lauscht klassischer Musik oder gutem Jazz, und wem beim Grafenaster Panorama das Herz nicht höher schlägt, der hat wohl keines.

BIOHOTEL GRAFENAST
PILL BEI SCHWAZ

Freizeiterlebnisse

Im Sommer: Wandern und Mountainbiken. Ausflug zum wildromantischen Naturschauspiel Wolfsklamm mit tosenden Wasserfällen, welche durch 354 Stufen und kühn angelegte Holzbrücken erschlossen sind. Im Anschluss an die Klamm geht ein Pilgerweg weiter nach St. Georgenberg, dem ältesten Wallfahrtsort Tirols. Hier befindet man sich bereits im Naturschutzgebiets Karwandel. www.silberregion-karwendel.com

Im Winter: Kleines Familienskigebiet Schwaz-Pill/Kellerjochbahn direkt beim Hotel, Schlitteln zur urigen Loashütte, Schneeschuhwandern und Tourenskifahren.

Wandertipp

Diverse Wanderwege treffen auf dem Pillberg aufeinander und lassen sich miteinander kombinieren. Gastgeber Peter Unterlechner empfiehlt jedem Gast, den leichten, rund anderthalbstündigen „Weg der Sinne" nahe dem Hotel mindestens einmal zu gehen. „Es sind 6220 Schritte für die Seele", sagt er.

Beim Biohotel Grafenast beginnt die mittelschwere Rundwanderung zum Kellerjoch. Zunächst geht es auf dem alten Kellerjochweg hinauf zum bewirtschafteten Berghaus Hecher. Wer den „Aufstieg" dorthin mit dem Sessellift zurücklegt, braucht ca. 75 Minuten weniger für die Runde. Vom Berghaus bei der Bergstation (1888 m) geht es weiter bis zur Kellerjochhütte (2237 m), wo es leckere Knödelvariationen gibt. Geübte kraxeln noch bis zur Kapelle noch (2344 m), was sich wegen dem Panorama auf Karwendel, Rofan, Tuxer und Zillertaler Alpen und Hohe Tauern lohnt. Der Weg setzt sich über die Gartalm und die Loas Hütte (bei den Einheimischen beliebt fürs Wiener Schnitzel) fort und führt schliesslich über den Loasweg und über den „Weg der Sinne" zurück zum Hotel. Marschzeit: 5½ Stunden.

Regentag-Alternative

Eine 80-minütige Führung durch das Schwazer Silberbergwerk begleitet die Besucher durch das raue Leben der hiesigen Bergbauarbeiter zur Zeit der Silberblüte. In den Gruben herrschen konstante 12 Grad – es ist für entsprechende Kleidung und gutes Schuhwerk zu sorgen. www.silberbergwerk.at

Die Zimmer 5/10

23 holzgeprägte, elektrosmogfreie Zimmer. Auf Fernseher und WLAN wird bewusst verzichtet. **Zimmer-Flüstertipps:** Am schönsten sind die lichtdurchfluteteten „Panorama"-Doppelzimmer (28 Quadratmeter) und die geräumigen „Atelier"-Doppelzimmer (35 Quadratmeter) – beide Kategorien zur weitblickenden Schokoladenseite mit viel Sonne bis zum Sonnenuntergang.

Die Küche 6/10

„Aus dem Garten auf den Teller": Das Credo der Küchencrew wird recht konsequent umgesetzt und eine lustvolle, alpin geprägte Vollwertküche aus vorwiegend regionalen Bioprodukten geboten. Auch das gesamte Weinangebot ist bio-zertifiziert, der Schwerpunkt liegt auf österreichischen Winzern.

Die Extras 5/10

Freibad, Waldsauna, Hamam, Massagen, Naturkosmetik, Yoga-Lektionen, Fitnessraum. Kinderspielzimmer, Kinderspielplatz. Geführte Wanderungen. Morgengymnastik. Im Winter wird Kindern von 4 bis 12 Jahren täglich ausser samstags zwei Stunden kostenloser Skikurs auf der Kellerjochpiste direkt beim Hotel angeboten.

Im Share-Economy-Regal an der Rezeption kann man sich diverse Freizeit-Utensilien ausleihen: Wanderstöcke und Rucksäcke, Schlitten und Stirnlampen, Tourenski mit Airbag-Rucksack und Piepser sowie für Kinder auch Regenschutz, Taschenlampen und Kraxen.

Besonders geeignet für...

aktive Jungfamilien, Wanderer und Naturfreunde, die einen authentischen Landgasthof einem glitzernden Hotelresort vorziehen.

Wenn doch nur...

der esoterische Touch des Hotels nicht wäre, der zu manchen Zeiten durch entsprechende Themenwochen („Han Shan Achtsamkeit-Retreat", „Ayurvedisches Fasten", Feldenkrais, Mondrhythmus, Heilkräuter usw.) mit der entsprechenden Gästeschaft betont wird.

FRITSCH AM BERG
LOCHAU AM BODENSEE

760 mü.M.

6911 Lochau am Bodensee, Buchenberg 10
Telefon +43 5574 43029
www.fritschamberg.at
rezeption@fritschamberg.at
Ganzjährig geöffnet

Die Lage 9/10

Schöner Panoramaplatz auf halber Höhe des Bregenzer Hausbergs Pfänder, knapp 400 Höhenmeter über dem Bodensee und mit offenem Panoramablick zu den Lechtaler Alpen, zur Silvretta, zum Rheintal und Säntis-Massiv und natürlich auf den Bodensee mit Bregenz und Lindau.

Die Atmosphäre 5/10

An die Stelle des früheren, in die Jahre gekommenen Hotels, das komplett abgerissen wurde, baute die Hotelierfamilie Fritsch 2014 das in kantigen und klaren Linien gestaltete Viersternehaus aus einheimischem Holz und mit bodentiefen Glasfronten. Der Geist des Familienbetriebs ist geblieben: Hier hilft jeder aktiv mit, auch die Eltern und Geschwister des Gastgebers Thomas Fritsch, und am Einsatz fehlt es bei den restlichen Mitarbeiter ebenfalls nicht.

FRITSCH AM BERG
LOCHAU AM BODENSEE

Wenn ein Sonnenuntergang den Bodensee in ein rotes Meer taucht, ist hier Staunen ebenso erlaubt wie das Gefühl, dass von oben betrachtet die Welt weiter und viele Probleme kleiner wirken. Weshalb sich das Fritsch am Berg auch als „MentalSpa Hotel" versteht: Nicht nur mit Spa-Angeboten, sondern auch mit Coaching und Biofeedback will es für Leichtigkeit in Gedanken und Gefühlen sorgen.

Die Zimmer 5/10

34 helle, schlicht-moderne Zimmer und Juniorsuiten. Die Doppelzimmer sind unterteilt in die Kategorien „Seeblick" (mit Balkon und Bodenseeblick), „Lindau" (mit Balkon sowie Blick auf See und die Insel Lindau) und „Rheintal" (ohne Balkon, mit Blick auf Rheintal und Schweizer Berge). Ausserdem gibt es die Kategorie „Einzelzimmer Pfänder" ohne Balkon und ohne Seeblick.

Die Küche 5/10

Solide zubereitete Marktküche aus regionalen Produkten im Panoramarestaurant und auf der herrlichen Terrasse. Gute Weinkarte, prima Frühstück.

Die Extras 3/10

Kleiner Wellnessbereich mit Hallenbad, Saunen und Dampfbad, Massagen und Beauty-Behandlungen. Mental-Coaching, Biofeedback-Messungen, Burnout-Präventionsprogramme. Während der Bregenzer Festspiele bietet das Hotel einen Shuttle-Service an.

Besonders geeignet für...
naturliebende Puristen, für die weniger mehr ist.

Wenn doch nur...
das Reinigungspersonal den Job etwas ernster nehmen würde. So kann es durchaus vorkommen, dass sich das Papierchen unter dem Bett, das einem bereits bei der Anreise aufgefallen war, am Abreisetag immer noch an der gleichen Stelle zu finden ist. Beim Housekeeping täte ein Coaching gut... Auch ist das schmale Strässchen von Lochau den Berg hinauf zum Hotel nicht jedermanns Sache.

Freizeiterlebnisse

In der Nähe: Zeppelin-Rundflug ab Friedrichshafen, Schifffahrt auf dem Bodensee, Bregenzer Festspiele, Kunsthaus Bregenz, Stadtinsel Lindau, Rolls-Royce Museum in Dornbirn. www.zeppelinflug.de + www.bsb.de + www.bregenzerfestspiele.com + www.kunsthaus-bregenz.at + www.lindau.de + www.rolls-royce-museum.at

Wandertipp

In der Region lassen sich zahlreiche Wanderungen unterschiedlichster Längen und Schwierigkeitsgrade unternehmen. Ein beliebter Rundwanderweg ist die „Vier-Hügel-Tour" bei Lindau, die in gemütlichem Auf und Ab durch anmutige Kulturlandschaften und beschauliche Dörfer führt. Zunächst geht es vom Ausgangspunkt Bodolz durch Obstplantagen zum Aussichtspunkt Hoyerberg, dann zum Entenberg, den man über 110 erreicht. Über Schönau gelangt man zum Ringoldsberg, und der vierte Hügel ist schliesslich der Taubenberg, wo man einmal mehr mit herrlichem Weitblick belohnt wird, bevor man den Rückweg hinunter nach Bodolz antritt. Distanz: 6,9 km, Gehzeit: 2 Stunden.

Wer lieber dem See entlang wandert, wählt ein Teilstück des Bodenseerundwanderwegs und läuft durch malerische Park- und Gartenanlagen und entlang von stolzen Villen von Lindau über Wasserburg nach Nonnenhorn. Zurück geht es mit der Regionalbahn. Distanz: 10,6 km, Gehzeit: 2½ Stunden.

Regentag-Alternative

In der Autobau Erlebniswelt in Romanshorn kommen grosse und kleine Autonarren in Fahrt. Hier kann man rund 120 Raritäten auf vier Rädern bestaunen – von aussen wie teilweise auch von innen. Vom pfeilschnellen Rennwagen über elegante Oldtimer bis zum modernen Elektromobil sind einige der schönsten Fahrzeuge ausgestellt, die je gebaut wurden. Geöffnet jeweils mittwochs von 16 bis 20 Uhr und sonntags von 10 bis 17 Uhr. www.autobau.ch

GOLDENER BERG OBERLECH AM ARLBERG

1750 mü.M.

6764 Oberlech am Arlberg
Telefon +43 5583 22050
www.goldenerberg.at
happy@goldenerberg.at
Ende November bis Ende April geöffnet

Die Lage 9/10

100 Meter oberhalb der Gondel-Bergstation von Oberlech, dem Sonnenplateau des Arlbergs. Das Hotel verfügt über direkten Pistenanschluss.

Oberlech ist im Winter komplett autofrei. Das Auto wird in der Tiefgarage Anger gegenüber der Talstation der Gondelbahn abgestellt, das Gepäck direkt ins Hotel transportiert. Von der Bergstation gelangt man wahlweise durch das Tunnelsystem ins Hotel oder auf dem kurzen schneebedeckten Weg (Winterstiefel!).

Die Atmosphäre 7/10

Das Alpendorf Lech tritt der globalisierten Welt und den teilweise schrillen Tiroler Skiorten mit edler Urigkeit und entspannter Tradition entgegen. Bettenburgen sucht man vergebens, Ferien- oder Zweitwohnungen gibt es hier nicht mehr als hundert, und die meisten Hotels sind Familienbetriebe. So auch der „Goldene Berg" von Daniela Pfefferkorn, deren Familie seit Generationen mit der Region verwurzelt ist. Familiäre Gastfreundschaft und nachhaltiges Handeln in allen Bereichen sind in diesem netten Viersternehaus weder ein Marketingspruch noch ein theoretischer Begriff, sondern werden tagtäglich gelebt. Der Service ist besser als bei manchem Fünfsterner vor Ort, die Atmosphäre ländlich gemütlich, auch Kinder fühlen sich bestens umsorgt und aufgehoben. Die umsichtige Hausherrin geht auf jeden vernünftigen Sonderwunsch ein und ist als ausgebildete Tierenergetikerin auch in tierischen Belangen eine aufmerksame Zuhörerin und Vermittlerin.

GOLDENER BERG
OBERLECH AM ARLBERG

Ab Dezember 2018 zeigt sich das Hotel mit neuer Aussenfassade aus hellem Holz. Auch bekommen die meisten Zimmer einen eigenen Balkon, einige kleinere Zimmer werden zusammengelegt, und in ein paar Suiten finden private Whirlpools ihren Platz. Zudem wird der Spa-Bereich vergrössert. Unverändert bleibt die Liebe des Hotelteams zum Beruf, der für die meisten auch Berufung ist.

Die Zimmer 5/10

43 recht unterschiedliche Zimmer und Suiten, die im Sommer 2018 modernisiert werden.

Die Küche 8/10

Zeitgemässe Marktküche aus vorwiegend biologischen Produkten von heimischen Bauern im Gourmetrestaurant Johannesstübli. Sechs- bis siebengängige Halbpensions-Auswahlmenüs, auf Wunsch vegan oder vegetarisch, am Abend im Panoramarestaurant. Österreichische Schmankerln im urchigen „Dirndlstüberl". Rustikale Spezialitäten und Fondues im Restaurant Alter Goldener Berg im Nebengebäude. Grossartiger Weinkeller mit 1200 verschiedenen Etiketten. Stimmige Sonnenterrasse, ausgezeichnetes Frühstück.

Die Extras 4/10

Wellnessbereich mit Hallenbad und Aussen-Whirlpool, Saunen und Dampfbad, Massagen und Naturkosmetik. Fitnessraum. Gesundheits-Checks und ganzheitliche Gesundheitsprogramme. Professionelle Kinderbetreuung ab 3 Jahren (von 9-13 Uhr und 16-21 Uhr).

Besonders geeignet für...
unkomplizierte Geniesser und Skifahrer, die einen Gang zurückschalten und die Turbulenzen des Alltags rasch vergessen möchten.

Wenn doch nur...
zu manchen Zeiten nicht gar so viele Gäste mit Hund hier absteigen würden. Abgesehen von den Restaurants und dem Spa-Bereich dürfen sich die Vierbeiner frei im Hotel bewegen, und es hat sich herumgesprochen, dass Hunde im „Goldenen Berg" gerne gesehene Besucher sind, ganz nach dem Motto von Erich Kästner: „Es gibt zwar ein Leben ohne Hund – aber es lohnt sich nicht."

Freizeiterlebnisse
Vor der Haustür beginnt das grösste zusammenhängende Skigebiet Österreichs: 305 Pistenkilometer plus 200 km Tiefschneevarianten und zwei Gipfel, die zum Heliskiing angeflogen werden können.

Ausserdem: 30 km Winterwanderwege, Gleitschirm-Tandemflüge, Pferdeschlittenfahrten, Schneeschuhwandern, Langlaufen, beleuchtete Schlittelbahn in Oberlech.

Wandertipp
Der Klassiker ist die knapp einstündige Winterwanderung auf dem gut präparierten Weg von Oberlech nach Lech. Wer die 240 Höhenmeter nicht mehr zurückwandern mag, nimmt die Gondelbahn.

Auch schön, aber etwas anstrengender: Vom Hotel zur Bushaltestelle Schlössle, dem gebogenen Weg entlang zur Grubenalpe und dann etwas steiler auf die Kriegeralpe, wo die gleichnamige Skihütte zur Einkehr lockt. Zurück nach Oberlech kommt man auf demselben Weg. Distanz: 3,2 km, Gehzeit 1¼ Stunden. www.kriegeralpe.com

Regentag-Alternative
Wem verschneite oder verregnete Tage ein kritisches Runzeln auf die Stirn werfen, kann sich dieses bei der Kosmetikerin des Hotels glätten lassen. Eine echte Könnerin ihres Fachs.

HAUS HIRT
BAD GASTEIN

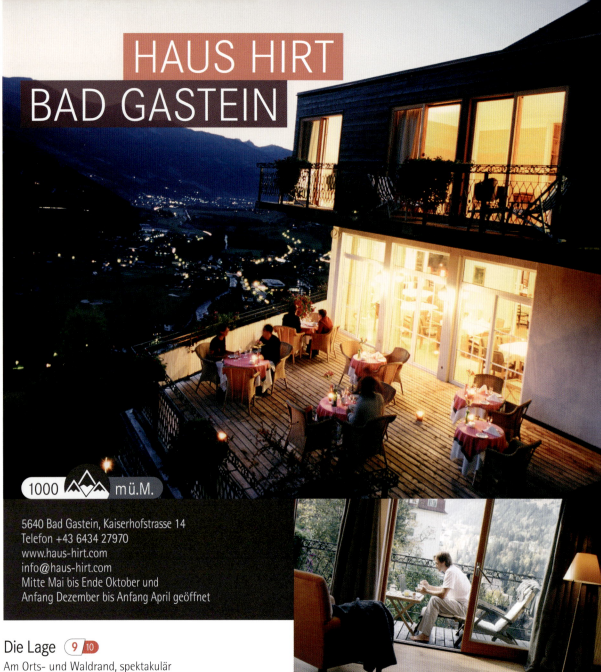

1000 m ü.M.

5640 Bad Gastein, Kaiserhofstrasse 14
Telefon +43 6434 27970
www.haus-hirt.com
info@haus-hirt.com
Mitte Mai bis Ende Oktober und
Anfang Dezember bis Anfang April geöffnet

Die Lage 9/10
Am Orts- und Waldrand, spektakulär
über dem Gasteiner Tal thronend.

Die Atmosphäre 9/10
Dem Haus Hirt gelingt der schwierige Balanceakt, eine Rückzugsoase für erholungssuchende Genussmenschen und ein Refugium für Familien zu sein. Die Hotelbesitzer Ike und Evelyn Ikrath wissen aus eigener Erfahrung, was Kinder brauchen. Nämlich ganz, ganz viel Verständnis und ein paar wenige Spielregeln und Grenzen. Und weil das mit den Spielregeln so wunderbar klappt, gehen hier alle so entspannt miteinander um. Vielleicht trägt ja auch die gewachsene Aura des ehemaligen Landhauses aus den 20ern zu den „good vibrations" bei.

Die sehr persönlich und warmherzig geführte Viersterne-Herberge erfreut mit einer modernen Sensibilität und vermeidet mit grosser Stilsicherheit sowohl die österreichische Kulissenschieberei als auch den klassischen Hotelcharakter. Wer Antennen für spontane Ferienerlebnisse hat und eine gewisse (gewollte) Unvollkommenheit akzeptieren kann, ist hier goldrichtig. Der Gast wird herzlich empfangen und fühlt sich in den heiter stimmenden Räumen so gut aufgehoben, dass er das Hotel gar nicht mehr verlassen möchte. Zum Leben im Haus Hirt gehört Yoga. Es findet täglich zweimal statt, unterrichtet von fabelhaften Yogalehrinnen, die bei den Gästen für strahlende Augen, offene Herzen und geschmeidige Gelenke sorgen.

HAUS HIRT
BAD GASTEIN

Die Zimmer
11 wohnliche Doppelzimmer, 11 Studios, 10 Suiten und 1 Einzelzimmer, mehrheitlich mit Balkon und Talblick.
Zimmer-Flüstertipp: Die „Studios" sind besonders geräumig und erfreuen alle mit Talblick.

Die Küche
Die Eigenwerbung bringt es auf den Punkt: „Heimisches, Frisches, Natürliches, Echtes, Organisches, Kontrolliertes, Gepflegtes, Köstliches vermischt mit der Leichtigkeit des Seins, gewürzt mit einer internationalen Prise Kreativität und begleitet von belebtem Wasser, fassfrischem Bier aus der Familienbrauerei, feinen Tröpfchen von famosen Winzern..."

Die Extras
Kleines, feines Spa mit Hallenbad, Sauna und Dampfbad, Massagen und Beauty-Behandlungen sowie Anti-Stress-Programmen. Täglich zwei Yoga-Lektionen, teilweise in der freien Natur. Sehr gute Kinderbetreuung (ab 3 Jahren) mit abwechslungsreichem Programm von Brotbacken bis zu Survival-Training im Wald, coole Workshops für Teens. Geführte Wanderungen, Bike-Touren und Outdoor-Aktivitäten zu jeder Jahreszeit.

Freizeiterlebnisse
Im Sommer: Vielseitige Wander- und Mountainbike-Wege im Nationalpark Hohe Tauern, 6 Klettersteige für Anfänger und Profis.

Im Winter: Attratives Skigebiet mit 200 Pistenkilometern und zahlreichen Freeride-Hängen, Ski- und Schneeschuhtouren, Schlitteln von der Bellevue Alm, Eisstockschiessen.

Wandertipp
Die Höhenpromenade beginnt gleich vor der Haustür und führt entweder ins Ortzentrum oder ins Kötschachtal. Letzteres ist Ausgangspunkt für viele Wanderungen, wie dem fast ebenen Höhenweg nach Bad Hofgastein, dem Weg zum Alpenhaus Prossau, auf die Poserhöhe oder – für ausdauernde Berggänger – auf den Gamskarkogel (2467 m).

Regentag-Alternative
Wem das hoteleigene Spa nicht ausreicht, taucht in die wohltemperierten Thermalpools der Bad Gasteiner Felsentherme gegenüber der Talstation der Stubnerkogelbahn ein.
www.felsentherme.com

Besonders geeignet für...
kommunikationsfreudige Bonvivants und feingeistige Familien, die sich nicht wie in einem Hotel fühlen wollen.

Wenn doch nur...
das Hallenbad zu bestimmten Zeiten zur kinderfreien Zone erklärt würde.

INTERALPEN-HOTEL TYROL
TELFS-BUCHEN BEI SEEFELD

1300 m ü.M.

6410 Telfs-Buchen bei Seefeld, Dr.-Hans-Liebherr-Alpenstrasse 1
Telefon +43 5080 930
www.interalpen.com
reservation@interalpen.com
Mitte November bis Ende März und
Anfang Mai bis Ende Oktober geöffnet

Die Atmosphäre 7/10

Alles ist grandios in diesem neo-rustikalen Mega-Chalet: Die unterirdische Zufahrt, das Panorama auf das Wetterstein- und Karwendelgebirge, die extravagante Hotelhalle mit geschwungener Freitreppe im österreichischen Tischlerbarock, die geräumigen Zimmer, der Wellnessbereich mit olympisch dimensioniertem Indoor-/Outdoorpool. „Von allem etwas mehr" heisst die Unternehmensvision des beliebten Ferienhotels, dazu strahlen freundliche Mitarbeiter und ein gut gemischtes internationales Publikum, welches für eine gepflegte Lebendigkeit sorgt. Das dürfte reichen für einen angenehmen Aufenthalt – doch kann es auch sein, dass es dem einen oder anderen Gast schlichtweg von allem zu viel wird.

Die Lage  10/10

Traumhaft inmitten eines Naturschutzgebiets auf dem Seefelder Hochplateau, das trotz der umliegenden Gebirgsketten Platz und Weite bietet.

Kaum ein anderes Hotel in Österreich bietet seinen Gästen so viel Auslauf, und die nächsten Nachbarn sind mehrere Kilometer entfernt.

Wer mit der Bahn oder dem Flugzeug anreist, wird kostenlos am Bahnhof oder Flughafen Innsbruck abgeholt.

Die Zimmer 9/10

250 wohnliche Zimmer und 32 Suiten von seltener Grosszügigkeit. Es gibt zwei Zimmereinrichtungsstile: „Tirol" in traditioneller Ländlichkeit mit Kachelofen und „Lodge" in modern-alpiner Gestaltung in dezenten Braun- und Sandtönen.

INTERALPEN-HOTEL TYROL
TELFS-BUCHEN BEI SEEFELD

Die Küche 10/10

In den weitläufigen Stuben und im eleganten Wintergarten-Restaurant werden die Geschmackssinne anspruchsvoller Gäste mit einer kreativen Marktküche regionaler und mediterraner Prägung verzaubert. Die Halbpension mit 6-Gang-Wahlmenüs am Abend zählt zu den besten im Tirol. Auf Voranmeldung kann man dem Küchenteam um Küchenchef Mario Döring am „Chef's Table" über die Schulter schauen und dabei ein achtgängiges Degustationsmenü geniessen (145 Euro pro Person). Im Spa-Restaurant (im Bademantel zugänglich) mit Ausblick auf den grossen Pool gibt es den ganzen Tag über vitale, vitaminreiche Gerichte, und im „Café Wien" locken Kuchen, Torten und warme Süsspeisen. Das abendliche Käsebuffet sucht seinesgleichen in der alpinen Ferienhotellerie. Auch das Frühstücksbuffet ist sensationell.

Besonders geeignet für...
aktive Geniesser, die von einem Hotel grosses Kino erwarten.

Wenn doch nur...
der erste Eindruck des kolossalen Hotelkomplexes nicht so abschrecken würde. Doch auf den zweiten Blick versöhnen einen das Postkartenpanorama, die Wow-Momente im Zimmer und die Aha-Erlebnisse aus Küche und Keller. Vorsicht ist zu Nebensaisonzeiten angebracht – dann setzt das Hotel stark auf Tagungen, Firmenevents, Familienfeiern und Hochzeiten.

Freizeiterlebnisse

Zum hügeligen 18-Loch-Golfplatz Seefeld-Wildmoos sind es 900 Meter vom Hotel. In der Region Seefeld stehen drei Dutzend Mountainbike-Routen und ungezählte Wanderwege zur Wahl.

Im Winter beginnen die Wanderwege und Langlaufloipen vor der Haustür. Das Skigebiet Seefeld/Rosshütte liegt 14 km entfernt.

Wandertipp

Idyllischer Wanderweg vom Hotel über den Wildmoossee und den Lottensee zum Möserer See. Distanz pro Wegstrecke: 10,2 km, Dauer: 2½ Stunden.

Regentag-Alternative

Nach Innsbruck sind es 38 km. Es lohnt sich, einen Stadtbummel mit dem Besuch von Schloss Ambras im Südosten Innsbrucks zu verbinden. Die „Kunst- und Wunderkammern" des Renaissance-Bauwerks lassen tief in Tirols Geschichte blicken.
www.schlossambras-innsbruck.at

„Wunderkammern" ganz anderer Art bieten die Swarovski Kristallwelten in Wattens (20 km östlich von Innsbruck). Das vom Multimediakünstler André Heller inszenierte Museum des 1895 gegründeten Schmuckunternehmens polarisiert – die einen loben es als faszinierenden Ort des Staunens, die anderen sehen darin lediglich eine Verkaufsausstellung mit überteuertem Eintritt (19 Euro).
www.kristallwelten.swarovski.com

Die Extras 7/10

Spa mit diversen Massagen und Beauty-Behandlungen. Hallenbad zum Längenschwimmen (50 Meter Länge) und der Möglichkeit, direkt ins beheizte Aussenbecken zu gelangen. Saunalandschaft im Stil eines Tiroler Holzhüttendorfs (Nacktbereich). Zusätzlich gibt es eine Textilsauna, die auch Familien mit Kindern zugänglich ist und eine private Spa-Suite. Ausserdem: Fitnesscenter, täglich Gymnastik- und Entspannungslektionen, Schwimmkurse für Kinder und Erwachsene (auch um spezifische Schwimmtechniken zu erlernen oder zu verbessern), Kinderclub mit professioneller Betreuung für kleine Gäste ab 3 Jahren. Teenagern bietet das Hotel abenteuerliche Kletter- und Raftingkurse. Für Sportler: 5 Tennisplätze (davon 2 in der Halle), Verleih von Mountain- und Elektrobikes, Indoor-Golfanlage.

POST HOTEL LERMOOS

1004 mü.M.

6631 Lermoos, Kirchplatz 6
Telefon +43 5673 22810
www.post-lermoos.at
welcome@post-lermoos.at
Ganzjährig geöffnet
ausser je 10 Tage im April und November

Die Lage 8/10

Am Ortsrand, mit Weitblick auf das Wettersteinmassiv und den Gipfel der Zugspitze.

Die Atmosphäre 6/10

Ein Klassiker der Tiroler Ferienhotellerie, ganz im edelländlichen österreichischen Stil eingerichtet und überaus gastorientiert von Angelika und Franz Dengg geführt. Hat man den ersten Fuss über die Türschwelle der „Post" gesetzt, scheint die hektische Welt weit weg. Der Geruch von Holz empfängt einen warm und freundlich, und von den geräumigen Zimmern über das gute Essen bis zum frisch erweiterten Wellnessbereich ist alles so, dass man es hier problemlos länger als ein Wochenende aushält. Je nach Wetterverhältnissen ist man auch wie hypnotisiert vom Ausblick auf Deutschlands höchsten Berg und dem stets wechselnden Naturschauspiel, das dieser bietet.

POST HOTEL
LERMOOS

Die Zimmer 7/10
77 komfortable, tadellos gepflegte Juniorsuiten und Suiten, fast alle mit Balkon, teilweise mit Kachelofen. Die Zimmer verteilen sich auf das Stammhaus und zwei Nebengebäude. **Zimmer-Flüstertipp:** Unbedingt Zimmer zur Zugspitze buchen.

Die Küche 6/10
Traditionelle, um internationale Einflüsse bereicherte und sorgfältig zubereitete Tiroler Küche. Wunderbare Restaurantterrasse. Weinkeller mit 800 Positionen. Lukullisches Frühstücksbuffet.

Die Extras 4/10
Wellnessbereich mit Hallenbad, Aussen-Solebad, Saunawelt, Infrarotkabine, Massagen und Beauty-Behandlungen sowie ayurvedischen Treatments. Fitnessraum, täglich Gymnastik- und Entspannungslektionen. Geführte Wanderungen. Verleih von Mountainbikes und E-Bikes.

Freizeiterlebnisse
Im Winter enden die Talabfahrten von Grubigstein und Hochmoos praktisch beim Hotel. Zur Talstation des Hochmoosexpress sind es 250 Meter. Langläufer und Winterwanderer sind im Moos mit herrlichem Bergpanorama unterwegs.

Im Sommer locken zahlreiche Mountainbike-Trails. Golfer kommen auf dem Zugspitz-Golfplatz zu ihren Abschlägen. Auf die Zugspitze (2962 m) selbst kommt man von der anderen Bergseite, per Zahnradbahn (ab Garmisch-Partenkirchen, Grainau oder Eibsee) und neuer Gletscherbahn.
www.zugspitzarena.com + www.zugspitze.de

Wandertipp
In der Zugspitz-Arena, wie die Bergregion um Lermoos genannt wird, wandert man geradewegs in ein Realität gewordenes Kalenderbild hinein.

Eine mittelschwere Tour führt von Lermoos (Parkplatz der Grubigsteinbahnen) übers „Schlägle" und hauptsächlich durch den Wald zur Wolratshauser Hütte (1753 m). Nach der Einkehr geht es auf dem Höhenpanoramaweg weiter zur Grubighütte (2050 m). Von dort kann man bequem mit den Seilbahnen zum Ausgangspunkt in Lermoos hinunter fahren. Distanz: 5,5 km, Gehzeit: 3 Stunden.

Ein schöner Familien-Rundwanderweg geht von Lermoos nach Ehrwald und retour übers Moos. Distanz: 7,3 km, Gehzeit: 2¼ Stunden.

Ebenfalls empfehlenswert: Von Lermoos über den „Bösen Winkel" auf die bewirtschaftete Tuftlalm und über das Kärletal zurück nach Lermoos. Distanz: 10 km, Gehzeit: 2½ Stunden.

Regentag-Alternative
Zu den Königsschlössern Neuschwanstein und Hohenschwangau sind es 38 km. Zum einladenden Hotel-Spa braucht man lediglich die Treppe runter zu gehen.
www.neuschwanstein.de + www.hohenschwangau.de

Besonders geeignet für...
traditionsbewusste Tirolfans mit Ansprüchen und der grossen Sehnsucht nach kultivierter Idylle.

Wenn doch nur...
die vielbefahrene Landstrasse nicht direkt hinter dem Hotel vorbeiführen würde.

SCHWARZ ALPENRESORT MIEMING

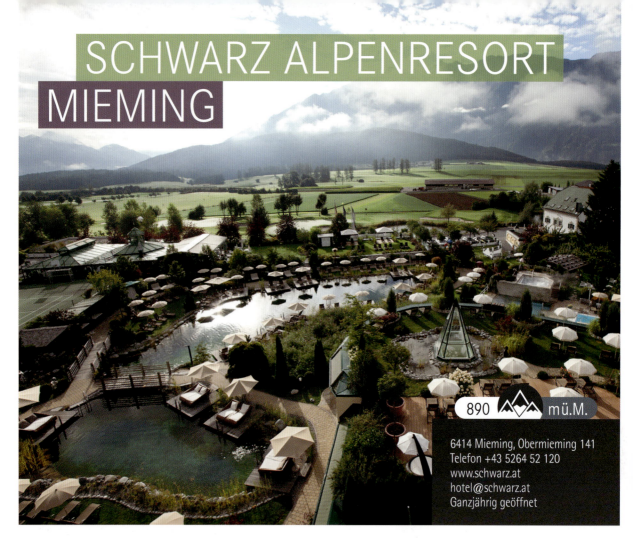

890 mü.M.

6414 Mieming, Obermieming 141
Telefon +43 5264 52 120
www.schwarz.at
hotel@schwarz.at
Ganzjährig geöffnet

Die Lage
Freistehend auf dem anmutigen Mieminger (sprich: Miäminger) Sonnenplateau, mit weitem Alpenpanorama.

Die Zimmer
124 sehr unterschiedliche, teilweise mit einer an Kitsch grenzenden Rustikalität eingerichtete, doch tadellos saubere Zimmer und Suiten von zweckmässig bis superluxuriös.

Die Atmosphäre
Der familiengeführte österreichische Musterbetrieb ist aus einem dreihundertjährigen Herrenhaus herausgewachsen. Mittlerweile sind diverse weitere, unterirdisch miteinander verbundene Gebäude sowie ein riesiger Wellnessbereich mit Naturbadeteich hinzugekommen. Abgesehen vom eher puristisch gestalteten Spa präsentiert sich das Interieur in rauschender, manchmal fast überbordender Ornamentik und einem wilden Stilmix, der dem ästhetisch geschulten Auge nicht unbedingt standhält. Eine Herausforderung ist das labyrinthische Geflecht von Korridoren, doch scheinen sich die vielen glücklichen Stammgäste (die meisten aus der nahen Schweiz) nicht daran zu stören. Sie schätzen das heitere Tiroler Flair, den netten Service, das ausgezeichnete Preis-Leistungs-Verhältnis und die vielen Spa- und Sportmöglichkeiten.

Die Küche 4/10
Solide zubereitete österreichische und internationale Spezialitäten aus vorwiegend regionalen Produkten beim abendlichen Fünf-Gang-Auswahlmenü oder bei Themen-Buffets. Angeboten wird die „Schwarz-Verwöhnpension", was konkret bedeutet, dass man fast den ganzen Tag essen und alkoholfrei trinken kann.

SCHWARZ ALPENRESORT
MIEMING

Die Extras 8 /10

Klassische und fernöstliche Massagen, zahlreiche Körper- und Gesichtspflegebehandlungen. Hallenbad (31°C), Aussenpool, Sole-Pool (34°C) und Whirlpool im Freien, Familienwasserwelt, Naturbadeteich, Saunadorf mit Weitblick-Sauna, Familien-Textilsauna, Fitnessraum, täglich zahlreiche Gymnastik- und Entspannungslektionen (davon 9 Mal wöchentlich Yoga). Regelmässig mehrtägige Yoga-Retreats. Geführte Wanderungen, Rad- und Klettertouren, Bogenschiessen. Im Winter Schneeschuhtouren. Verleih von City-Bikes, Mountain- und E-Bikes. Aussen-Tennisplätze mit Trainer. Für Familien wird viel geboten: täglich ganztägige Betreuung für Kinder ab 3 Jahren, Wasser-Erlebniswelt mit 92-Meter-Reifenrutsche, Familiensauna, Abenteuerspielplatz mit Mini-Tierfarm, Sommercamps.

Freizeiterlebnisse

27-Loch-Golfplatz mit Driving-Range und Golflehrer direkt vor dem Hotel.

Die Region um das Mieminger Plateau ist auch ein Mountainbike-Eldorado. Höhepunkte auf zwei Rädern sind die ausgedehnte, rund fünfstündige „Miemingerrunde" zwischen Gurgltal, Mieminger Plateau und Inntal sowie die mittelschwere, 2½-stündige „Bergdoktor"-Tour vom Badesee Mieming über Untermieming, Fiecht, Gerhardhof, Wildermieming, Gschwent, Freundsheim, Barwies, See, Zein und den Weiler Tabland zurück zum Ausgangspunkt Badesee.

Im Winter beginnen die Langlauf- und Wanderwege direkt vor der Haustür.

Wandertipp

Eine kurze, familienfreundliche Rundwanderung führt zu jeder Jahreszeit vom Alpenresort Schwarz zur Stöttlalm und um den Golfplatz Mieming wieder zurück zum Ausgangspunkt. Distanz: 4,6 km, Gehzeit: 1¼ Stunde.

Eine weitere, doppelt so lange und landschaftlich sehr schöne Rundwanderung auf dem Mieminger Plateau geht von Wildermieming (erreichbar in 20 Gehminuten vom Hotel) über das Fiechtertal, den Weiler Fiecht, Affenhausen, das Angertal und den Gerhardhof zurück nach Wildermieming. Distanz: 10 km, Gehzeit: 2½ Stunden.

Regentag-Alternative

Das Behandlungsangebot im Spa ist schier unerschöpflich und umfasst auch mehrtägige Gesundheitsprogramme, um selbstbewusst seiner selbst bewusst zu werden und Energiereserven aufzubauen. Das Schönste aber im „Schwarz": Man kann es auch sein lassen und einfach die weitläufigen Bade- und Saunabereiche geniessen, die abends bis 22 Uhr geöffnet haben.

Besonders geeignet für...

trubelresistente Wellnessfans und Wochenendflüchtlinge mit einem Faible für den Tiroler Landhausstil. Auch Familien mit Kindern sind hier bestens aufgehoben. Einmal angekommen, ist es allerdings schwierig, die Familie zusammenzuhalten. Das Aktivitätenprogramm macht jede Kindergärtnerin neidisch. Es entstehen echte Freundschaften, und am Tag der Abreise werden oftmals dicke Tränen vergossen.

Wenn doch nur...

die Hektik im grossen Halbpensionsrestaurant nicht wäre, welche durch die Buffets und dem damit verbundenen ständigen Hin und Her-Geläuf der Gäste entsteht.

WEITERE TOP GELEGENE HOTELS IN VORARLBERG, IN TIROL UND IM SALZBURGERLAND

HOTELNAME	ORT	WEBSEITE
Bergdorf Priestegg	Leogang (Salzburgerland)	www.priesteregg.at
Burg Vital Resort	Lech am Arlberg (Vorarlberg)	www.burgvitalresort.com
Das Goldberg	Bad Hofgastein (Salzburgerland)	www.dasgoldberg.at
Jungbrunn	Tannheim (Tirol)	www.jungbrunn.at
Kaiserhof	Ellmau am Wilden Kaiser (Tirol)	www.kaiserhof-ellmau.at
Kristallhütte	Kaltenbach im Zillertal (Tirol)	www.kristallhuette.at
Miramonte	Bad Gastein (Salzburgerland)	www.hotelmiramonte.com
Mohr Life Resort	Lermoos (Tirol)	www.mohr-life-resort.at
Rickatschwende	Dornbirn (Vorarlberg)	www.rickatschwende.com
Ritzlerhof	Sautens im Ötztal (Tirol)	www.ritzlerhof.at
Schalber Wellness-Residenz	Serfaus (Tirol)	www.schalber.com
Stock Resort	Finkenberg im Zillertal (Tirol)	www.stock.at
Tennerhof	Kitzbühel (Tirol)	www.tennerhof.com

WEITERE TOP GELEGENE HOTELS
IN VORARLBERG, IN TIROL UND IM SALZBURGERLAND

VORARLBERG TIROL SALZBURGERLAND

© Kaiserhof, Ellmau am Wilden Kaiser

© Kristallhütte, Kaltenbach im Zillertal

© Miramonte, Bad Gastein

© Mohr Life Resort, Lermoos

© Rickatschwende, Dornbirn

© Ritzlerhof, Sautens im Ötztal

© Schalber Wellness-Residenz, Serfaus

© Stock Resort, Finkenberg im Zillertal

© Tennerhof, Kitzbühel

# DON'TS IM HOTEL!
40 DINGE, DIE HOTELGÄSTE VERMEIDEN SOLLTEN

In guten Hotels haben die Mitarbeiter oft mehr Klasse als die Gäste. Zwar werden die Ansprüche der Reisenden immer grösser, doch deren Manieren immer kümmerlicher. Möglichkeiten, sich im Hotel zu blamieren, gibt es genug. Man kann es aber auch richtig machen, indem man folgende Fettnäpfchen einfach auslässt.

1. Führen Sie keine Handy-Gespräche während dem Check-in. Sehr wahrscheinlich kann das Telefonat noch zwei Minuten warten, bis Sie auf dem Zimmer sind.

2. Fragen Sie beim Einchecken nicht unverfroren nach einem Upgrade. Schon gar nicht mit dem Argument „Das letzte Mal hat mich Ihre Kollegin upgegradet!".

3. Reagieren Sie Ihre schlechte Laune / Ihre persönlichen Frustrationen / den dreistündigen Verkehrsstau bei der Anreise nicht an den Hotelmitarbeitern ab.

4. Verlangen Sie nicht mehr vom Hotel, als sie bezahlt haben. Für das Last-Minute-Schnäppchen bei Booking.com ist nicht unbedingt die Penthouse-Suite mit Matterhornblick zu erwarten.

5. Behaupten Sie nicht, Sie seien Influencer / Michelin-Tester / Staranwalt / Inhaber eines trendsetzenden Reisebüros / ein guter Freund des Hotelbesitzers, um ein besseres Zimmer zum tieferen Preis zu ergattern.

6. Erpressen Sie den Hoteldirektor nicht mit einem in Aussicht gestellten Totalverriss auf TripAdvisor – nach dem Muster: „Wenn ich kein Zimmer zum See kriege, dann…"

7. Verlieren Sie nicht die Nerven, wenn Sie nicht dasselbe Zimmer wie beim letzten Mal bekommen.

8. Gehen Sie auch nicht davon aus, dass Ihr Zimmer bereits Stunden vor der regulären Anreisezeit bereit steht.

9. Stehlen Sie sich nicht mit einem heuchlerischen Kompliment ums Trinkgeld für den herausragenden Service herum.

10. Schleichen Sie nicht um sechs Uhr morgens in den Garten, um Ihre Lieblingsliege an bester Panoramalage unter dem Olivenbaum zu reservieren – und den Platz dann nach dem Tagesausflug gegen 17 Uhr in Anspruch nehmen zu können.

11. Stecken Sie nicht alles ein, was im Hotelzimmer nicht niet- und nagelfest ist.

12. Lassen Sie auch die kuscheligen Bademäntel / die Handtücher / den Aschenbecher / das Silberbesteck vom Room-Service / den Regenschirm / die iPod-Dockingstation da.

13. Wenn Sie schon Ihre gesamte Feriengarderobe im Hotelbadezimmer waschen, spannen Sie wenigstens keine Wäscheleine quer durchs Zimmer. Was beim Housekeeping auch nicht gut ankommt: Wenn Sie den tropfnassen Pulli zum Trocknen übers Sofa auslegen.

14. Beanspruchen Sie kein Gewohnheitsrecht, auch wenn Sie schon wiederholt im betreffenden Hotel absteigen. „Ihr" Tisch wurde nicht unbedingt von einem fremden Eindringling gekapert, der neue Besitzverhältnisse schaffen will, sondern einem Gast zugewiesen, der diesmal vor Ihnen da war.

15. Setzen Sie sich im Restaurant nicht einfach an den besten freien Tisch, sondern warten Sie, bis Ihnen der Maître d'hôtel einen Platz zuweist. Ansonsten wird er Sie stundenlang ignorieren.

16. Führen Sie sich nicht auf, als seien Sie der wichtigste Gast. Der tägliche Umgang mit schnoddrigen Möchtegern-VIPs vermiest auch dem engagiertesten Hotelmitarbeiter die Lust am Gastgewerbe.

17. Verzichten Sie im Grandhotel auf grössere Auftritte in Jogginghose, ärmellosem Schlabbershirt und Flip-Flops. Damit zerstören Sie das Bild, das Sie selber in einem Hotelpalast erleben wollen. Zudem demonstrieren sie eine Haltung, dass sie mit der feinsinnigen Hotelkultur nicht das Geringste zu tun haben, diese aber kaufen können.

18. Ebenfalls unschön: Den ganzen Tag im Bademantel durch die öffentlichen Räume des Hotels zu flanieren.

19. Wenn das Hotel darauf hinweist, dass das Frühstück von sieben bis elf Uhr angeboten wird, brauchen Sie nicht triumphierend um 10.58 Uhr im Restaurant zu erscheinen.

20. Schmuggeln Sie vom Frühstücksbuffet keine Tagesverpflegung aufs Zimmer.

21. Fallen Sie nicht wie ein Heuschreckenschwarm über das Frühstücks-, Vorspeisen- oder Dessert-Buffet her. Rempeln Sie nicht andere Gäste am Buffet. Oder irgendwo sonst im Hotel.

22. Lassen Sie keine schmutzige Unterwäsche / benutzte Kondome / Koksreste / Sexspielzeug mit Gebrauchsspuren im Zimmer herumliegen. Hinterlassen Sie Ihr Zimmer bei der Abreise auch nicht so, als wäre eine Bombe eingeschlagen.

23. Die Maxime Ihres Hotels, dass Sie sich wie zu Hause fühlen können, soll nicht als Aufforderung verstanden werden, dass Sie nachts um drei die Live-Übertragung des australischen Formel-1-Rennens in authentischer Lautstärke und bei offener Balkontür verfolgen müssen.

24. Versuchen Sie nicht, die blonde Servicemitarbeiterin im Restaurant anzubaggern oder sich an den knackigen Spa-Therapeuten ranzumachen. Den heissen Flirt mit dem Zimmermädchen / dem Barmann zu suchen, ist ebenfalls nicht der Hit.

25. Regen Sie sich nicht über die anderen Gäste auf. Zu den Begleiterscheinungen eines Hotelaufenthalts gehören die Anderen. Die Leute, die den Whirlpool besetzen. Die überall herumfotografieren. Die am Nebentisch stundenlange Telefongespräche führen. Andererseits wollen Sie ja auch kein leeres Hotel wie im Horrorfilm „Shining".

26. Beschweren Sie sich nicht lauthals beim Zimmermädchen über den panisch gefürchteten Staubsauger, der aus fernen Gängen unwiderruflich näher kommt. Sie kann nichts dafür. Dasselbe gilt für den Gärtner, der irgendwann mit Rasenmäher und Laubsauger seine Arbeit aufnehmen muss.

27. Bitten Sie die Hausdame nicht um unsinnige Mengen zusätzlicher Pflegeprodukte – im Stil von „Wir brauchen noch je acht Shampoos und Conditioner, ein Dutzend Body Lotions, fünf Duschhauben sowie drei weitere Zahnbürsten".

28. Lassen Sie Ihre verzogenen / lebhaften Kinder nicht auf andere Gäste los. Falls es zu Hause keine Spielregeln und Grenzen gibt, heisst das noch lange nicht, dass nicht ein paar grundsätzliche Verhaltensregeln für einen entspannten Aufenthalt im Hotel gelten.

29. Vergessen Sie nicht, das WC zu spülen. Man glaubt es nicht, mit was die Zimmermädchen es tagtäglich zu tun kriegen.

30. Machen Sie den Nachtportier nicht für die Missstände im Hotel verantwortlich.

31. Verlangen Sie nicht bei jeder Lapalie, den Geschäftsführer zu sprechen.

32. Ihre Lebensgeschichte interessiert den Hoteldirektor / den Maître d'hôtel / den Barkeeper nicht. Die Hotelmitarbeiter wollen sich auch nicht mit Ihren Fragen zu deren Privatleben / Lohn / Altersvorsorge konfrontiert sehen.

33. Trichtern Sie sich in der Hotelbar nicht den Jahresbedarf an Alkohol ein. Singen Sie dazu keine Nationalhymnen. Auch nicht, wenn Sie in einer fidelen Gruppe unterwegs sind.

34. Füllen Sie die leergetrunkenen Wodka-Fläschchen in der Minibar nicht mit Wasser auf. Auch nicht, wenn der Wodka masslos übertreuert ist.

35. Lügen Sie nicht plump. Niemand im Hotel, wirklich niemand hat Ihnen gesagt, dass die Abreisezeit um 14 Uhr nachmittags sei. Beim Auschecken zu behaupten, Sie hätten nichts aus der fast leergeräumten Minibar konsumiert, ist auch nicht die feine Art. Vor allem, wenn Sie sich wegen der nächtlichen Sauforgie kaum auf den Beinen halten können.

36. Beschuldigen Sie nicht das Hotelpersonal, Ihnen Dinge zu stehlen. Laut Statistik finden 99 Prozent der Gäste die Dinge auf wundersame Weise wieder, die sie als gestohlen gemeldet haben. Es ist jedoch Ihr gutes Recht, den Hotelmanager zu bitten, die Polizei zu rufen, um einen entsprechenden Bericht aufzunehmen.

37. Benutzen Sie nicht die Badezimmer-Tücher, um Ihr Makeup zu entfernen oder Ihre Wanderschuhe zu reinigen.

38. Brüllen Sie die Hotelmitarbeiter nicht an. Niemals. Auch nicht, wenn Ihnen der Concierge 10 Euro für den Adapter oder für den Luftbefeuchter verrechnet.

39. Schreiben Sie nach der Abreise keinen Beschwerdebrief, sondern sagen Sie während Ihres Hotelaufenthalts, was Ihnen nicht passt.

40. Versuchen Sie nicht, durch aufgebauschte Mängellisten einen Preisnachlass für Ihren Hotelaufenthalt zu erwirken. Kein Hotel ist leise genug. Und es gibt immer eine Baustelle in der Nähe.

ZIMMER MIT AUSSICHT
DIE ORTE VON A BIS Z

A
Adelboden (Berner Oberland): Parkhotel Bellevue	102
Aldesago-Lugano (Tessin): Colibrì	166
Ascona (Tessin): Eden Roc	170
Ascona-Moscia (Tessin): Collinetta	168

B
Bad Gastein (Salzburgerland): Haus Hirt	262
Bagnols (Burgund): Château de Bagnols	226
Barbian im Eisacktal (Südtirol): Gasthof Bad Dreikirchen	188
Basel (Nordschweiz): Krafft Basel	40
Bettmeralp (Wallis): Bettmerhof	142
Bozen-Kohlern (Südtirol): Gasthof Kohlern	190
Brienz (Berner Oberland): Grandhotel Giessbach	94

C
Cademario (Tessin): Kurhaus Cademario	172
Chamonix (Savoyen): Terminal Neige - Refuge du Montenvers	236
Chandolin (Wallis): Chandolin Boutique Hotel	146
Clarens-Montreux (Westschweiz): Au Fil de l'Eau	116
Clarens-Montreux (Westschweiz): Villa Kruger Boutique B&B	136
Crans-Montana (Wallis): Chetzeron	148
Crans-Montana (Wallis): Le Crans	152

D
Davos (Graubünden): Schatzalp Berghotel	26

E
Elmau (Süddeutschland): Schloss Elmau	250
Emmenmatt (Emmental): Moosegg	98
Ennetbürgen (Zentralschweiz): Villa Honegg	78
Evian-les-Bains (Savoyen): Royal	234

F
Fex/Sils (Graubünden): Fex Hotel	14
Fidaz (Graubünden): Fidazerhof	16
Ftan (Graubünden): Paradies	20

G
Gargnano (Lombardei): Grand Hotel a Villa Feltrinelli	206
Gargnano (Lombardei): Lefay Resort	212
Glion sur Montreux (Westschweiz): Victoria	134
Grindelwald (Berner Oberland): Alpinhotel Berghaus Bort	82
Grindelwald (Berner Oberland): Faulhorn Berghotel	92
Gstaad (Berner Oberland): Le Grand Chalet	96
Guarda (Graubünden): Meisser	18
Gunten (Berner Oberland): Parkhotel Gunten	104

H
Hafling (Südtirol): Miramonti Boutique Hotel	196

I
Isola dei Pescatori/Stresa (Piemont): Albergo Verbano	204
Isole di Brissago (Tessin): Villa Emden	180

K
Kandersteg (Berner Oberland): Oeschinensee Berghotel	100
Kleine Scheidegg (Berner Oberland): Bellevue des Alpes	86
Konstanz (Süddeutschland): Riva	248
Kriens (Zentralschweiz): Pilatus-Kulm Hotel	72
Kriens (Zentralschweiz): Sonnenberg	74

L
Lana-Vigiljoch (Südtirol): Vigilius Mountain Resort	198
Lapoutroie (Elsass): Les Alisiers	232
Lenno-Tremezzo (Lombardei): San Giorgio Hotel	216
Lenzerheide (Graubünden): Tgantieni Berghotel	30
Lermoos (Tirol): Post Hotel	266
Les Giettes (Wallis): Whitepod	162
Les Rasses sur Sainte-Croix (Westschweiz): Grand Hôtel des Rasses	120
Lochau am Bodensee (Vorarlberg): Fritsch am Berg	258
Lugano (Tessin): The View	178
Lugnorre am Murtensee (Westschweiz): Mont-Vully	130
Luzern (Zentralschweiz): Art Deco Hotel Montana	68
Luzern (Zentralschweiz): Hermitage	64

M
Meiringen-Engstlenalp (Berner Oberland): Engstlenalp	90
Melchsee-Frutt (Zentralschweiz): Frutt Lodge	62
Meran (Südtirol): Castel Fragsburg	186
Meransen im Pustertal (Südtirol): Gitschberg	192
Merligen (Berner Oberland): Beatus Wellness & Spa-Hotel	84
Mieming (Tirol): Schwarz Alpenresort	268
Mombaruzzo (Piemont): La Villa Hotel	210
Montezillon/Neuenburgersee (Westschweiz): L'Aubier	124
Mont-Pèlerin sur Vevey (Westschweiz): Le Mirador	128
Münsing am Starnberger See (Süddeutschland): Schlossgut Oberambach	252
Murten-Meyriez (Westschweiz): Glamping à La Pinte du Vieux Manoir	118

N
Navazzo di Gargnano (Lombardei): Villa Sostaga Boutique Hotel	218
Neuchâtel (Westschweiz): Palafitte	132
Niederbauen (Zentralschweiz): Berggasthaus Niederbauen	54

O

Obbürgen (Zentralschweiz): Bürgenstock Resort	56
Oberlech am Arlberg (Vorarlberg): Goldener Berg	260
Oberried-Hofsgrund (Süddeutschland): Die Halde	246
Oberstaufen-Willis (Süddeutschland): Bergkristall	240

P

Pill bei Schwaz (Tirol): Biohotel Grafenast	256
Pontresina (Graubünden): Berghaus Diavolezza	12
Puidoux-Chexbres (Westschweiz): Le Baron Tavernier	126

R

Radein (Südtirol): Zirmerhof	200
Rehetobel (Ostschweiz): Gasthaus zum Gupf	38
Ribeauvillé (Elsass): Le Clos Saint Vincent	230
Riederalp (Wallis): Villa Cassel	158
Rigi Kaltbad (Zentralschweiz): Kräuterhotel Edelweiss	66
Ronco sopra Ascona (Tessin): Ronco Hotel	174
Rorschacherberg (Ostschweiz): Schloss Wartegg	42
Rosenlaui (Berner Oberland): Rosenlaui	110
Rouffach (Elsass): Château d'Isenbourg	228

S

Saanenmöser bei Gstaad (Berner Oberland): Romantik Hotel Hornberg	108
Saint-Luc (Wallis): Weisshorn	160
Samedan (Graubünden): Romantik Hotel Muottas Muragl	22
Sankt Moritz (Graubünden): Suvretta House	28
Santo Stefano Belbo (Piemont): Relais San Maurizio	214
Schwangau im Allgäu (Süddeutschland): Das Rübezahl	242
Seiser Alm (Südtirol): Adler Mountain Lodge	184
Seiser Alm (Südtirol): Icaro Vitalpina Hotel	194
Serpiano (Tessin): Serpiano Hotel	176
Sils im Engadin (Graubünden): Waldhaus Sils	32
Silvaplana-Surlej (Graubünden): Bellavista	8
Steckborn (Ostschweiz): Feldbach See & Park Hotel	44
Stoos (Zentralschweiz): Stoos Hüttä	76
Surcuolm (Graubünden): Berggasthaus Bündner Rigi	10

T

Talloires (Savoyen): Abbaye de Talloires	222
Tegernsee (Süddeutschland): Das Tegernsee	244
Telfs-Buchen bei Seefeld (Tirol): Interalpen-Hotel Tyrol	264
Tremezzo (Lombardei): Grand Hotel Tremezzo	208
Tschiertschen (Graubünden): Romantik Hotel The Alpina	24

U

Uetliberg/Zürich (Norschweiz): Uto Kulm	50
Urnäsch (Ostschweiz): Berggasthaus Alter Säntis	36

V

Val Thorens (Savoyen): Altapura	224
Verbier (Wallis): Cabane du Mont-Fort	144
Verbier (Wallis): Le Chalet d'Adrien	150
Vevey (Westschweiz): Hôtel des Trois Couronnes	122
Vitznau (Zentralschweiz): Flora Alpina	60
Vitznau (Zentralschweiz): Park Hotel Vitznau	70

W

Weggis (Zentralschweiz): Campus Hotel Hertenstein	58
Wengen (Berner Oberland): Beausite Park Hotel	88
Wengen (Berner Oberland): Schönegg	112

Z

Zermatt (Wallis): 3100 Kulmhotel Gornergrat	140
Zermatt (Wallis): Riffelalp Resort 2222m	154
Zermatt (Wallis): Riffelhaus 1853	156
Zürich (Nordschweiz): Sorell Hotel Zürichberg	46
Zürich (Nordschweiz): Storchen	48
Zweisimmen (Berner Oberland): Rinderberg Swiss Alpine Lodge	106

© Art Deco Hotel Montana, Luzern

ZIMMER MIT AUSSICHT
DIE HOTELS VON A BIS Z

3100 Kulmhotel Gornergrat, Zermatt	140

A
Abbaye de Talloires, Talloires	222
Adler Mountain Lodge, Seiser Alm	184
Albergo Verbano, Isola dei Pescatori/Stresa	204
Alpinhotel Berghaus Bort, Grindelwald	82
Altapura, Val Thorens	224
Art Deco Hotel Montana, Luzern	68
Au Fil de l'Eau, Clarens-Montreux	116

B
Beatus Wellness & Spa-Hotel, Merligen	84
Beausite Park Hotel, Wengen	88
Bellavista, Silvaplana-Surlej	8
Bellevue des Alpes, Kleine Scheidegg	86
Berggasthaus Alter Säntis, Urnäsch	36
Berggasthaus Bündner Rigi, Surcuolm	10
Berggasthaus Niederbauen, Niederbauen	54
Berghaus Diavolezza, Pontresina	12
Bergkristall, Oberstaufen-Willis	240
Bettmerhof, Bettmeralp	142
Biohotel Grafenast, Pill bei Schwaz	256
Bürgenstock Resort, Obbürgen	56

C
Cabane du Mont-Fort, Verbier	144
Campus Hotel Hertenstein, Weggis	58
Castel Fragsburg, Meran	186
Chandolin Boutique Hotel, Chandolin	146
Château d'Isenbourg, Rouffach	228
Château de Bagnols, Bagnols	226
Chetzeron, Crans-Montana	148
Colibrì, Aldesago-Lugano	166
Collinetta, Ascona-Moscia	168

D
Das Rübezahl, Schwangau im Allgäu	242
Das Tegernsee, Tegernsee	244
Die Halde, Oberried-Hofsgrund	246

E
Eden Roc, Ascona	170
Engstlenalp, Meiringen-Engstlenalp	90

F
Faulhorn Berghotel, Grindelwald	92
Feldbach See & Park Hotel, Steckborn	44
Fex Hotel, Fex/Sils	14
Fidazerhof, Fidaz	16
Flora Alpina, Vitznau	60
Fritsch am Berg, Lochau am Bodensee	258
Frutt Lodge, Melchsee-Frutt	62

G
Gasthaus zum Gupf, Rehetobel	38
Gasthof Bad Dreikirchen, Barbian im Eisacktal	188
Gasthof Kohlern, Bozen-Kohlern	190
Gitschberg, Meransen im Pustertal	192
Glamping à La Pinte du Vieux Manoir, Murten-Meyriez	118
Goldener Berg, Oberlech am Arlberg	260
Grand Hotel a Villa Feltrinelli, Gargnano	206
Grand Hôtel des Rasses, Les Rasses sur Sainte-Croix	120
Grand Hotel Tremezzo, Tremezzo	208
Grandhotel Giessbach, Brienz	94

H
Haus Hirt, Bad Gastein	262
Hermitage, Luzern	64
Hôtel des Trois Couronnes, Vevey	122

I
Icaro Vitalpina Hotel, Seiser Alm	194
Interalpen-Hotel Tyrol, Telfs-Buchen bei Seefeld	264

K
Krafft Basel, Basel	40
Kräuterhotel Edelweiss, Rigi Kaltbad	66
Kurhaus Cademario, Cademario	172

L
L'Aubier, Montezillon/Neuenburgersee	124
La Villa Hotel, Mombaruzzo	210
Le Baron Tavernier, Puidoux-Chexbres	126
Le Chalet d'Adrien, Verbier	150
Le Clos Saint Vincent, Ribeauvillé	230
Le Crans, Crans-Montana	152
Le Grand Chalet, Gstaad	96
Le Mirador, Mont-Pèlerin sur Vevey	128
Lefay Resort, Gargnano	212
Les Alisiers, Lapoutroie	232

M
Meisser, Guarda	18
Miramonti Boutique Hotel, Hafling	196
Mont-Vully, Lugnorre am Murtensee	130
Moosegg, Emmenmatt	98

O
Oeschinensee Berghotel, Kandersteg	100

P
Palafitte, Neuchâtel	132
Paradies, Ftan	20
Park Hotel Vitznau, Vitznau	70
Parkhotel Bellevue, Adelboden	102
Parkhotel Gunten, Gunten	104
Pilatus-Kulm Hotel, Kriens	72
Post Hotel, Lermoos	266

R
Relais San Maurizio, Santo Stefano Belbo	214
Riffelalp Resort 2222m, Zermatt	154
Riffelhaus 1853, Zermatt	156
Rinderberg Swiss Alpine Lodge, Zweisimmen	106
Riva, Konstanz	248
Romantik Hotel Hornberg, Saanenmöser bei Gstaad	108
Romantik Hotel Muottas Muragl, Samedan	22
Romantik Hotel The Alpina, Tschiertschen	24
Ronco Hotel, Ronco sopra Ascona	174
Rosenlaui, Rosenlaui	110
Royal, Evian-les-Bains	234

S
San Giorgio Hotel, Lenno-Tremezzo	216
Schatzalp Berghotel, Davos	26
Schloss Elmau, Elmau	250
Schloss Wartegg, Rorschacherberg	42
Schlossgut Oberambach, Münsing am Starnberger See	252
Schönegg, Wengen	112
Schwarz Alpenresort, Mieming	268
Serpiano Hotel, Serpiano	176
Sonnenberg, Kriens	74
Sorell Hotel Zürichberg, Zürich	46
Stoos Hüttä, Stoos	76
Storchen, Zürich	48
Suvretta House, St. Moritz	28

T
Terminal Neige - Refuge du Montenvers, Chamonix	236
Tgantieni Berghotel, Lenzerheide	30
The View, Lugano	178

ZIMMER MIT AUSSICHT
DIE HOTELS VON A BIS Z

U
Uto Kulm, Uetliberg/Zürich — 50

V
Victoria, Glion sur Montreux — 134
Vigilius Mountain Resort, Lana-Vigiljoch — 198
Villa Cassel, Riederalp — 158
Villa Emden, Isole di Brissago — 180
Villa Honegg, Ennetbürgen — 78
Villa Kruger Boutique B&B, Clarens-Montreux — 136
Villa Sostaga Boutique Hotel, Navazzo di Gargnano — 218

W
Waldhaus Sils, Sils im Engadin — 32
Weisshorn, Saint-Luc — 160
Whitepod, Les Giettes — 162

Z
Zirmerhof, Radein — 200

IN DERSELBEN BUCHREIHE ERSCHIENEN:
REISEZIEL: ICH

REISEZIEL: Ich

ZEIT FÜR MICH

Gesunder Lifestyle liegt im Trend. Wir alle wollen an Lebensenergie gewinnen, Gewicht verlieren, Stress abbauen, jünger aussehen, uns besser fühlen und traumhaft schlafen. Das grosse Ziel: Körper, Geist und Seele wieder ins Gleichgewicht zu bringen und endlich Zeit für sich selbst zu finden.

Für alle Erholungssuchenden, die stil- und lustvoll zu neuer Vitalität und Balance finden wollen, bietet dieser kritische Führer eine zuverlässige Orientierungshilfe durch den Spa-Dschungel in der Schweiz, im benachbarten Ausland und in fernen Welten.

Das einheitliche Bewertungsschema macht die Stärken und Schwächen von 120 besten Wellbeing-Oasen und Gesundheitstempeln klar ersichtlich und beantwortet jeder Leserin und jedem Leser die Frage:
Welche Spa-Hotels sind die richtigen für mich?

Ausserdem im Buch:
Ein ausführlicher Ratgeberteil mit allem, was man über Spa-Erlebnisse und Medical-Wellness wissen muss.

Hallwag

ISBN: 978-3-8283-0896-1
280 Seiten, Format: 186 x 240 mm